Friedrich

Lo

ffler

Vorlesungen u?ber die geschichtliche Entwickelung der Lehre von

den Bacterien,o?effler ..

.

Friedrich
Lo
..
ffler

Vorlesungen u?ber die geschichtliche Entwickelung der Lehre von den Bacterien,o?effler ..

ISBN/EAN: 9783743681088

Hergestellt in Europa, USA, Kanada, Australien, Japan

Cover: Foto ©Andreas Hilbeck / pixelio.de

Weitere Bücher finden Sie auf **www.hansebooks.com**

VORLESUNGEN

ÜBER

DIE GESCHICHTLICHE ENTWICKELUNG

DER LEHRE VON DEN

BACTERIEN.

Für Aerzte und Studirende.

VON

Dr. Friedrich Löffler

KÖNIGL. PREUSS. STABSARZT UND PRIVAT-DOCENTEN DER HYGIENE
AN DER UNIVERSITÄT BERLIN.

ERSTER THEIL.
BIS ZUM JAHRE 1878.

MIT 37 ABBILDUNGEN IM TEXT UND 3 TAFELN.

LEIPZIG,
VERLAG VON F. C. W. VOGEL.
1887.

HERRN

GEHEIMEN MEDICINALRATH UND PROFESSOR DER HYGIENE

Dr. ROBERT KOCH

IN DANKBARKEIT UND VEREHRUNG

GEWIDMET VOM

VERFASSER.

VORWORT.

Die Erforschung der niederen, nur mit dem bewaffneten Auge erkennbaren Organismen hat in den letzten Jahren, Dank der von Tag zu Tag fortschreitenden Erkenntniss ihrer hochwichtigen Bedeutung im Haushalte der Natur, ihrer für die ganze organische Welt, in Sonderheit für den Menschen Nutzen sowohl wie auch Verderben bringenden Thätigkeit, einen so gewaltigen Aufschwung genommen und ein so allgemeines Interesse erweckt, dass jeder naturwissenschaftlich Gebildete die Nothwendigkeit in sich fühlen musste, sich mit diesem neu erschlossenen Gebiete vertraut zu machen. Zahlreiche Autoren haben sich deshalb bemüht, jenem Bedürfnisse Rechnung zu tragen durch die Herausgabe von Lehrbüchern, in welchen die grossartigen positiven Forschungsergebnisse auf dem Gebiete der Bacteriologie zusammengefasst waren. Es fehlt aber bisher noch an einer Darstellung der geschichtlichen Entwickelung dieser plötzlich mit ungeahnter Kraft in den Vordergrund getretenen Wissenschaft.

Wenn die Bacteriologie mit Recht ein Kind der Gegenwart genannt wird, so hat sie doch gleichwohl bereits eine lange, hochinteressante Geschichte, welche schon seit über zwei Jahrhunderten mit der Geschichte der Medicin auf das Engste verknüpft ist.

Die Kenntniss der geschichtlichen Entwickelung der Lehre von den niedersten Organismen ist von ganz besonderem Werthe für das Verständniss derjenigen Wissenschaft, welche die Fernhaltung und Bekämpfung der krankheitserregenden Potenzen zur Aufgabe hat, für das Verständniss der modernen Hygiene. Denn gerade diese Wissenschaft hat der Bacteriologie die wissenschaftliche Begründung der Thatsachen zu danken, durch welche allein die Erfüllung einer der vornehmsten Aufgaben der Hygiene, die Durchführung einer wirksamen Prophylaxe der Infectionskrankheiten, ermöglicht wurde. Die bacteriologische Forschung selbst kann ohne Kenntniss ihrer geschichtlichen Entwickelung nicht mit wirklichem Nutzen betrieben werden.

Der Forscher muss wissen, was auf dem Felde, welches er bebaut,
bereits von anderen Forschern gearbeitet worden ist. Welch eine
andere Selbstkritik würde gar Mancher an seinen Arbeiten haben
ausüben können, wenn ihm die Entwickelung der Bacteriologie bekannt gewesen wäre! Wie manche Mittheilung wäre unterblieben!
Und auf der anderen Seite, welch eine unerschöpfliche Fülle von
Anregungen zu weiteren Forschungen ergiebt sich nicht aus der
Kenntniss der Schwierigkeiten, welche zu überwinden waren, und
aus der Entwickelung der Art und Weise, wie dieselben nach vielen
vergeblichen Versuchen durch das Ingenium einzelner hervorragender
Männer überwunden wurden! Wie plastisch treten gerade bei dieser
geschichtlichen Entwickelung die Verdienste der Männer hervor, wel-
chen wir das rasche Emporblühen der Bacteriologie zu danken haben!
In Erwägung aller dieser Momente habe ich mich, ganz besonders
auch weil ich damit einem Wunsche meines hochverehrten Lehrers,
Herrn Geheimerath Koch, begegnete, entschlossen, nach eingehenden
Quellenstudien, welche mir durch die hiesigen grossen medicinischen
Bibliotheken ermöglicht waren, unsere Kenntnisse auf dem Gebiete
der Bacteriologie in zusammenhängender geschichtlicher Entwickelung dem ärztlichen Publikum vorzulegen — eingedenk des bekannten
Wortes: Die Geschichte einer Wissenschaft, das ist sie selbst. Ich
habe mich um so lieber zu dieser Art der Behandlung des Stoffes
entschlossen als bei der unendlichen Fülle des neuen, von zahlreichen
Forschern aller Länder tagtäglich beigebrachten Materiales, die Mehrzahl der Aerzte wie auch der Studirenden weder Zeit noch Gelegenheit findet, sich in diese hochwichtige geschichtliche Entwickelung
zu vertiefen. Bei der Darstellung habe ich mich bemüht, möglichst
objectiv zu sein; vielfach habe ich deshalb die eigenen Worte der
Autoren wiedergegeben. Vorlesungen habe ich die einzelnen Kapitel
benannt, aus dem Grunde, weil ich den Inhalt derselben zum grossen
Theil in meiner Vorlesung über Bacteriologie im Wintersemester
1886/87 vorgetragen habe, und weil die Form der Vorlesung eine
freiere Behandlung und Gruppirung des Stoffes gestattete.
Leider war es mir nicht möglich, sogleich das ganze Werk
erscheinen zu lassen. Ich habe mich darauf beschränken müssen,
zunächst den ersten, die Geschichte der Bacteriologie bis zum Beginn
der neueren exacten Forschungen behandelnden Theil herauszugeben;
doch hoffe ich, dass das ganze Werk am Ende des Jahres vollständig vorliegen wird.
Die Mehrzahl der Zinkographien ist nach den Original-Abbil-
dungen der Autoren von Herrn W. Grommann mit bekannter Sorgfalt

und Treue angefertigt worden. Tafel I enthält eine Auswahl der ersten
Photogramme, welche Herr Geheimerath Koch im Jahre 1877 in
Cohn's Beiträgen zur Biologie der Pflanzen veröffentlicht hat. Es
ist mir ein Bedürfniss, meinem hochverehrten Lehrer an dieser Stelle
für die freundliche Ueberlassung seiner werthvollen Original-Negative
meinen wärmsten Dank abzustatten.

Tafel II und III gehören zum zweiten Theile; sie sind dem
ersten Theile beigegeben, weil ich glaubte, dass die farbigen, von
Herrn Grohmann nach mikroskopischen Präparaten gezeichneten Abbildungen Vielen auch jetzt schon nicht unwillkommen sein würden.

Berlin, im Mai 1887.

Der Verfasser.

Inhaltsverzeichniss.

ERSTE VORLESUNG.

Die Entdeckung der mikroskopischen Organismen und die Entwickelung der Pathologia animata im 17. und 18. Jahrhundert 1

ZWEITE VORLESUNG.

Beginn des Studiums der niedersten Gebilde. Otto Friedrich Müller's Klassificationsversuch. Die Generatio aequivoca 12

DRITTE VORLESUNG.

Die systematische Eintheilung der niedersten Formen von Ehrenberg und Dujardin. Zweifel an der Thierheit der Vibrionen. Perty's System. Cohn's Gattung Zoogloea. Naegeli's Gruppe „Schizomycetes" 30

VIERTE VORLESUNG.

Beziehungen der niedersten Organismen zu den höher organisirten Wesen. Donné findet Vibrionen im Schanker-Eiter. Entdeckung der pflanzlichen Natur der Hefe und des Pilzes der Muscardine. Die Idee des Contagium animatum gewinnt festen Boden. Henle's Deductionen. Die Cholera in Europa 45

FÜNFTE VORLESUNG.

Die Untersuchungen Pasteur's über die specifischen Erreger der verschiedenen Gährungen, der Fäulniss, der Krankheiten der Weine und der Seidenraupen. Seine Gegner. Béchamp. Lemaire's Anschauungen. Lister's Wundbehandlung. Die Milzbrand-Stäbchen 57

SECHSTE VORLESUNG.

Wiederbelebung der Idee des Contagium animatum der Infectionskrankheiten. Salisbury. Die Lehre von dem Polymorphismus der Pilze. Wandelbarkeit der Pilzformen nach dem Substrat. Hallier's System. Seine Versuche, einen genetischen Zusammenhang von Pilzen, Hefen und Bacterien durch die Kulturmethode nachzuweisen. Hallier's Untersuchungen über die Aetiologie der Infectionskrankheiten. Enthusiasmus der Aerzte. Zurückweisung der Hallier'schen Pilzkulturen durch De Bary. Ablehnung jeden Zusammenhanges zwischen Pilzen und Bacterien durch Hoffmann, Rindfleisch, Burdon-Sanderson, Manasseïn und Ferdinand Cohn. Reaction gegen die Hallier'schen Contagien-Pilze 75

SIEBENTE VORLESUNG.

Hallier's „Micrococcus" und Chauveau's Nachweis der corpusculären Natur der Infectionsstoffe. Auffinden von „Micrococcus, granulations, Bacterien, Bacteridien" bei zahlreichen Krankheiten. Ungenügende Kriterien für die belebte Natur der aufgefundenen Gebilde. Verwechselungen mit unbelebten Körperchen. Uebertragungsversuche auf Thiere. Mangelhafte Beweis-

Seite

kraft derselben. Nachweis chemischer Gifte in faulenden Substraten durch
PANUM, BERGMANN und SCHMIEDEBERG, SONNENSCHEIN und ZÜLZER. Nachweis typischer Mikrokokken-Herde in inneren Organen durch von RECK-
LINGHAUSEN, WALDEYER, WEIGERT. KLEBS' Microsporon septicum. Anatomischer Nachweis desselben. TIEGEL'S Filtration infectiöser Secrete
durch Thonzellen. KLEBS' „fractionirte Kultur". KLEBS' Kulturen in
Gallertekammern. Längstheilung der Bacterien. Mikrokokken-Kolonieen,
gelbe Körper, homogene Plasmaschicht. Vergleichende Kultur des Diphtherie-Pilzes. KLEBS' Kulturversuche ausser von LETZERICH von keiner
Seite bestätigt. Seine anatomischen Untersuchungen anerkannt. HUETER'S
Monadenlehre. Einwürfe gegen die specifische pathogene Bedeutung der
in den Organen nachgewiesenen Organismen. Deren Identität mit Fäulnissorganismen behauptet. Bei allen Krankheiten identische Organismen
gefunden. Nothwendigkeit des Nachweises specifischer Unterschiede unter
den bei verschiedenen Krankheiten gefundenen Organismen   86

ACHTE VORLESUNG.

Thatsachen, welche für die Verschiedenheit der niederen Organismen sprachen. Die Faulniss zerstört die Infectionsstoffe. DAVAINE. BIRCH-HIRSCH-
FELD. Morphologisch eigenartige Gebilde. Die Sarcine. TRÉCUL'S Amylobacter. Die Organismen der blauen und der gelben Milch, des Rothwerdens der Speisen, des blaugrünen Eiters. Kulturen der Pigmente auf
festem Nährboden. HOFFMANN'S Dunstrohr zur Reinkultur. SCHROETER'S
Kulturen der verschiedenfarbigen Pigmente auf gekochten Kartoffeln. Seine
Unterscheidung der verschiedenen Arten nach Farbstoffbildung und Beweglichkeit   104

NEUNTE VORLESUNG.

FERDINAND COHN's System. Seine Untersuchungen über die Ernährung der
Bacterien und ihre Wirkungsweise   115

ZEHNTE VORLESUNG.

Einwände gegen das COHN'sche System. KLEBS' Mikrobacteria. Seine Mikrosporinen und Monadinen. Spätere Anerkennung der Genera Micrococcus und Bacillus durch KLEBS. Sein Microccocus vaccinae et variolae.
Sein und TOMMASI-CRUDELI's Malaria-Bacillus. Sein Typhus- und Diphtherie-Bacillus. RAY-LANKESTER's peach-coloured Bacterium. LISTER's
Untersuchungen über den Einfluss des Nährsubstrates auf Form, Beweglichkeit und Fermentthätigkeit der Bacterien und deren wichtige Consequenzen für die Entstehung der Wundinfectionskrankheiten. Die Untersuchungen COHN's über den Brunnenfaden. Aehnlichkeit der Gonidien
der Crenothrix mit manchen Bacterien   129

ELFTE VORLESUNG.

BILLROTH'S Coccobacteria septica. Die Beziehungen der Coccobacteria zu
den Infectionskrankheiten. VIRCHOW's diesbezügliche Anschauungen. Die
Entdeckung der Spiralfäden im Recurrensblut durch OBERMEIER. COHN
hält seinen Standpunkt BILLROTH und auch RAY-LANKESTER gegenüber
aufrecht. Beschreibt zahlreiche neue Arten. Vereinigt die Bacteriaceen
und Phycochromaceen wegen ihrer unzweifelhaften nahen Verwandtschaft
zu einer gemeinsamen Gruppe und stellt diese unter der Bezeichnung
Schizophytae den höheren Pflanzengruppen gegenüber   142

ZWÖLFTE VORLESUNG.

Entdeckung einer besonderen Fruchtform bei der Gattung Bacillus durch
COHN. ROBERT KOCH erkennt die Milzbrandstäbchen als eine

Seite

besondere pathogene Bacillus-Art und begründet die Aetiologie der Milzbrand-Krankheit auf die Entwickelungsgeschichte des Bacillus Anthracis. Bedeutung seiner Entdeckung
für die Aetiologie der Infectionskrankheiten. PAUL BERT's Untersuchungen
über das Milzbrandvirus. PASTEUR widerlegt PAUL BERT, bestätigt sämmtliche von KOCH gefundenen Thatsachen, entdeckt den „vibrion septique" 164

DREIZEHNTE VORLESUNG.

Rückblick auf die Lehre von den pathogenen Bacterien. COHN's Unterscheidung zwischen pathogenen und saprogenen Bacterien. Die Bacterienfunde häufen sich. Die bei den verschiedensten Krankheiten gefundenen
Bacterien sind weder durch die Form, noch durch die Kultur, noch durch
das Thierexperiment zu unterscheiden. Annahme der Identität aller jener
und der Fäulnissbacterien. Die gleichen Bacterien können nicht die verschiedenen Krankheiten erzeugen. Die Bacterien fehlen in vielen Fällen,
oder stehen ihrer Zahl nach in keinem Verhältniss zur Schwere der
Affection, können mithin keine ätiologische Bedeutung haben. Fäulnissprocesse an den Wunden. Alte Annahme, dass Fäulniss die Ursache der
Wundkrankheiten. Beweis dafür die Thierversuche und die antiseptische
Behandlung LISTER's. Fäulniss ist durch Keime bedingt, also auch die
Wundfäulniss. Wie ist die Entstehung der verschiedenen Wundkrankheiten beim Menschen und die verschiedenartige Wirkung der Fäulnissstoffe auf Thiere zu erklären? Entweder durch Verschiedenheit der
Bacterien in den Fäulnissstoffen — dafür fehlt der Beweis, oder durch
andere ausserhalb der Bacterien liegende Momente: durch quantitative
und qualitative Verschiedenheiten der chemischen giftigen Producte der
Fäulniss. SAMUEL's Erklärung. BILLROTH's Anschauung. Die verimpfbare Septicämie und die zunehmende Virulenz des septicämischen Durchgangsblutes. Widerstreit der Ansichten, ob die Septicämie durch ein vitales
Agens oder durch ein Ferment bedingt sei. Die Frage bleibt unentschieden. Fäulnissbacterien und Septicämie-Bacterien werden für identisch
angesehen. Wirken isolirte Bacterien pathogen? Versuche die Bacterien
von ihrem Nährboden abzutrennen durch Gefrierenlassen und Wiederaufthauen, Filtration, Diffusion. Wirkungen von Kulturen der Bacterien in
PASTEUR'scher Nährlösung. HILLER's Versuche: Auswaschen der isolirten
Bacterien. Unwirksamkeit der „reinen Bacterien" im Körper von Mensch
und Thier. Unschädlichkeit derselben für Wunden. RANKE's Untersuchungen über Bacterien unter dem LISTER'schen Verbande. Nach HILLER
ist die „septische Infection" keine Mycose, sondern eine Intoxication;
ebenso sind auch nach seiner Ansicht die Septicämie und das Erysipel
durch chemische Gifte bedingt. HILLER glaubt mit BILLROTH und TIEGEL
an eine Präexistenz von Bacterien im lebenden Körper. Die Bacterien
vermehren sich nur dann, wenn an einer Stelle physikalische oder chemische Störungen eingetreten sind. Die Bacterien sind stets die Folge,
niemals die Ursache von Erkrankungen 179

VIERZEHNTE VORLESUNG.

Die weitere Entwickelung des Bacterienstreites. Viele Forscher finden keine
Bacterien im Blut und in den Geweben des gesunden Körpers. Die Versuche von TRAUBE und GSCHEIDLEN und von LANDAU. PANUM's Anschauungen. PANUM will die „putride Intoxication" streng von der „Septicämie" trennen. HILLER's Gegner. KLEBS' Einwände. WEIGERT's eingehende Kritik aller gegen die Existenz specifischer Arten unter den
Bacterien beigebrachten Gründe. HILLER's Replik. WEIGERT's Duplik.
Die neue Aera beginnt mit der Einführung neuer Untersuchungs-Methoden
in die Bacterienforschung 199

FÜNFZEHNTE VORLESUNG.

Die Färbungsmethode zur Unterscheidung der Bacterien in Geweben. Weigert's Carmin-, Hämatoxylin- und Methylviolett- Färbungen. Die erste
Färbung der Bacterien in Flüssigkeiten durch Hoffmann. Salomonsen's
Methode der Färbung der Bacterien unter dem Deckglas mit schwefelsaurem Rosanilin. Robert Koch's Verfahren zur Untersuchung,
zum Conserviren und Photographiren der Bacterien. Salomonsen's Methode zur Isolation differenter Bacterienformen. Lister's Methode der Gewinnung isolirter Bacterien aus Bacteriengemischen. Praktische Verwerthung seiner Methode. Reinkultur des Bacterium lactis.
Lister widerruft seine früheren Angaben über die Veränderlichkeit der
Bacterien der sauren Milch je nach dem Nährsubstrat. Er erkennt an,
dass sein Irrthum durch die Beimischung anderer Bacterienarten zu dem
Bacterium lactis veranlasst war 213

SECHSZEHNTE VORLESUNG.

Die Untersuchungen Koch's über die Aetiologie der Wundinfectionskrankheiten. Koch erkennt das Weigert'sche Kernfärbungsverfahren als die
beste Methode zum Nachweis der Mikroorganismen in Geweben. Verwendet den Abbe'schen Beleuchtungsapparat und die Oel-
Immersionssysteme von Zeiss zur Untersuchung der gefärbten Objecte. Beschreibt eine Methode zur isolirten Färbung von
Bacterien in Gewebsschnitten. Er erzeugt durch Injection faulender
Substanzen bei Mäusen zwei, bei Kaninchen vier klinisch scharf von
einander unterschiedene Infectionskrankheiten und beweist, dass eine
jede durch eine ganz specifische, mit ganz besonderen morphologischen
und biologischen Eigenschaften ausgestattete Bacterie erzeugt wird. Koch
zeigt, dass es keinen besseren Kulturapparat für pathogene Bacterien
giebt, als den Thierkörper. Schlussfolgerungen Koch's aus seinen Versuchen. Er liefert den Beweis, dass es pathogene und nicht pathogene
Bacterien giebt, welche nur das mit einander gemein haben, dass sie
neben einander in demselben Substrate gedeihen. Er betont, dass die
früheren Versuche, in welchen dieses verschiedene Verhalten der Bacterien nicht berücksichtigt war, zu einem Beweise für oder gegen den
Parasitismus der Infectionskrankheiten nicht verwerthet werden können.
— Koch erkennt das Gesetz der progressiven Virulenz des septicämischen Blutes nach seinen Versuchen an. Die grösste Virulenz
ist erreicht, sobald die Septicämiebacterien sich in Reinkultur im Blute
finden. Gaffky zeigt, dass dieses sogenannte Gesetz aus den Davaine-
schen Versuchen von anderen Forschern irrthümlich abgeleitet ist. Die
exacten Arbeiten Koch's über die Aetiologie der künstlichen Wundinfectionskrankheiten sind von grundlegender Bedeutung für die weiteren
Forschungen auf dem Gebiete der Aetiologie der Infectionskrankheiten   228

Erste Vorlesung.

Die Entdeckung der mikroskopischen Organismen und die Entwickelung der Pathologia animata im 17. und 18. Jahrhundert.

„Dass die Luft, das Wasser und die Erde von unzählbaren Insecten wimmelt, ist so sicher, dass der Beweis dafür sogar dem Auge
vorgeführt werden kann. Bekannt war es auch bisher aller Welt,
dass Würmer aus faulenden Körpern entstehen; aber erst nach der
bewundernswerthen Erfindung des Mikroskopes hat man erkannt,
dass alle faulenden Stoffe von einer zahllosen Brut mit dem nicht
bewaffneten Auge nicht wahrnehmbarer Würmer wimmeln: was auch
ich niemals geglaubt haben würde, wenn ich nicht durch häufige,
viele Jahre hindurch wiederholte Versuche die Ueberzeugung davon
gewonnen hätte."

Mit diesen vor 230 Jahren niedergeschriebenen Worten verkün-
dete der berühmte, hochgelehrte Presbyter aus der Gesellschaft Jesu
ATHANASIUS KIRCHERUS[1]) die Entdeckung einer neuen Welt von
lebenden Wesen, deren Dasein wohl von erleuchteten Köpfen geahnt,
ja postulirt worden war, deren Existenz aber erst mit Hülfe des
im Anfange des 17. Jahrhunderts erfundenen Mikroskopes bewiesen
werden konnte. Nähere Angaben über diese Würmer, welche in faulendem Fleisch, in der Milch, im Essig, im Käse u. s. w. unter dem
Mikroskop zum Vorschein kommen, konnte KIRCHER nicht machen.
Sein Mikroskop, welches in einer auf der einen Seite sphärisch, auf
der anderen hyperbolisch geschliffenen Linse bestand[2]) (s. Fig. 1),

---

1) ATHANASII KIRCHERI e Soc. Jesu Scrutinium physico-medicum contagiosae
luis quae dicitur pestis, quo origo, caussae, signa, prognostica pestis nec non in-
solentes maliguantis naturae effectus, qui statis temporibus, Caelestium influxuum
virtute et efficacia tum in elementis tum in epidemiis hominum animantiumque
morbis elucescunt, una cum appropriatis remediorum Antidotis nova doctrina
in lucem eruuntur. Cum praefatione D. CHRISTIANI LANGII professoris medici in
Acad. Lipsiensi publ. Lipsiae 1671.
2) ATHANASIUS KIRCHERUS: Ars magna lucis et umbrae in 10 libros digesta etc.
Romae 1646 sumpt. Herm. Scheus.

zeigte die Objecte 1000 mal grösser als sie wirklich waren, millies
majora quam in se sunt, gestattete mithin nur eine etwa 32 malige
lineare Vergrösserung. Es genügte eben um wahrzunehmen, dass in
allen faulenden Substanzen „Würmer" vorhanden waren. War nun
schon diese Entdeckung an und für sich von dem allergrössten Interesse, so erhielt sie noch eine ganz besondere medicinische Bedeutung
dadurch, dass Kircher aus derselben sogleich die weitgehendsten
Consequenzen zog für die Aetiologie der Krankheiten und zwar
speciell der pestartigen Seuche, welche im Jahre 1656 in Italien
wüthete. Nach der landläufigen Ansicht der damaligen Aerzte war
die Ursache aller Krankheiten eine in den verborgenen Recessus des
Körpers stattfindende Fäulniss der Humores; da nun Kircher bei jeder
Fäulniss mit Hülfe des Mikroskopes unzählige Würmchen gefunden

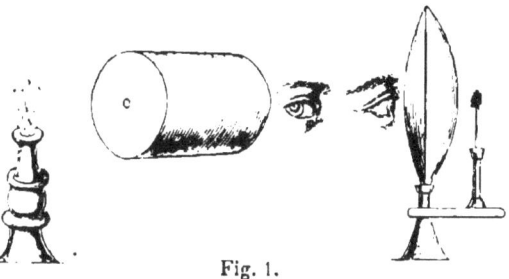

Fig. 1.

hatte, so erwartete er auch im Blute und Bubonen-Eiter der an einer
ganz besonders schlimmen Fäulniss leidenden Pestkranken solche
Würmchen zu finden. Und in der That fand er auch seine Erwartungen bestätigt. Blut und Eiter sah er von zahllosen Würmchen
erfüllt: ja er vermochte dieselben sogar vielen glaubwürdigen Män-
nern zu demonstriren. „Vielleicht", ruft er aus, „wird dies manchen
Aerzten wunderbar erscheinen; aber sie mögen wissen, dass viele
Dinge in der Natur verborgen sind, unbekannt den Alten wie den
Modernen, welche gleichwohl der hohe Scharfsinn dieser Zeiten mit
Hülfe des bewaffneten Auges entdeckt und wie man zu sagen pflegt,
ad oculum demonstrirt hat." Der Beweis für das contagium animatum schien somit erbracht zu sein. Den Mikroorganismus, welcher
die Bubonenpest erzeugt, hat Kircher indessen nicht aufgefunden,
er harrt noch heute seiner Entdeckung; Fantasiegebilde aber waren
die Würmchen, welche er gesehen, keineswegs: ohne jeden Zweifel
hat er die zu jener Zeit noch nicht entdeckten Blut- und Eiterkörperchen mit seinem Mikroskope gesehen und für Würmchen gehalten.

Der Eindruck, welchen KIRCHER's Buch: Scrutinium physico-medicum contagiosae luis, quae dicitur pestis damals gemacht hat, muss ein sehr tief gehender gewesen sein, denn der Professor der pathologischen Anatomie in Leipzig, CHRISTIAN LANGE liess dasselbe im Jahre 1671 abdrucken und empfahl es in einer begeisterten Vorrede der studirenden Jugend zum Studium. In dieser Vorrede gab er zugleich seiner und seines Freundes HAUPTMANN Ansicht über die Entstehung der zu jener Zeit epidemisch auftretenden Purpura der Wöchnerinnen dahin Ausdruck, dass diese nichts anderes sei, als eine hochgradige, durch Würmchen veranlasste Fäulniss der zurückgehaltenen Lochien. In derselben Vorrede nimmt er noch für viele andere Krankheiten, wie Masern, Pocken, Petechial- und andere Fieber, dieselbe Aetiologie in Anspruch. Ja auch hartnäckige Cephalalgien, schmerzhafte Pleuritiden, schmerzhafte Magen- und Darmleiden, epileptische Krämpfe und gichtische Qualen führt er zurück auf belebte Exhalationen und Effluvien, welche sich nach seiner Ansicht an die nervenreichen und häutigen Theile wie ausserordentlich klebrige Stoffe ansetzten und diese durch fortwährende Stiche und Bisse zerstächen und zerrissen, eine Anschauung, in welcher LANGE durch das häufige Auffinden von wirklichen Würmern in allen möglichen Theilen des Körpers nur bestärkt werden konnte. Wir haben somit bereits in der Mitte des 17. Jahrhunderts eine anscheinend sogar durch mikroskopische Untersuchungen wohl begründete Pathologia animata vor uns. Ihre Begründung muss indessen selbst den Zeitgenossen nicht genügend erschienen sein, da sie nicht zu allgemeiner Anerkennung gelangte.

Es fehlte eine nähere Kenntniss der mikroskopischen Würmchen. Der erste nun, welcher einen tieferen Einblick that in die Welt der kleinen, dem unbewaffneten Auge unsichtbaren Wesen, war ANTONY VAN LEEUWENHOEK [3]), ein einfacher Privatmann zu Delft in Holland, welcher während seiner Lehrzeit als Lehrling in einem Leinewandgeschäfte zu Amsterdam die Kunst kleine Glaslinsen zu schleifen erlernt hatte und später seine ganze Musse darauf verwandte, möglichst kleine Linsen zu schleifen und zu poliren, um mit ihnen alle ihn umgebenden Gegenstände zu betrachten. Mit zu-

---

3) Arcana naturae detecta ab ANTONIO VAN LEEUWENHOEK. Delphis Batavorum 1695.

— Anatomia seu interiora rerum cum animatarum tum inanimatarum, ope et beneficio exquisitissimorum microscopiorum detecta, variisque experimentis demonstrata, una cum discursu et ulteriore delucidatione epistolis quibusdam ad celeberrimum, quod Serenissimi Magnae Britanniae Regis auspicio Londini floret,

nehmender Geschicklichkeit gelang es ihm, so kleine Linsen fehler-
frei herzustellen, dass sie stärker vergrösserten als alle bis dahin
angefertigten einfachen Linsen und Linsen-Combinationen.

Diese Linsen montirte er dann zwischen zwei Kupfer-, Silber-
oder auch Goldplatten (Fig. 2). Auf der einen Seite der Platte
brachte er ein kleines Tischchen an, welches durch zwei Schrauben
vor der Linse in die Höhe bewegt, resp. von derselben entfernt
werden konnte, so dass die auf dem Tischchen an einem Stachel
befestigten Objecte genau in den Focus der Linse zur Einstellung gelangten. Bisweilen hielt er es für vortheilhaft, die Linse in der Mitte

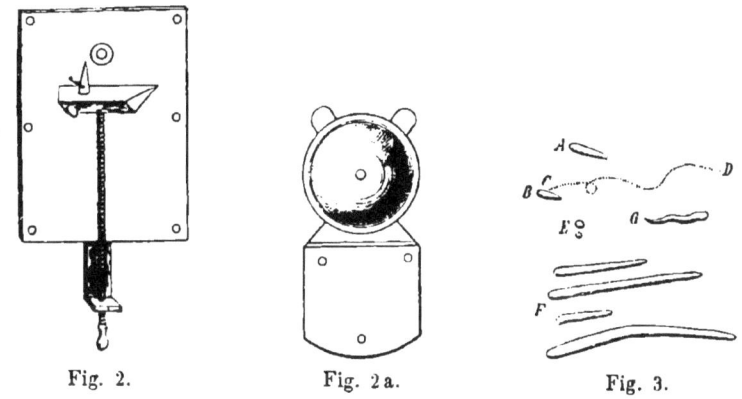

Fig. 2.   Fig. 2 a.   Fig. 3.

eines Hohlspiegelchens zu befestigen, um die Objecte mit Hülfe desselben zu beleuchten (Fig. 2 a). Mit diesen seinen einfachen, aber
ausgezeichneten Mikroskopen gelang es dem wissenschaftlich zwar
nicht vorgebildeten, dafür aber mit einer seltenen Beobachtungsgabe
ausgestatteten Forscher eine solche Fülle von grundlegenden Thatsachen zu entdecken, dass er von der dankbaren Nachwelt mit vollem
Rechte der „Vater der Mikrographie" genannt worden ist. Erst in
seinem 41. Lebensjahre trat er mit seinen Beobachtungen an die
Oeffentlichkeit. Er legte dieselben nieder in einer langen Folge von

Philosophorum collegium datis comprehensa ab ANTONIO A LEEUWENHOEK, ejusdem
Regiae societatis Symmyste. Lugduni Batavorum. 1687. apud Cornelium Boutesteyn,
bibliopolam.

— ANTONII A LEEUWENHOEK regiae, quae Londini est, societatis collegae
epistolae physiologicae super compluribus naturae arcanis. Delphis 1719.

BIRCH: The history of the royal society of London. 1757. vol. IV. p. 346.

ANTONI VAN LEEUWENHOEK verehrend erdacht door ISAAC VAN HASTERT. 1823.

P. J. HAAXMAN: ANTONY VAN LEEUWENHOEK de ontdekker der infusorien.
Leyden 1875.

Briefen an die Royal society in London, mit welcher er durch Vermittlung seines Freundes REGNIER DE GRAAF in Beziehung getreten war. Mitte September 1675 entdeckte er im Regenwasser lebhaft sich bewegende Thierchen von so ausserordentlicher Kleinheit, dass der berühmteste Mikroskopiker der damaligen Zeit, ROBERT HOOKE, mit seinen besten, aus geschmolzenen Glaskügelchen hergestellten Linsen erst nach Jahre langen, mühevollen Untersuchungen ihr Vorhandensein bestätigen konnte. Auch im Seewasser, im Brunnenwasser, in Aufgüssen von Pfeffer, im Darmkanal der Pferdefliege, der Frösche, Tauben, Hühner, sowie in seinem eigenen diarrhoischen Stuhle fand LEEUWENHOEK Thierchen der verschiedensten Art, welche sich sowohl durch ihre Gestalt und Grösse, als auch durch die Art ihrer Bewegungen deutlich von einander unterschieden.

Eine ganz besondere Art von Thierchen entdeckte er im Jahre 1683, als er von dem zwischen seinen Zähnen trotz sorgfältigster Reinigung vorhandenen weisslichen Material eine geringe Menge mit Regenwasser oder Speichel vermischte und untersuchte.

Diese überaus wichtige Beobachtung, welche LEEUWENHOEK mit wahrhaft klassischer Objectivität in einem Briefe an die Royal society vom 14. September 1683 geschildert hat, ist von ganz besonderem Werthe dadurch, dass sie durch Abbildungen der Thierchen illustrirt ist (Fig. 3). Dieselben lassen keinen Zweifel darüber zu, dass LEEUWENHOEK mit seinen einfachen Linsen in der That die verschiedenen Formen der jetzt so genannten Bacterien gesehen und richtig erkannt hat. „Mit grosser Bewunderung sah ich“, schreibt LEEUWENHOEK, „dass überall in dem genannten Material viele sehr winzige Thierchen enthalten waren, welche sich auf die ergötzlichste Weise bewegten. Die grösste Art war ähnlich der Fig. A. Sie zeigten die lebhafteste und schnellste Bewegung und bewegten sich durch das Wasser oder den Speichel, wie ein Raubfisch durch das Wasser schiesst; sie waren wenn auch überall, so doch wenig zahlreich. Die zweite Art war ähnlich der Fig. B. Diese drehten sich oft im Kreise herum nach Art eines Kreisels, und bisweilen beschrieben sie eine Bahn, wie in C und D gezeigt ist: diese waren in grösserer Zahl vorhanden. Die Figur der dritten Art konnte ich nicht deutlich unterscheiden: denn bald schienen sie länglich rund, bald vollkommen rund zu sein; sie waren so winzig klein, dass sie nicht grösser erschienen als Fig. E, und ausserdem bewegten sie sich so schnell vorwärts, dass sie durcheinander geriethen: sie boten ein ähnliches Bild wie eine grosse Zahl durcheinander tanzender Mücken oder Fliegen. Diese machten mir den Eindruck, dass ich glaubte, ich sähe einige

Tausende in einem beliebigen Theil des Wassers oder Speichels, welcher mit einem Theilchen des oben genannten Materiales nicht grösser als ein Sandkorn vermischt war, selbst wenn auf neun Theile Wasser oder Speichel nur ein Theil des aus den Schneide- oder Backzähnen entnommenen Materiales kam. Ferner bestand die Hauptmenge des Materiales aus einer ausserordentlichen Menge von Strichen, welche in ihrer Länge zwar sehr verschieden, jedoch von ganz gleicher Dicke waren. Einige waren gebogen, einige gerade, wie in Fig. F; sie lagen ungeordnet und unter sich verschlungen. Da ich früher Thierchen von derselben Form im Wasser lebendig gesehen hatte, suchte ich mit aller Anstrengung zu beobachten, ob in ihnen Leben wäre: allein ich konnte keine, auch nicht die geringste Bewegung als Zeichen irgend welchen Lebens erkennen." Als dann LEEUWENHOEK Theilchen von dem Material zwischen den Zähnen eines alten Mannes, welcher sich niemals die Zähne reinigte, in gleicher Weise untersuchte, fand er „eine unglaubliche Menge lebender Thierchen, welche schneller schwammen als die bis dahin von ihm beobachteten. Die grösste Art, welche in grosser Zahl vorhanden war, bogen bei der Fortbewegung ihre Körper wie in Fig. G. Ausserdem waren andere Thierchen in so grosser Zahl vorhanden, dass das ganze Wasser zu leben schien."

Wenn man nach dieser letzten Angabe noch im Zweifel sein kann, ob LEEUWENHOEK ausser den rundlichen, stäbchen- und fadenförmigen auch schraubenförmige Thierchen gesehen hat, so muss doch dieser Zweifel schwinden vor der Beschreibung, welche er in einem Briefe vom 1. October 1692 von solchen Gebilden gegeben hat. In diesem Briefe spricht er zuerst von den kleinsten runden Thierchen, deren Axe tausendmal kleiner sei, als die Axe eines feinen Sandkörnchens; dann beschreibt er Thierchen, welche etwas dicker wie die runden und 5—6 mal

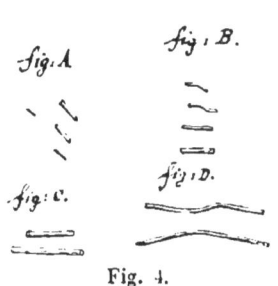

Fig. 4.

so lang als breit waren, welche gleichmässig dick keinen Unterschied zeigten zwischen vorderem und hinterem Körperende und bei der Fortbewegung, welche sehr langsam war und nur durch eine Biegung des Körpers zu geschehen schien, bald dieses bald jenes Theiles sich bedienten (Fig. 4 A). Ausser diesen beobachtete er nun aber noch Thierchen von etwa gleicher oder auch etwas grösserer Länge wie die vorhergehenden. Diese bewegten ihren Körper in starken Bie-

gungen im Verhältniss zu den ersteren und erzeugten durch ihre
Biegungen, indem sie bald schwimmend sich vorwärts, bald rück-
wärts bewegten und besonders indem sie sich der Länge nach zusammen rollten (juxta longitudinem se convolventia), eine so lebhafte
Bewegung, dass er sie nicht ohne Bewunderung und Ergötzen immer
wieder betrachtete. Dabei bemerkte er, dass die kleinsten Thierchen,
welche um sie herum schwammen, so von ihnen weggeschleudert
wurden, wie etwa ein Schmetterling in einem Mückenschwarm die
Mücken mit seinen Flügeln wegschleudern würde (Fig. 4 B). Weiter
sah er dann auch noch Thierchen von gleicher Dicke, aber verschiedener Länge (Fig. 4 C), welche ihre Körper sehr langsam und träge
bogen (vidi ea corpora sua lente admodum et flexu admodum lan-
guido inflectere), sowie noch längere, theils gerade, theils gebogene
bewegungslose Thierchen (Fig. 4 D). Dass LEEUWENHOEK bei den in
Fig. 4 B abgebildeten Thierchen eine andere als eine einfache Schlan-
genbewegung gesehen und auch zu schildern beabsichtigt hat, dürfte
auch daraus hervorgehen, dass er diese Art der Bewegung bereits
früher im Jahre 1687 in seinem Werke: Anatomia seu Interiora rerum
treffend beschrieben hat. Er berichtet daselbst S. 38 in einem Briefe
an ROBERT HOOKE über Thierchen in seinem eigenen diarrhoischen
Stuhl „habentia figuram ad instar anguillarum in fluminibus nostris",
welche sich schnell bewegten und ihre Körper nach Art der Vipern
bogen (incurvabant corpora sua viperarum ad instar).

Ansichten über die Bedeutung der von ihm gefundenen Thierchen im Haushalte der Natur finden wir in den Schriften LEEUWEN-
HOEK's nicht dargelegt. Er begnügte sich damit ihre Existenz gefunden zu haben. Ueber die räthselhafte Herkunft der Thierchen im
Munde schien ihm eine im Jahre 1713 gemachte Beobachtung Aufschluss zu geben. Er fand im Monate August auf einem Vivarium
in seinem Garten ein grünlich schillerndes, äusserst zartes Häutchen,
während er sonst keine Pflanzen darin bemerkte. Er berührte mit
einem Stäbchen die Oberfläche des Wassers und beobachtete in dem
entnommenen Wassertropfen eine ausserordentliche Menge mit dem Mikroskop kaum erkennbarer Thierchen. Spült nun jemand, so schliesst
er, Trinkgefässe in einem solchen Wasser aus, so werden wer weiss
wie viele Thiere an denselben hängen bleiben und einige davon
gewiss in den Mund des aus diesen Gefässen Trinkenden hinein-
kriechen. Auf diese Weise erkläre sich zur Genüge die Anwesenheit
der Thierchen in der Substanz zwischen den Zähnen. An die Möglichkeit, dass derartige Thierchen bei ihrer ausserordentlichen Kleinheit etwa in das Blut eindringen könnten, hat er wohl gedacht, in-

dessen weist er eine solche Annahme von der Hand, weil er „die
Gefässe, welche das Material aufnehmen, aus welchem das Blut, das
Fett u. s. w. gemacht wird", für so eng hält, dass ein solches Thier-
chen, selbst wenn es noch tausendmal kleiner wäre, wegen seiner
Grösse nicht hindurch wandern könnte.

Die Entdeckung der mikroskopischen Thierchen, namentlich der
Thierchen in Pfefferaufgüssen, wurde schnell überall bekannt. Bereits
im Jahre 1679 wurden, wie wir aus einer Mittheilung des kurfürst-
lich brandenburgischen Leibarztes JOHANN SIGISMUND ELSHOLZ an
die Academia naturae curiosorum ersehen[4]), Microscopia globularia,
Mikroskope mit Glaskügelchen als Linsen, in Paris feilgeboten, durch
welche man diese Thierchen sehen konnte. Es kann daher nicht
überraschen, dass die Thierchen, nachdem sie aller Welt bekannt
geworden waren, von Neuem für die Erklärung zahlreicher Krankheiten in Anspruch genommen wurden. NICOLAS ANDRY[5]) glaubte,
dass die Luft, das Wasser, der Essig, der gährende Wein, das alte
Bier, der Cider, die saure Milch voll von Keimen wären, dass das
Blut, der Urin, die Pusteln der Pockenkranken deren enthielten, dass
es bei den venerischen Krankheiten fast keine Körperstelle gäbe,
welche nicht von den kleinen unwahrnehmbaren Würmchen ange-
fressen würde, eine Ansicht, welche auch HARTSOEKER theilte. Man
fand es daher auch ganz erklärlich, dass man sie nur durch den
die Würmer tödtenden Mercur heilen könne. LANCISI[6]) schrieb die
Schädlichkeit der Sumpfluft unsichtbaren Thierchen zu, wie bereits
VARRO[7]) vor ihm gethan. VALLISNERI[8]) und später GOIFFON[9]) und
LEBEGNE[10]) nahmen an, dass die Pest in Toulon und Marseille im

---

4) JOH. SIGISMUND ELSHOLTIUS: Ephemerid. Nat. Cur. Decur. I. Ann. 9. Obs.
115. 1679.

5) NIC. ANDRY: De la génération des vers dans le corps de l'homme. Amsterdam 1701. Daselbst die Ansicht von HARTSOEKER.

6) Jo. MARIA LANCISI: Opera omnia collegit et in ordinem digessit P. ASSALTUS.
2 tom. Genev. 1718. Tractatus de noxiis paludum effluviis lib. I. pars I. cap. XVIII.

7) MARCUS TERENTIUS VARRO, geb. 116 v. Chr. zu Reate. De re rustica lib. I. 12:
si qua sunt loca palustria crescunt animalia quaedam minuta, quae non possunt
oculi consequi sed per aëra intus in corpus per os et nares perveniunt atque
efficiunt difficiles morbos.

8) ANT. VALLISNERI: Opere fisico-mediche. 3 tom. Venezia 1733.
— Considerazione ad esperienze intorno alla generazione dei vermi 1710, cit.
nach EHRENBERG, Infusionsthierchen praef. VIII.

9) GOIFFON: Observations faites sur la peste de Marseille 1721, cit. nach
EHRENBERG ibid.

10) LEBEGNE: An pestis Massiliensis e seminio verminoso 1721, cit. nach
EHRENBERG ibid.

Jahre 1721 durch solche Thierchen erzeugt würde, kurz, es herrschte
eine förmliche Manie, überall Würmer zu wittern, deren Vorhandensein man jedoch nicht bewies, sondern nur aus der Analogie der in
den Wässern wirklich gefundenen erschloss. Es konnte nicht ausbleiben, dass die unsichtbaren Würmer ein Gegenstand des Spottes
wurden. Bereits im Jahre 1726 erschien in Paris ein satirisches
Buch [11]), in welchem die Würmer nach den verschiedenen Krankheiten als Ohnmachtler, Leibkneifler, Schwärler, Thränenfistler, Wol-
lüstler, Durchläufler u. s. w. benannt und abgebildet wurden, wodurch die ganze Richtung als lächerlich an den Pranger gestellt
wurde und in Misscredit gerieth.

Gleichwohl blieb die Idee des Contagium animatum in einzelnen
Köpfen lebendig. Selbst der grosse Linné [12]), welcher nicht geübt
im Gebrauche des Mikroskopes und voll Misstrauen gegen alle mit
demselben gemachten Beobachtungen, die ganze Welt der kleinsten
Lebewesen unter einer einzigen Gattung „Chaos“ in bezeichnender
Weise zusammenfasste, konnte sich des Gedankens nicht erwehren,
dass es ausser dem Chaos infusorium noch belebte Theilchen in der
Welt gäbe, welche vielleicht auch zu diesem Geschlechte gehörten,
aber noch nicht entdeckt und genügend untersucht seien, als da sind:

1. Die Ansteckung derjenigen Krankheiten, welche mit einem
   Ausschlage verknüpft sind,
2. der Zunder der hitzigen Fieber,
3. das Gift der Venusseuche,
4. die von Leeuwenhoek entdeckten Samenthierchen,
5. das Flockengewebe, welches im Frühjahr in der Luft hängt,
   und endlich
6. das was die Gährung und Fäulniss verursacht.

Wie lebhaft seine Fantasie von der Vorstellung belebter Krankheitserreger erfüllt war, zeigt ganz besonders seine Erzählung von der
Furia infernalis, einem bösartigen Wesen, welches in Norwegen aus
der Luft auf die Menschen herabstürzen sollte und welches, wie er
mit voller Ueberzeugung berichtet, auch ihn auf seinen botanischen

---

11) Système d'un médecin anglois sur la cause de toutes les espèces de
maladies, Paris. Recueilli par M. A. C. D., cit. nach Ehrenberg ibid.
12) C. v. Linné: Vollständiges Natursystem nach der 12. lateinischen Ausgabe und nach Anleitung des holländischen Houttuyni'schen Werks, mit einer
ausführlichen Erklärung ausgefertigt von Ph. Ludw. Statius Müller. Nürnberg
1773—76. — Seine ersten Anschauungen, dass kleine Milben die Ursache vieler
Krankheiten, der Pocken, Masern, Ruhr, Pest etc. seien, s. in seinen Exanthemata
viva. Upsala 1757.

Excursionen in jenen Gegenden angefallen und auf das Krankenlager geworfen habe.

Besonders aber war es ein Wiener Arzt, MARCUS ANTONIUS PLENCIZ[13]), welcher auf der festen Basis der LEEUWENHOEK'schen Entdeckungen stehend, mit grosser Schärfe die Consequenzen derselben für die Aetiologie der contagiösen Krankheiten sowohl, wie auch der Fäulniss entwickelt hat. In seinen Opera medico-physica legte er alle Meinungen dar, welche bis dato über die Entstehung jener Krankheiten ausgesprochen worden waren. Mit ausserordentlicher Klarheit zeigte er, dass sie alle das Wesen des Contagiums nicht erschöpften, dass allein die Annahme eines „principium quoddam seminale verminosum" die Natur des Contagiums, seine schnelle Vermehrung im Körper, seine Verbreitungsfähigkeit durch die Luft, das Incubationsstadium der Krankheiten in befriedigender Weise erkläre. Dieses Seminium sei für jede Krankheit ein besonderes. Wie aus einer Pflanze stets nur diese eine Art entstünde, so entstehe auch aus dem Seminium des Scharlach stets nur das Scharlach, aus dem der Pocken stets nur die Pocken. Was die häufig beobachteten Verschiedenheiten im Auftreten einer Krankheit anlange, so könne man sich vorstellen, dass die Seminien einer Krankheit sich in ähnlicher Weise verschieden zeigen könnten, wie die verschiedenen Sorten der Birne, des Apfels, der Kirsche. Indessen müsse man doch zugeben, dass die Verschiedenheit häufig von einer gewissen Constitution der Zeit, des Ortes und der Kranken abhänge. PLENCIZ bestätigte die Beobachtungen LEEUWENHOEK's durchaus; auch er fand in allen faulenden Dingen unzählige Animalcula und kam hinsichtlich der Entstehung der Fäulniss zu dem Schluss: dass „dann ein Körper in Fäulniss geräth, wenn ein wurmiges Gesäm sich zu beleben, zu entwickeln und zu vermehren beginnt: denn diese Thierchen entleeren viele aus flüchtigem Salz bestehende Excremente, desgleichen viele neue für die weitere Entwickelung dienende Samen oder Eier, durch welche Flüssigkeiten trübe und übelriechend gemacht, feste Körper aber mehr weniger übelriechend, weich und zerreiblich werden."[14])

---

13) MARC. ANTON. PLENCIZ: Opera medico-physica in 4 tractatus digesta; quorum I contagii morborum ideam novam una cum additamento de lue bovina anno 1761 epidemice grassante sistit, II de variolis, III de scarlatina, IV de terrae motu ...... Vindobonae 1762.

14) „Tunc aliquod corpus putrescere, quando seminium verminosum animari, evolvi et multiplicari incipit: haec enim animalcula egerunt multa excrementa sale volatili constantia, item multa alia seminia seu ovula ulteriori evolutioni inservientia, ex quibus quae liquida sunt, turbida et male olentia redduntur, solida vero plus minus male olentia, mollia et friabilia fiunt."

Auch die Wirkung des Brodfermentes schrieb er den darin enthaltenen Thierchen zu. Wenn er nämlich ein Theilchen des Brodfermentes und ein Theilchen der Masse, welcher das Brodferment
zugesetzt war, nach vorheriger Verdünnung mit Wasser unter dem
Mikroskop beobachtete, so fand er in beiden Präparaten dieselben
Thierchen: er schloss daraus, dass die ganze Teigmasse die Natur
des Fermentes erlangt habe, weil die Thierchen des Fermentes sich
in ihr vermehrt hätten.

Wie überzeugend auch PLENCIZ die Vorstellung von dem Contagium animatum dargelegt hatte, seine Deductionen konnten, da ihnen
in der nächsten Zeit thatsächliche Unterlagen nicht gegeben wurden,
und da auch grössere, mörderische Epidemien das Interesse für dieselben nicht wach hielten, nicht verhindern, dass der ganze Ideenkreis allmählich wieder in Vergessenheit gerieth. Ja man gelangte
im Anfange dieses Jahrhunderts sogar dahin, die Idee des Contagium
animatum als eine thörichte, längst überwundene geistige Verirrung
zu betrachten. So schreibt OZANAM[15]) im Jahre 1820 in seiner medicinischen Geschichte der epidemischen ansteckenden und epizootischen
Krankheiten Bd. I. S. 61: „Viele Schriftsteller haben über die thierische Natur der Ansteckungsstoffe geschrieben. Mehrere haben behauptet, dass dieselben sich nicht allein aus der thierischen Substanz
entwickeln, sondern dass sie selbst organisch und belebt seien. VARRO,
COLUMELLA, LUCRETIUS, der Pater KIRCHER, LANCISI, VALLISNERI,
RÉAUMUR, CHRIST, LONG, PLENCIZ, MENURET, RASORI und einige
andere haben diese Meinung vertheidigt. FREMONT behauptete, die
Ansteckungsstoffe entstehen und entwickeln sich in den Körpern durch
Fermentation; ich will keine Zeit verlieren, diese abgeschmackten
Hypothesen zu widerlegen."

Erst in der vierten Dekade unseres Jahrhunderts wurde, wie wir
sehen werden, durch das glückliche Zusammentreffen mehrerer wich-
tiger Entdeckungen, die Lehre von der Bedeutung der niedersten
Organismen für die Entstehung der Krankheiten von Neuem mächtig
belebt und auf wissenschaftliche Thatsachen fest begründet.

---

15) J. A. T. OZANAM: Allgemeine und besonders medicinische Geschichte der
epidemischen, ansteckenden und epizootischen Krankheiten, die seit den frühesten
Zeiten, besonders seit dem 14. Jahrhundert, bis auf unsere Tage geherrscht haben.
Aus dem Französischen mit berichtigenden Anmerkungen und Zusätzen von
H. BRANDEIS. Stuttgart u. Tübingen 1820.

Zweite Vorlesung.

Beginn des Studiums der niedersten Gebilde. Otto Friedrich Müller's Klassificationsversuch. Die Generatio aequivoca.

Bevor wir auf jene denkwürdige Epoche näher eingehen, müssen wir einen Blick werfen auf die Arbeiten der Forscher, welche im 18. und im Anfange des 19. Jahrhunderts sich das Studium der interessanten niedersten Gebilde zur Aufgabe gemacht hatten. Das Material, in welchem die mikroskopischen Thierchen jeder Zeit aufgefunden und studirt werden konnten, Aufgüsse von pflanzlichen und thierischen Producten, stand Jedermann in jedem Augenblicke zur Verfügung. Zahlreiche Freunde der Naturbeobachtung, ganz besonders gelehrte Laien, gingen deshalb mit Eifer daran, sich einen Einblick in diese neue, überaus interessante Welt der kleinsten belebten Wesen zu verschaffen. Das lebhafte Treiben der mannigfaltigsten Formen in einem winzigen Wassertröpfchen war ein so fesselndes Schauspiel, dass alle die, welche so glücklich waren, ein Mikroskop zu besitzen, gar nicht müde wurden, sich immer wieder und wieder daran zu ergötzen. Ein wissenschaftliches Studium konnte man das Beobachten den Infusorien kaum nennen: es handelte sich dabei für die meisten Beobachter nur um einen interessanten naturwissenschaftlichen Zeitvertreib. Zudem musste sich bei der noch nicht überwundenen Unvollkommenheit der Mikroskope die Mehrzahl der Untersucher auf die Beobachtung der grösseren Formen beschränken. Nur einzelne Forscher, welche sich wie Leeuwenhoek einfacher Mikroskope bedienten, drangen etwas tiefer in diesen Formenkreis ein. Mit bewundernswerther Sorgfalt und Ausdauer hat sich vor Anderen der Freiherr von Gleichen gen. Russworm[1]) die Untersuchung der verschiedensten Aufgüsse angelegen sein lassen. 21 verschiedene Formen hat er gesehen und auch gezeichnet (Fig. 5). Bei ihrer Benennung dienten ihm gewisse Eigenthümlichkeiten der äusseren Form und der Art der Bewegung als Grundlagen. So unterschied er z. B. das Strichlein, das Zitterthierchen, das Punktthierchen, das Schlangen-

---

1) Wilh. Fr. Frh. v. Gleichen gen. Russworm: Ueber die Samen- und Infusionsthierchen, und über die Erzeugung. Nürnberg 1778.

thierchen, die Kettenkugeln, das Kometenthierchen u. s. w. Gleichwohl stand das wissenschaftliche Ergebniss seiner Arbeiten in keinem
Verhältniss zu der unendlichen Mühe und Sorgfalt, welche er auf

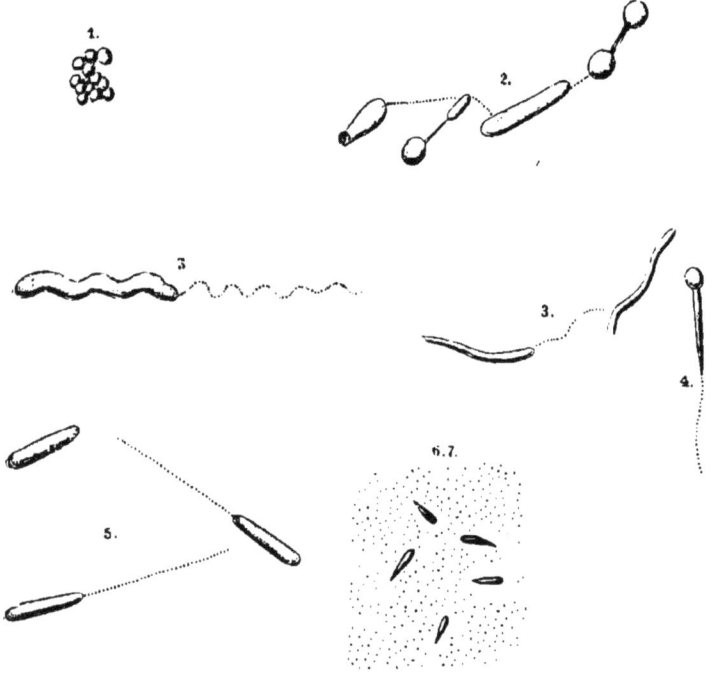

Fig. 5.
Freiherr von Gleichen gen. Russworm 1778:

1. Das Vorspiel.
2. Das Naturspiel.
3. Das Schlangenthierchen.
4. Das Kometenthierchen.

5. Das Cylinderthierchen.
6.) Das Punktthierchen.
7.) Das Strichlein.

dieselben verwandt hatte. Ebensowenig haben die zahlreichen Untersuchungen anderer Forscher des 18. Jahrhunderts: Joblot[2]), Lesser[3]),

2) Joblot: Descriptions de plusieurs nouveaux microscopes avec des observations sur une grande multitude d'Insectes qui naissent dans les liqueurs etc.
Paris 1716.
— Observations d'histoire naturelle etc. Partie déjà publiée par feu M. Joblot,
Prof. de Mathém. de l'Acad. de Peinture et de Sculpture: partie rédigée sur les
observations postérieures. Paris 1754.
3) Lesser (Pastor in Nordhausen): Insectentheologie 1738.

Réaumur[1]), Needham[5]), Hill[6]), Baker[7]), Buffon[8]), Ledermüller[9]),
Weisberg[10]), Göze[11]), Corti[12]), Köhler[13]), Eichhorn[14]), Spallanzani[15]), Herrmann[16]) u. A. wesentliche Fortschritte in der Kenntniss
der kleinsten Wesen gebracht. Der erste, welcher die wissenschaftliche Erforschung der niedersten Formen angebahnt und nach langen
Jahren mühevollster Forschung eine systematische Zusammenstellung
aller der verschiedenen von ihm beobachteten Formen nach Linné-
schen Principien versucht hat, war — wenn wir von einem wenig
bedeutungsvollen Versuche Hill's absehen — der grosse dänische
Forscher Otto Friedrich Müller in Copenhagen.

In der Vorrede zu seinem grossartigen, leider erst nach seinem
Tode durch Otto Fabricius veröffentlichten Werke: Animalcula infusoria fluviatilia et marina, Hauniae 1786, giebt Müller eine scharfe
aber treffende Kritik aller jener früheren Arbeiten. Mit nüchterner
Klarheit charakterisirt er jene ganze Epoche als die Epoche der be-
wundernden aber urtheilslosen Betrachtung der neuen Formenwelt;
namentlich beklagt er es, dass Niemand sich um die Bestimmung der
verschiedenen Arten bekümmert habe, so dass man häufig nicht wisse,
um welche Art es sich in einem bestimmten Falle gehandelt habe. „Die
Meisten", sagt Müller, „haben rein ihre (der mikroskopischen Thiere)
Erscheinung angestaunt, einige haben ihrer obenhin Erwähnung gethan, oder ohne richtige Beschreibung der Art, von welcher die Rede

---

4) Réaumur: Memoires pour servir à histoire des insectes. Paris 1734.

5) Needham, Turbervill: Nouvelles découvertes faites avec le microscope,
traduites de l'Anglais. Leyde 1747.

— Observations upon the generation, composition and decomposition of animals and vegetable substances. London 1749.

— Notes sur les nouvelles découvertes de Spallanzani. Paris 1768.

6) Hill: History of animals. London 1752.

7) Cl. H. Baker: The microscope made easy. 1742. — Employment of the microscope. 1745. — Das zum Gebrauch leicht gemachte Mikroskop. Zürich 1753.

8) G. L. le Clerc comte de Buffon: Allgemeine Naturgeschichte. Eine freie
mit einigen Zusätzen vermehrte Uebersetzung nach der neuesten franz. Ausgabe
von 1769. Berlin 1771—74.

9) Ledermüller: Mikroskopische Gemüths- und Augenergötzungen. 1763.
Nürnberg.

10) H. A. Weisberg: Observationum de animalculis infusoriis satura. Goet-
tingae 1765.

11) Göze: Zusätze zu Bonnet's Abhandlungen aus der Insectologie. 1773.

12) Corti: Osservazione microscopiche. 1774.

13) Köhler: Naturforscher. X. 1777. Leipzig. Entdecker der grössten Spirillen.

14) Eichhorn: Kleinste Wasserthiere (1775). 1781.

15) Spallanzani: Opuscules de physique par Sennebier (1776) 1777.

16) Herrmann: Naturforscher. XX. 1784.

war, in unbestimmten Redensarten sich ergangen; wenige weiter vor-
geschrittene haben sich mit der Erklärung ihrer dunklen Entstehung
in mannigfacher Weise abgemüht: alle waren sie von LEEUWENHOEK
bis zum hochberühmten SPALLANZANI während eines ganzen Jahrhunderts unbekümmert um die genaue Bestimmung der Arten." Und
an einer anderen Stelle:

„Die Schwierigkeiten, unter welchen die Erforschung der mikroskopischen Thierchen leidet, sind zahllos; die sichere und scharfe
Bestimmung derselben erfordert so viel Zeit, so viel Schärfe der Augen
und des Urtheils, so viel Gleichmuth und Geduld, wie kaum etwas
anderes mehr. Nichts ist leichter, als die Thierchen zu sehen und
sich an ihrer Bewegung und an ihrem Spiel zu ergötzen, aber Unterschiede in den einfachsten, beweglichsten, veränderlichen, in der
Ebene des durch sehr wenige Lichtstrahlen erleuchteten kleinsten Gesichtsfeldes jeden Augenblick sich dem Anblick entziehenden Thierchen wahrzunehmen, diese wahrgenommenen Unterschiede sowie die
mannigfaltigen Bewegungen eines jeden mit bezeichnenden Worten
zum Ausdruck zu bringen, hierin liegt die Mühe, das ist die Arbeit."[17]
Und diese Riesenarbeit hat MÜLLER, im Hinblick auf die ihm zu Gebote stehenden optischen Hülfsmittel, in wahrhaft staunenswerther
Weise bewältigt. Die ganze Schaar der in keiner der Ordnungen der
6. LINNÉ'schen Klasse der Würmer unterzubringenden Thierformen
fasste er zusammen unter dem Namen „Infusoria". Diese trennte er
dann in solche, welche mit äusseren Organen versehen waren, und
solche, welchen diese fehlten, und die letzteren weiter noch in häu-
tige und dickere, membranacea und crassiuscula. Die crassiuscula enthielten die niedrigsten Formen: Monas, Proteus, Volvox, Enchelys
und Vibrio. Von der Gattung Monas beschrieb er 10, von der Gattung Vibrio sogar 31 Arten. Alle Merkmale, welche sich ihm dar-

---

17) „Plurimi meris eorum imaginibus stupuere, nonnulli eorum obiter meminere
vel absque justa descriptione speciei, de qua sermo esset, vaga disseruere, pauci
ultra progressi in obscurae generationis explicatione varie desudarunt, omnes a
LEEUWENHOEK ad clarissimum SPALLANZANI usque, saeculari intervallo, de distincta
specierum determinatione incuriosi."
„Difficultates, quibus laborat investigatio animalculorum microscopicorum,
innumerae, eorundumque certa et distincta determinatio tantum temporis, tantum
oculorum judiciique acumen, tantamque animi compositi et patientissimi praesen-
tiam requirunt, ut vix aliud supra. Nihil facilius quam animalcula videre eorum-
que motu et ludo delectari, differentias vero in bestiolis simplicissimis, agilissimis,
mutabilibus, in area minimi campi paucissimis luminis radiis illustrati conspectum
omni momento effugientibus percipere, perceptas variosque cujusvis motus verbis
significantibus exprimere, hic labor, hoc opus."

boten, Form, Bewegung, Fundort, biologische Eigenthümlichkeiten,
benutzte er zur Unterscheidung der Organismen, welche er beobachtete. Vorzüglich aber war es die Verschiedenheit der Form, nach
welcher er die Arten bestimmte. So unterschied MÜLLER kreisrunde
Formen, punctiformia sphaerica: Monas termo; leicht ovale, latitudine
aliquantum longiora: Monas punctum; figura inter sphaericam et ova-
tam media: Monas Lens; ganz kurze Stäbchen, punctuli oblongi: Vibrio lineola; etwas längere Stäbchen, welche bei der Bewegung ihre
Körper in kaum sichtbare Spiralen biegen, im Tode gekrümmte
Fäserchen darstellen, lineola longiores, in motu totum corpus in spirales flectebant, at flexurae aegre visibiles, mortui fibrillas curvatas
referunt: vibrio rugula; an beiden Enden abgeschnittene linienförmige
Stäbchen, linearis utrinque truncatus, monade lende dimidio angustior
sextuplo et decuplo longior: Vibrio bacillus; eine fadenartige gewundene Form mit 2—4 Windungen, welche niemals, auch im Tode nicht,
sich gerade streckt, in der Ruhe ein *e*, in der Bewegung ein *m* vor-
täuscht, vibrio filiformis flexuosus, numquam extenditur, in quiete
literam *e*, in motu literam *m* simulat: Vibrio undula; lange Fäden,
welche stumpfwinklige Windungen bilden, ambagibus in angulum
obtusum productis, deren Biegungen aber schlangenartig und nicht
spiralig sind, flexurae serpentinae non spirales: Vibrio serpens; endlich sehr feine Spiralfäden, deren spitzwinklige Windungen 4—12
an der Zahl nicht beliebig hervorgebracht werden können, sondern
starr bei jeder Bewegung bestehen, haud produci possunt sed rigidi
quovis animalculi motu persistunt: Vibrio spirillum. Was die Art der
Bewegungen der verschiedenen Organismen anlangt, so beschrieb
MÜLLER die wimmelnde, wackelnde, zitternde, schlangenartige, blitz-
artige Bewegung. Er beobachtete ferner gewisse biologische Eigenthümlichkeiten, so die Neigung mancher Organismen sich zu Massen
zusammenzuhäufen, Häute zu bilden, an Confervenfäden sich anzu-
sammeln (Vibrio undula), sowie das Ausschwärmen aus diesen An-
sammlungen. An den längeren Fäden nahm er Knickungen und
Theilungslinien wahr. Bei einem linienförmigen, an beiden Enden
abgestutzten Stäbchen aus stinkendem Seewasser hat er in der Längs-
richtung angeordnete glänzende Kügelchen beobachtet, medio globu-
lis binis (saepe unico) pellucidis, aequalibus secundum longitudinem
dispositis, welche ihm auf den ersten Blick Absätze, genicula, vor-
täuschten. Nach genauerer Untersuchung schienen sie ihm jedoch
etwas Eigenartiges, für bestimmte Organismen Charakteristisches zu
sein. Er benutzte sie deshalb als Art-Merkmal für die Aufstellung
eines Vibrio bi- resp. tri-punctatus. Vielleicht waren diese glänzen-

den Kügelchen nichts anderes als in den Stäbchen gebildete Frucht-
formen, sog. Sporen, deren Bedeutung erst fast ein Jahrhundert später
erkannt wurde. Merkwürdiger Weise fiel ihm gerade bei diesen beiden Gebilden eine gewisse Pflanzenähnlichkeit der Art auf, dass er
in ihnen das Verbindungsglied zwischen Thier- und Pflanzenreich er-
blickte: „Confervis maxime affines, vegetabilia animalibus jungunt."

MÜLLER hat nun aber nicht nur die von ihm möglichst genau
beobachteten Organismen beschrieben und benannt, sondern er hat
auch vor allem dafür Sorge getragen, und dies ist sein Hauptver-

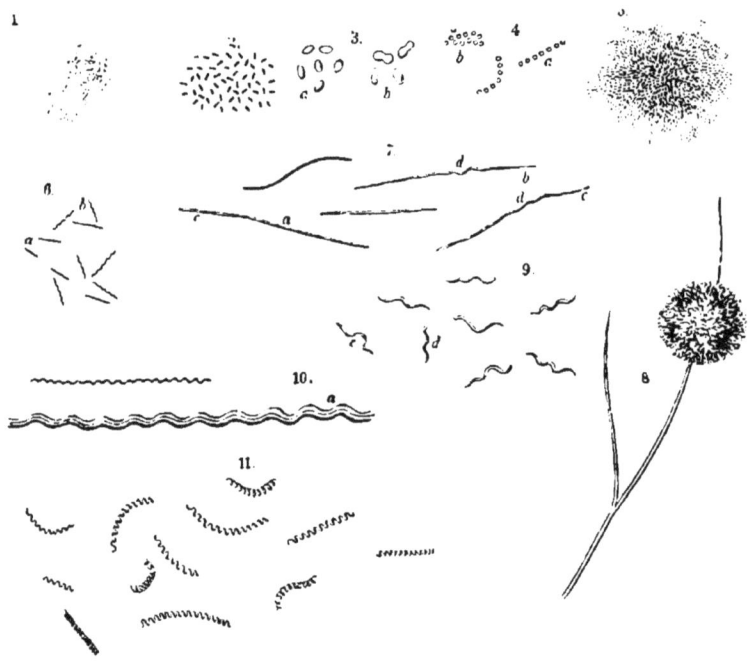

Fig. 6. Aus OTTO FRIEDRICH MÜLLER „Animalcula infusoria". 1786.

1. Guttulam aquae fluvialis Monade Termone scatentem valde auctam exhibet.
2. Monadem Punctum aucta magnitudine offert.
3. Monades Lendes valde aucta, *a.* simplices, *b.* duplices,
4. mediocri magnitudine, *a.* in series, *b.* in acervos congregatas exhibet.
5. Vibrionem Lineolam,
6. Vibrionem Rugulam, *a.* recte extensas, *b.* motu serpentino sursum tendentes, exhibet.
7. Vibriones Bacillos, *a.* quiescentes, *b.* natantes, *c.* anticam inflexam, *d.* mediam
   corrugatam exhibent.
8. Vibrionem Undulam, *a.* acervum circa filamentum confervae collectum, aucta,
   b. filamentum dichotomum,
9. Vibriones Undulas sparsas, valde aucta magnitudine exhibent. *d.* quiescentes.
   e. natantes.
10. Vibrionem Serpentem auctum et valde ampliatum exhibent. *a.* intestinum.
11. Vibrionem Spirillum magnopere auctum exhibet.

dienst, dass sie in möglichst naturgetreuen, künstlerisch ausgeführten
Abbildungen (Fig. 6), welche das Wiedererkennen seiner Arten ermöglichen, der Nachwelt überliefert wurden. Die Abbildungen haben
ohne Zweifel ganz besonders dazu beigetragen, dass dieser grossartige
Systematisirungsversuch MÜLLER's, wenngleich darin manche, ganz
heterogene, nur gewisse formelle Aehnlichkeiten darbietende Gebilde
unter eine Gattung gebracht waren, von allen den zahlreichen Forschern, welche gegen das Ende des vorigen und im Anfange des jetzigen
Jahrhunderts mit der Untersuchung der Infusionsthierchen sich beschäftigt haben: VON PAULA SCHRANK [18]), TREVIRANUS [19]), OKEN [20]),
GRUITHUISEN [21]), DE LAMARCK [22]), NITZSCH [23]), SCHWEIGGER [24]), BORY
DE ST. VINCENT [25]), im Grossen und Ganzen acceptirt und nur wenig
verändert wurde. Die zahlreichen Nachfolger MÜLLER's haben die
wissenschaftliche Erkenntniss der grösseren Formen wohl wesentlich
gefördert, hinsichtlich der allerniedersten, uns besonders interessirenden
Monaden und Vibrionen aber nur unwesentliche Neuerungen gebracht.

So legte v. PAULA SCHRANK mehr Nachdruck auf die Bewegung;
er theilt deshalb die Streckethierchen, Vibriones, in träge und lebhafte. Unter den trägen finden wir den Vibrio bacillus, welchen er
lange Zeit für nichts weiter hielt, als für ein Stück einer feinen
Wasserseide: „das Thierchen ist häufig gerade ausgestreckt, doch
auch öfter etwas gebogen, auch wohl in schwache, kaum bemerk-
bare, schlangenförmige Zickzacke gewellt" lautet seine Beschreibung.
Bei den lebhaften finden wir noch die Essig- und Kleisterälchen, sowie
auch die Wasserschlängelchen verzeichnet.

BORY DE ST. VINCENT vereinigte die niedersten Formen in der Familie der „Vibrionides", deren Charaktere er den Anguillulis entnahm.
Als besonderes Merkmal derselben führte er eine beim Austrocknen
deutlich erkenubare Gliederung an. Seine Familie theilte er dann
in 5 Gattungen. In seinem Genus Melanella vereinigte er alle starren
Formen, gleichviel ob sie gerade oder spiralig waren. Wir finden

18) FRANZ VON PAULA SCHRANK: Fauna boica. Bd. III. Landshut 1803.
19) GOTTFR. REINH. TREVIRANUS: Biologie oder Philosophie der lebenden
Natur für Naturforscher und Aerzte. 6. Thle. Göttingen 1802—1821.
20) LORENZ VON OKEN: Lehrbuch der Naturphilosopie. 3 Thle. Jena 1809—11.
21) FRANZ VON PAULA GRUITHUISEN: Beiträge zur Physiognosie und Eonto-
gnosie. München 1812.
22) J. B. P. A. DE LAMARCK: Histoire naturelle des animaux sans vertèbres.
23) CHRIST. LUD. NITZSCH: Beitrag zur Infusorienkunde. Halle 1817.
24) SCHWEIGGER: Handbuch der Naturgeschichte der skeletlosen, ungegliederten Thiere. Leipzig 1820.
25) BORY DE ST. VINCENT: Encyclopédie méthodique. 1824.
— Dictionnaire classique d'histoire naturelle. 1830.

daher in demselben die Müller'schen Vibrionen: lineola, rugula, bacillus und spirillum. Dasselbe Gefühl, welches Bory zur Aufstellung der Familie der Vibrioniden veranlasst hatte, das Gefühl nämlich, dass die niedersten Formen etwas Besonderes, von allen anderen Wesen Verschiedenes wären, drängte sich auch manchen anderen Forschern auf. So machte von Baer[26] im Jahre 1827 den Vorschlag, die allerkleinsten Formen unter dem Gattungsnamen Lineola abzusondern, drang indessen mit demselben nicht durch. Das Interesse der Forscher an den Formen dieser allerkleinsten Gebilde war überhaupt in dieser Periode ein recht geringes, es concentrirte sich eben, wie auch O. F. Müller in seiner Vorrede hervorhob, nach einer anderen Richtung hin, nämlich auf die Lösung der Frage: Woher stammen diese wunderbaren Gebilde in den Infusionen? Entstehen sie aus dem zersetzungsfähigen Material durch Urzeugung, oder verdanken sie stets präexistirenden Keimen ihr Dasein?

Der Kampf wegen der Urzeugung, welcher im 17. Jahrhundert für die Insecten durch die unanfechtbaren Untersuchungen Francesco Redi's[27], Swammerdamm's[28] und Leeuwenhoek's[29] nach der negativen Seite hin entschieden war, entbrannte in der Mitte des 18. Jahrhunderts hinsichtlich der neuentdeckten niedersten mikroskopischen Organismen von Neuem, und hielt nun über ein Jahrhundert hindurch die Gemüther fast aller wissenschaftlichen Capacitäten in dauernder Erregung.

Hartsoeker[30], Réaumur und Joblot hielten die „Microscopiques“, wie Joblot sie kurz aber prägnant bezeichnete, für Abkömmlinge ausserordentlich kleiner Thierchen, welche in unzählbaren Mengen in der Luft herumflögen, sich auf die ihnen zusagenden Pflanzen herniederliessen und mit diesen in die Infusionen hineingelangten. Needham hingegen glaubte, sie entstünden durch eine besondere Vegetationskraft der Pflanzen; und zwar wurde er zu dieser Annahme geführt durch eine mikroskopische Beobachtung. Er liess ein Gerstenkorn keimen und brachte dann die Spitze des Korns mit den zarten Würzelchen in einem Urschälchen unter das Mikroskop. Da fand

26) v. Baer: Acta Acad. Leop. Nat. Cur. XIII. p. 748. 1827.

27) Francesco Redi: Esperienze intorno alla generazione degl' insetti. Firenze 1688.

28) Joh. Swammerdamm: Historia insectorum generalis, ofte algemeene verhandeling van de bloedlooze dierkens. Utrecht 1669.

— Bibel der Natur. Nebst H. Boerhaave's Vorrede von dem Leben d. Verf. a. d. Holländischen übersetzt. Leipzig 1752.

29) Arcana naturae.

30) Hartsoeker: Essai de dioptrique. Paris 1694. p. 226.

er denn, dass einzelne der Würzelchen rundliche Anschwellungen an den Enden zeigten, ein Art von durchsichtigem Kopf, um welche herum wie kleine Samenkörnchen rundliche Gebilde sassen, welche anfangs vollkommen bewegungslos waren, allmählich aber lebendig wurden und schliesslich als Infusionsthierchen munter in dem Wasser herumschwammen. In einer Infusion von Weizenkörnern sah er ferner Fasern in grosser Zahl sich entwickeln. Diese Fasern verwandelten sich in Thierpflanzen, aus welchen verschieden gestaltete Theilchen mit lebhafter Bewegung hervorgingen. Diese wurden nach einigen Tagen wieder bewegungslos, fielen zu Boden und vereinigten sich zu einer Masse, aus welcher neue Thierpflanzen hervorkamen, welche wieder anderen Thierchen das Dasein gaben. Und so dauerte dieser Wechsel fort, bis sich in dem Vergrösserungsglase nicht mehr erkennen liess, was in dem Aufgusse vor sich ging. Dass diese Thierpflänzchen nicht etwa Eiern, welche fremde Insekten in die Aufgüsse hineingetragen, ihren Ursprung verdankten, schloss er daraus, dass in einer Fleischsaftinfusion, obschon er sie gekocht und in einer wohlverstopften Flasche aufbewahrt hatte, nach einiger Zeit lebende Thierchen in grosser Zahl zur Entwickelung kamen. Da durch das Kochen zweifelsohne die etwa in dem Aufguss enthalten gewesenen Eier zerstört worden wären, da neue Eier in das verschlossene Gefäss nicht hätten hineingelangen können, so hielt sich NEEDHAM zu dem noch durch viele andere Beobachtungen von ihm bestätigten Schlusse berechtigt, dass alle diese Wesen von einer besonderen Vegetationskraft, welche alle Theile der Materie durchdränge und belebe und sie bestimme, neue Formen anzunehmen, erzeugt würden. Das neue NEEDHAM'sche Lehrgebäude fand ausserordentlichen Anklang. BUFFON, WRISBERG, v. GLEICHEN und auch O. F. MÜLLER schlossen sich seinem Ideenkreise an, da sie bei ihren Untersuchungen sich immer wieder von der Richtigkeit der NEEDHAMschen Beobachtungen überzeugten. Die PRISTLEY'sche [31]) Entdeckung der sog. grünen Materie, welche sich an den Wandungen von Gefässen mit Aufgüssen animalischer oder thierischer Substanzen unter dem Einflusse des Sonnenlichtes entwickelte, lieferte der NEEDHAMschen Lehre eine neue Stütze. INGENHOUSZ [32]) überzeugte sich durch directe Beobachtung, dass sie das auffallendste Beispiel eines allmählichen Ueberganges vom Thierreiche zum Pflanzenreiche und von diesem wieder zum Thierreiche darstelle.

---

31) HENRY PRISTLEY: Experiments on the air. Vol. V. 1779—81.

32) JOH. INGENHOUSZ' vermischte Schriften physisch-medicinischen Inhaltes, übersetzt von N. K. MOLITOR. Wien 1752. — Journal de physique 1784.

Wie einfach und wie gut bewiesen auch die NEEDHAM'sche Erklärung für die Entstehung der mikroskopischen Thierchen zu sein
schien, es fehlte doch nicht an streng logisch denkenden Köpfen
und aufmerksamen Beobachtern, welche die schwachen Punkte in
derselben herausfanden und alsdann einer vernichtenden experimentellen Kritik unterzogen. Die Heerführer in diesem für die Entwicklung der Naturwissenschaften, in Sonderheit für die Desinfectionslehre
hochbedeutungsvollen Kampfe waren der geistvolle Naturforscher
BONNET in Genf und der gelehrte Abt SPALLANZANI, der hervor-
ragendste Experimentator seines Jahrhunderts. Der fundamentale
Punkt in der NEEDHAM'schen Beweisführung war der, dass in einer
Infusion, welche durch Kochen keimfrei gemacht und durch sorgfältigen Verschluss gegen das Eindringen von lebenden Wesen gesichert war, sich gleichwohl Organismen entwickelt hatten. Gerade
gegen diesen Punkt richtete BONNET [33]) seinen Angriff. „Aber ist es
denn sicher“, ruft er aus, „dass die Flaschen so genau verschlossen
waren, als wenn der Verschluss ein hermetischer gewesen wäre?
Blieben nicht etwa unsichtbare Oeffnungen, welche Thierchen von
so wunderbarer Kleinheit wie die in Frage stehenden als Eingangs-
pforten dienen konnten? Ist es denn sicher, dass es keine Thiere
oder Eier gibt, welche eine Temperatur gleich der der heissen Asche
ertragen können, ohne zu Grunde zu gehen oder ohne ihre Fort-
pflanzungsfähigkeit zu verlieren?“ Der Fortgang des Kampfes hat
gezeigt, dass die von BONNET hervorgehobenen Erklärungsmöglichkeiten der NEEDHAM'schen Versuche in der That die richtigen waren.
Indessen BONNET's Erwägungen waren vor der Hand rein theoretischer
Natur, sie bedurften, um das NEEDHAM'sche Lehrgebäude zu stürzen,
der experimentellen Bestätigung. Dieser schwierigen Aufgabe unterzog sich SPALLANZANI [34]) mit bewunderungswürdiger Objectivität. Zunächst stellte er fest, dass in ungekochten Infusionen sich Thierchen
entwickelten, auch wenn die äussere Luft abgeschlossen war. Die
Keime oder, wie er sich ausdrückte, „die Eier“ konnten nun entweder an den Seiten der Gefässe, oder an den zur Infusion benutzten
Samen oder in der innerhalb der Gefässe befindlichen Luft vorhanden sein. Er erhitzte deshalb die zu gebrauchenden Gefässe am
Feuer, füllte dann die stark gekochten Gesäme und Fleischproben
in sie ein und versiegelte sie, nachdem sie erkaltet waren, herme-

---

33) CHARLES BONNET: Considérations sur les corps organisés. 2. tom. Amsterdam 1762.

34) LAZAR. SPALLANZANI: Physikalische und mathematische Abhandlungen.
Leipzig 1769.

tisch. Gleichwohl fanden sich in vielen nach einigen Tagen lebende Thierchen. Nun, glaubte er, konnten die Eier nur noch in der Innenluft der Gefässe schwimmen. „Diesen Einwurf", schreibt SPALLANZANI, „bemühte ich mich folgendermaassen zu heben. Ich that neunzehn verschiedene Infusionen in ebenso viele hermetisch versiegelte Flaschen und liess sie in einem grossen Gefässe mit Wasser eine Stunde lang sieden. — Als ich nun zur gehörigen Zeit die Flaschen untersuchte, zeigte sich kein Merkmal einer freiwilligen Bewegung, daraus ich schliessen könnte, dass lebendige Geschöpfe in der Infusion wären, so sehr ich auch mit dem Mikroskop danach suchte. Viele nachfolgende Versuche liefen ebenso ab. Wenn man durch sanftes Stossen machte, dass die Flaschen nach dem Kochen einige Ritzen bekamen, wodurch die Luft einigermaassen dringen konnte, so geschah es zuweilen, dass sich noch Thierchen in der Infusion fanden."

Aus diesen grundlegenden Versuchen schloss SPALLANZANI, dass zur Erzeugung der Thierchen eine Luft erfordert werde, welche die Gewalt des Feuers nicht erfahren habe, in welcher also noch lebende Keime vorhanden sein müssten. Die Entstehung der Thierchen sei daher nicht auf eine generatio aequivoca, sondern vielmehr auf eine Erzeugung aus dem Ei zurückzuführen.

Dass SPALLANZANI richtig experimentirt und richtig geschlossen hatte, ging schon daraus hervor, dass der französische Technolog FRANÇOIS APPERT auf genau dieselben Principien seine für die Praxis so überaus bedeutungsvoll gewordene Methode der Conservirung von Nahrungsmitteln basirte (vergl. L'art de conserver toutes les substances animales et végétales, 4. Aufl., Paris 1831).

Gleichwohl gaben die Anhänger NEEDHAM's den Kampf noch lange nicht auf. TREVIRANUS, einer der bedeutendsten unter ihnen, erhob gegen die Beweiskraft der SPALLANZANI'schen Versuche die Einwände, dass zur Erzeugung der Infusionsthierchen Luft von einer bestimmten Qualität gehöre, dass erstens vielleicht eine zu geringe Menge Luft in den Gefässen eingeschlossen gewesen sei, und dass zweitens die Luft durch das Kochen in ihrer Qualität eine Veränderung erlitten, eine andere Mischung bekommen haben müsse, wie die Phänomene bei der Destillation thierischer und vegetabilischer Substanzen lehrten. Diese Einwürfe hatte zwar SPALLANZANI als unbegründet zurückgewiesen, aber er hatte keine experimentellen Thatsachen gegen dieselben ins Feld geführt. Die Frage blieb in suspenso, bis im Jahre 1836 FRANZ SCHULZE [35]) durch einen einfachen, von einem

---

[35] FRANZ SCHULZE: Vorläufige Mittheilung der Resultate einer experimen-

Jeden leicht zu wiederholenden Versuch gegen Needham entschied. Er füllte (Fig. 7 a. f. S.) eine Glasflasche bis zur Hälfte mit destillirtem Wasser und verschiedenen thierischen und vegetabilischen Substanzen, setzte dann einen doppelt durchbohrten Kork fest auf, führte durch jede Durchbohrung ein rechtwinklig gebogenes Glasrohr und erhitzte mit einer Flamme die Flasche, bis der Dampf mit Heftigkeit aus beiden Röhren ausströmte und alle Theile 100°C. erreicht hatten. Dann verband er die Röhren mit je einem Kugelapparat, deren einer mit concentrirter Schwefelsäure und deren anderer mit einer Kalilösung gefüllt war. In der Zeit vom 28. Mai bis Anfang August erneuerte er fortwährend die Luft in der Flasche, indem er an der offenen Röhre des mit Kalilösung gefüllten Apparates saugte. Die Luft musste dann, bevor sie in die Flasche gelangte, durch die Schwefelsäure streichen. Alle etwa in derselben vorhandenen Keime mussten in der Schwefelsäure zu Grunde gehen, so dass nur keimfreie Luft in die Flasche gelangen konnte. Der Erfolg war der, welchen er erwartet hatte. Die Infusion blieb frei von mikroskopischen Wesen. Erst als er dann Anfang August die Flasche öffnete, kamen verschiedenartige Gebilde in dem Aufguss zur Entwickelung. Schulze hat somit bewiesen, dass in keimfreien Aufgüssen bei reichlichem Zutritt keimfreier, nicht geglühter Luft Keime de novo nicht zur Entwickelung gelangen.

Im folgenden Jahre theilte Schwann[36]) eine Reihe von Versuchen mit, durch welche er bewies, dass die verschiedensten zersetzungsfähigen Substanzen unzersetzt bleiben, wenn man ihnen Luft in reichlicher Menge zuführt, aber diese Luft vor ihrem Zutritte entweder durch eine geschmolzene Metallmischung leitet oder mit einer Spiritusflamme ausglüht (s. Fig. 8 a. f. S.), dass also die Erreger der Zersetzungen in der Luft enthalten sein müssen. In dem Versuche von Schulze sowohl wie in dem von Schwann hatte die zutretende Luft noch eine bestimmte chemische resp. thermische Einwirkung zu erleiden, die alten Needham'schen Einwürfe konnten daher denselben gegenüber wenigstens noch zum Theil aufrecht erhalten werden. Ein wesentlicher Fortschritt wurde erst von Schröder und von Dusch[37])

---

tellen Beobachtung über generatio aequivoca. Gilbert's Annalen der Physik und Chemie. 1836. Bd. 39.

36) P. L. Schwann: Vorläufige Mittheilung, betreffend Versuche über die Weingährung und Fäulniss. Gilbert's Annalen der Physik u. Chemie. 1837. Bd. 51.

37) H. Schröder und Th. v. Dusch: Ueber Filtration der Luft, in Beziehung auf Fäulniss und Gährung. Annalen der Chemie und Pharmacie. 1854. Bd. 89. Journal f. pract. Chemie. 1854. Bd. 61.

im Jahre 1854 gemacht, indem sie bewiesen, dass es nicht nöthig ist, auf die Luft irgendwie chemisch oder thermisch einzuwirken, um sie

Fig. 7.
Versuchs-Anordnung von F. Schulze 1836.

ungeeignet zu machen in keimfreien Aufgüssen Zersetzungen zu er- zeugen, sondern dass eine einfache Filtration durch eine dichte Schicht Baumwolle dazu hinreicht (Fig. 9). Schliesslich zeigten H. Hoff-

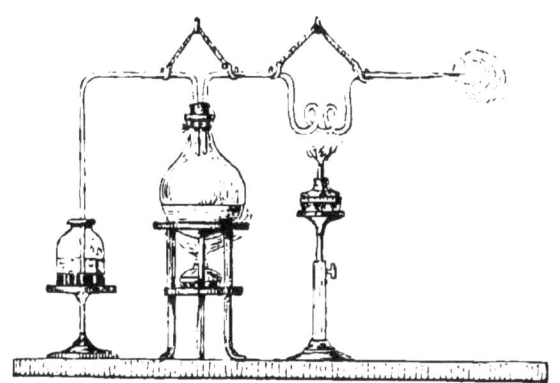

Fig. 8.
Versuchs-Anordnung von Schwann 1837.

Mann[38]) 1860 und unabhängig von diesem Chevreul und Pasteur[39]) 1861, dass es nicht einmal nöthig ist, die eintretende Luft zu filtriren, um sie keimfrei zu machen, sondern dass es genügt, den Hals der Flasche

---

38) H. Hoffmann: Botanische Zeitung 1860. Nr. 5 und 6. p. 51.
39) Pasteur: Comptes rendus. vol. 50. p. 306.
— Mémoire sur les corpuscules organisés, qui existent dans l'atmosphère. Annales de Chimie et de Physique. 1862. Bd. 64.

mit der Infusion auszuziehen und umzubiegen, um den Eintritt von
Keimen in den durch Kochen keimfrei gemachten Inhalt zu verhüten

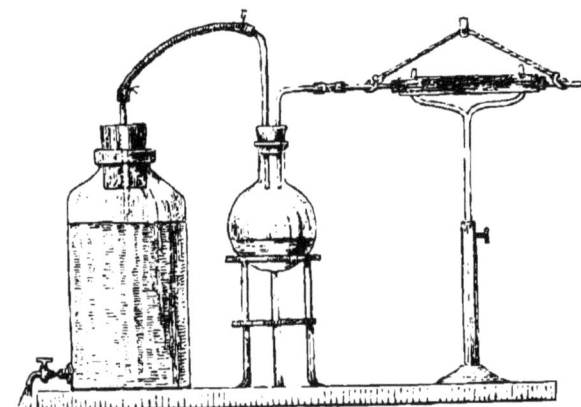

Fig. 9.
Versuchs-Anordnung von Schröder und v. Dusch 1854.

(Fig. 10). Die Keime folgen dem Gesetz der Schwere und lagern
sich in dem gebogenen Theil des Halses ab Endlich zeigte Tyndall [40]) 1876, dass in einem Gefässe, welches frei ist von suspen-

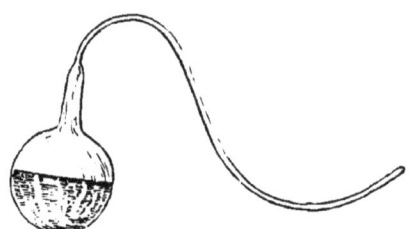

Fig. 10.
Versuchs-Anordnung von Hoffmann 1860 und Pasteur 1861.

dirten Theilchen und in welchem in Folge dessen ein durchfallender
Lichtstrahl nicht mehr gesehen [41]) wird, dass in einem solchen Gefässe keimfrei gemachtes, zersetzungsfähiges Material Wochen lang
offen stehen kann, ohne dass irgend etwas Lebendiges sich darin

40) Tyndall: Philosophical Transactions. 1876. 1877.
41) Tyndall: on Haze and Dust. Nature. Jan. 27. 1870.

entwickelt und ohne dass dasselbe sich irgendwie verändert. Es
blieb nun noch ein einziger Einwand für die Anhänger der Urzeugung, nämlich der, dass durch das Kochen der Substrate die denselben innewohnende Fähigkeit, Zersetzungen hervorzurufen, vernichtet würde, ein Einwand, welcher freilich auf recht schwachen
Füssen stand, da in den gekochten Substanzen, sobald nur eine nicht
keimfrei gemachte Luft mit ihnen in Berührung kam, sofort die Zersetzung begann. Die unermüdlichen Gegner der Urzeugung bemühten sich gleichwohl noch durch directe Versuche die Unhaltbar-
keit auch dieses Einwandes darzuthun. Bereits im Jahre 1857 zeigte
van der Broek [42]), dass Traubensaft, Blut und Urin sich beliebig
lange unzersetzt conserviren lassen, wenn man nur Sorge trägt, die
zum Auffangen dienenden Apparate keimfrei zu machen sowie bei
der Entnahme der Flüssigkeiten das Hineingelangen von Keimen zu
verhüten. Pasteur [43]) und später Burdon-Sanderson [44]), Rindfleisch [45]), Klebs [46]), Roberts [47]), Lister [48]), Cazeneuve und Lion [49]),
Chiene und Ewart [50]), Leube [51]), Watson-Cheyne [52]), Hauser [53]),
Marchand [54]) kamen hinsichtlich der verschiedensten Substanzen,
Traubensaft, Urin, Blut, Milch, Eiereiweiss, Theilen von frischen
vegetabilischen Substanzen, Kartoffeln, Rüben u. s. w. sowie Organ-
stücken von frisch getödteten Thieren zu genau denselben Resultaten.
Meissner [55]) gelang es, Blut, Urin und Milch sowie die inneren Organe von Katzen und Kaninchen in keimfreiem Wasser bei Gegenwart von keimfreier Luft Jahre lang unverändert aufzubewahren.

42) van der Broek: Annalen der Chemie und Pharmacie. Bd. 115. 1860.
43) Pasteur: Comptes rendus. 1863. p. 738. — Études sur la bière 1876.
44) Burdon-Sanderson: Quarterly journal of Microscopical science. XI. 1871.
45) Rindfleisch: Virch. Arch. Bd. 54. p. 397. 1872.
46) Klebs: Beiträge zur Kenntniss der Mikrokokken. Arch. f. exp. Path. u.
Pharmakologie. 1874. p. 37 sq.
47) Roberts: Philosophical Transactions 1874.
48) Lister: Transactions of the royal society of Edinburgh 1875. — Microscopical journal 1878.
49) Cazeneuve et Lion: Revue mensuelle. 1877. p. 733.
50) Chiene und Ewart: Journal of Anatomy and Physiology. 1878. April.
p. 418.
51) Leube: Zeitschrift für klin. Medicin. 1881. Bd. 3.
52) Watson-Cheyne: Antiseptic Surgery. 1882.
53) Hauser: Archiv f. d. gesammte Physiologie. Bd. 33.
54) Marchand: Sitzungsbericht der Gesellschaft zur Beförderung der ges.
Naturwissenschaften zu Marburg. 1885.
55) Meissner's Versuche s. Rosenbach: Deutsche Zeitschrift für Chirurgie.
XIII. S. 344.

Dabei fand er, dass mit zunehmender Geschicklichkeit in der Vermeidung der Fehlerquellen die Resultate sicherer wurden.

Die gegen die Beweiskraft der angeführten Experimente von vielen bedeutenden Forschern, POUCHET [56]), JOLY [57]), MUSSET [58]), MANTEGAZZA [59]), WYMAN [60]), BASTIAN [61]), HUIZINGA [62]) und anderen ins Feld geführten Gegenexperimente haben sich bei ihrer Nachprüfung durch PASTEUR, HOFFMANN, HARTLEY [63]), BURDON-SANDERSON [64]), SAMUELSON [65]), GESCHEIDLEN und PUTZEY [66]) u. A. ausnahmslos als fehlerhaft herausgestellt, wiewohl sie Anfangs den Anschein erweckten, als sei bei ihnen die Möglichkeit des Hinzutretens von Keimen zu den Aufgüssen viel sicherer ausgeschlossen als in den angeführten Versuchen. Sie sind gleichwohl von hoher Bedeutung gewesen für die gründliche Klarlegung aller die Frage nach der Urzeugung angehenden Momente, besonders aber für die abschliessende Beantwortung der Frage nach der Widerstandsfähigkeit belebter Keime gegen hohe Temperaturen.

Bei der Wiederholung seiner Versuche fand schon SPALLANZANI, dass bisweilen in gekochten Aufgüssen trotz hermetischen Abschlusses gegen die Keime der Aussenluft lebende Organismen sich entwickelten. Auch bei der Wiederholung der Versuchsanordnungen von SCHULZE, SCHWANN u. A., bei welchen ein Hinzutreten von Keimen aus der Luft mit Sicherheit ausgeschlossen war, kamen in den zersetzungsfähigen Substanzen bisweilen Organismen zur Entwickelung, besonders bei der Verwendung von Milch, Käse und Heu als

---

56) POUCHET: Hétérogénie ou Traité de la génération spontanée basé sur des nouvelles expériences. Paris 1859.
— Générations spontanées, résumé des travaux physiologiques sur cette question et ses progrès jusqu'à 1863. Rouen 1863.
Vergleiche ferner die Comptes rendus von 1859—1864.
57) JOLY: Conférence sur l'hétérogénie. Paris 1864 u. 1865.
58) JOLY et MUSSET: Comptes rendus. 1860. t. 50. p. 647. 934; 1861. t. 52. p. 99. t. 53 p. 515; 1862. t. 55. p. 487. t. 51. p. 627; 1863. t. 57. p. 842.
59) MANTEGAZZA: Sulla generazione spontanea. Milano 1864.
60) JEFFRIES WYMAN: SILLIMAN's Journal. vol. 34. 1862, ibid. 44. 1867. — American journal of Science. vol. 44. 1867, cit. nach WATSON-CHEYNE.
61) CHARLETON BASTIAN: The beginnings of life 1872. — Nature 1873. — Centralblatt f. d. med. Wissenschaften. 1876. — Comptes rendus. Bd. 83. No. 8. — Linnean society's journal. 1877. Bd. 14. — Centralblatt f. d. med. Wissensch. 1878.
62) D. HUIZINGA: Zur Abiogenesisfrage. PFLÜGER's Archiv. 1873. 74. 75. Bd. VII, VIII und X.
63) HARTLEY: Proceedings of the royal society. vol. XX. 1872.
64) BURDON-SANDERSON: Nature. 9. January. 1873.
65) SAMUELSON: PFLÜGER's Archiv. Bd. VIII. p. 277.
66) R. GESCHEIDLEN und PUTZEY: PFLÜGER's Archiv. 1874. Bd. IX.

infundirtes Material. Es mussten somit in diesen Materialien Keime
enthalten sein, welche durch einfaches Kochen nicht zerstört wurden.
Schon Schröder fand Schwierigkeiten, wenn er Milch keimfrei machen
wollte. Es gelang ihm dies erst durch lange fortgesetztes Erhitzen
auf 100° resp. durch kürzeres Erhitzen auf 130° C. Dieselben
Schwierigkeiten stellten sich auch Pasteur entgegen bei der Sterilisirung der Milch. Erst bei 110° gelang ihm die Sterilisirung derselben. Im Jahre 1872 veröffentlichte Bastian[67]) einen Versuch,
welcher die Urzeugung sicher beweisen sollte. Ein Decoct von
weissen Rüben, welches einen Zusatz von einer kleinen Menge Käse
erhalten hatte, dann filtrirt, neutralisirt, 10 Minuten in einem Kolben
gekocht und während des Siedens hermetisch verschlossen war, enthielt nach 3 Tagen zahllose lebende Organismen. Cohn[68]) wiederholte den Versuch und fand schliesslich, dass die Ursache des Auftretens dieser Organismen gewisse im Käse enthaltene Dauerformen
waren, welche, von der Käsesubstanz eingeschlossen, der Siedehitze
eine Zeit lang widerstanden. In allen den Flüssigkeiten, welche der
Siedehitze widerstanden, namentlich auch in den Heuaufgüssen, fanden sich stets nur solche Organismen, welche derartige Dauerformen
bildeten. Die Vermuthung Bonnet's, dass es Organismen gäbe, welche
eine höhere Temperatur wie alle anderen lebenden Wesen ertragen
könnten, hat sich demnach 100 Jahre später als richtig erwiesen.

Hinsichtlich dieser so überaus wichtigen Dauerformen haben die
neueren Forschungen ergeben, dass es durchaus nicht gleichgiltig ist,
ob sie sich im trockenen oder feuchten Zustande befinden, ob trockene
oder feuchte Hitze auf sie einwirkt. Während sie eine trockene Hitze
von weit über 100° C. stundenlang ertragen können[69]), ja in einer
trockenen Luft von 140° C. sogar erst nach dreistündiger Einwirkung
derselben zu Grunde gehen, werden sie durch strömenden Wasserdampf
von 100° C. in relativ kurzer Zeit, in einer halben Stunde etwa, mit un-
bedingter Sicherheit vernichtet[70]). Ausnahmen von dieser Regel gibt es
nicht: wo solche Ausnahmen beobachtet worden sind, war es stets nur
die physikalische Beschaffenheit der Objecte, in und an welchen die

67) Proc. of the royal society. 1873. No. 145.

68) Ferdinand Cohn: Beiträge zur Biologie der Pflanzen. Bd. I. Heft 3.
p. 189. 1875.

69) Koch und Wolffhügel: Untersuchungen über die Desinfection mit heisser
Luft. Mittheilungen aus dem Kais. Ges.-Amt. Bd. I. S. 321. 1881.

70) Koch, Gaffky und Löffler: Versuche über die Verwerthbarkeit heisser
Wasserdämpfe zu Desinfectionszwecken. Mittheilungen aus dem Kais. Ges.-Amt.
Bd. I. p. 332. 1881.

Dauerformen hafteten, deren schlechtes Wärmeleitungsvermögen, welches die beabsichtigte Einwirkung der bestimmten Temperatur auf
die betreffenden Keime für längere oder kürzere Zeit verhindert hatte.
In den einmal keimfrei gemachten Substraten kommen, wofern nur
die äusseren Keime durch einen dichten Wattepfropfen abgeschlossen
sind, neue Keime durch Urzeugung niemals zur Entwickelung, wie
tausendfache, in jedem Augenblicke sich bestätigende Erfahrung lehrt.
Jede Entwickelung lebender Wesen in einem keimfreien Materiale,
es sei welches es wolle, jede Zersetzung, Gährung oder Fäulniss
desselben, ist durch die Zuführung lebender Keime von aussen her
bedingt. Die Generatio aequivoca ist somit endgiltig abgethan, der
alte HARVEY'sche Satz: omne vivum ex ovo oder wie die spätere
Fassung lautet: omne vivum ex vivo, besteht auch hinsichtlich der
allerniedersten Wesen zu Recht.

Dritte Vorlesung.

Die systematische Eintheilung der niedersten Formen von EHRENBERG und DUJARDIN.
Zweifel an der Thierheit der Vibrionen. PERTY-COHN's Gattung Zoogloea. NAEGELI's
Gruppe „Schizomycetes".

Kehren wir nunmehr zu der Epoche zurück, in welcher die
Form der niedersten Einzelwesen von Neuem die Forscher anzu-
ziehen begann. Herbeigeführt wurde diese Wendung vorzüglich
durch einen bedeutungsvollen Fortschritt in der Construction des
zusammengesetzten Mikroskops.

In der dritten Dekade dieses Jahrhunderts war man endlich so
weit gekommen, achromatische, eine ungleich stärkere Vergrösserung als bis dahin gestattende Linsencombinationen herzustellen.
Ausgerüstet mit den ausgezeichneten Instrumenten von CHEVALIER in
Paris und später von PISTOR und SCHIEK in Berlin, konnte CHRISTIAN
GOTTFRIED EHRENBERG seine grundlegenden Untersuchungen aus-
führen, deren Ergebnisse er in seinem im Jahre 1838 erschienenen
Werke: „Die Infusionsthierchen als vollkommene Organismen" zusammenfasste.

Mit Hülfe der zuerst von dem FREIHERRN VON GLEICHEN genannt
RUSSWORM angewandten Methode der Fütterung der kleinsten durchsichtigen Wesen mit zu feinstem Pulver verriebenem Carmin und In-
digo wies er nach, dass die scheinbar einfachsten Wesen einen häufig
sehr complicirten Bau haben. Er sah, dass die Farbstoffpartikelchen
im Innern der Thierchen in kugligen Hohlräumen sich ansammelten.
Diese Hohlräume hielt er für Mägen und nannte danach die ganze
Gruppe „Polygastrica". Merkwürdiger Weise, ja man kann sagen
unlogischer Weise, ordnete er der Systematik zur Liebe unter die
Polygastrica eine Reihe von Organismen ein, bei welchen er eine
Aufnahme von Farbepartikelchen oder überhaupt eine innere Organisation niemals beobachtet hatte. Diese einfachsten Gebilde finden
wir untergebracht in den beiden Familien der Monadina und Vibrionia.

Die 41 Arten umfassende Familie der Monadinen, welche EHRENBERG
als schwanzlose, lippenlose, augenlose und einfache, nie anders als
einfach oder höchstens durch einfache Theilung doppelt gesehene
Wesen charakterisirt, ist eingetheilt in Kugel- und Stabmonaden;
die Kugelmonaden wiederum sind getrennt in Punktmonaden und
Eimonaden. Die Punktmonaden enthalten die niedrigsten Wesen; die
kleinste Form, Monas crepusculum, konnte EHRENBERG mit seinen
optischen Hülfsmitteln eben überhaupt noch erkennen, während er
bei anderen grösseren Formen deutlich eine innere Organisation wahr-
nahm. Die Charakteristik der verschiedenen Arten von Monaden
war der schwächste Punkt in seinem System.

Besser beschrieben waren die Vibrionia. EHRENBERG bezeichnet
sie als Monadinen, welche durch quere unvollkommene Selbsttheilung
Gliederfäden bilden. Nach Form und Biegsamkeit dieser bildete er
die Gattungen.

Fig. 11.
Aus CHRISTIAN GOTTFRIED EHRENBERG „Die Infusionsthierchen". 1838.
Monadina.
1. Monas Crepusculum, Dämmerungsmonade. *a* 450 mal, *b* 480 mal im Durchmesser
vergrössert.
2. Monas gliscens, gleitende Monade. *a* 290 mal, *b* 820 mal, *c* 2000 mal im Durchmesser vergrössert; einfach und durch einfache oder mehrfache Quertheilung ohne
völlige Trennung der Theile stabartig gegliederte Monadenstücke bildend.

Die gradlinigen unbiegsamen Formen nannte er Bacterium, die
gradlinigen schlangenförmig biegsamen Vibrio, die spiralförmig gekrümmten unbiegsamen Spirillum, die spiralförmigen biegsamen Spirochaete. Die Gattung Spirodiscus, charakterisirt durch eine schei-
benartige gedrehte Spirale, welche er auf Grund einer vereinzelten
Reisebeobachtung im Altaigebirge aufstellte, hielt EHRENBERG selbst
für unsicher. So klar und einfach die Charakteristik der Gattungen,
so unsicher und unbestimmt die Abgrenzung der Arten.

In der Gattung Bacterium führt EHRENBERG nur eine Art auf:
das durch drei Querlinien ausgezeichnete Bacterium triloculare. Alle
übrigen Arten, welche er anfangs angegeben hatte, vertheilte er später
theils unter die Monaden, theils unter die Gattung Vibrio; so liess
er z. B. das Bacterium termo in Vibrio lineola aufgehen.

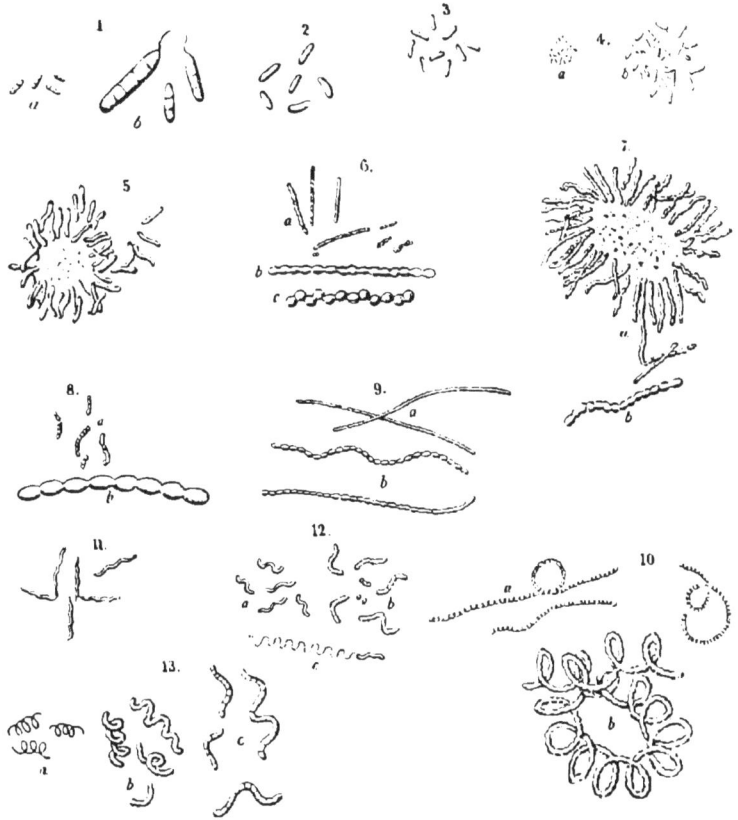

Fig. 12.
Ehrenberg's Vibrionia.

1. Bacterium triloculare, dreigliedriges Gliederstäbchen, *a* 290 mal, *b* 1000 mal vergrössert.
2. Bacterium? Enchelys, monadenartiges Gliederstäbchen, 800 mal vergrössert.
3. Bacterium? Punctum, punktähnliches Gliederstäbchen, 800 mal vergrössert.
4. Vibrio Lineola, strichförmiges Zitterthierchen, Strichelchen, *a* 300 mal, *b* 800 mal vergrössert.
5. Vibrio tremulans, geselliges Zitterthierchen, 450 mal vergrössert.
6. Vibrio subtilis, zartes Zitterthierchen, *a* 300 mal, *b* und *c* 800 mal vergrössert. *b* ist in der Ruhe, *c* in der Bewegung, bei eintretender Ruhe kehrt *c* in die Form *b* zurück.
7. Vibrio Rugula, schlängelndes Zitterthierchen. *a* zeigt eine Gruppe von Thierchen, 300 mal vergrössert, welche um einen schleimigen rundlichen Körper schwärmt und ihn fortbewegt. Die Vordertheile fast aller Stäbchen bewegen sich zur Kugel hin. Die Stäbchen sind Monadenstöcke, *a* 300 mal, *b* 800 mal vergrössert.
8. Vibrio prolifer, gegliedertes Zitterthierchen. *a* 300 mal vergr.; alle gekrümmten sind in Bewegung, alle geraden ruhend. *b* ein einzelnes Stäbchen 800 mal vergr.
9. Vibrio Bacillus, stabähnliches Zitterthierchen, *a* 300 mal, *b* 800 mal vergr. Die geraden sind in Ruhe, die krummen in Bewegung.

10. Spirochaeta plicatilis, wurmförmiges Schlingenthierchen. Gesellschaftsformen des
Schlingenthierchens von verschiedener Länge und in verschiedener Bewegung.
a 300 mal, *b* 800 mal vergrössert.
11. Spirillum tenue, zarte Walzenspirale. Spiralstäbchen verschiedener Grösse in ihren
um die Längsachse wälzenden, oft zitternden Bewegungen dargestellt, wie sie bei
300 maliger Vergrösserung erscheinen.
12. Spirillum Undula, kleine Walzenspirale. *a* 300 mal, *b* 800 mal vergrösserte Schrauben. *c* ist die Bewegungslinie eines einzelnen Schraubenstäbchens.
13. Spirillum volutans, grosse Walzenspirale. *a* 300 mal, *b* und *c* 800 mal vergrössert.
a und *b* in Petersburg beobachtet, nur ¹/₉₆ Linie gross. *c* in Berlin in Pflanzenaufgüssen beobachtet, bis ¹/₄₈ Linie gross.

In der Gattung Vibrio finden wir die sechs Arten: lineola, tremulans, subtilis, rugula, prolifer und bacillus, von welchen Vibrio
lineola, rugula und bacillus bereits von MUELLER aufgestellt waren.
Vibrio subtilis, bacillus und prolifer nahmen eine besondere Stellung
ein dadurch, dass sie Fäden bildeten, Vibrio rugula wegen seiner
deutlichen Schlangenbiegung. Abgesehen von diesen Unterscheidungs-
merkmalen dienten EHRENBERG zur Abtrennung der Arten Differenzen in der Länge und Dicke, Differenzen, welche jedoch bei den
einzelnen Arten innerhalb so weiter Grenzen sich bewegten, dass
die grösseren Formen der einen Art noch grösser waren als die kleineren Formen der anderen. — Die Bestimmung der Arten war somit
eine recht zweifelhafte. Dies empfindet EHRENBERG auch selbst; so
sagt er: „die Unsicherheit in der Benennung dieser Formen beruht
auf den noch nicht hinreichend scharf ermittelten charakteristischen
Merkmalen der Arten. Die von den lebenden Thieren von mir genommenen Zeichnungen und Maasse sind das Leitende für meine
Urtheile!"

Die Gattung Spirillum enthält drei Arten: die alten MUELLER-
schen Vibrio undula und Spirillum, und eine neue Art Spirillum tenue,
durch Länge und Dicke von einander unterschieden. Bei Spirillum
undula giebt er als charakteristisch an, dass dasselbe nur ¹/₂ bis
1¹/₂ Spiralwindungen bilde. Die Gattung Spirochaeta mit der einzigen Art Spirochaeta plicatilis ist gut gekennzeichnet dadurch, dass
sie die Natur der Spirillen mit der Biegsamkeit der Vibrionen vereinigt. Sie zeichnet sich ferner aus durch ihre ausserordentliche
Länge von ¹/₁₂ Linie, während ihre Breite mit der von Spirillum tenue
von ¹/₁₀₀₀ Linie übereinstimmt. Auch bei dieser Form sah EHRENBERG
die Zusammensetzung aus kleinen rundlichen Einzelgliedern, eine Beobachtung, welche von späteren Forschern nicht bestätigt worden ist.

Alle die angeführten Gebilde zählte EHRENBERG zu den Thieren
und zwar auf Grund ihrer kräftigen, schwimmenden, schlängelnden,
offenbar willkürlichen Bewegung. Bestärkt wurde er in dieser Auffassung durch die Entdeckung eines einfachen wirbelnden Rüssels

bei einem Bacterium. Dieser Rüssel entschied nach seiner Ansicht völlig über die Thierheit dieses Organismus, stellte auch für die übrigen eine Analogie dar und befestigte die grosse Wahrscheinlichkeit gleicher Bildung. Auch ihre Fortpflanzung schien ihm dafür zu sprechen; „vom Fortpflanzungsverhältniss", schreibt er, „sind mir Ei — ? Körnchen und Selbsttheilung, ein rein thierischer Charakter erkannt."

In seinen späteren Berichten an die Akademie der Wissenschaften zu Berlin beschrieb EHRENBERG noch drei niedere Formen, welche durch bestimmte Eigenschaften sich scharf von allen übrigen unterschieden. Im Jahre 1840 berichtete er [1]), dass die himmelblaue Farbe auf saurer Milch und Sahne, sowie die auf denselben Substanzen zuweilen vorkommende Orangefarbe durch kleine Thierchen, kettenartige Formen der Gattung Vibrio bedingt sei, welche er mit dem Namen Vibrio syncyanus und synxanthus belegte. Im folgenden Jahre veröffentlichte dann FUCHS [2]), welcher EHRENBERG die Materialien zur Untersuchung und Bestimmung übersandt hatte, eine ausgezeichnete Arbeit über denselben Gegenstand, in welcher er an der Hand überaus zahlreicher, scharfsinniger Versuche den Beweis führte, dass diese, von ihm Vibrio cyanogenus und xanthogenus benannten Vibrionen die wirkliche und einzige Ursache der genannten Veränderungen der Milch sind. Von ganz besonderem Interesse sind die Untersuchungen, welche EHRENBERG über das im Jahre 1848 in Berlin auftretende Phänomen des Rothwerdens der Speisen anstellte.[3]) Im Jahre 1819 hatte das endemische Erscheinen blutigrother Flecke auf verschiedenen Nahrungsmitteln, Polenta, gekochten Hühnern u. s. w., die Provinz Padua in die grösste Erregung versetzt. Der Medicinalbeamte Dr. SETTE [4]) hatte erkannt, dass das Phänomen durch ein belebtes Agens hervorgerufen würde, welches er mit dem Namen Zaogalactina imetrofa (von ζάω vivo, γαλακτινή gelatina, εἶμαι insideo, τροφή alimentum) belegte, während es DE COL für eine Art Mucor — Mucor sanguineus erklärte. EHRENBERG fand nun, dass die

1) EHRENBERG: Berichte über die zur Bekanntmachung geeigneten Verhandlungen der Königl. Preuss. Akademie der Wissenschaften zu Berlin. 1840. S. 202.

2) FUCHS: Zur Kenntniss der gesunden und fehlerhaften Milch der Hausthiere. GURLT u. HERTWIG's Magazin für die gesammte Thierheilkunde. Bd. 7.

3) EHRENBERG: Berichte über die Verh. d. Königl Akad. zu Berlin. 1848. S. 349, 354, 384, 462; 1849. S. 101; 1850. S. 364. Detaillirte historische Darstellung.

4) SETTE: Memoria storico-naturale sull' arrossimento straordinario di alcune sostanze alimentose, osservato nella provincia di Padova l'anno 1819 letta all' Ateneo di Treviso, nella sera 28. Aprile 1820. Venezia 1824.

kleinen rothen Tröpfchen, welche sich durch Oculiren auf gekochte
Kartoffeln, Schweizerkäse, Weissbrod u. s. w. übertragen liessen, aus
sehr kleinen $^{1}/_{3000}$ — $^{1}/_{8000}'''$ grossen, ovalrundlichen, beweglichen
Körperchen sich zusammensetzten, deren Bewegung von der sog.
Molecular-Bewegung entschieden abwich. An den in verdünntem
Zustande angetrockneten Körperchen konnte er die Form deutlich
erkennen. Sie bildeten nicht Ketten wie Vibrio, sondern stellten
sich als Einzelthierchen dar. Da EHRENBERG sich öfters an den
angetrockneten Individuen überzeugen zu können glaubte, dass jedes
Körperchen einen kleinen Rüssel nach Art der Monaden führte, welcher etwa halb so lang war als der Körper, so bestimmte er den
Organismus als Monas prodigiosa. Die Menge der auf einen Kubik-
zoll gehenden Individuen berechnete er auf 46 656 000 000 000 bis
884 736 000 000 000 — Zahlen, welche dazu dienen sollten, die ausserordentliche Winzigkeit der neuen Monade zu illustriren. Abgesehen
von den Spirillen und den Spirochaeten waren die Farbstoff erzeugenden Arten die einzigen, welche von späteren Forschern auf
Grund ihrer charakteristischen makroskopischen Erscheinungsweise,
nicht aber an ihren mikroskopischen Merkmalen wieder aufgefunden
und beibehalten worden sind.

Die Eintheilung EHRENBERG's erfuhr angesichts der Unsicher-
heiten und Unvollkommenheiten in der Abgrenzung der Arten lebhaften Widerspruch von Seiten des französischen Forschers FÉLIX
DUJARDIN [5]. Derselbe adoptirte zwar die Familien der Vibrionia,
doch stellte er sie an die Spitze seines Systems als einzige Familie
der I. Ordnung: „Animaux sans organes locomoteurs visibles, se
mouvent par l'effet de leur contractibilité générale." Er gab ihr
somit eine gewisse Sonderstellung, und zwar aus dem Grunde, weil
sie zu unvollkommen gekannt sei. Die Glieder dieser Familie theilte
er ein in drei Genera Bacterium, Vibrio und Spirillum. Er nannte die
geraden, mehr oder weniger deutlich gegliederten, unbiegsamen Formen, welche nur einer langsamen, wackelnden Bewegung fähig waren
— Bacterium, die geraden oder gebogenen, mehr oder weniger deutlich
gegliederten Formen, welche eine wellige Bewegung wie eine Schlange
zeigten — Vibrio, und endlich die fädigen Gebilde, welche Schrau-
ben- oder Korkzieherform hatten, niemals sich gerade streckten und
sich mit grosser Schnelligkeit um die Axe der Schraube drehten
— Spirillum. Das von EHRENBERG aufgestellte wohl charakterisirte
Genus Spirochaeta unterdrückt er. An Arten stellte er auf im Genus

---

5) DUJARDIN: Histoire naturelle des Zoophytes. Paris 1841.

Bacterium: B. termo und catenula (Fig. 13), von den Ehrenberg'schen
erkannte er nur das von Ehrenberg selbst wieder aufgegebene
B. punctum an. Sein B. termo ist der Vibrio lineola Ehrenberg's.
Es erscheint nach seiner Ansicht in allen animalischen und vegetabilischen Infusionen stets zuerst allein und in unzählbarer Menge. Es
sei daher „le premier terme en quelque sorte de la série animale."
— Wie unsicher seine Erkennung im Uebrigen ist, geht daraus hervor, dass Dujardin selbst zugesteht, man müsse dasselbe oft mit
den ersten Graden der Entwicklung der anderen Bacterien und auch
der Vibrionen verwechseln. Aehnliche Bedenken hegt er auch hinsichtlich seines Bacterium catenula. Dasselbe könne möglicherweise

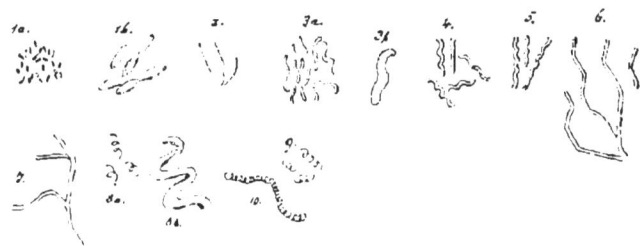

Fig. 13.
Aus Félix Dujardin „Histoire naturelle des Zoophytes". 1841.

1 a. Bacterium termo, grossi 300 fois. (De l'infusion d'agaric sec.)
1 b. Le même supposé grossi 1000 fois.
2. Bacterium catenula, grossi 300 fois. (D'une infusion fétide de haricots.)
3. Vibrio lineola. (D'une infusion de cétoine sèche.) — a grossi 500 fois; — b supposé
     grossi 1000 fois. (Nota. Le vibrio lineola, de l'infusion de chair avec oxalate
     d'ammoniaque, est de deux cinquième plus grand.)
4. Vibrio rugula, grossi 400 fois. (Des infusions de chenevis et de cantharides.)
5. Vibrio serpens, grossi 300 fois. (De l'infusion de chair avec nitrate d'ammoniaque.)
6. Vibrio bacillus, grossi 300 fois.
7. Vibrio ambiguus, grossi 260 fois. (De l'infusion de chair avec acide oxalique.)
8. Spirillum undula. — a grossi 260 fois. — b grossi 1200 fois.
9. Spirillum volutans, grossi 300 fois.
10. Spirillum plicatile, grossi 300 fois.

nur eine Entwicklungsstufe des Vibrio bacillus sein. B. punctum beschreibt er als ein verlängertes Oval, oft zu zweien vereinigt. Die
Maximal- und Minimalmaasse seiner drei Arten variiren in ebenso
weiten Grenzen wie bei Ehrenberg, so dass eine Artbestimmung
nach denselben ebensowenig möglich war, wie nach den Ehrenberg'schen Angaben.
    Genau dieselben Bedenken lassen sich erheben gegen sein Genus
Vibrio, in welchem er die alten Müller'schen Vibrionen, V. lineola,
rugula, bacillus und serpens, annimmt, während er V. tremulans und
prolifer von Ehrenberg verwirft. Die von Ehrenberg beim Eintrock-

nen gesehene Zusammensetzung der Vibrionen aus kleinsten, kugelförmigen Gliederchen hat er niemals beobachtet, erkennt daher dieselbe nicht an. Bei einem besonders grossen Vibrio beobachtete er eine deutliche Bifurcation; mit dem Ende eines Gliedes artikulirten zwei neue Glieder, von welchen jedes den Anfang zu einer neuen Gliederkette bildete. An diesen grossen Formen, deren Länge bis 0,1 mm und deren Durchmesser 0,02 mm betrug, konnte er deutlich eine resistentere Hülle und eine „substance gélatineuse" als Inhalt erkennen. Diese Beobachtung erweckte in ihm Zweifel, ob dieser Vibrio überhaupt ein Thier sei; er nannte ihn deshalb Vibrio ambiguus. Wegen der nahen Verwandtschaft dieses Vibrio mit dem Vibrio bacillus übertrug er seine Zweifel auch auf diesen Organismus. Den Vibrio subtilis Ehrenberg's hält er überhaupt nicht für ein Thier, sondern für eine Art von Oscillarie und verwirft ihn deshalb gänzlich. Was die Spirillen anlangt, so schliesst er sich an Ehrenberg an, nur zweifelt er an dem Spirillum tenue.

Von den 26 Arten des Genus Monas erkennt Dujardin kaum eine an, weil Ehrenberg 21 Arten bei ungenügender Vergrösserung abgebildet habe als unregelmässige Ovale ohne Details. Er selbst führt 10 neue Arten auf, welche alle eine deutliche Geissel zeigen, alle höher organisirt sind. — Im Grossen und Ganzen haben Dujardin's Arbeiten einen Fortschritt in der Abgrenzung und Unterscheidung der niedersten Formen nicht gebracht. Die Unsicherheit seiner Arten war ebenso gross wie die der Ehrenberg'schen.

Von besonderem Interesse sind dagegen die Beobachtungen, welche Dujardin über den Einfluss gewisser Reagentien auf die Entstehung der Infusorien in den Infusionen gemacht hat. Als besonders begünstigend nennt er das phosphorsaure Natron, das phosphorsaure, salpetersaure und oxalsaure Ammoniak und das kohlensaure Natron. „Ich war versucht zu glauben", schreibt Dujardin, „dass mehrere dieser Salze, indem sie sich bei Gegenwart der organischen Substanzen der Infusionen zerlegten, den Infusorien Stickstoff geliefert hatten; was ich bestimmt versichern kann, ist, dass das oxalsaure Ammoniak wenigstens vollständig verschwunden war" — eine Beobachtung, welche durch die späteren Untersuchungen von Pasteur, Cohn und Naegeli in glänzender Weise als richtig erwiesen worden ist.

In diese Zeit fallen nun eine Reihe von Entdeckungen, welche neue Anschauungen über die Natur der niedersten Wesen anbahnten. Bei dem damals mit grossem Eifer von allen Seiten in Angriff genommenen Studium der niederen Pflanzen, Algen und Pilze, beobachtete man Entwickelungszustände, welche anstandslos von allen Beob-

achtern früherer Zeit für Thiere gehalten worden waren, aus dem
einfachen Grunde, weil sie eine anscheinend willkürliche Bewegung
zeigten. Die Entdeckung der sog. Schwärmsporen der Algen und
Pilze führte naturgemäss zu einer erheblichen Einschränkung der
Arten der Gattung Monas. — Bei dem näheren Studium der niederen
Algenarten traf man nun aber auf Formen, welche mit vielen der
Glieder der Vibrionen sowohl nach der Form wie nach der Art der
Bewegung eine bis auf das Fehlen des grünen Farbstoffes und bis
auf gewisse Unterschiede in der Grösse auffallende Analogie boten,
und gegen die bereits von verschiedenen Forschern, namentlich
von DUJARDIN, als nicht ganz sicher angesehene Thierheit dieser
Wesen die schwersten Zweifel erweckten. Der erste, welcher diesem
Zweifel einen entschiedenen Ausdruck verlieh, war PERTY[6]) 1852.
„Die kleinsten Organismen gehören theils dem Thier-, theils dem
Pflanzenreiche an. Ein Theil von ihnen, an der Grenze beider
Reiche stehend, hat durch seine Lebensphasen auf beide Beziehung.
Die Vibrioniden können von den Botanikern mit ebenso grossem
Rechte zum Pflanzenreiche, und zwar zu den niedersten Algen ge-
rechnet werden als die Oscillatorien und Spirulinen", lautet seine
Ansicht. Er bringt die Familie Vibrionida unter die Sectio III
Lampozoidia (von λάμπη Kahm auf Wein und Wasser; Schleim) seiner
Phytozoidea (Pflanzenthierchen). Er charakterisirt sie als farblos,
seltener blau, gelb, röthlich (nicht grün) gefärbt, ohne spec. Organe;
kaum mit einer Spur von Differenzirung ihrer Substanz. Bewegung
scheinbar willkürlich, in Wahrheit automatisch; vermehren sich durch
Quertheilung und stellen so Ketten oder Fäden dar.

Er theilt sie ein in:

a) Spirillina, Ketten oder Fäden spiralgewunden und
b) Bacterina, Fäden geschlängelt oder gerade.

Die Spirillina enthalten die Genera Spirochaeta (plicatilis)
und Spirillum. Unter den Spirillen führt er ausser den alten EHREN-
BERG'schen volutans, undula und tenue zwei neue Arten auf: das
Sp. leucomelaenum, dessen intensiv schwarze Glieder durch hyaline
Räume getrennt waren, und das Sp. rufum, welches er in einer
Infusion rothe, makroskopisch erkennbare Flecke bilden sah.

Zu den Bacterina rechnet er die Genera Vibrio und Bacterium
nach DUJARDIN, sowie das neue Genus Metallacter (μεταλλακτήρ,
welcher täuscht, verändert).

― ― ―

6) PERTY: Zur Kenntniss kleinster Lebensformen. Bern 1852.

Von Vibrionen beschreibt er rugula und lineola. Von letzterem berichtet er die Eigenschaft, sich an Infusorien anzusetzen „wie die

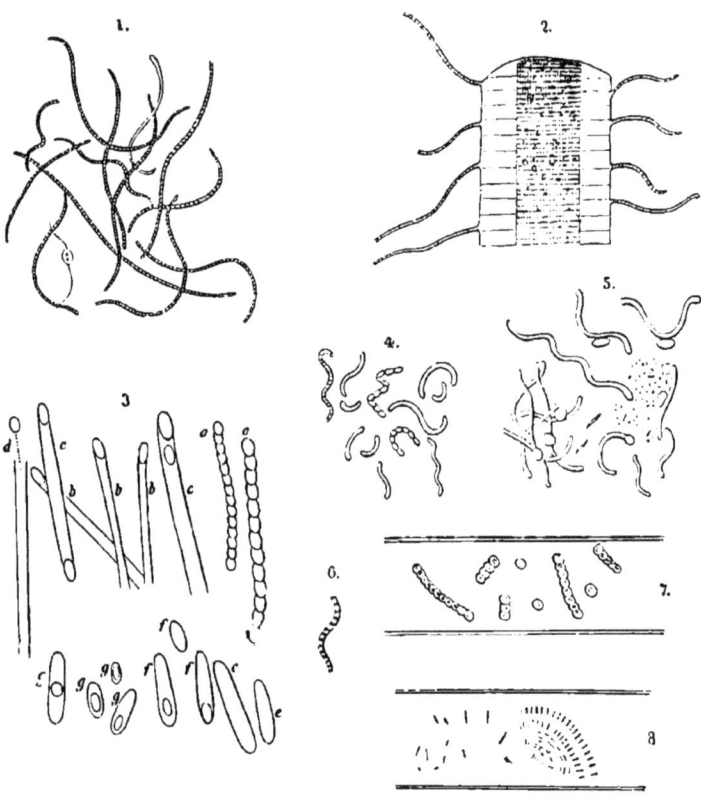

Fig. 14.

Aus MAXIMILIAN PERTY „Zur Kenntniss kleinster Lebensformen" 1852.

1. Metallacter Bacillus.
2. Derselbe, an Surirella bifrons sitzend, vegetabilisch werdende, zum Theil schon nicht mehr bewegte Fäden.
3. Sporonema gracile. *a* zur Vergleichung Metallacter bacillus. *b* sind Sporonemen mit einer Spore, *c* mit zwei, bei *d* ist die Spore ausgetreten, *e f g* sind verschieden gestaltete Anfänge mit und ohne Sporen.
4. Spirillum undula mit deutlicher Gliederung.
5.   „   „   in verschiedenen Stadien der Entwicklung: punktförmige Anfänge und sehr kleine Spiralen.
6. Spirillum leucomelacnum.
7. Vibrio rugula mit sehr prononcirter Gliederung.
8. Bacterium termo aus einer Dotterinfusion.

Fig. 7 u. 8 unter 1000 m. V. zwischen den Theilstrichen eines Mikrometers mit Theilung der Linie in 200.

Eisenfeile am Magnet". Vibrio serpens rechnet er zu seinen Spirillina. Ansserdem aber erkennt er als besondere Arten an den Vibrio cyanogenus und xanthogenus, die Ursachen des Himmelblau- und Orangegelbwerdens der Milch.

Von besonderem Interesse ist die Schilderung seines einzigen Bacteriums: des Bacterium termo. PERTY nimmt an, dass dieser Organismus verschiedene Entwicklungsstufen zeige von unmessbarer Kleinheit bis zu Fäden von $^1{_{100}}'''$ Länge. Er macht ferner darauf aufmerksam, dass dasselbe neben seinem beweglichen animalischen noch ein ruhendes vegetabilisches Leben eingehe, wobei dasselbe bewegungslos verharre und sich zu Fladen, Häutchen und Läppchen zusammenballe. Bacterium termo ist für ihn die Grundform aller Vibrioniden, welchen er demnach ganz allgemein ein halb thierisches, halb pflanzliches Dasein vindicirt.

Mit dem Namen Metallacter bezeichnet er „bacterienähnliche Einzelwesen, welche sich durch fortgesetzte Theilung zu Streifen oder wenig biegsamen Fäden verlängern, welche unter gewissen Umständen nach einiger Zeit die Bewegung verlieren, ungemein wachsen und einer Hygrocrocis (einer Alge) ähnlich werden, indem sie aus langen verfilzten, flockige, farblose oder grauliche Massen darstellenden Fäden bestehen." Seine einzige Art ist M. bacillus. V. subtilis und B. catenula hält er nur für eine zartere, durchsichtigere Form des Metallacter.

„An die Vibrioniden schliesst sich", fährt PERTY dann fort, „einigermaassen ein Gebilde an, welches den vegetabilischen Charakter entschiedener an sich trägt und, abgesehen von der Bewegung, wohl in die Algenfamilie Saprolegnieae KÜTZ. zu stellen wäre". Er nennt es Sporonema gracile, „ein äusserst kleiner cylindrischer, ungegliederter hohler Faden schliesst an einem Ende (selten an beiden) ein, manchmal auch zwei elliptische Körperchen (wohl Sporen) ein. Fäden bis $^1{_{50}}'''$ lang, $^1/{_{1000}}'''$ und darunter breit, äusserst schwach grünlich, öfters mit Met. bacillus zusammen, dem es sehr gleicht, jedoch stets ungegliedert. Bewegung wie bei jenem scheinbar willkürlich, mässig schnell, bald mit diesem, bald mit jenem Ende voraus. Es gibt solche, wo die Spore breiter ist als der Faden, daher diesen etwas auseinander treibt. Sind 2 Sporen da, so liegen sie hintereinander oder an den Enden". Durch diese Sporenbildung war Sporonema als pflanzliches Gebilde sicher charakterisirt und damit die ganze Familie der Vibrioniden als Thierfamilie erschüttert.

Einen weiteren Stoss erhielt die alte traditionelle Anschauung von dem thierischen Wesen der Vibrioniden durch die grundlegende

Arbeit von FERDINAND COHN [7]): Untersuchungen über die Entwicklungsgeschichte der mikroskopischen Algen und Pilze, im Jahre 1854. Nach einer kurzen Recapitulation der EHRENBERG'schen Eintheilung stellte COHN fest, dass in der Bestimmung der einzelnen Arten eine unlösbare Verwirrung herrschte, da die verschiedenen Autoren gute und schlechte Beobachtungen, starke und schwache Vergrösserungen, junge und alte Zustände ohne hinreichende Kritik durcheinander gemischt hätten. Eine neue selbstständige Bearbeitung dieser Familie erschien ihm daher ein dringendes Bedürfniss, um aus dem Labyrinth der Synonymie herauszukommen. Eine Handhabe glaubte er für deren Beurtheilung gewonnen zu haben durch sorgfältige Beobachtung des in jeder in Fäulniss übergehenden Infusion in unzähligen Mengen erscheinenden Bacterium termo Duj., Vibr. lineola E. „Untersucht man," sagt COHN, „eine Infusion, in welcher sich Bact. termo bewegt, genauer, so findet man an allen darin befindlichen fremden Körpern, an den Wänden des Gefässes, sowie an der Oberfläche des Wassers farblose, gallertige Massen in sehr verschiedener Grösse und Gestaltung. . In ihrem jüngsten Zustande gleichen sie kleinen Kugeln von $^1/_{100}'''$ und weniger im Durchmesser; sie vergrössern sich aber beständig, wobei sie ein traubiges Aussehen bekommen, und stellen endlich grosse, farblose Klumpen und Häute dar, oft von sehr bedeutender Oberfläche und Dicke, die ihrer Consistenz nach einer weichen Palmella gleichen. Wie diese bestehen sie aus einer wasserhellen Gallerte, in der zahllose strichförmige Körperchen ohne alle Bewegung eingelagert sind. Diese Körperchen sind dieselben, welche man neben und zwischen der Gallerte als Bact. termo Duj. hin und her schiessen sieht. Die Bacteriengallerte ist gegen das Wasser durch einen scharfen Rand begrenzt. Beigemengte Farbstoffe tingiren sie nicht: ein vorbeistreichendes Infusor beugt ihren Rand ein. Endlich setzt der Mangel jeder selbstständigen, selbst jeder Molekularbewegung in den Körperchen die Existenz eines sie einhüllenden starren Mediums voraus. Oft unter der Betrachtung lösen sich einzelne Stäbchen los und bewegen sich fort: Daher sind die Körperchen des Bact. termo die frei gewordenen, selbstbeweglichen Zellen (Schwärmzellen) einer morphologisch mit Palmella und Tetraspora zunächst verwandten, durch Vorkommen und Mangel an Färbung in das Gebiet der Wasserpilze sich stellenden Form." Diese Bacteriumgallert fasste COHN als besondere Gattung

---

7) COHN: Nova Acta Academiae Caes. Leop. Carol. Natur. Cur. vol. 24. Theil I. S. 101. 1854.

auf und nannte sie Zoogloea ($\zeta\omega\grave{o}\nu$ und $\gamma\lambda o\tilde{\iota}o\varsigma$). Ueber die anderen
Arten der Vibrionia sprach er sich noch nicht bestimmt aus. Er
müsse es vorläufig dahingestellt sein lassen, ob diese in ähnlicher
Weise aus einer gallertartigen Masse ausschlüpften, oder ob hier ursprünglich freie Thierformen vorhanden seien und Bact. termo nur
wegen äusserer Aehnlichkeit mit ihnen in Verbindung gestellt worden sei. Er habe zwar häufig eine Form von Zoogloea beobachtet,
deren Zellen stärker und grösser gewesen wären als gewöhnlich,
aber er habe doch nie die grösseren, geschlängelten Vibrionen und
Spirillen in pflanzlichen organischen Häuten gefunden. Er constatirte
alsdann, indem er eine wahrhaft klassische Schilderung der Spiral-
formen gab, eine unleugbare Verwandtschaft dieser grösseren Formen mit der farblosen Algen-Familie der Oscillarien (der Gattung
Beggiatoa). In gleicher Weise wie bei den Oscillarien theils gerade
(Oscillaria), theils spiralisch gekrümmte Fäden (Spirulina) vorkämen,
seien auch die Vibrionien in Vibrio und Spirillum (und Spirochaete)
vertheilt. Namentlich bestehe hinsichtlich der Art der Bewegung
nicht der geringste Unterschied. Das Ergebniss seiner Untersuchungen fasst Cohn schliesslich in folgenden 6 Sätzen zusammen:
   „1. Die Vibrionien scheinen alle ins Pflanzenreich zu gehören,
indem sie eine unmittelbare nahe Verwandtschaft mit offenbaren
Algen bekunden.
   2. Entsprechend ihrer Farblosigkeit und ihrem Vorkommen in
faulenden Infusionen gehören die Vibrionien in die Gruppe der Wasserpilze (Mycophyceae).
   3. Bacterium Termo ist die bewegliche Schwärmform einer mit
Palmella und Tetraspora zunächst verwandten Gattung (Zoogloea).
   4. Spirochaete plicatilis gehört zur Gattung Spirulina, der wir
sie geradezu als eigene Art (etwa als Spirulina plicatilis) anschliessen
können.
   5. Die langen, sich nicht schlängelnden Vibrionien (Vibrio bacillus etc.) reihen sich an die zarteren Formen von Beggiatoa (Oscillaria) an.
   6. Die kürzeren Vibrionien und Spirillen entsprechen zwar in
Form und Bewegungsgesetzen den Oscillarien und Spirulinen, doch
kann ich über ihre wahre Natur noch keine bestimmte Ansicht
aussprechen.“
   Andere Forscher neigten gleichfalls dazu, den verschiedenen
niederen Formen eine pflanzliche Natur zuzuerkennen. Itzigsohn [8]

---

8) Itzigsohn: Ueber den männlichen Geschlechts-Apparat bei Spirogyra und
einigen anderen Conferven. Sep.-Abdr. 1852.

fand bei der Beobachtung verschiedener Algen bewegliche Körperchen, welche er Spermatosphaerien nannte, und beschrieb die
Entwicklung von Spirillen aus diesen. Die Spirillen waren daher
nach seiner Ansicht nichts Anderes, als Samenthierchen von Algen.
NAEGELI[9]) hatte in seiner hervorragenden Arbeit über die einzelligen
Algen die morphologische Uebereinstimmung mancher der farblosen
mikroskopischen Formen mit gefärbten Algen betont. Später aber
trennte er die farblosen Formen von den farbstoffhaltigen vollständig
ab und theilte die einen den Pilzen, die anderen den Algen zu, und
zwar auf Grund folgender, rein physiologischen Betrachtung: Während
die Algen aus den Elementen C, O, H und N, welche ihnen als CO_2,
NH_3 und H_2O in den sie umgebenden Medien geboten werden, und
einigen Salzen die zum Aufbau ihres Organismus erforderlichen Stoffe
durch eigene Kraft zu erzeugen, im Sonnenschein O zu entbinden
und gleichzeitig grünes Chlorophyll oder einen verwandten Farbstoff
zu bilden vermögen, besitzen die Pilze wie die Thiere und die
meisten Schmarotzerpflanzen nicht die Fähigkeit, aus anorganischer
Nahrung die zur Unterhaltung ihres Lebensprocesses nöthigen Stoffe
selbst zu erzeugen, sondern müssen bereits höhere organische Ver-
bindungen fertig vorfinden. Sie können daher nur da gedeihen, wo
ihnen die Nahrung entweder in einem lebenden oder in einem abgestorbenen Organismus, oder doch wenigstens in eiuem Wasser geboten wird, welches bedeutende Mengen organischer Stoffe gelöst
enthält. Sie hauchen keinen O aus und werden im Lichte auch
nicht grün. Alle die Gebilde, welche Mangel an Farbstoff zeigen,
auf organischen Unterlagen auftreten und keinen O ausscheiden,
müssen daher den Pilzen zugezählt werden. Auf Grund dieser Erwägungen fasste er[10]) 1857 alle die farblosen niederen Formen
Bacterium, Vibrio, Spirillum, Sarcina, die sog. Essigmutter (Umbrina
aceti) und endlich die bei einer Krankheit der Seidenraupen von
ihm gefundenen, farblosen, kleinen, länglich ovalen, dem Hefepilze
in der Bierhefe nicht unähnlichen Gebilde, welche er mit dem Namen
Nosema bombycis belegt hatte, zusammen in eine gemeinsame Gruppe
„Schizomycetes", liess aber dabei die Frage offen, ob die Individuen
dieser Gruppe Pflanzen, Thiere resp. krankhafte thierische oder pflanzliche Elementartheile seien, ein Zweifel, welcher uns gewissermaassen
wieder in die Zeiten NEEDHAM's und BUFFON's zurückversetzt.

---

9) NAEGELI: Gattungen einzelliger Algen, physiologisch und systematisch
bearbeitet. Zürich 1849.

10) NAEGELI: Verhandlungen der Deutschen Naturforscher-Versammlung in
Bonn 1857. Botan. Zeitg. 1857. S. 760.

Durch die Schaffung der Gruppe der Schizomyceten hat NAEGELI
dem allgemeinen Verständniss der niederen Formen einen damals sehr
werthvollen Dienst erwiesen : man hatte nun wenigstens einen Sammelnamen, welcher die physiologische Eigenart dieser Gebilde in treffender Weise charakterisirte. Der Systematik war damit freilich nicht
in der gebührenden Weise Rechnung getragen, weil, wie COHN
scharf betonte (N. A. p. 141), eine Eintheilung nur auf organologische,
Bau und Fortpflanzung berücksichtigende, aber nicht auf rein physiologische, Mangel an Farbstoff und Lebensweise betreffende, für
die Systematik ganz unwesentliche Charaktere basirt werden kann.

Vierte Vorlesung.

Beziehungen der niedersten Organismen zu den höher organisirten Wesen. Donné findet Vibrionen im Schanker-Eiter. Entdeckung der pflanzlichen Natur der Hefe und des Pilzes der Muscardine. Die Idee des Contagium animatum gewinnt festen Boden. Henle's Deductionen. Die Cholera in Europa.

Ueberblicken wir die in der ersten Hälfte unseres Jahrhunderts von Zoologen und Botanikern über die allerniedersten organisirten Wesen angestellten Untersuchungen, so können wir das Ergebniss derselben dahin zusammenfassen, dass die ganze Schaar der farb-losen kugel-, stäbchen-, faden- und spiralförmigen Gebilde als eine besondere Gruppe von Organismen anerkannt und deren Zugehörig-keit zu den niedersten Pflanzen wahrscheinlich gemacht worden ist, dass aber die Bemühungen, sie in bestimmte Arten zu gliedern, im Grossen und Ganzen nur wenig weiter geführt haben, als O. F. Müller in seinem ersten Versuche bereits gekommen war. Der wesent-liche Fortschritt, welchen die Lehre von den Mikroorganismen in dieser Periode gleichwohl gemacht hat, ist nach einer ganz anderen Richtung hin zu suchen. Er liegt in der Constatirung der wichtigen Thatsache, dass die niedersten Organismen in gewissen Beziehungen stehen zu den höher organisirten Wesen, in Sonderheit zum Menschen.

Bereits Leeuwenhoek hatte, wie wir gesehen haben, die An-wesenheit der kleinsten Gebilde im Zahnschleim, sowie in seinem diarrhoischen Stuhlgange constatirt. Wunderbar ist es, dass trotz seiner vortrefflichen Abbildungen seine hochwichtige Entdeckung nicht weiter verfolgt, ja nicht einmal anerkannt wurde. Bei der Beschreibung seines Vibrio bacillus sagt Ehrenberg ausdrücklich: „L.'s Abbildung der Thierchen in seinem Zahnschleim passt, den meisten Figuren nach, wohl zu diesem Vibrio, allein er hat offenbar alle die Schleimstäbchen für Thiere gehalten, welche keine thie-rische, nur eine passive Bewegung haben.‟ Dem ausgezeichneten Mikroskopiker Donné gebührt das Verdienst, das allgemeine Inter-esse auf das Vorkommen der Vibrionen in den Se- und Excreten des Menschen, namentlich in den pathologischen Producten, gelenkt zu haben.

Ich kann es mir nicht versagen, die wichtige Beobachtung, in
welcher zum ersten Male auf einen Zusammenhang zwischen mikroskopisch wahrgenommenen niedersten Organismen und einer infectiösen Krankheit des Menschen hingewiesen worden ist, mit den
eigenen Worten des Beobachters wiederzugeben. In seinem „mémoire
sur le mucus et le pus" berichtet Donné im Jahre 1837 über die Beschaffenheit des Eiters syphilitischer Schanker Folgendes: „Dieser
Eiter zeigt in der Regel minder deutliche und weniger regelmässig
gestaltete Eiterkörperchen, wie der gewöhnliche Abscesseiter, und
namentlich enthält die Flüssigkeit, in welcher sie schwimmen, fremd-
artige Theilchen, wie wenn sich einige Eiterkörperchen aufgelöst
hätten und ihre Ueberreste in der Flüssigkeit verbreitet wären. Diese
fremdartigen Theilchen geben ein sehr undeutliches Bild vom Ganzen,
das von kleinen Granulationen erfüllt ist. Man könnte glauben, und
das folgende Gleichniss wird am besten ausdrücken, was ich sagen
will, die Eiterkörperchen seien mit einem sehr feinen Staube vermengt.

Setzt man die mikroskopische Untersuchung mit Aufmerksamkeit weiter fort, so stösst man auf nicht unbedeutende Verschiedenheiten, je nach der Natur des Geschwüres, von dem der Eiter
herrührt.

Bei an der Eichel gelegenen Schankern, oder bei solchen, die
sich zwischen Eichel und Vorhaut befinden, fand ich im Eiter immer
eine grosse Menge von Thierchen, die das Ansehen jenes Infusoriums
besassen, das von Müller unter dem Namen Vibrio lineola beschrieben wurde. Im Anfange legte ich der Gegenwart dieser so
gewöhnlichen Vibrionen keine Wichtigkeit bei, da dieselben, wie
gesagt, sehr gewöhnlich sind und sich unter dem Einflusse der fauligen Zersetzung thierischer Stoffe so rasch vermehren; allerdings
hatte ich bei den anderen Eiterarten, die ich mikroskopisch untersuchte, nichts Aehnliches bemerkt; allein ich glaubte, dass die Gegenwart dieser Thierchen im Eiter, der, wie der in Frage stehende,
dem Einflusse der atmosphärischen Luft ausgesetzt ist, nichts besonderes Merkwürdiges sei; erst nachdem ich dieselben Infusorien in
anderen, von Wunden herrührenden Eiterarten, in faulendem, durch
die Einwirkung der atmosphärischen Luft zersetzten Eiter vergeblich
gesucht hatte, fing diese Eigenthümlichkeit des Schankereiters an,
meine Aufmerksamkeit mehr zu fesseln. So erhielt ich faulenden
Eiter aus einer Halswunde, nach einer von Velpeau ausgeführten
Operation; dieser Eiter war vollkommen zersetzt, die Eiterzellen zum
Theil zerstört, und demungeachtet enthielt er keine Vibrionen. Der
grauliche Eiter von den verschiedensten Körpertheilen zeigte mir

ebenfalls keine Thierchen; selbst durch die Fäulniss in während der Sommerzeit längere Zeit aufbewahrtem Eiter entstehen ähnliche Thierchen nur sehr langsam; während im Blute nach Verlauf von zwei Tagen, wenn dasselbe bei Zutritt der Luft sich selbst überlassen wird, bereits zahlreiche Vibrionen sich vorfinden, zeigen sich solche im Eiter erst nach 6 bis 8 Tagen. Da ich überdies Vibrionen im Eiter von Weibern fand, die an Schankern der Vulva litten, so war ich überzeugt, dass dieses Factum alle Aufmerksamkeit verdiene.

Sind die fraglichen Thierchen ein Charakteristicum des syphilitischen Contagiums, oder spielen sie wenigstens eine Rolle bei der Uebertragung syphilitischer Affectionen, und namentlich bei der Erzeugung des Schankers? Das ist die erste Frage, die sich uns aufdrängt.

Die Neigung, die Fortpflanzung und Verbreitung contagiöser Krankheiten der Existenz gewisser Thierchen, als Träger des Ansteckungsstoffes zuzuschreiben, ist, wie man weiss, sehr allgemein. Es handelt sich hier aber nicht darum, eine mehr oder weniger geistreiche, verführerische Theorie aufzustellen, und ich beschränke mich auf die Erforschung der Umstände, unter denen sich die Vibrionen erzeugen. Ich werde die Thatsachen so angeben, wie ich sie fand, und wenn daraus auch nicht hervorgeht, dass diese Thierchen wirklich die Träger des syphilitischen Contagiums sind, so wird man doch wenigstens daraus ersehen, wie günstig die Schanker ihrer Entwickelung sind, wie nothwendig das syphilitische Element für ihre Existenz erscheint, und vielleicht wird man dann, wie ich selbst, geneigt sein zu glauben, dass sie dem Contagium nicht gänzlich fremd sind. Jedenfalls und abgesehen von der medicinischen Bedeutung sind diese Thierchen schon in naturgeschichtlicher Beziehung interessant.

Ich begann damit, den Eiter von syphilitischen Geschwüren zu untersuchen, die sich nicht an der Eichel und nicht an der Vulva befanden, und wie gesagt, fand ich darin keinerlei Thierchen, ausgenommen ein einziges Mal im Eiter eines Unterschenkelgeschwüres bei einem syphilitischen Weibe; dieses Geschwür mit livider Grundfläche zeigte alle Charaktere der Gangraena nosocomialis, und es floss daraus eine äusserst stinkende Materie ab, die unter dem Mikroskop untersucht eine Menge Vibrionen beobachten liess.

Der Eiter von Leistenbubonen bei mit syphilitischen Schankern behafteten Individuen liess mich nie, zu keiner Periode der Eiterung diese Thierchen entdecken; dieser Eiter ist bekanntlich viscöse, fadenziehend und gewöhnlich graulich; er hat keineswegs das Aussehen von gutem Abscesseiter, der weiss, rahmig und ohne Zähigkeit ist. Unter dem Mikroskop zeigt er nichts Besonderes und besteht aus denselben Körperchen, wie gewöhnlicher Eiter. Bei Gelegenheit der Besprechung der Inoculation werde ich auf die Abwesenheit von Vibrionen in diesem Eiter zurückkommen.

Nur in dem Eiter, der um die Eichel herum secernirt wird, finden sich also Vibrionen; hier sieht man sie immer zu Tausenden, wenn sie nicht schon durch Injectionen oder Aetzmittel getödtet worden sind; man findet sie jedoch nicht allein bei ausgesprochenen Schankern. In jenen Fällen, die von den Praktikern Balanitides genannt werden, findet man dieselben Thierchen; häufig aber ist die Balanitis syphilitischer Natur, und nicht selten entdeckt man bei gleichzeitiger Entzündung der Eichel auch noch kleine Geschwürchen an der innern Fläche der Vorhaut. Die Grenzlinie zwischen einfacher Balanitis und mehr oder minder tiefgehenden Erosionen, die den Schanker darstellen, ist nicht immer leicht zu ziehen, und trotz so vielfältiger Untersuchungen und Einimpfungsversuche ist man noch keineswegs darüber einig, was in jedem Einzelfalle syphilitisch zu nennen ist. Folgende Thatsachen werden vielleicht dazu beitragen, einen Punkt dieser wichtigen Frage etwas zu beleuchten.

Wenn man beweisen könnte, dass die Vibrionen in dem um die Eichel secernirten Eiter sich nur dann erzeugen, wenn die Eiterung syphilitischer Natur ist, wenn das syphilitische Contagium bei der Bildung dieser Thierchen eine wesentliche Rolle spielte, so würde ihre Gegenwart ein äusserst schätzbares diagnostisches Mittel sein, das gewiss nicht zu vernachlässigen wäre.

Vor Allem war zu erforschen, ob die Gegenwart von Vibrionen nicht vielmehr von der eiternden Stelle abhängig sei, und weniger von der Natur des Eiters. In der That weiss man, dass die käsige Materie, welche die an der Eichelbasis gelegenen Follikel secerniren, den Ausflüssen dieses Theiles ganz eigenthümliche charakteristische Eigenschaften geben, die sich namentlich auch auf einen scharfen, widerlichen Geruch beziehen; wäre es nun nicht möglich, dass die Vermischung dieser Substanz mit dem Eiter die Erzeugung von Thierchen begünstigte, und könnte man nicht vielleicht auch in dieser käsigen Materie im normalen Zustande Vibrionen entdecken?

Ich unterwarf sonach diese Materie, die ich mir von nicht syphilitischen Individuen verschaffte, der mikroskopischen Untersuchung und fand darin keine Thierchen; um aber so sehr wie möglich ihre Entwickelung zu begünstigen, entschloss ich mich, auf der Eichel eines gesunden Individuums, welches nie an syphilitischen Zuständen gelitten hatte, eine künstliche Eiterung, wenn ich mich so ausdrücken darf, durch ein Vesicans hervorzurufen; ein kleines blasenziehendes Pflaster wurde in die unter der Eichelkrone befindliche Rinne, wo vorzüglich gerne Schanker entstehen, applicirt; als die Blase gebildet war, wurde das Epithelium weggenommen und auf diese Weise eine Eiterung eingeleitet, die ohne Anwendung einer reizenden Salbe durch acht Tage reichlich fortdauerte; es bestand hier sonach eine Blennorrhoe, ja selbst eine Ulceration, die sich von einem wirklichen Schanker nur durch ihre gleichmässigen und nicht scharf abgeschnittenen Ränder unterschied; die Wunde war fast schmerzlos. Dieser Eiter wurde nun alle Tage mit der grössten Sorgfalt mikroskopisch untersucht, und niemals war es möglich, darin eine Spur von Thierchen zu entdecken; er enthielt gewöhnliche Eiterzellen, aber nicht ein einziges Infusorium, und doch war dieser Eiter vom Schankereiter weder durch die Stelle, von der er rührte, noch durch seine physikalischen Eigenschaften unterschieden; der einzige Unterschied lag in der die Ulceration bedingenden Ursache; kurz, es war kein syphilitischer Eiter, und deshalb genügten auch wenige Bähungen zur Bewerkstelligung der Vernarbung und Heilung der kleinen Wunde. Wäre man nun nach dem Erwähnten nicht vielleicht weniger geneigt über die Ansicht des verstorbenen CULLERIER zu spotten, der an die Existenz von eigenthümlichen Thierchen in den syphilitischen Geschwüren glaubte.

Um zu erfahren, ob diese Thierchen sich auch auf einer andern Stelle des Körpers als der Eichel fortpflanzen könnten, wurde Schankereiter, in dem man die Gegenwart von Vibrionen constatirt hatte, auf den Schenkel des Kranken, der den Eiter geliefert hatte, inoculirt; den anderen Tag war eine Pustel vorhanden, die mit einer serös-eitrigen Flüssigkeit gefüllt war, in der dieselben Vibrionen in grosser Anzahl beobachtet werden konnten; diese Pustel verwandelte sich in ein Geschwür, dessen Fortschritten durch das Cauterium Einhalt gethan wurde. Es ist sonach evident, dass sich die Vibrionen auch anderswo als an der Eichel fortpflanzen können.“

Wenn auch alle diese Untersuchungsresultate DONNÉ nicht genügten für den Beweis, dass die Vibrionen die Träger des Syphilisgiftes seien, und wenn er sich deshalb auch später in seinem „cours de microscopie“, Paris 1844, der Ansicht zuneigte, dass die Gegenwart dieses Infusoriums rein zufällig sei und nicht in Beziehung stehe zu der Krankheit, das Interesse der Aerzte hatte er mit seiner Mittheilung auf die Vibrionen gelenkt. Zur Erhöhung dieses Interesses trug er dann noch bei durch die Erwähnung einer anderen bemer-

kenswerthen Beobachtung von Vibrionen, durch die Mittheilung nämlich, dass LEROY D'ÉTIOLLES bei Individuen, welche an gewissen
Krankheiten der Prostata litten, im frisch gelassenen Urin Vibrionen
gefunden habe.

Auch die Familie der Monaden erhielt eine gewisse Bedeutung
für die Aerzte. RUDOLPH WAGNER[1]) fand beim Lippenkrebs monaden-
artige Gebilde, und DONNÉ constatirte im Vaginalschleim von Frauen,
welche an Gonorrhoe litten, kleine, länglich ovale oder auch birnförmige, mit einem, zwei, ja auch drei peitschenförmigen Anhängen
von ausserordentlicher Feinheit versehene Monaden, welche er Tricho-
monas vaginalis benannte. Diese Befunde, namentlich die Entdeckung
DONNÉ's, waren so eigenthümlich, dass man ihnen anfangs eine gewisse pathologische Bedeutung beilegen zu müssen glaubte. DONNÉ
selbst überzeugte sich jedoch später, dass jene Organismen auch bei
nicht angesteckten Frauen im eitrigen Vaginalschleim keineswegs seltene Gäste waren, daher nicht in Beziehung standen zur pathologischen
Natur der Secretion, in Sonderheit nicht zum Virus syphiliticum.

Die auffallenden Beobachtungen DONNÉ's hätten wahrscheinlich
ein noch weit grösseres Interesse erweckt, wenn sie nicht durch
zwei hervorragende Ereignisse des Jahres 1837 in den Schatten gestellt worden wären. In diesem Jahre machten CAGNIARD LATOUR[2])
und SCHWANN[3]) unabhängig von einander die folgenreiche Entdeckung, dass die bei der Gährung des Bieres und Weines bereits
von LEEUWENHOEK gesehenen Hefekügelchen lebende Organismen
sind, deren Wachsthum durch Sprossung in stündlich während der
Gährung entnommenen Proben sich mit dem Mikroskop Schritt für
Schritt verfolgen liess, und dass diese zweifellos pflanzlichen Organismen, welchen TURPIN den Namen Torula cerevisiae gab, als die
Ursache der Gährung anzusehen sind. Von jeher hatte man Gährung und Krankheit als verwandte Dinge betrachtet. War die Gährung durch einen belebten Organismus veranlasst, so konnten auch
die Krankheiten durch ähnliche Organismen erzeugt sein. Zahlreiche
ärztliche Beobachtungen lehrten auch bald, dass in anormalen gährenden thierischen Se- und Excreten, im Mund-, im Magen-, im Darm-
Inhalt, im Urin der Diabetiker u. s. w. Heferganismen anzutreffen

---

1) R. WAGNER: Fragmente zur Physiologie der Zeugung. 1836. S. 7.
2) CAGNIARD LATOUR : Mémoire sur la fermentation vineuse. Comptes rendus
de l'Académie des sciences 1837. Bd. 4. p. 905.
3) SCHWANN: Vorläufige Mittheilung betreffend Versuche über die Weingährung und Fäulniss. — GILBERT's Annalen der Physik und Chemie. 1837.
Bd. 41.

waren. In dieser selben Zeit setzte zum ersten Male die Cholera ganz Europa in Schrecken. Vielleicht waren auch bei dieser Krankheit Gährungserreger im Spiel. In der That constatirte BOEHM [4] im Jahre 1838 die Anwesenheit solcher Organismen im Darminhalt von Cholerakranken. Da er sie jedoch nur nach dem Genusse von Bier auftreten sah, so war er vorsichtig in der Deutung des Fundes. Er legte ihnen eine besondere Bedeutung nicht bei.

Von noch grösserem Einfluss auf die ärztlichen Anschauungen als die Entdeckung der Hefepilze wurde aber die in demselben Jahre 1837 veröffentlichte Entdeckung BASSI's [5], dass eine miasmatisch-contagiöse Krankheit der Seidenraupen, die Muscardine, durch ein pflanzliches Gebilde, einen Pilz verursacht wird. Die ausserordentlich feinen, auf dem Raupenkörper als weisses Pulver sich darstellenden Sporen dieses Pilzes werden, wie BASSI fand, durch Berührung oder durch die Luft von den erkrankten Raupen auf gesunde Raupen übertragen und rufen bei diesen, indem sie auf deren Haut auskeimen und in deren Körper hineinwachsen, die Krankheit hervor. Die bereits seit langer Zeit [6] verbreitete Anschauung, dass niederste pflanzliche Organismen andere Pflanzen als Parasiten befallen und Krankheiten derselben erzeugen können, wurde somit dahin erweitert, dass derartige niedere Pflanzen auch bei Thieren Krankheiten erzeugen können.

Zu dieser selben Zeit machte die Neu-Entdeckung der zwar vor Jahrhunderten schon gekannten, aber wieder in Vergessenheit gerathenen Krätzmilben als alleinige Ursache der Krätzkrankheit einen tiefgehenden Eindruck. Winzige Repräsentanten der Thier- und Pflanzenwelt erwiesen sich somit als Erreger von Krankheiten.

Das Zusammentreffen dieser verschiedenen wichtigen Entdeckungen in dem 4. Jahrzehnt unseres Jahrhunderts brachte nunmehr die Frage nach dem Contagium animatum wieder lebhaft in Fluss. In seinen pathologischen Untersuchungen, Berlin 1840, stellte HENLE mit ausserordentlichem Scharfsinn alle thatsächlichen und speculativen Gründe zusammen, welche für die Annahme belebter Krank-

---

4) LUDWIG BOEHM: Die kranke Darmschleimhaut in der asiatischen Cholera, mikroskopisch untersucht. Berlin 1838.

5) BASSI: Del mal del segno, calcinaccio o moscardino. Sec. ed. Milano. 1837.

6) PERSOON führt in seiner Synopsis methodica fungorum bereits im J. 1801 die Brandpilze als ·Pilze auf unter dem Namen Uredo. — B. PREVOST entwickelte zuerst die Anschauung, dass die Krankheitserscheinungen der Kulturgewächse, bei welchen solche Pilze beobachtet wurden, durch diese Pilze erzeugt würden. Mémoire sur la cause immédiate de la Carie ou Charbon des blès. Montauban 1807.

heitserreger sprachen, und kam mit zwingender Nothwendigkeit zu
dem Schluss, dass das Contagium der miasmatisch-contagiösen und
auch der rein contagiösen Krankheiten belebter Natur sein müsse.
Durchdrungen von dieser Ueberzeugung suchte Henle in Typhusleichen, in Pocken- und Vaccine-Material, in der abgeschuppten Haut
beim Scharlach, sowie auch bei anderen, sich auf die Haut localisi-
renden Krankheiten nach dem Contagium, indessen vergebens. Nach
seinen Erfahrungen glaubte er daher versichern zu können, dass weder
irgend eines der bekannten Infusorien, noch eine Pflanze von der Art
der Gährungspilze oder der Botrytis bassiana in den genannten Contagien sich fände. Diese negativen Erfahrungen machten ihn jedoch
an seiner Meinung nicht irre. Mit vorahnendem Geiste hob er scharf
diejenigen Schwierigkeiten hervor, welche sich einer erfolgreichen
Forschung entgegenstellten. Er zeigte der Forschung den Weg, welcher allein zum glücklichen Ziele führen könnte. „Es ist nicht einmal nöthig", ruft er aus, „zu der Ausflucht zu greifen, dass die Organismen des Contagium für unsere optischen Hülfsmittel zu klein
wären. Aber wenn sie nicht bewegliche thierische Wesen, sondern
Eier derselben oder Keime niederer Pflanzen sind, so kenne ich
kein Mittel, dieselben von den Zellen, deren Kernen oder körnigem
Inhalt, wie sie in der Oberhaut, im Eiter, ja in allen Geweben und
Excreten vorkommen, zu unterscheiden, wenn nicht die Art ihres
Zusammenhanges oder die weitere Entwickelung derselben Aufschluss
giebt." Wie wir sehen werden, waren es in der That gerade die
diese Differenzirung ermöglichenden Methoden, mit Hülfe welcher es
gelang, den Schleier von dem geheimnissvollen Wesen der Contagien
hinwegzuziehen. Henle hat aber noch weiter gesehen. Der einfache Nachweis von thierischen oder pflanzlichen Gebilden erschien
ihm nicht genügend für den Beweis, dass diese das Contagium darstellen: „Finden sich", argumentirt er, „lebende, bewegliche Thierchen
oder deutliche Pflanzen in contagiösen Stoffen, so können sie hier, wie
auch in gutartigem Eiter, wie in allen thierischen Secreten, zufällig
entstanden sein, wenn sie einige Zeit der Luft ausgesetzt gewesen sind.
Und selbst wenn sie constant und innerhalb des Körpers in contagiösen Materien gefunden würden, so wäre immer noch der Einwurf
möglich und fürs Erste kaum zu widerlegen, dass sie nur parasitische,
wenngleich constante Elemente der Contagien wären, wie man ja
noch von den Samenthierchen behaupten hört, Elemente, die in der
Flüssigkeit sich entwickeln und selbst für die Diagnose von Bedeutung sein könnten, ohne darum der wirksame Stoff der Flüssigkeit
oder des Samens zu sein. Dass sie wirklich das Wirksame sind,

wäre empirisch nur zu beweisen, wenn man Samenthierchen und Samenflüssigkeit, Contagiumorganismen und Contagiumflüssigkeit isoliren und eines jeden Kräfte besonders beobachten könnte, ein Versuch, auf den man wohl verzichten muss." Constanter Nachweis, Isolirung und Prüfung der isolirten Organismen, — das sind die drei Postulate der strengen Logik Henle's. Die Geschichte der Contagienforschung hat bewiesen, dass jede Abweichung von diesen unerbittlichen Gesetzen der Logik trotz des grossartigsten Aufwandes rastlosester, unermüdlichster Arbeit stets zu trügerischen Ergebnissen geführt hat, dass nur allein die stricte Erfüllung aller drei Postulate den endlichen, herrlichen Triumph der Wissenschaft zu zeitigen vermocht hat.

Die Bassi'sche Entdeckung, sowie die Henle'schen Deductionen wurden die Veranlassung einer grossen Zahl von Arbeiten. Man erinnerte sich, dass schon frühere Beobachter, Ledermüller, Wrisberg, Spallanzani, O. F. Müller u. A. auf todten Thieren, Insecten, Fischen etc. schimmelartige Bildungen beobachtet hatten, und brachte diese nun mit dem Tode der Thiere in Verbindung. Alle krankhaften Veränderungen an der Oberfläche von Menschen und Thieren wurden auf etwaige Bildungen pflanzlicher Art untersucht. Die diesbezüglichen Untersuchungen führten denn auch Schlag auf Schlag zu bedeutungsvollen Resultaten. Bei dem Favus, dem Herpes tonsurans, der Pityriasis versicola, dem Soor u. s. w. wurden glashelle, verzweigte Pilzfäden und rundliche, glänzende Sporen von verschiedener Grösse aufgefunden und ohne Weiteres allgemein als ursächliches Moment dieser Krankheiten anerkannt, weil sie den pathologischen Veränderungen in Bezug auf ihr Vorkommen durchaus entsprachen. Auch im Innern des Körpers, an den Oberflächen der Schleimhäute und in deren pathologischen Producten wurden pilzähnliche Gebilde gefunden und in ursächlichen Zusammenbang gebracht mit den Krankheiten, an welchen die untersuchten Kranken litten. Auf der Schleimhaut der Speiseröhre [7]), auf den Darmgeschwüren von Typhusleichen, in einem typhösen Geschwür auf der hinteren Wand des Larynx [8]), in dem Nasenausfluss rotzkranker[9]) Pferde, in phthisischen und pneumonischen Sputis und in Croup-Membranen [10]),

———

7) Hannover: Müller's Archiv. 1842. S. 283. — Langenbeck: Froriep's Neue Notizen. Bd. XII. S. 145. 1839.

8) Frerichs a. a. O. — Mühlhäuser: Zeitschr. f. rat. Med. Bd. III. S. 126.

9) Langenbeck: Froriep's Neue Notizen. Bd. XX. S. 58. 1841.

10) Bennett: Zeitschrift für rationelle Medicin. Bd. II. S. 326. — Schaffner: Flora 1845. S. 501. — Remak a. a. O. S. 222.

im Munde [11]), im Uterusschleim [12]), im Auge [13]) etc. wurden fädige Gebilde pflanzlicher Art aufgefunden und unter den verschiedensten Namen, als Leptothrix buccalis, Leptomitus uteri u. s. w. beschrieben. Eine ganz neue Form von Organismen fanden die Gebrüder Goodsir [14]) in dem Mageninhalte eines Kranken, welcher an periodischem Erbrechen litt, — quadratische resp. oblonge Massen, welche aus 16 kubischen Zellen, deren jede wieder in 4 Zellen getheilt war, zusammengesetzt waren und somit bei der mikroskopischen Betrachtung das Aussehen boten wie mehrfach geschnürte Waarenballen. Ueber das Wesen dieser Gebilde, welche von ihren Entdeckern „Sarcina ventriculi" genannt wurden, herrschten die verschiedenartigsten Ansichten, bis Virchow [15]) seine Ansicht dahin abgab, dass sie den niederen Pflanzen zuzurechnen seien.

Das Ergebniss der durch Bassi inaugurirten Forschungen war im Wesentlichen die Entdeckung einer überaus grossen Zahl von niederen Algen und Pilzen, welche für die verschiedensten niederen und höheren Thiere als pathogen erkannt und wegen dieser Eigenschaften eingehend studirt wurden. Die Namen Leptothrix, Leptomitus, Saprolegnia, Enterobryus, Trichophyton, Microsporon, Achorion, Oidium, Aspergillus, Isaria, Mucor, Puccinia, Laboulbenia, Sphaeria u. a. legen beredtes Zeugniss ab für diese Forschungen. Die genauere Erforschung aller dieser Organismen, im Besonderen ihre systematische Bearbeitung hat in der Folge noch lange und mühevolle Arbeiten erfordert, welche vielfach bis heute noch nicht abgeschlossen sind und erst mit Hülfe der modernen Methoden zum Abschluss gebracht werden dürften.

Die niedersten Gebilde, deren Bedeutung für die Pathologie nach den soeben kurz skizzirten Forschungen nicht von der Hand zu weisen war, gewannen ein noch erheblich höheres Interesse für

---

11) Ch. Robin: Des végétaux qui croissent sur les animaux vivants. Paris 1847. Daselbst ausführliche Literaturangaben über alle Pilzfunde jener Epoche.

12) Wilkinson: Some remarks upon the development of epiphytes, with the description of a new vegetable formation found in connexion with the human uterus. London. The Lancet. 1849. p. 448.

13) Helmbrecht: Fall einer confervenartigen Afterproduction in der Augenkammer des linken Auges. Casper's Wochenschrift 1842. S. 593.

14) History of a case in which a fluid periodically ejected from the stomach contained vegetable organisms of an undescribed form by John Goodsir. With a chemical analysis of the fluid by G. Wilson. — Edinb. med. and surg. journal 1842. t. 57. p. 430.

15) Virchow: Die Sarcina. Arch. f. pathol. Anat. u. Physiologie etc. Bd. I. 1847. S. 264.

die Aerzte, als die Cholera gegen das Ende der vierten und im Anfange der fünften Dekade unseres Jahrhunderts zum zweiten Male in Europa einbrach. Lag doch die Annahme nahe, dass das jedenfalls belebte infectiöse Agens derselben in derartigen niederen Wesen zu suchen sein dürfte. Man durchforschte die Dejectionen, in welchen man dieses Agens vermuthete, und glaubte auch dasselbe in allen möglichen sich darbietenden Gebilden vor sich zu haben. Swaine [16]), Brittan und Budd [17]) sahen Körperchen, welche Brittan ringförmige Körper, Swaine Cholerazellen, Budd aber Cholerafungi nannte, weil er sie für pflanzliche hielt. Baly und Sull [18]) wiesen jedoch bald darauf in überzeugender Weise nach, dass die angeblichen Cholera-Pilze nichts Anderes waren, als Fragmente von eingeführten Nahrungsmitteln, eine Anschauung, welcher sich die Mehrzahl der Untersucher, Griffith [19]), Bennett, Robertson [20]) und Andere anschlossen. Pouchet [21]) constatirte wiederum die Anwesenheit von Vibrionen in den Cholera-Entleerungen, ein Befund, welcher einige Jahre später, aber noch in derselben Epidemie auch von Pacini [22]) erhoben wurde. Mit diesen Befunden war freilich die infectiöse Natur der gesehenen Vibrionen nicht bewiesen. Man fand dieselben Vibrionen auch in Dejectionen von anderen Kranken, ja auch von Gesunden. Sie erregten eine Zeit lang die Aufmerksamkeit und wurden dann schnell vergessen.

Noch andere Organismen wurden in den Entleerungen der Cholera-Kranken nachgewiesen. Davaine [23]) beobachtete in den Cholera-Stühlen während der Epidemie von 1853/54 mehrfach birnförmige, mit einer peitschenförmigen Geissel versehene Monaden. Hassel [24]) fand im Harn von Cholera-Kranken ovale oder rundliche

---

16) Swaine: Account of certain organic cells peculiar to the evacuations of cholera. The Lancet 1849. p. 368, 398.

17) Brittan and Budd: London medical gazette. Sept. 1849.

18) Baly and Sull: The cholera subcommittee of the college of physicians on the cholera fungi. — The Lancet. Nov. 1849. p. 493.

19) Griffith: Letter to the London medical gazette. Dec. 1849.

20) Bennett and Robertson: Edinbourgh monthly journal. Nov. 1849.

21) Pouchet: Infusoires microscopiques dans les déjections alvines des cholériques. — Comptes rendus. 23. Avril 1849.

22) F. Pacini: Osservazioni microscopiche e deduzioni patologiche sul Colera asiatico. — Gazzetta medica italiana di Firenze 1854. — Archives de médecine militaire de Bruxelles. 1855.

23) C. Davaine: Sur des animalcules infusoires trouvés dans les selles des malades atteints du choléra et d'autres maladies. — Comptes rendus de la société de biologie. 2. série. t. I. p. 129. 1854.

24) Hassel: The Lancet. Nov. 1859.

granulirte, meist mit zwei, bisweilen sogar mit drei Geisseln versehene Gebilde, welche er als Bodo urinarius bezeichnete, eine Beobachtung, welche an die bereits von LEEUWENHOEK im frisch gelassenen Urin seines Pferdes gefundenen Animalcula erinnert. Um
über die Bedeutung der gefundenen Organismen Aufschluss zu erhalten, musste man natürlich vielfach vergleichende Untersuchungen
anderer, normaler und pathologischer, Excrete anstellen. Das Auffinden einer kleinen Monadenart in den Dejectionen eines Typhus-
Kranken durch DAVAINE, von zahlreichen verschiedenartigen Monaden
(Monas crepusculum, Cercomonas saltans, Bursaria) in unreinen Geschwüren durch WEDL[25]), des Paramecium coli im Blind- und Dick-
darm zweier an Lienterie leidender Kranker durch MALMSTEN[26]),
der Nachweis zahlreicher Amöben im Darmkanal eines an Enteritis
verstorbenen Kindes, sowie reichlicherer Mengen von Cercomonas
intestinalis in den geleeartigen Schleimexcreten von Kindern durch
LAMBL[27]) und zahlreiche andere, das Vorkommen von Infusorien im
Darmkanal der verschiedensten Thiere betreffende Beobachtungen
lassen erkennen, wie fruchtbar die durch die Cholera gegebene Anregung zur Untersuchung der pathologischen Secrete für die Kenntniss der im Körper parasitirenden Mikroorganismen geworden ist.

Das angestrebte Ziel, die belebte Ursache der Cholera aufzuklären, wurde freilich trotz aller Bemühungen nicht erreicht.

Als dann die Cholera vorübergegangen war, liess das Interesse
an dem Contagium animatum der ansteckenden Krankheiten wieder
nach. Es traten nunmehr in den Vordergrund die Untersuchungen
über die mit den krankhaften Störungen im Körper so häufig ver-
glichenen Erscheinungen der Gährung.

25) WEDL: Grundzüge der patholog. Histologie. Wien 1854.

26) MALMSTEN: Archiv f. path. Anat. u. Phys. 1857. Bd. XII.

27) LAMBL: Vierteljahrsschrift f. praktische Heilkunde. Herausgegeben von
der med. Facultät zu Prag. Jahrg. 1859.

Fünfte Vorlesung.

Die Untersuchungen PASTEUR's über die specifischen Erreger der verschiedenen Gährungen, der Fäulniss, der Krankheiten der Weine und der Seidenraupen. Seine Gegner. BÉCHAMP. LEMAIRE's Anschauungen. LISTER's Wundbehandlung. Die Milzbrand-Stäbchen.

Der nächste Zeitabschnitt ist charakterisirt durch die Arbeiten des französischen Chemikers LOUIS PASTEUR über die Erscheinungen der Gährung und über die Urzeugung. Die Ergebnisse, zu welchen PASTEUR auf Grund seiner eingehenden experimentellen Studien auf den genannten Gebieten gelangt ist, sind von epochemachender Bedeutung. Sie sind die Grundlagen geworden für unsere modernen Anschauungen über die Bedeutung der Mikroorganismen im Haushalte der Natur.

CAGNIARD LATOUR und SCHWANN hatten, wie wir sahen, nachgewiesen, dass die Alkoholgährung zuckerreicher Flüssigkeiten Hand in Hand geht mit der Entwickelung eines lebenden Organismus, der Torula cerevisiae. PASTEUR constatirte, dass, ebenso wie die Alkoholgährung, alle die verschiedenartigen, unter gewissen Bedingungen natürlich vorkommenden Gährungen, die Milchsäure-, Buttersäure-, Essigsäure- u. s. w. Gährung gleichfalls durch bestimmte lebende Organismen erzeugt werden, dass ferner diese einzelnen Gährungserreger nicht nur durch ihre besonderen physiologischen Leistungen, sondern auch durch ihr morphologisches und biologisches Verhalten als specifisch verschiedene Mikroorganismen charakterisirt sind. Die Methode, welche PASTEUR bei seinen Untersuchungen befolgte, war eine sehr einfache. Er stellte zunächst fest, in welchem organischen Substrat sich eine bestimmte Gährung in typischer, regelmässiger Weise vollzog. Dann studirte er unter dem Mikroskope die Organismen, welche diese Gährung begleiteten. Darauf machte er sich eine künstliche Lösung der Substanz, welche vergohr, gab ihr einen Zusatz von einer albuminoiden Substanz und von etwas Asche, welche, wie er annahm, alle zum Körperaufbau jener Organismen nöthigen Nährsalze enthielt, machte diese Nährlösung durch Kochen keimfrei und säte nun in dieselbe eine Spur von dem bei der typischen, natürlichen Gährung gebildeten Depot aus. Sah er

dann die durch bestimmte Endproducte charakterisirte Gährung in
typischer Weise auftreten und fand er weiter stets nur die bei der
natürlichen typischen Gährung beobachtete Form von Organismen,
so schloss er, dass diese Organismen die Ursache jener Gährung
darstellten.

Im Jahre 1857 [1]) trat PASTEUR mit der Mittheilung an die
Oeffentlichkeit, dass eine bestimmte Gährung, die Umwandlung von
Zucker in Milchsäure, durch eine aus kleinen Kügelchen oder aus
kleinen, sehr kurzen, isolirten oder in Haufen angeordneten Gliedern bestehende „neue Hefe" erzeugt werde, welche sich durch ihre
Kleinheit von der Bierhefe deutlich unterscheide. Diese neue Hefe
wachse in einer Hefeabkochung, welcher 50 grm Zucker pro Liter
und etwas Kreide zur Neutralisirung zugesetzt worden sei. Nicht
die stickstoffhaltigen Substanzen verwandelten, wie man bisher angenommen habe, den Zucker in Milchsäure, sondern die neue Hefe,
welche jener Substanzen zu ihrer Ernährung bedürfe. Bald darauf[2])
theilte er mit, dass die Paraweinsäure (Traubensäure) unter dem
Einfluss eines belebten Fermentes sich zerlege in Rechts-Weinsäure,
welche vergähre, und in Links-Weinsäure, welche intact bleibe.
Auch dieses Ferment lasse sich cultiviren, und zwar in einer neu-
tralen oder schwach alkalisch gemachten Lösung von weinsaurem
Ammoniak, welcher 2—3 Tausendstel ihres Gewichtes einer stickstoffhaltigen albuminoiden Substanz zugesetzt seien. Der sich bildende
Bodensatz stelle das Ferment dar. Es bestehe aus kleinen, ketten-
förmig angeordneten, vielfach verfilzten Granulationen oder Kügelchen
von dem gleichen Durchmesser wie die Glieder der Milchsäure-Hefe.

Bei seinen Versuchen über die Urzeugung [3]) fand er weiter, dass
keimfrei gemachter Urin und keimfreie Milch nach dem Zusatz von
Staub bestimmte Veränderungen eingingen, dass der Urin eine
ammoniakalische Zersetzung erlitt, während die Milch gerann. In
den so veränderten Flüssigkeiten fand er organisirte Wesen „mucédinées ou infusoires". In diesen habe man demnach die Fermente
der Zersetzungen zu suchen. Die Hauptaufgabe und zugleich die
Hauptschwierigkeit bei der Erforschung dieser Fermente bestehe nun
darin, jedes einzelne isolirt für sich darzustellen, um die Wirkung

---

1) PASTEUR: Mémoire sur la fermentation appelée lactique. Comptes rendus
t. 45. p. 913. 30./XI. 1857. — C. r. t. 45. p. 337. 14. II. 1859.

2) PASTEUR: Mémoire sur la fermentation de l'acide tartrique. — C. r. t. 46.
p. 615. 29./III. 1858.

3) PASTEUR: De l'origine des ferments. Nouvelles expériences relatives aux
générations dites spontanées. — C. r. t. 50. p. 849. 7./V. 1860.

eines jeden unabhängig von den anderen zu studiren. Die Isolirung
biete aber grosse Schwierigkeiten aus dem Grunde, weil sehr häufig
die dem einen zusagende Nahrung auch die Entwickelung der anderen gestatte. Im weiteren Verlaufe seiner Untersuchungen [4]) fand
er, dass das „végétal-ferment" der Milchsäure verschieden sei von
dem oder denen („denn", sagt er, „es existiren deren zwei"), welche
die gummöse Substanz erzeugen. Alle diese bildeten aber niemals,
wofern sie rein seien, Buttersäure: also müsse es ein besonderes
Buttersäure - Ferment geben. Dieses Ferment existire nun in der
That, sei aber kein „végétal", sondern ein „infusoire". Dasselbe stelle
sich dar in der Form von kleinen cylindrischen Stäbchen, welche ab-
gerundet an den Enden, gewöhnlich gerade und entweder einzeln oder
zu 3—4 und mehrgliederigen Ketten von 0,002—0,02 mm Länge und
0,002 mm Breite vereinigt seien. Die Stäbchen zeigten eine gleitende
Bewegung, bei welcher der Körper gerade bliebe oder eine leichte
Wellenbewegung darbiete. Sie pflanzten sich fort durch Theilung;
daher stamme die Bildung von Gliederketten. Man könnte sie aus-
säen wie eine Hefe. Das wunderbarste sei der Umstand, dass diese
Wesen ohne eine Spur von Sauerstoff und selbst in einer Kohlensäure-
Atmosphäre leben und sich vermehren könnten, ja dass sie sogar
durch Sauerstoffzutritt getödtet würden. Die Thierchen zeigten demnach grosse Aehnlichkeit in ihrem biologischen Verhalten mit den
„ferments végétaux", den Hefen, welche gleichfalls ohne Sauerstoff
zu leben vermöchten. Diese Entdeckung war in hohem Maasse über-
raschend: der neu aufgefundene Organismus war seiner Form nach
ein Vibrio, unterschied sich aber von allen anderen Vibrionen dadurch, dass er ohne Sauerstoff zu leben und eine Fermentwirkung
hervorzurufen vermochte. Ueber die systematische Stellung dieses
neuen Organismus war PASTEUR indess wenig bekümmert. „Que le
progrès de la science," sagt er, „en ce qui touche la limite des deux
règnes, fasse de ce vibrion une plante ou un animal, peu importe
présentement: vivre sans aire et être ferment sont deux propriétés
qui le séparent de tous les êtres inférieures ordinaires des deux
règnes."
Diese Beobachtung blieb nicht vereinzelt. Im Jahre 1863 [5]) fand
PASTEUR noch einen zweiten anaërobiontischen Vibrio, das Ferment

---

4) PASTEUR: Animalcules infusoires vivant sans gaz oxygène libre et déter-
minant des fermentations. — C. r. t. 52. p. 344. 25. II. 1861; p. 1260. 17./VI. 1861.

5) PASTEUR: Nouvel exemple de fermentation déterminée par des animalcules
infusoires pouvant vivre sans oxygène libre et en dehors de tout contact avec l'air
de l'atmosphère. Fermentation du tartrate de chaux. C. r. t. 56. p. 446. 9.,III. 1863.

der Gährung des weinsauren Kalkes, und diesen gelang es ihm
künstlich zu züchten. Er bereitete sich eine Nährlösung aus Kalk-
tartrat, gab derselben einen Zusatz von Ammonium-, Kali- und Erd-
Phosphaten oder statt deren einen Zusatz von Hefeasche, · machte sie
durch Kochen luftfrei und bedeckte sie mit einer dicken Oelschicht.
In die so präparirte Flüssigkeit führte er eine geringe Menge des
Depots aus einer spontanen Fermentation des Kalktartrates ein und
sah alsbald die typische Gährung sich einstellen. In dem Depot
fanden sich 0,001 mm dicke bis 0,05 mm lange bewegliche Vibrionen
— das Ferment. Wie kam es nun aber, dass eine nicht gekochte
Kalktartratlösung spontan in Gährung gerieth bei freiem Zutritt von
Luft, wenn der Erreger ein anaërobiontisches Wesen war? PASTEUR
erklärte sich das Zustandekommen der Gährung durch die aus der
mikroskopischen Beobachtung resultirende Annahme, dass zuerst
kleinere, sauerstoffbedürftige Infusorien, Monas, Bacterium termo
u. s. w. in einer solchen Lösung sich entwickeln, dass diese den
Sauerstoff in der Flüssigkeit aufbrauchen und damit das Terrain
für die Entwickelung des anaërobiontischen Vibrio geeignet machen.

Ebenso wie die Buttersäure-Gährung durch Vibrionen erzeugt
wird, so wird nun nach PASTEUR's weiteren Versuchen[6]) die Fäulniss,
die mit Entbindung stinkender Producte einhergehende Zersetzung
stickstoffhaltiger Substanz, durch „die Vibrionen" hervorgerufen.
Er acceptirt die sechs EHRENBERG'schen Arten lineola, tremulans,
subtilis, rugula, prolifer und bacillus, so wie sie beschrieben waren,
vorläufig wenigstens. „Je réserve, en ce qui me concerne la question
de l'identité ou de la différence de ces espèces, de leurs variétés de
formes subordonnées aux changements des conditions du milieu. Je
les accepte provisoirement telles qu'elles sont décrites. Quoiqu' il en
soit," fährt er dann fort, „j'arrive à ce résultat que les 6 espèces
de vibrions sont 6 espèces de ferments animaux et que ce sont les
ferments de la putréfaction." PASTEUR kommt somit zu derselben
Ansicht, welche MITSCHERLICH[7]) bereits im Jahre 1843 geäussert
hatte, dass nämlich ebenso wie die Hefen die Gährung veranlassten,
die Vibrionen die Fäulniss erzeugten. PASTEUR hält sämmtliche Vibrionen der Fäulniss für anaërobiontische Wesen — ohne indessen
für diese Ansicht vollgültige Beweise beizubringen.

Von nicht minder grosser Bedeutung für das Verständniss der
niedersten Wesen waren auch die Untersuchungen PASTEUR's über

---

6) PASTEUR: Recherches sur la putréfaction. — C. r. t. 56. p. 1189. 1863.
7) MITSCHERLICH: Berliner Monatsberichte. 1843. S. 38.

die „mycodermes" [8]), die glatten oder runzeligen Häute, welche sich
auf gährenden Flüssigkeiten bilden, die sog. „fleur du vin, fleur
de la bière, fleur du vinaigre". Es war jedoch nicht die Morphologie
dieser Häute, welche ihn anzog — ihn interessirte als Chemiker in
erster Linie das, was sie producirten. Er stellte fest, dass die „fleur
du vin" mit Alkohol: Wasser und CO_2, die „fleur du vinaigre" mit
Alkohol: Essigsäure, mit Essigsäure aber Wasser und CO_2 bildeten,
dass sie diese Wirkungen aber nur ausübten bei Gegenwart von
Luft; dass untergetaucht z. B. die „fleur du vinaigre" keine Essigsäure
zu bilden vermöchte. Er schloss aus diesem Versuch, dass diese
organischen Häute die verbrennende Wirkung des O der Luft auf die
Substanzen übertragen, welche sie zersetzen. Dieselbe Eigenschaft
schrieb er auch den niedersten pflanzlichen Wesen, den „mucédinées" und auch den kleinsten sauerstoffbedürftigen Infusorien zu,
welche sich an der Oberfläche zersetzungsfähiger Substrate entwickeln. In den „mucédinées, infusoires" und „vibrions" erkennt
PASTEUR die wichtigsten Arbeitskräfte im Haushalte der Natur: ohne
sie würde die Oberfläche der Erde mit todter organischer Materie,
mit Pflanzen- und Thier-Cadavern bedeckt sein, ohne sie würde das
Leben unmöglich sein, weil das Werk des Todes unvollständig wäre,
„parceque le retour à l'atmosphère et au règne minéral de tout ce
qui a cessé de vivre serait tout à coup suspendu."
    Seine an den Fermentationen gewonnenen Erfahrungen veran-
lassten PASTEUR, sich mit den eine unzweifelhafte Analogie bietenden Veränderungen des werthvollsten Productes seines Vaterlandes
— des Weines, eingehender zu beschäftigen. Sehr bald [9]) fand er,
dass die am häufigsten vorkommenden und die grössten Verluste
veranlassenden Krankheiten der Weine, das Sauerwerden, das sog.
Umschlagen, das Bitter- und Fadenziehend-Werden der Weine durch
organisirte Fermente hervorgerufen werden, das Sauerwerden durch
das auf der Oberfläche des Weines eine Haut bildende Mycoderma
aceti: kurze Glieder, etwa doppelt so lang wie breit, in der Mitte
ein wenig zusammengedrückt, zu langen Ketten vereinigt, das Bitter-
werden durch knotige, ästige, stark gewundene Filamente von 0,0015

---

8) PASTEUR: Études sur les mycodermes; Rôle de ces plantes dans la fermentation acétique. — C. r. t. 54. p. 265. 10./II. 1862.
    9) PASTEUR: Études sur les vins. IIième partie. Des altérations spontanées ou
maladies des vins, particulièrement dans le Jura. — C. r. t. 58. p. 142. 1864. (Abbildungen der Fermente).
    — Études sur le vin, ses maladies, causes qui les provoquent, procédés
nouveaux pour le conserver et pour le vieillir. Paris, à l'imprimerie impériale 1866.

bis 0,04 mm Durchmesser, das Umschlagen durch sehr feine, cyliu-
drische, sehr biegsame, nicht verzweigte Filamente von noch nicht
0,001 mm Durchmesser, welche, wenn sie zerbrochen sind, mit dem

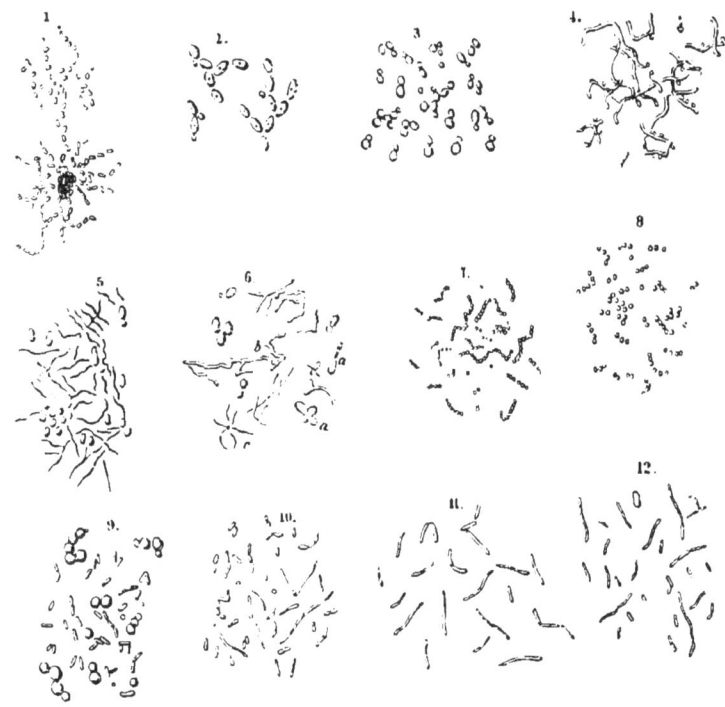

Fig. 15.

Louis Pasteur: Maladies des vins — Leurs ferments. Ferments organisés
de quelques autres fermentations. Comptes rendus 1864. t. 58. p. 144.

1. Mycoderma aceti.
2 u. 3. Mycoderma vini.
4. Ferment des vins amers.
5. Ferment des vins tournés.
6. Les trois ferments des vins qui restent doux après la fermentation (a), des vins
amers (b) et des vins tournés (c) mélangés.
7. Ferment des vins blanc filants.
8. Ferment de l'urée dans l'urine.
9. Ferment de la fermentation lactique, mêlé à quelques globules de levûre de bière.
10, 11, 12. Diverses variétés d'infusoires de la fermentation butyrique (vibrions).

Milchsäure-Ferment eine gewisse Aehnlichkeit bieten, das Fadenziehend-Werden endlich durch kleine, in Ketten angeordnete Kügelchen von etwa 0,0012 mm Durchmesser. Stets fand Pasteur die

betreffende Krankheit des Weines von dem morphologisch wohl charakterisirten Fermente begleitet. Aus dieser Constanz der Begleitschaft schloss er auf dessen specifische Wirksamkeit. Das Ferment der „fermentation visqueuse" des Weines fand er sehr ähnlich dem gleichfalls in Ketten angeordneten Ferment des rechtsweinsauren Ammoniaks und weiterhin, wie seine in Gemeinschaft mit VAN TIEGHEM angestellten Untersuchungen ergaben, mit dem Ferment der ammoniakalischen Gährung des Urins. Ob die in allen diesen Fällen morphologisch gleichen Fermente auch wirklich identisch seien, müssten noch weitere Untersuchungen ergeben.

Nachdem PASTEUR für die Krankheiten der Weine belebte Organismen als ursächliches Moment gefunden, machte er sich daran, die Krankheiten der Seidenraupen, welche in jener Zeit die herrlich aufgeblühte Seidenindustrie Frankreichs zu vernichten drohten, zu erforschen. Er constatirte [10]) bei der sog. Fleckenkrankheit, der Pébrine, die von CORNALIA zuerst gesehenen, von NAEGELI als Nosema bombycis, von LEBERT als Panhistophyton beschriebenen glänzenden, ovalen Körperchen in dem Gewebe der Raupen, — er fand dieselben Körperchen auch in den Schmetterlingen und er constatirte deren Anwesenheit sogar in den Eiern. Die aus körperchenhaltigen Eiern hervorgehenden Raupen gingen, wie er beobachtete, regelmässig vor der Bildung des Cocons zu Grunde, sie inficirten aber während ihres Krankseins durch ihre Excremente das Futter und steckten die, dies verunreinigte Futter aufnehmenden gesunden Raupen an. Diese producirten dann wiederum körperchenhaltige Schmetterlinge, aus deren inficirten Eiern dem Tode geweihte Raupen auskrochen. PASTEUR zeigte nun, dass nur bei einer auf sorgfältiger mikroskopischer Untersuchung basirten Auswahl körperchenfreier Eier gesunde Raupen gezüchtet werden, das Sterben der Raupen verhütet und eine lohnende Kultur derselben garantirt werden könne. Ueber die Natur der Körperchen selbst vermochte er, abgesehen davon, dass er ihre Vermehrung im Raupenkörper und ihre Uebertragbarkeit durch Fütterung und Impfung feststellte, ein abschliessendes Urtheil nicht zu gewinnen. Jedenfalls ging aus seinen Untersuchungen zur Genüge hervor, dass ein von allen anderen niederen Organismen verschiedenes belebtes Wesen als Ursache der verheerenden Krankheit anzusehen war. Bei einer anderen

---

10) PASTEUR: Études sur la maladie des vers à soie, moyen pratique assuré de la combattre et d'en prévenir le retour. Paris. Gauthier-Villars 1870. In dem zweiten Theile dieses Werkes sind die sämmtlichen Documente über seine im Jahre 1865 beginnenden Untersuchungen über die Seidenraupen-Krankheiten niedergelegt.

Krankheit, bei der Schlaffsucht der Seidenraupen, fand Pasteur, dass in dem Darmkanal der Raupen neben Vibrionen wiederum ein „ferment en chapelet" stets vorhanden war, welches er auf Grund erfolgreicher Fütterungsversuche für die Ursache dieser Krankheit ansehen zu können glaubte.

Die Arbeiten Pasteur's machten in der ganzen wissenschaftlichen Welt einen gewaltigen Eindruck. Zum ersten Male war auf die Existenz bestimmter, mit bestimmten physiologischen Eigenschaften begabter Arten in dem Chaos der niedersten Formen hingewiesen und die eminente praktische Bedeutung der Unterscheidung und Trennung der einzelnen Arten zum klaren Ausdruck gebracht. Gleichwohl fanden die Pasteur'schen Forschungen keineswegs eine unbedingte Anerkennung. Die Forscher, welche die Lehre Pasteur's von der Specificität der Erreger der verschiedenen Gährungen bekämpften, Lemaire, Béchamp, H. Hoffmann u. a., stützten sich besonders auf die Beobachtung, dass niemals eine bestimmte Producte liefernde Gährung von einem bestimmten Organismus begleitet sei, dass im Gegentheil sehr verschiedene Organismen zugleich bei derselben nachweisbar seien; nicht von den Organismen, sondern von der Natur des Nährsubstrates hänge es ab, ob diese oder jene Gährung entstünde. Die nicht genügende Morphologie der verschiedenen Arten einerseits und die ungenügende Sicherheit der Reinkultur einer bestimmten Art nach dem Pasteur'schen Verfahren andererseits gestatteten vor der Hand nicht, solche Einwände in schlagender Weise zu widerlegen.

Der heftigste Gegner Pasteur's, welcher bis in die neueste Zeit hinein mit ausserordentlicher Erregtheit um nicht zu sagen Erbitterung gegen ihn und seine Forschungsergebnisse angekämpft hat, war Béchamp.[11]) Béchamp war auf Grund seiner mit starken Vergrösserungen ausgeführten Untersuchungen zu einer ganz anderen Erklä-

---

11) Béchamp: Die zahlreichen Arbeiten Béchamp's sind niedergelegt in den Comptes rendus der 60er Jahre. Die folgenden sind besonders charakteristisch für seine Anschauungen:
— Du rôle de la craie dans les fermentations butyriques et lactiques et des organismes actuellement vivants qu'elle contient. — C. r. t. 63. p. 451. 1866.
— Sur la transformation du corpuscule vibrant de la pébrine et sur la nature de la maladie des vers à soie dits restés petits. — Ibid. p. 1185.
— Sur les granulations moléculaires des fermentations et des tissus des animaux (Microzymas). — C. r. t. 66. p. 366. 1868.
— De l'origine et du développement des bactéries. C. r. t. 66. p. 859. 1868. — Faits pour servir à l'histoire de l'origine des bactéries. Développement naturel de ces petits végétaux dans les parties gelées de plusieurs plantes. C. r. t. 68. p. 466. 1869.

rung aller der Veränderungen gelangt, welche PASTEUR als das Ergebniss der vitalen Aeusserungen verschiedener niederster Organismen zu erweisen sich bemüht hatte. BÉCHAMP fand, dass alle thierischen und pflanzlichen Zellen constant von ausserordentlich kleinen sphärischen Körperchen, Körnchen, „granulations" erfüllt seien, welche beim Absterben des Organismus nicht zu Grunde gingen, sondern weiter lebten, ja sogar noch in den tausendjährigen Kreideformationen als lebend und wirksam nachgewiesen werden könnten. Diese kleinsten Körnchen „microzymas", wie er sie nannte, wären die Ursachen aller Fermentationen innerhalb des normalen pflanzlichen und thierischen Organismus, sowie ausserhalb desselben. Die Wirksamkeit der Verdauungssäfte sei ebensowohl durch die Microzymas bedingt, wie die gewöhnlichen Gährungen, die fettsaure Gährung, die Milchsäuregährung u. s. w. Ausserhalb des Organismus veränderten die Microzymas häufig ihre Form. Indem sie sich rosenkranzförmig aneinander legten, bildeten sie das, was Andere, wie z. B. PASTEUR, mit dem Namen Torula bezeichneten. So entstammte die von PASTEUR und VAN TIEGHEM aufgefundene Torulacee der ammoniakalischen Gährung des Urins, das Rosenkranz-Ferment des fadenziehenden Weines, das „ferment en chapelet" der Schlaffsucht der Seidenraupen u. s. w. den Microzymas. Die Microzymas seien weiterhin im Stande, sich zu verlängern, und stellten dann isolirte oder auch zusammenhängende Bacterien dar. War diese Anschauung BÉCHAMP's richtig, so war damit die PASTEUR'sche Aufstellung bestimmter Arten unter den niedersten Formen einfach hinfällig. Wenn aus einem Microzyma, einem rundlichen Körperchen, alle möglichen Formen von niederen Wesen sich entwickeln konnten je nach den äusseren Einflüssen, was nutzte es, die verschiedenen Formen näher zu studiren, wusste man doch schon von voruherein, dass sie alle nichts Anderes waren, als eine Modification des „Microzyma". Seine Anschauungen über die Microzymas mussten BÉCHAMP naturgemäss auch zu gewissen Consequenzen führen über die Bedeutung derselben für die Entstehung von Krankheiten. Wurden irgend welche niedere Organismen wie z. B. die glänzenden Körperchen bei der Pebrine der Seidenraupen im Thierkörper gefunden, so konnte es sich natürlich nicht um ein Phänomen von Parasitismus handeln, sondern nur um anormale Entwicklung von constant unter normalen Verhältnissen vorhandenen Microzymas. Die Organismen konnten demnach nicht die Ursachen der Krankheit, sondern im Gegentheil nur eine Wirkung derselben sein.

Diese von BÉCHAMP und seinen Anhängern ESTOR, SAINT-PIERRE und anderen vertretenen Anschauungen, welche bei jeder Gelegenheit immer wieder und wieder betont wurden, haben zweifelsohne wesentlich dazu beigetragen, dass die Pasteur'schen Arbeiten vielfach mit Misstrauen angesehen wurden. In derselben Zeit hatten ferner die Anschauungen Liebig's [12]), dass nicht die niederen Organismen, sondern im Zerfall begriffene Proteinverbindungen als Ursachen der Gährung anzusehen seien, eine die Aufnahme der Pasteur'schen Forschungsergebnisse in hohem Maasse beeinträchtigende Verbreitung gefunden.

Wenn nun auch die Lehre von der Specificität der einzelnen Gährungserreger festen Fuss noch nicht fassen konnte, so gewann dagegen die von Schulze, Schwann, Schroeder und von Dusch begründete, von Pasteur im Kampfe gegen Pouchet durch zahlreiche schlagende Versuche ruhmvoll vertheidigte Theorie, dass alle Zersetzungen durch von aussen in die zersetzungsfähige Substanz hineingelangende Keime hervorgerufen werden, immer mehr an Terrain. Nicht ohne Einfluss auf die Verbreitung dieser Keimtheorie war der in jener selben Zeitepoche, in welcher Pasteur seine ersten Arbeiten veröffentlichte, mit seinen Untersuchungen hervorgetretene Apotheker Lemaire [13]). Lemaire war auf Grundlage ganz anderer Methoden zu denselben Resultaten gelangt wie Pasteur. Er hatte sich eine Reihe von Jahren mit dem Studium des Steinkohlentheers „coaltar“ und mit dessen wichtigstem Bestandtheile, der Carbolsäure „acide phénique“ beschäftigt. Durch ausgedehnte Versuche an höheren und niederen Thieren und Pflanzen hatte er festgestellt, dass diese chemischen Stoffe alles organische Leben in kürzester Zeit vernichten. Da er nun durch geringe Zusätze von Carbolsäure alle Gährungen sofort sistirt werden sah, so schloss er, dass sie alle belebten Wesen ihre Entstehung verdankten im Gegensatz zu den durch Diastase, Synaptase, Myrosin und andere Fermente bedingten Umsetzungen, welche in keiner Weise durch die Carbolsäure in ihrer Wirkung beeinträchtigt wurden und sich dadurch als chemische Körper charakterisirten. Durch weitere Versuche kam Lemaire noch zu viel wichtigeren Resultaten: Er fand,

---

12) Liebig: Die Chemie in ihrer Anwendung auf Agricultur und Physiologie. Braunschweig 1846.

— Verhandlungen der Münchener Akademie der Wissenschaften. 9. Mai 1861.

13) J. Lemaire: De l'acide phénique, de son action sur les végétaux, les animaux, les ferments, les venins, les virus, les miasmes et de ses applications à l'industrie, à l'hygiène, aux sciences anatomiques et à la thérapeutique. 2ième édition. Paris 1865.

— Considérations sur le rôle des infusoires et des matières albuminoides dans la fermentation, la fécondation et la germination. Comptes rendus de l'acad. des sciences. Octobre 1860.

dass die Keimung der Samen nicht vor sich ging in einer Erde, in welcher die niedersten Organismen durch Carbolsäure getödtet waren. Mit der Keimung fand er stets Hand in Hand gehend die Entwickelung von solchen Organismen. Weiterhin constatirte er dann, dass ebenso, wie die Erreger der Gährungen belebt seien, auch die „Virus" der ansteckenden Krankheiten und die Miasmen es sein müssten. Hing er ein mit Eis gefülltes Porzellangefäss im geschlossenen Raume über faulenden gährenden Substanzen oder über Sümpfen auf, in welchen ja ebenfalls Zersetzungen vor sich gingen, so sah er auf der kalten Oberfläche sich eine klare Flüssigkeit niederschlagen, welche kleinste Zellen der verschiedensten Form enthielt. Liess er diese Flüssigkeit ruhig stehen, so sah er in derselben enorme Mengen von Monaden, Bactrien und Spirillen sich entwickeln, während Controlflüssigkeiten in der gleichen Zeit keine solche Veränderungen zeigten. Uebertrug er solche Flüssigkeiten auf fäulnissfähige Substanzen, so trat rapide Zersetzung ein. Die Miasmen, schloss er, seien daher nichts Anderes als die „corps réproducteurs" von Zersetzungen. Die Carbolsäure zerstöre die Wirkungen der Virus und Miasmen ebenso wie sie die Gährungen sistire: behandele man z. B. nach Einimpfung der Vaccine die Impfwunde mit dieser Säure, so erfolge keine Pustelbildung. Die Veränderungen, welche an den Wunden zur Beobachtung gelangten, würden gleichfalls hervorgerufen durch lebende Wesen. Die Eiterbildung erfolge durch die der Bierhefe ähnlichen Eiterzellen, welche aus der Luft in die Wunden gelangten und sich in denselben vermehrten. „Ist diese Theorie richtig", sagt LEMAIRE, „so muss es möglich sein, die Eiterbildung zu verhüten, wenn man frische Wunden sogleich mit Steinkohlentheer-Emulsion oder Carbolsäure behandelt". In zahlreichen diesbezüglichen Versuchen an Menschen und Hunden sah er in der That die Eiterbildung ausbleiben oder wenigstens auf ein Minimum beschränkt bleiben. Niemals traten in solchen Wunden putride Veränderungen und Störungen des Heilungsverlaufes ein, weil, wie LEMAIRE glaubte, die von aussen zugeführten Erreger der fauligen Zersetzungen, die „iufusoires" oder „microzoaires", durch die Carbolsäure getödtet wurden. „Affirmous aujourd'hui qu'avec le coaltar saponiné on peut diminuer dans de très grandes proportions la formation du pus et que l'on peut empêcher son altération putride. Faire connaître ce résultat à tous les hommes compétents, c'est leur dire qu'il sera un grand bienfait pour l'humanité."

Dieselben Ideen, zu welchen LEMAIRE durch die experimentelle Prüfung einer dem organischen Leben feindlichen Substanz geführt

worden war, wurden kurze Zeit darauf in dem Kopfe LISTER's [14]) erweckt durch die Versuche PASTEUR's über die generatio aequivoca.
In England hatte der berühmte GAY-LUSSAC'sche Versuch, nach welchem unter Quecksilber bei Luftabschluss ausgepresster Traubensaft
unverändert bleibt, sofort aber in Gährung geräth, wenn auch nur
eine kleine Luftblase hinzutritt, zu der, wie aus LISTER's Mittheilungen hervorzugehen scheint, weit verbreiteten Auffassung geführt,
dass der Sauerstoff der Luft die Ursache der Gährungen sei. Als
PASTEUR nun nachgewiesen hatte, dass der fäulnissfähige, keimfrei
gemachte Inhalt einer Flasche, deren Hals ausgezogen und umge-
bogen war, im Uebrigen aber mit der umgebenden Luft frei communicirte, unverändert blieb, dass mithin unmöglich der Sauerstoff
der Luft, sondern nur die in der Luft enthaltenen Keime die Ursache
der Zersetzungen sein konnten, sagte sich LISTER, dass, wenn alle
Zersetzungen durch äussere Keime veranlasst würden, auch die in
den Wunden so häufig beobachteten Veränderungen mit ihren schlimmen Consequenzen durch von aussen zu den Wunden hinzutretende
Keime hervorgerufen werden dürften. Durch Fernhalten dieser Keime
müssten sich demnach auch alle Zersetzungen in den Wunden verhüten lassen. Da nun die Keime überall vorhanden wären, in der
Luft, im Wasser, an den Instrumenten, in den Verbandmaterialien,
so müsste man Sorge tragen, dieselben durch geeignete keimtödtende
Mittel, wie z. B. die Carbolsäure, zu vernichten, bevor die genannten
Stoffe mit den Wunden in Berührung kämen. Auf der Basis dieser
Erwägungen arbeitete er eine neue, der Ubiquität der Zersetzungs-
erreger in sorgsamster Weise Rechnung tragende Wundbehandlungs-
methode bis in die kleinsten Details aus, versuchte dieselbe in seinem
Edinburgher Krankenhause und brachte sie erst, nachdem er durch
unerhörte, mit derselben erzielte practische Erfolge die Richtigkeit
seiner Anschauungen bestätigt sah, vor das Forum der medicinischen
Welt. Langer Zeit bedurfte es, ehe LISTER's Ideen festen Boden bei
den Aerzten gewannen. Indessen die Erfolge waren so handgreifliche,
so offenkundige, dass auch die grössten Zweifler mit ihnen rechnen
mussten. Die Keimtheorie feierte mit der LISTER'schen Behandlungs-
methode der Wunden einen herrlichen Triumph. Aber wie gross
auch die practischen Erfolge LISTER's waren, wie einfach auch die
Theorie dieselben erklärte, es fehlte gewissermassen noch der Schluss-
stein an dem stolzen Bau — es fehlte die nähere Kenntniss der Keime,

    14) J. LISTER: The Lancet 1867. British med. Journal 1868. Seine Arbeiten
sind zusammengefasst in einem Werke: Oeuvres réunies de J. LISTER, traduction
du Dr. GUSTAVE BORGINON. Bruxelles 1882.

welche die Veränderungen an den Wunden hervorriefen. Es fehlte das Detailstudium dieser Keime, wie es PASTEUR für die Keime der Gährungen begonnen und bereits mit dem besten Erfolge durchgeführt hatte.

Bevor wir indess auf die Entwickelung dieser hochwichtigen Detailforschungen eingehen, müssen wir des Einflusses gedenken, welchen die PASTEUR'schen Arbeiten, in Sonderheit die Entdeckung des Vibrion butyrique, auf das Studium einer schon seit lange als übertragbar erkannten wichtigen Thierkrankheit — des Milzbrandes· ausgeübt haben.

Im Jahre 1850 hatte DAVAINE zusammen mit RAYER [15]) im Blute eines an Milzbrand verendeten Schafes fadenförmige, bewegungslose Körperchen wahrgenommen, denselben jedoch gar keine Bedeutung beigelegt. Bereits vor ihm hatte POLLENDER (1849) dieselben Gebilde im Milzblute einer Anzahl an Milzbrand verendeter Kühe gefunden. In seiner erst aus dem Jahre 1855 datirenden Veröffentlichung [16]) hatte sich POLLENDER eingehend über diese eigenthümlichen Stäbchen ausgesprochen und namentlich constatirt, dass dieselben nach ihrem Verhalten Reagentien gegenüber nicht Bruchstücke zerfallener Primitivfasern, wie solche MAYER [17]) im Jahre 1841 im Blute verschiedener Thiere wahrgenommen hatte, sein könnten, sondern dass sie vielmehr pflanzlicher Natur zu sein und, abgesehen von ihrer gänzlichen Bewegungslosigkeit, die grösste Aehnlichkeit mit dem Vibrio bacillus und ambiguus DUJARDIN's zu zeigen schienen. Auch hatte er bereits die Möglichkeit, dass diese Stäbchen zur Milzbrandkrankheit in irgend welcher Beziehung stehen könnten, angedeutet. Kurze Zeit nachher hatte BRAUELL [18]) in Dorpat die Befunde POLLENDER's bestätigt: er hatte die Stäbchen im Blute der Thiere nachgewiesen, während diese noch lebten; er hatte constatirt, dass sie im Blute der Foeten fehlten, während sie im Blute des mütterlichen Organismus vorhanden waren. Gleichwohl hatte er sie weder für den Ansteckungsstoff, noch für den Träger desselben gehalten. Hinsichtlich der Natur der Stäbchen hatte er die Ansicht ausgesprochen, dass sie Vibrionen seien, weil er sie in dem Blute der an Milzbrand ver-

---

15) RAYER: Bulletin de la société de Biologie 1850.

16) POLLENDER: CASPER's Vierteljahrschrift für gerichtliche und öffentliche Medicin. Bd. 8. S. 103. 1855.

17) Prof. MAYER in Bonn: FRORIEP's neue Notizen. No. 377. April 1841. S. 41.

18) BRAUELL in Dorpat: Versuche und Untersuchungen betreffend den Milzbrand des Menschen und der Thiere. — VIRCHOW's Archiv. Bd. 11. 1857. S. 132. Bd. 14. 1858. S. 432.

endeten Thiere einige Zeit nach dem Tode hatte beweglich werden sehen. Diese Anschauung hatte Leisering [19]) verworfen. Leisering hatte zwar auch die Stäbchen im Milzbrandblute stets gefunden; er hatte sie jedoch auch im Blute von 4 Schweinen wahrgenommen, welche an ausgeprägtem Typhus litten. Er hatte sie nicht für belebt, sondern für Producte einer nicht zur Vollendung gekommenen Gerinnung des Fibrins oder aber für Trümmer der die Gefässe constituirenden Gewebe angesehen. Delafond [20]) endlich hatte die Körperchen bereits im Jahre 1848 im Blute wahrgenommen und seit 1856 bei 10 Pferden, 15 Rindern, 60 Schafen und 40 Kaninchen gefunden. Er hatte das Blut der von ihm geimpften Thiere vor der Impfung und nach derselben von Stunde zu Stunde untersucht und in demselben erst 1 bis 5 Stunden, nachdem die ersten Symptome des Milzbrandes sich geltend gemacht hatten, das Erscheinen der Körperchen, dann aber weiterhin ihre stetige Zunahme bis zum Tode constatirt, ganz besonders in den grossen Blutgefässen nahe am Herzen, ferner in der Milz, in den Lymphdrüsen, in der Lunge, in der Leber und in den Nieren. Um die Brauell'sche Annahme, dass die Stäbchen Vibrionen seien, zu prüfen, hatte er Versuche angestellt mit Blut und mit Aufgüssen fester Bestandtheile von gesunden und milzbrandkranken Thieren. Dabei hatte er gefunden, dass die Stäbchen nach einigen Tagen um das Dreifache ihrer Länge und ein wenig an Breite zugenommen hatten, ohne jedoch eine Bewegung zu zeigen, dass die beweglichen Formen, welche sich mit Eintreten eines üblen Geruches einstellten, offenbar Infusorien waren (Monas termo und punctum, Vibrio lineola, Bacterium termo, Spirillum volutans und Vibrio bacillus) und ebenso gut im gesunden, wie im milzbrandigen Blute vorkamen, dass sie ferner eine grosse Widerstandsfähigkeit gegen die verschiedensten Reagentien zeigten. Er hatte das Ergebniss aus seinen Untersuchungen schliesslich dahin zusammengefasst, dass beim Milzbrand im lebenden Blute sich einige Zeit vor dem Tode Fäden pflanzlicher Natur entwickelten, welche unter günstigen Umständen in dem herausgelassenen Blute wüchsen und ein Mycelium von zahlreichen getrennten Fäden bildeten, dass diese Fäden als Algen aus der Gattung Leptothrix (Kutzing) zu betrachten seien, dass aber ihre Species (wahrscheinlich Leptothrix buccalis Robin) noch zu bestimmen sei. Wie diese Stäbchen in das Blut kämen, sei

---

19) Leisering: Dresdener Veterinär-Bericht für 1858 und 1860.
20) Delafond: Recueil de méd. vét. 1860. Repertorium für Thierheilkunde von Hering. Bd. XXII. S. 31.

noch unklar, wahrscheinlich seien sie in faulenden vegetabilischen
Stoffen enthalten, welche mit dem Getränk in den Körper gelangten.
Selbst diese eingehenden Untersuchungen von Delafond, durch
welche die constante Anwesenheit der Stäbchen im Milzbrandblute
sicher festgestellt und ihre pflanzliche Organisation sehr wahrscheinlich gemacht war, hatten das allgemeine Interesse nicht auf die
Stäbchen zu lenken vermocht. Erst dadurch, dass dieselben mit der
die gesammte wissenschaftliche Welt bewegenden Pasteur'schen
Keimtheorie der Gährungen verknüpft wurden, erhielten sie mit
einem Schlage eine ungeahnte, ausserordentliche Bedeutung.

Es war im Jahre 1863, als Davaine[21]), überrascht von der
morphologischen Aehnlichkeit des Pasteur'schen Buttersäure-Vibrio
mit den von ihm im Jahre 1850 gesehenen Stäbchen, auf den Gedanken kam, dass ebenso wie die Buttersäure-Gährung durch diesen
Vibrio erzeugt werde, ebenso der Milzbrand durch die „corps filiformes"
im Blute hervorgerufen sein könnte. Seine Annahme fand er durch
eine Reihe sorgfältiger Versuche bestätigt. Nur mit stäbchenhaltigem,
niemals mit stäbchenfreiem Blute liess die Krankheit sich auf gesunde Thiere übertragen. Die Zahl der in einem Tropfen Blut enthaltenen Stäbchen schätzte er auf 8 bis 10 Millionen. Waren diese
die Ursache des Milzbrandes, so musste das Blut noch wirksam sein
auch bei stärkster Verdünnung, so lange nur noch Stäbchen in der
verimpften Menge vorhanden waren. Und in der That, selbst mit
millionenfach verdünntem Blute gelangen die Impfungen. Die Wahrscheinlichkeit, dass die Stäbchen das Milzbrand-Virus darstellten,
war demnach eine grosse. Hierzu kam noch der Umstand, dass
Davaine zusammen mit Raimbert die Stäbchen auch in der Pustula
maligna des Menschen nachzuweisen vermochte.[22])

Diese Forschungen Davaine's gaben den Anstoss dazu, dass
das Studium der mit den überaus interessanten Stäbchen vergesell-
schafteten Krankheit von zahlreichen Forschern in Angriff genommen
wurde. Allein während die Untersuchungs-Ergebnisse Davaine's nur
eindeutig waren, waren es die anderer Forscher nicht. Die einen
fanden die Stäbchen in dem Blute der milzbrandigen Thiere, die
anderen nicht. Manche Beobachter sahen sie, aber nicht nur beim
Milzbrand, sondern auch bei den verschiedensten anderen Krank-

---

21) C. Davaine: Recherches sur les infusoires du sang dans la maladie
connue sous le nom de sang de rate. — Comptes rendus de l'Académie des
sciences 1863. t. 57. p. 220, 351, 386. — Mémoire de la société de Biologie 1863.
3. Sér. V. p. 193—202. — Gaz. de Paris. 30. 1864. — C. r. 1864. t. 59. p. 393.

22) Davaine et Raimbert: C. r. t. 59. p. 429—431. — t. 60. p. 1296.

heiten im Blute und in den Organen der an diesen Krankheiten Verstorbenen. So fand Tigri[23]) derartige Stäbchen in dem Blute an Typhus Verstorbener, Signol[24]) bei Pferden, welche an Typhus, Influenza, Gangrän u. s. w. litten, Chalvet[25]) im frischen Blute von solchen, die an Krankheiten mit Dyspnoë und starker Behinderung der Circulation gestorben waren, sowie auch im Blute eines der putriden Infection erlegenen Kaninchens, Pouchet[26]) bei Bronchitiden, in der Nasenhöhle und im äusseren Gehörgang u. s. w. Ganz besonders aber erhoben Leplat und Jaillard[27]) Einspruch gegen die Davaine'schen Arbeiten: Davaine habe das ganze Blut, eine complexe Flüssigkeit, verimpft, während doch die Versuche mit den Stäbchen allein hätten angestellt werden müssen, da ja irgend ein anderer Bestandtheil des Blutes das infectiöse Agens, die Stäbchen aber nur zufällige Bestandtheile in demselben sein könnten. Von der Voraussetzung ausgehend, dass alle stäbchenförmigen Körper identisch seien und mithin auch gleiche Wirkung haben müssten, nahmen sie Stäbchen von Pflanzenaufgüssen und faulenden thierischen Substanzen und spritzten dieselben Kaninchen und Hunden in das Blut resp. Unterhautgewebe ein. Da die Thiere nach Einspritzung selbst grosser Mengen von Stäbchen nicht an Milzbrand starben, so schlossen sie, dass die Stäbchen nicht das infectiöse Agens sein könnten. Diesen Versuchen gegenüber hob Davaine[28]) hervor, dass er Infusorien mit Erfolg verimpft hätte, welche sich in unzersetztem Blute, ja im lebenden Thiere vorgefunden hätten, und dass er mit diesem Blute, wenn es in Fäulniss übergegangen war, Milzbrand zu erzeugen nicht mehr vermocht hätte. Die Stäbchen seien überhaupt nicht alle gleichwerthig, wenn man sie auch nicht mit Sicherheit unterscheiden könne an bestimmten Formmerkmalen. Anscheinend gleiche, in Infusen mit süssem Wasser und mit Meerwasser entstandene Stäbchen gingen zu Grunde in kürzester Zeit, wenn man das süsse Wasser durch Seewasser und umgekehrt das Seewasser durch süsses Wasser mit aller Vorsicht ersetzte. Vibrionen aus dem Darm von Säugethieren und Vögeln gingen zu Grunde, wenn sie aus dem warmen Körper an die kalte Luft kämen: sie könnten mithin nicht

---

23) Tigri in Sienna: C. r. t. 57. 1863. p. 633. — Gaz. de Paris. 40. 1864. Berichte der Academia dei nuovi Lincei. t. XVII.

24) Signol: C. r. t. 57. p. 348—351. — Gaz. des hôpitaux 97. 1863.

25) Chalvet: Gaz. des hôpitaux. 88. 1864.

26) Pouchet: C. r. t. 59. p. 748. 1864. — Gaz. des hôpit. 133. 1864.

27) Leplat et Jaillard: C. r. t. 59. p. 250—252. 1864. — Gaz. de Paris. 33. 1864.

28) Davaine: C. r. t. 59. p. 338; 393. p. 629 (Recherches sur les vibrioniens).

dentisch sein mit solchen, welche in kalten Infusen entständen. Die unter den Aerzten allgemein verbreitete Ansicht, dass die milzbrandigen Affectionen und die, welche aus der Einführung faulender Stoffe in den Körper resultirteu, ein und derselben Natur seien, sei falsch: „l'agent toxique du charbon et celui de la putréfaction sont complètement distincts." Leplat und Jaillard waren durch diese Darlegungen keineswegs überzeugt. Sie liessen sich im Hochsommer von einem Abdecker in der Nähe von Chartres ein Stück Milz von einem an Milzbrand verendeten Thiere durch die Post nach Paris senden.[29]) Das Milzblut enthielt die Stäbchen. Kaninchen, welche sie mit diesem Material impften, starben in kurzer Zeit nach der Impfung. Ihr Blut enthielt auffallender Weise keine Stäbchen; gleichwohl liess sich mit dem Blute die Krankheit mit Sicherheit von Thier zu Thier weiter übertragen. Die Stäbchen, so schlossen die Experimentatoren, könnten mithin nur ein Epiphänomen der Krankheit sein. Dem gegenüber betonte Davaine[30]), dass die experimentelle tödtliche Krankheit der Kaninchen gar kein Milzbrand sei, weil die Incubation eine sehr viel kürzere Zeit dauere als beim Milzbrand, weil der Milztumor fehle, weil die Thiere schneller in Fäulniss übergingen als die an Milzbrand gestorbenen, und weil sich die Krankheit auf Thiere (Vögel) übertragen lasse, welche für den Milzbrand nicht empfänglich seien. Pasteur[31]) sprach sich dann weiter in einer besonderen Note an die Akademie dahin aus, dass das von Leplat und Jaillard benutzte Impfmaterial wohl Stäbchen enthalten habe, aber nicht Milzbrand-Stäbchen, sondern die Vibrionen der Fäulniss und der Buttersäure-Gährung, welche sich dadurch vor jenen auszeichneten, dass sie bald an dem Ende, bald in der Mitte eines Gliedes ein ovoides, das Licht stark brechendes Körperchen enthielten, dessen Auftreten er seit Jahren in den Fermentthierchen der Buttersäure-Gährung und gewisser Fäulnissprocesse, niemals aber in den Milzbrand-Stäbchen beobachtet habe. Auf Grund dieser und anderer Thatsachen erklärte Davaine[32]), dass die unbeweglichen

---

29) Leplat et Jaillard: Note au sujet d'expériences prouvant que le charbon de la vache, inoculé au lapin, les tue avec tous les phénomènes du sang de rate, sans que leur sang contienne aucune trace de Bactéries. C. r. t. 61. p. 298. 1865.

30) C. Davaine: Recherches sur une maladie septique de la vache regardée comme de nature charbonneuse. C. r. t. 61. p. 368; p. 523. 1865.

31) L. Pasteur: Observations verbales à la suite de la communication de M. Davaine (sur la maladie de la vache). C. r. t. 61. p. 526.

32) C. Davaine: Remarques relatives aux recherches de M. Sanson sur les maladies charbonneuses. C. r. t. 68. p. 271. 1869.

Filamente im Milzbrandblut nicht von derselben Natur seien wie die
bei der Fäulniss, bei der Septicämie oder in einem Heuinfus auftretenden beweglichen Stäbchen; — er sonderte sie deshalb von den
„Bactéries" ab als „Bactéridies". Robin sprach sie als pflauzliche
Gebilde an und rechnete sie mit Delafond unter die Algen-Gattung
Leptothrix. Der sichere Beweis für ihre pflanzliche Natur war indessen keineswegs geführt, ebensowenig wie der unumstössliche Beweis dafür, dass sie die Ursache des Milzbrandes waren. Daher
konnten sie selbst noch im Anfange der siebziger Jahre, wie in der
ersten Zeit nach ihrer Entdeckung wiederum für Eiweiss-Krystalle
angesprochen und für ganz bedeutungslos erklärt werden. Der Beweis, dass Davaine mit seinem Analogieschluss das Richtige getroffen,
dass die Stäbchen specifische Organismen mit specifischer pathogener
Wirkung sind, blieb, wie wir sehen werden, Robert Koch vorbe-
halten.

Sechste Vorlesung.

Wiederbelebung der Idee des Contagium animatum der Infectionskrankheiten. SALISBURY. Die Lehre von dem Polymorphismus der Pilze. Wandelbarkeit der Pilzformen nach dem Substrat. HALLIER's System. Seine Versuche, einen genetischen Zusammenhang von Pilzen, Hefen und Bacterien durch die Kulturmethode nachzuweisen. HALLIER's Untersuchungen über die Aetiologie der Infectionskrankheiten. Enthusiasmus der Aerzte. Zurückweisung der HALLIER'schen Pilzkulturen durch DE BARY. Ablehnung jeden Zusammenhanges zwischen Pilzen und Bacterien durch HOFFMANN, RINDFLEISCH, BURDON-SANDERSON, MANASSEÏN und FERDINAND COHN. Reaction gegen die HALLIER'schen Contagien-Pilze.

Die sichere experimentelle Begründung der „théorie des germes" durch PASTEUR, die DAVAINE'schen Arbeiten über den Milzbrand, ferner die Auffindung der Trichinen als ätiologisches Moment schwerer epidemischer Erkrankungen, ganz besonders aber die stetig fortschreitende Erkenntniss der parasitären Natur zahlreicher Pflanzenkrankheiten lenkten nunmehr das allgemeine Interesse von neuem auf die Lehre von dem Contagium animatum. Forscher aller Länder wetteiferten gewissermaassen, die durch die Logik postulirten Krankheitserreger zu entdecken. Der lebhafte Wunsch nach Erfolg war die Ursache, dass bei diesem Wettstreit manche Forscher es verabsäumten, eine für derartige Untersuchungen besonders nothwendige strenge Kritik an ihre Forschungsergebnisse anzulegen. Vielfach wurde, sobald nur in irgend einem Se- oder Excret etwas Organismenartiges zum Vorschein kam, dieser Befund ohne Weiteres als die ersehnte Entdeckung proclamirt, zum grossen Nachtheil nicht nur für die Entdecker, sondern auch für die Sache, deren Förderung diese bezweckten.

In England war es namentlich SALISBURY [1]), welcher durch seine Untersuchungen Aufsehen erregte. Er fand im Sputum der an inter-

---

1) SALISBURY: On the cause of intermittent and remittent fevers, with investigations which tend to prove, that these affections are caused by certain species of Palmellae. — Amer. Journ. of med. sciences. 1866. January. p. 51—74.
— Description of two new algoid vegetations, one of which appears to be the specific cause of Syphilis and the other of Gonorrhoea (with XVI illustrations). — Amer. Journ. of med. scienc. 1868. January. p. 17—25.
— Ueber den Masernpilz vergleiche SCHMIDT's Jahrbücher. Bd. 121. S. 49.

mittirenden und remittirenden Fiebern leidenden Kranken Haufen von länglichen, kernhaltigen Zellen. Dieselben entdeckte er auch in den nach Lemaire's Vorgang auf kalten Glasplatten niederge-schlagenen Ausdünstungen des Malaria-Bodens — konnten da noch Zweifel darüber bestehen, dass dieser Organismus, welchen er als eine Alge, eine Art Palmelle erkannte, die Ursache der Malaria sei? Im Schankereiter sowie im gonorrhoischen Secret sah er stark licht-brechende Körperchen — das mussten die Sporen der Pilze sein, welche diese Krankheiten erzeugten, der Crypta syphilitica und der Crypta gonorrhoica. Bei Leuten, welche mit vermoderndem Stroh in nähere Berührung kamen, wie z. B. Soldaten im Feldlager, beobachtete er masernähnliche Ausschläge; in dem Stroh fand er einen Pilz — dieser stellte mithin das Masern-Contagium dar, und so fand er weiter bei der Mehrzahl der ansteckenden Krankheiten mikroskopische Algen und Pilze, welche er ohne Weiteres als die infectiösen Agentien derselben ansprach. Indessen als Wood[2]) und Leydig Tausende seiner Palmellen verschluckten, ohne malariakrank zu werden, als 22 Personen von Dr. William Pepper mit seinem Straw-fungus ohne Erfolg geimpft wurden, als sich zahlreiche seiner Algensporen-Funde vor den Augen von Kennern als einfache Ver-unreinigungen seiner Präparate entpuppten, löste sich der Nimbus, welcher Salisbury in Folge seiner zahlreichen Entdeckungen um-geben hatte, in eitlen Dunst auf. So einfach lagen die Verhältnisse nicht; dem Spiele einer luftigen Phantasie erschlossen die „living seads“, wie Spencer Well die supponirten Krankheitserreger nannte, das Geheimniss ihrer Natur nicht.

In derselben Zeit, als Salisbury in England mit seinen Forsch-ungen Fiasco machte, trat in Deutschland ein Mann hervor, wel-cher, auf experimentelle Thatsachen sich stützend, in der That nun endlich das ersehnte Licht in das dunkele Gebiet der Aetiologie der Infectionskrankheiten hineinzutragen schien. Hallier war wohl-bekannt mit den Pasteur'schen Forschungen, stand aber zugleich ganz unter dem Eindruck der zu jener Zeit die Pilzforschung beherrschenden Entdeckung des Polymorphismus zahlreicher, auf Pflanzen parasitirender Pilze, jener merkwürdigen Entdeckung, dass Pilze, welche auf ganz verschiedenen Pflanzen wucherten und welche man allgemein als besondere Arten anerkannt hatte, nur Entwick-

---

2) H. C. Wood: An examination into the truth of the asserted production of general diseases by organised entities. — Amer. journ. of med. scienc. 1868. p. 333—352.

lungszustände eines bestimmten Pilzes waren, deren jeder eben eines besonderen Bodens, eines besonderen Wirthes zu seiner Weiterentwickelung bedurfte.

Schon im Jahre 1851 hatte TULASNE[3]) die erste Beobachtung dieser Polymorphie mitgetheilt. Später hatten TULASNE und DE BARY[4]) nachgewiesen, dass der Pleomorphismus der Reproductionsorgane eine bei den Pilzen weit verbreitete Erscheinung ist. Aus diesem Nachweis resultirten dann Bestrebungen, womöglich für jeden Pilz an der Hand entwickelungsgeschichtlicher Untersuchungen festzustellen, in welchen Formenkreis er hineingehörte. Die Forscher sahen sich mithin dazu gedrängt, die zu bestimmenden Pilze auf möglichst verschiedenen Substraten künstlich zu züchten, um ihre Formenkreise aufzufinden. Bei solchen Versuchen hatte BAIL[5]) gefunden, dass die Sporen des Pinselschimmels in Maische hefenartig sprossten, und weiter, dass aus diesen Sprossungen eine gährungsfähige Hefe resultirte. HOFFMANN[6]) hatte gleichfalls durch Einbringen von Penicillium-Mycel in gährungsfähige Lösungen Hefe erzielt, welche Gährung hervorrief; andererseits war es ihm gelungen, in seinem Dunstrohre, einem Glasrohre, in welchem er ein Stück Kartoffel mit Wasser gekocht, und dann durch Abgiessen vom Wasser befreit hatte, aus der auf dem Kartoffelstück ausgesäten Hefe Penicillinm, Mucor und andere Schimmelpilze zu cultiviren, — Versuche, welche nach seiner Ansicht unzweifelhaft bewiesen, dass die Hefe eine Vegetationsform der Schimmelpilze sei. Wenn nun die Hefe in den Entwicklungskreis der Schimmelpilze gehörte, so lag der Gedanke nicht mehr fern, dass vielleicht auch die niedersten Gebilde, die Monaden, Bacterien u. s. w. gleichfalls in diese Kreise hineinzuziehen seien. Eine solche Zusammengehörigkeit erschien um so mehr annehmbar, als durch dieselbe die so räthselhafte Entstehung jener Gebilde dem Verständniss näher gerückt zu werden schien. JOHANNA LÜDERS[7]) hatte wohl zuerst einen Zusammenhang dieser kleinsten Gebilde mit den höheren Formen wahrzunehmen geglaubt.

---

3) TULASNE: Comptes rendus de l'acad. des scienc. 24. et 31. Mars 1851.

4) DE BARY: Untersuchungen über die Brandpilze. Berlin 1853. — Ueber Eurotium und Aspergillus. Bot. Zeitung. 1854. S. 425.

5) BAIL: Ueber Hefe. 1857. — Versammlung deutscher Naturforscher und Aerzte. Königsberg 1861.

6) H. HOFFMANN: Botan. Zeitg. 1860. Ibid. 1865. S. 318. (Beschreibung des Dunstrohres.)

7) JOHANNA LÜDERS: Ueber Abstammung und Entwickelung des Bacterium termo. SCHULTZE's Archiv. 1867. III. S. 317—341 (vergl. Botan. Zeitg. 1866. No. 5).

Sie hatte beobachtet, dass aus dem Mycelium und aus den Sporen verschiedener Schimmel kleine Körperchen austraten, welche sich weiter entwickelten zu Bacterien, Vibrionen, Palmellen, Leptothrix, Hefezellen u. s. w., je nachdem die äusseren Umstände die eine oder die andere Entwicklungsform begünstigten, dass sie sich also z. B. in gährender Flüssigkeit zur Hefe, an nassen Mauern zu Leptothrix oder Palmella zu entwickeln vermöchten. Ihre Beobachtungen waren alsbald von HENSEN [8]) bestätigt worden. Dieselben kleinen runden Körperchen hatte KARSTEN [9]) aus den Pflanzenzellen, sowie aus den Speichel-, Eiter- und weissen Blutkörperchen austreten und sich zu Hefe und Vibrionen entwickeln sehen; in England hatte HUXLEY [10]) ihr Vorkommen constatirt, in Frankreich war BÉCHAMP [11]) zu über-einstimmenden Ergebnissen gelangt. Es ist daher wohl verständlich, dass HALLIER als Botaniker in diesen Ideenkreis hineingezogen wurde. Als er die bei den verschiedenen Zersetzungen, bei den Gährungs- und Fäulnissprocessen vorkommenden Organismen zu studiren begann, fand er dasselbe Chaos niederster Wesen, welches alle die zahlreichen Beobachter vor ihm auch gefunden, und in welchem sie sich an der Hand der Morphologie zurechtzufinden ver-gebens bemüht hatten. In dieser schwierigen Lage konnte allein die Erforschung des Entwicklungskreises dieser Formen, dessen fun-damentale Bedeutung bei dem Studium der parasitären Pilze in überzeugender Weise hervorgetreten war, Klarheit und Verständniss schaffen. HALLIER [12]) machte sich deshalb daran, den Entwicklungs-gang der niedersten Formen experimentell zu erforschen. Zu diesem Behufe construirte er besondere Isolir- und Kultur-Apparate, um in denselben auf verschiedenen Nährsubstraten die Entwicklung der ausgesäten Substanzen zu beobachten. Der Isolir-Apparat bestand aus einer Flasche, welche mittelst zweier rechtwinklig gebogener Röhren einerseits mit der Glocke einer Luftpumpe, andererseits mit einem Luftreinigungs-Apparat (einer Flasche mit Schwefelsäure und

8) HENSEN: Ibid. S. 342—344.

9) KARSTEN: Chemismus der Pflanzenzelle. Wien 1869.

10) HUXLEY: On the relations of penicillium, Torula and Bacterium. Quarterly journal of microscopical science. Bd. X. p. 361.

11) BÉCHAMP l. c.

12) E. HALLIER: Die pflanzlichen Parasiten des menschlichen Körpers für Aerzte, Botaniker und Studirende zugleich als Einleitung in das Studium der niederen Organismen. Leipzig 1866.

— Gährungserscheinungen. Untersuchungen über Gährung, Fäulniss und Verwesung, mit Berücksichtigung der Miasmen und Contagien, sowie der Des-infection. Für Aerzte, Naturforscher, Landwirthe und Techniker. Leipzig 1867.

einer Röhre mit Baumwolle) in Verbindung stand. In diese Flasche
wurden die stark gekochten Nährsubstrate mit aller Vorsicht einge-
bracht und schnell besät. Sollte die Luft in der Flasche erneuert
werden, so wurde die Luftpumpe in Thätigkeit gesetzt; es musste

Fig. 16.
HALLIER's Isolir-Apparat.

dann die von aussen nachströmende Luft die Baumwolle und die
Schwefelsäure passiren, ehe sie zu dem Kulturobject gelangte. Als
Kultur-Apparat diente ihm eine Glasglocke, welche in einer mit
Wasser gefüllten Schale stand. Innerhalb der Schale war auf einem
über den Wasserspiegel sich erheben-
den Postamente das Schälchen mit den
Nährsubstraten aufgestellt. Die Luft
unterhalb der Glocke konnte in gleicher Weise ausgepumpt und keimfrei
erneuert werden wie in dem Isolir-
Apparat. Isolir- und Kultur-Apparat
wurden, nachdem sie sorgfältig mit
absolutem Alkohol gereinigt waren,
gleichzeitig beschickt. Der Isolir-Apparat blieb geschlossen bis zur Be-
endigung des Versuches; aus dem Kultur-Apparat wurden täglich die Proben
für die mikroskopische Untersuchung
entnommen. Durch Vergleichung der
Kulturerzeugnisse in beiden Apparaten

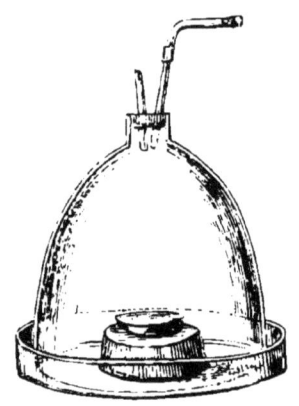

Fig. 17.
HALLIER's Kultur-Apparat.

glaubte HALLIER mit Sicherheit feststellen zu können, ob sich im
Kultur-Apparat bei der Entnahme der Proben fremde Keime eingeschlichen hatten oder nicht.

Das Resultat der Kulturen in diesen Apparaten war nun ein in
hohem Maasse überraschendes; namentlich schien das Verständniss

der niederen Formen nunmehr in ganz ausserordentlicher Weise er-
leichtert zu sein: Alle die niedersten Gebilde gehören, soweit sie
unbeweglich sind (Bacterien, Hefen), in den Entwicklungskreis von
Pilzen, sofern sie beweglich sind (Vibrio, Spirillum) in den Kreis von
Algen. Es giebt nur eine verhältnissmässig geringe Zahl von Pilz-
species. Zu einem und demselben Pilzwesen gehören verschiedene
Pilzformen — Morphen, z. B. eine Köpfchenschimmel-Morphe, eine
Pinselschimmel-Morphe, eine Brandpilz-Morphe u. s. w., welche ehe-
dem als besondere Gattungen: Mucor, Penicillium, Aspergillus, Ustilago,
Tilletia u. s. w. unterschieden worden sind. Das Hauptmoment für
die Entwicklung einer bestimmten Form ist das Substrat, auf welchem sie wächst. Sämmtliche Pilze können vorkommen in der Form
des Schimmels. Die Gruppe „Schimmelpilze" ist in der Systematik
daher unhaltbar. Ebensowenig lassen sich Hefen und Schimmel
systematisch trennen. Dieselben Pilze, welche aërophytisch als Schimmel auftreten, bilden anaërophytisch auch die Hefen, und zwar sowohl aus den Fructifications-Organen wie auch aus den vegetativen
Theilen. Aus den Fructifications-Organen der Pilze entstehen die Hefen,
indem die Sporen entweder durch Sprossung direct zur Hefe werden,
oder aber indem sie platzen und eine grosse Zahl von „Schwärmern"
auswerfen, welche ihrerseits sich dann in Hefezellen umwandeln, und
aus den vegetativen Theilen gehen sie hervor, indem deren körniges
Protoplasma austritt und sich in den Nährflüssigkeiten zur Hefe weiter-
entwickelt. Die Form der Hefe ist ebenfalls von dem Nährsubstrat
und nicht vom Pilz abhängig. „Unsinnig ist es, die verschiedenen
Hefezellen zu besonderen Arten, ja Gattungen mit gelehrt klingenden,
meist aber nichtssagenden Namen, wie Cryptococcus, Hormiscium,
Torula u. s. w. zu stempeln." In stickstoffreichen Substraten bilden
sich die sog. Fäulnisshefezellen — Micrococcus (Kernhefe), in zucker-
reichen Cryptococcus (Kugelhefe), in sauren Arthrococcus (Glieder-
hefe). Diese Hefen bilden, ehe sie zu Schimmeln heranwachsen, unter
dem Einflusse der Luft an der Oberfläche der Flüssigkeiten, ketten-
förmig verbunden bleibende Reihen von Zwischenformen (Vegetations-
reihen): der Micrococcus die Leptothrix-Reihe (später nannte er auf
Itzigsohn's Vorschlag die Ketten der Micrococcus-Zellen „Mycothrix",
während er den analogen Gebilden bei den Algen den Namen „Leptothrix" beilegte), der Cryptococcus die Torula-Hormiscium-Reihe, der
Arthrococcus die Mycoderma-Oidium-Reihe. Endlich ist noch zu
unterscheiden die Colonienhefe, früher als Sarcina und Merismopedia
beschrieben. Dieselbe entsteht dadurch, dass sich in gährungsfähigen
Flüssigkeiten septirte Sporen oder zusammengesetzte Pilzfrüchte

durch unausgesetzte Längs- und Quertheilung in Tochter- und Enkel-
zellen theilen, welche dadurch, dass sie im Zusammenhange bleiben,
die bekannten Figuren von umschnürten Waarenballen bilden.

Mit diesen Anschauungen ging HALLIER an das Studium der verschiedenen, an der Körperoberfläche wachsenden, schon seit lange
als Erzeuger bestimmter Hautkrankheiten angesehenen Pilze und fand
denn auch, dass der Favuspilz, das Achorion Schoenleinii, die Oidium-
form des gemeinen Pinselschimmels Penicillium crustaceum Fr., dass
das Trichyphyton tonsurans, der Pilz des Herpes tonsuraus, das
Oidium des Staubbrandes Ustilago, dass das Microsporon furfur, der
Pilz der Pityriasis versicolor, eine Hefeform des Köpfchen-Schim-
mels Aspergillus sei u. s. f.

Nunmehr machte sich HALLIER daran, auch die Contagien der
acuten Infectionskrankheiten zu erforschen. Die besondere Anregung
zu dieser Arbeit gab das erneute Erscheinen der Cholera. Kaum
hatte dieselbe ihren todbringenden Einzug von neuem gehalten, so
hatte man auch schon die bei ihrem zweiten Zuge durch Europa
erfolglos gebliebene Erforschung ihres contagiösen Agens von neuem
begonnen. LEYDEN und WIEWIOROWSKY [13]) hatten stäbchenartige Gebilde, Mc. CARTHEY und DOVE [14]) lebhaft bewegliche Zellchen, KLOB [15])
kleine Sporen von Pilzen in ungeheurer Zahl in den Reiswasser-
stühlen gefunden. KLOB hatte die Bildung gallertiger Schleimmassen in den Entleerungen auf eine Thätigkeit der Pilzsporen
zurückgeführt und diese als Zoogloea termo beschrieben. Er hatte
ferner behauptet, dass im Darme diese Gebilde es nur bis zur Entwicklung von Gliederketten brächten, welche man unter dem Namen
Leptothrix zusammenfasse, dass über ihre weitere Entwicklung die
künstliche Kultur dieser Massen Auskunft geben müsse. THOMÉ [16])
war es dann gelungen, aus dem Darminhalt einen wirklichen Pilz,
das Cylindrotaenium cholerae asiaticae zu züchten, während DEBEY
in Aachen (Deutsche Klinik, 1867, No. 1 u. 2) eine Art von einzelliger
Alge, das Cholerophyton aufgefunden hatte. Als nun HALLIER [17])
die aus der Berliner Cholera-Epidemie vom Jahre 1866 aufbewahrten

13) LEYDEN und WIEWIOROWSKY: Diss. über Cholera asiatica 1866. VIRCHOW-
HIRSCH's Jahresbericht. 1867. II. S. 224.

14) Mc. CARTHEY und DOVE: London hospital report. 1866.

15) J. M. KLOB: Pathol.-anat. Studien über das Wesen des Cholera-Processes.
Leipzig 1867.

16) W. THOMÉ, Realschullehrer in Köln: VIRCHOW's Archiv. 1867. Bd. 39. S. 221.

17) E. HALLIER: Das Cholera-Contagium. Botanische Untersuchungen, Aerzten
und Naturforschern mitgetheilt. Leipzig 1867.

und ihm übersandten Cholera-Dejectionen im Mai 1867 in seinem Kultur-Apparat kultivirte, fand er, dass die kleinen Sporen nichts Anderes seien, als die Hefeform, der Micrococcus, eines exotischen Pilzes, des Reisbrandpilzes. Bei genauer Prüfung glaubte er auch Cystenfrüchte dieses Pilzes, welche den Früchten einheimischer Brandpilze sehr ähnlich waren, im Darminhalt der Cholerakranken zu entdecken. Damit schien denn der Beweis, dass die Cholera durch einen Pilz erzeugt werde, erbracht zu sein.

Im weiteren Verfolgen dieser Arbeiten fand HALLIER [18]) nun ferner, dass bei den Schaf-, Kuh- und Menschenpocken, beim Typhus abdominalis und exanthematicus, bei den Masern, bei der Syphilis, bei der Gonorrhoe, beim Rotz, bei der Diphtherie, bei der Lungenseuche der Rinder, bei der Gattine der Seidenraupen u. s. f. „Micrococcus" in den erkrankten Körpertheilen verbreitet war — und stets gelang es ihm auch, den dazu gehörigen Pilz in seinem Kultur-Apparat zu züchten. Auf Grund dieser seiner Erfahrungen stellte er dann die Hypothese auf, dass alle Contagien und Miasmen durch den Micrococcus von Pilzen oder Algen, welcher allein wegen seiner Kleinheit die feinsten Capillargefässe zu passiren vermöchte, gebildet würden, dass es daher bei den diesbezüglichen Arbeiten nur darauf ankäme, den Micrococcus aufzufinden und aus ihm denjenigen Pilz zu ziehen, welchem er seine Entstehung verdanke.

Diese neuen, mit voller Ueberzeugung und Sicherheit vorgetragenen Ideen HALLIER's machten in wissenschaftlichen wie auch in Laienkreisen einen gewaltigen Eindruck. Das ganze System war so einfach und durchsichtig, alle Theile fügten sich so leicht und zwanglos zu einem harmonischen Ganzen, alle Behauptungen waren ja durch mikroskopische Beobachtung und durch Kulturversuche so sicher begründet, dass Zweifel an der Richtigkeit der Darlegungen kaum möglich schienen. Von allen Seiten, namentlich von Seiten der Aerzte, kamen zustimmende und bestätigende Zuschriften und Kundgebungen. Die weitesten Kreise nahmen lebhaften Antheil an den neuen wissenschaftlichen Errungenschaften. Nur die Botaniker, unter ihnen vor Allen DE BARY [19]) und HOFFMANN, verhielten sich anfangs kühl, später aber energisch ablehnend gegen diese, alles

---

18) E. HALLIER: Parasitologische Untersuchungen bezüglich auf die pflanzlichen Organismen bei Masern, Hungertyphus, Darmtyphus, Blattern, Kuhpocken, Schafpocken, Cholera nostras u. s. w. Leipzig 1868.

19) A. DE BARY: VIRCHOW-HIRSCH, Jahresbericht. II. Jahrg. 1867. Bd. II. 1. Abthl. S. 240—252 — reproducirt in Botan. Ztg. 1868. S. 686; Botan. Zeitung 1867. S. 351.

bisher auf dem Gebiete der Pflanzen-Physiologie und Pathologie Geleistete in Frage stellenden, umstürzenden Ideen. Namentlich vermisste DE BARY das erste Postulat einer morphologisch-entwicklungsgeschichtlichen Untersuchung, den Nachweis der zu irgend einer Zeit nothwendig vorhandenen organischen Continuität successiver Entwicklungszustände. Die zahlreichen Morphen und Generationsreihen der Pilze erschienen in hohem Grade auffallend; merkwürdig erschien es besonders, dass der gemeinste Schimmelpilz, der Pinselschimmel, eine so ausserordentlich häufig wiederkehrende Erscheinung bei den Kulturversuchen der verschiedensten Objecte war. Dieselbe erklärte sich indessen in der einfachsten Weise, wenn man annahm, dass trotz aller vermeintlichen Vorsichtsmaassregeln sich stets Sporen dieses überall verbreiteten Schimmels in die Kulturen eingeschlichen hatten, oder vielmehr in der Mehrzahl der Fälle mit dem Kulturmaterial zugleich ausgesät worden waren. Bei der stets unreinen Aussaat grösserer Mengen der zu untersuchenden Materialien leistete solch ein schöner Kultur-Apparat, welcher das Eindringen fremder Pilzsporen mit aller Sicherheit zu verhüten gestattete, wie BREFELD [20]) bei einer anderen Gelegenheit treffend bemerkt, etwa denselben Dienst wie ein Regenmantel, den man einem durchnässten Menschen giebt, damit er sich durch ihn auf seinem letzten Gange vor Erkältung schütze gegen einige Regentropfen, die unterwegs auf ihn niederfallen könnten. HOFFMANN, selbst ein eifriger Verfechter eines weitgehenden Polymorphismus der Pilze, wies jeden Zusammenhang der niedersten Formen, welche er unter dem Sammelnamen „Bacterien" [21]) zusammenfasste, mit den Pilzen und Hefen zurück. Seine Untersuchungen führten ihn zu dem Schlusse, dass „die sämmtlichen Formen der Bacterien-Reihe nie anders, als durch gleichartige Wesen erzeugt werden." In seiner von der Pariser Akademie preisgekrönten Arbeit über die Bacterien stellte er sogar innerhalb der Bacterien-Reihe den Uebergang von Monas-Bacterien in Stäbchen-Bacterien entschieden in Abrede, indem er schrieb, „die Annahme, dass aus einem (isolirten) punktförmigen oder kugelförmigen Körperchen durch Längenwachsthum ein Bacterienstäbchen werden könne, muss ich als unrichtig bezeichnen." Auch RINDFLEISCH [22]) kam bei seinen ausgezeichneten Untersuchun-

---

20) OSCAR BREFELD: Botanische Untersuchungen über Schimmelpilze. II. Heft. Die Entwickelungsgeschichte des Penicillium. Leipzig 1874. S. 21. Anm.

21) H. HOFFMANN: Ueber Bacterien. Botan. Zeitg. 1869.

22) RINDFLEISCH: Untersuchungen über niedere Organismen. Bonn. Juni 1871. VIRCH. Arch. Bd. 54. S. 108; 396. 1872.

gen über niedere Organismen zu dem Resultat, dass es völlig absurd
sei, an die Entstehung der Schizomyceten aus Pilzsporen zu glauben,
da er frische Muskelstückchen in keimfreien Gefässen an der Luft
wohl schimmeln, aber nicht in Fäulniss übergehen sah. Trotz des
Vorhandenseins einer Fülle von Pilzsporen entstand kein einziges
Bacterium. „Es ist so," sagte er, „wie es ein richtiger, naturwissen-
schaftlicher Instinct schon längst verlangt hatte, keine Vermischung
der Species, kein Chaos." RINDFLEISCH lehnte wie HOFFMANN nicht
nur den Zusammenhang von Pilzen und Schizomyceten entschieden
ab, sondern er trennte ebenfalls scharf Bacterien und Micrococcus,
indem er die Bacterien wegen ihrer willkürlichen Bewegung als niederste Thiere, den Micrococcus wegen seiner Sesshaftigkeit für eine
niederste Pflanze ansprach. Nicht minder entschieden stellten auf
Grund zahlreicher, einwandfreier Versuche BURDON-SANDERSON [23]),
MANASSEÏN [24]) und FERDINAND COHN [25]) jeden Zusammenhang zwischen
Bacterien und Schimmelpilzen in Abrede. In künstlichen, nach PA-
STEUR's Vorgang hergestellten Nährlösungen, welche in Reagenz-
cylindern frisch gekocht und in freier Luft offen hingestellt waren,
sahen sie wohl Pilzmycelien, aber keine Bacterien zur Entwicklung
kommen. Wenn sie dagegen Bacterienkeime, welche frei waren von
Schimmelsporen oder Mycelfäden, in solche Nährlösungen aussäten,
so beobachteten sie, dass stets nur Bacterien, niemals Mycelpilze
wuchsen. Die Entstehung der Bacterien aus den Pilzen, welche
HALLIER und mit ihm besonders noch POLOTEBNOW [26]) vertreten
hatte, war durch diese fundamentalen Versuche endgültig abgethan.

Weiter wurden auch gegen HALLIER's Contagien-Pilze von
ärztlicher Seite Bedenken laut, weil HALLIER das wichtigste und
abschliessende Glied in der Kette des Beweises für deren infectiöse
Natur — die Wiedererzeugung der Krankheit mit dem gezüchteten
Pilze einzufügen unterlassen hatte. Dem anfänglichen Enthusiasmus

---

23) BURDON-SANDERSON: The origin and distribution of Microzymes (Bacteria)
in water and the circumstances which determine their existence in the tissues
and liquids of the living body. Second report concerning the intimate pathology of contagion. Appendix of the 13 Report of the Medical officer of the
Privy Council. Quarterly journal of the microc. society. Oct. 1871.

24) WJATSCHESLAW MANASSEÏN: Ueber die Beziehungen der Bacterien zum
Penicillium glaucum Lk. und über den Einfluss einiger Stoffe auf die Entwickelung dieser letzteren; in WIESSNER: Mikroskopische Untersuchungen. Stuttgart 1872.

25) FERDINAND COHN: Untersuchungen über Bacterien, im August 1872. Beiträge zur Biologie der Pflanzen. Bd. 1. Heft II. S. 188. Breslau 1875.

26) A. POLOTEBNOW: Ueber den Ursprung und die Vermehrung der Bacterien; in WIESSNER: Mikroskopische Untersuchungen.

für seine Arbeiten folgte nach nicht langer Zeit eine sehr empfind-
liche Reaction gegen dieselben. Die Folge davon war, dass die Anschauung von der pflanzlichen Natur der Contagien der Infectionskrankheiten, welche HALLIER vertheidigte, wiederum in Misskredit
gerieth. Nicht zu verkennen ist es, dass eine ganze Reihe von
Arbeiten, welche die Aetiologie der Infectionskrankheiten betrafen,
unter dem Einflusse der HALLIER'schen Ideen entstanden (cf. die von
HALLIER herausgegebene Zeitschrift für Parasitenkunde), leider aber
auch an denselben Fehlern litten wie diese und deshalb einen
wesentlichen Gewinn für die Wissenschaft nicht brachten. So tragen
z. B. die zahlreichen Arbeiten über Diphtherie und Scharlach von
LETZERICH [27]), TSCHAMER [28]) und TALAMON [29]), welche zur Auffindung
des Zygodesmus fuscus, der Tilletia diphtheritica, des Verticillium
candelabrum und ruberrimum führten, den geistigen Stempel HALLIER's.

27) LETZERICH's Arbeiten über Diphtheritis in VIRCHOW's Archiv. Bd. 45, 46,
47, 52. (Bd. 55, 58, 61, 68.)

28) A. TSCHAMER: Ueber das Wesen des Scharlach- und Diphtheritis-Con-
tagiums und über deren verwandschaftliche Verhältnisse. — Centralzeitung für
Kinderheilkunde. 1879. Nr. 23. — Centralblatt f. d. med. Wissensch. 1880. S. 15.

29) TALAMON: Progrès médical 1881. S. 122, 498.

Siebente Vorlesung.

HALLIER's „Micrococcus" und CHAUVEAU's Nachweis der corpusculären Natur der Infectionsstoffe. Auffinden von „Micrococcus, granulations, Bacterien, Bacteridien" bei zahlreichen Krankheiten. Ungenügende Kriterien für die belebte Natur der aufgefundenen Gebilde. Verwechselungen mit unbelebten Körperchen. Uebertragungsversuche auf Thiere. Mangelhafte Beweiskraft derselben. Nachweis chemischer Gifte in faulenden Substraten durch PANUM, BERGMANN und SCHMIEDEBERG, SONNENSCHEIN und ZÜLZER. Nachweis typischer Mikrokokken-Herde in inneren Organen durch VON RECKLINGHAUSEN, WALDEYER, WEIGERT. KLEBS' Microsporon septicum. Anatomischer Nachweis desselben. TIEGEL's Filtration infectiöser Secrete durch Thonzellen. KLEBS' „fractionirte Kultur" KLEBS' Kulturen in Gallertekammern. Längstheilung der Bacterien. Mikrokokken-Kolonieen, gelbe Körper, homogene Plasmaschicht. Vergleichende Kultur des Diphtherie-Pilzes. KLEBS' Kulturversuche ausser von LETZERICH von keiner Seite bestätigt. Seine anatomischen Untersuchungen anerkannt. HUETER's Monadenlehre. Einwürfe gegen die specifische pathogene Bedeutung der in den Organen nachgewiesenen Organismen. Deren Identität mit Fäulnissorganismen behauptet. Bei allen Krankheiten identische Organismen gefunden. Nothwendigkeit des Nachweises specifischer Unterschiede unter den bei verschiedenen Krankheiten gefundenen Organismen.

Hatten sich nun auch die Hoffnungen, welche man anfänglich an die HALLIER'schen Arbeiten in Bezug auf die Aetiologie der Infectionskrankheiten geknüpft hatte, nicht erfüllt, hatten sich auch alle die zahlreichen Züchtungs-Versuche und -Ergebnisse als verfehlt und bedeutungslos herausgestellt, so blieb doch, wenn man die HALLIER-schen Untersuchungen von diesem entwicklungsgeschichtlichen Beiwerk entkleidete, die Thatsache bestehen, dass HALLIER bei den verschiedensten Krankheiten in den pathologischen Se- und Excreten kleinste, theils bewegliche theils unbewegliche, zellenartige Gebilde nachgewiesen hatte, welche unter normalen Verhältnissen sich nicht darin fanden. Es waren das die von ihm sogenannten Micrococcus-schwärmer und deren fadenartige Entwicklungszustände die Leptothrix resp. Mycothrix, dieselben Gebilde, welche von anderen Forschern als Monaden, Bacterien, Vibrionen, Bacteridien u. s. w. bezeichnet wurden. Grade auf den Nachweis dieses Micrococcus hatte HALLIER einen besonderen Nachdruck gelegt, weil er nach seiner Ansicht vermöge seiner

Kleinheit allein geeignet war in die feinsten Capillargefässe einzudrin-
gen. Von allen seinen zahllosen Pilz-Vegetationsformen stand daher
für die Aerzte der Microeoccus im Vordergrunde des Interesses. Zur
Erhöhung dieses Interesses trugen nicht unwesentlich die Untersuchungen bei, welche Chauveau[1]) in derselben Zeit über die Natur der
Contagien anstellte. Chauveau legte sich die Frage vor: An welchen
Bestandthcilen der infectiösen Materialien haftet das Virus, an der
Contagienflüssigkeit oder an deren geformten Bestandtheilen? Auf der
Basis einer Reihe von geistvollen Versuchen gelang ihm die Beantwortung dieser wichtigen Frage. Durch mehrfach wiederholtes Verdünnen von Rotzeiter resp. Vaccine-Lymphe mit Wasser, Absitzen-
lassen und Decantiren der Flüssigkeiten von dem Bodensatz trennte
er die löslichen Bestandtheile von den geformten ungelösten. Die
Waschflüssigkeiten erwiesen sich nach ihrer Verimpfung auf Thiere
unwirksam, der Bodensatz aber, welcher Eiterkörperchen und feine
„granulations" enthielt, durchaus wirksam. Das Virus konnte demnach nicht ein gelöstes Gift sein, sondern musste ohne Zweifel als
ein körperliches Etwas angesehen werden. Zu gleichen Ergebnissen
gelangte Burdon-Sanderson[2]) bei seinen Untersuchungen über die
Vaccine-Lymphe. Diese Versuche harmonirten somit auf das Vortreff-
lichste mit dem Nachweise von „Micrococcus" in den genannten und
anderen Contagien. Die Hallier-Chauveau'schen Untersuchungen
gaben daher der Erforschung der Contagien eine mächtige Anregung,
welche in der grossen Fülle diesbezüglicher Arbeiten aus dem Jahre
1868 und den folgenden Jahren ihren Ausdruck fand. Die Micrococcus-
Befunde, welche Hallier in der Menschen-, Kuh- und Schafpocken-
Lymphe erhoben hatte, fanden eine Bestätigung durch Medicinalrath Keber[3]), welcher in demselben Material neben Körnchenzellen
unzählige freie Kerne und puuktförmige, unmessbar kleine Moleküle
auffand, sowie durch die Untersuchungen zahlreicher anderer Forscher

---

1) Chauveau: Nature du virus vaccin. Détermination expérimentale des
éléments qui constituent le princip actif de la sérosité vaccinale virulente. —
Comptes rendus 1868. 1. 66. S. 289; S. 317.
— Nature des virus: Détermination expérimentale des éléments qui constituent le princip virulent dans le pus variolcux et le pus morvcux. ibid. p. 359.
— Isolement des corpuscules solides qui constituent les agents spécifiques
des humeurs virulentes — Démonstration directe de l'activité de ces corpuscules.
ibid. 1869. t. 68. No. 14.
2) Burdon-Sanderson: Introductious report on the intimate pathology of
contagion.
3) F. Keber: Ueber die mikroskopischen Bestandtheile der Pockenlymphe.
Virchow's Archiv. Bd. 42. S. 112. 1868.

wie Weigert[1]), Cohn[5]), Zülzer[6]), Luginbuhl[7]). Nachdem in dem
Rotzeiter von Hallier[8]) und Zürn[9]) Micrococcus in lebhaft schwär-
mender Bewegung constatirt war, fand Semmer[10]) darin Micrococcus-
zellen zu Mycothrixfäden aneinandergereiht, fanden Christot und
Kilner[11]) in solchem Eiter wie auch in dem Blute rotzkranker Thiere
„granulations" und „bactéries". Schurtz[12]) fand unter der abgeschäl-
ten Oberhaut von Scharlachkranken „Micrococcus", Hueter[13]) in
dem Gewebe und im Blut zweier an diphtheritischer Gangrän leidender Kranken Myriaden von kleinsten Monaden, und zusammen mit
Tommasi[14]) identische Organismen auch in den Pseudomembranen
bei der Diphtherie. Bei derselben Krankheit konnten auch Buhl[15]),
Oertel[16]) und Nassiloff[17]) nicht nur in den Membranen, sondern
auch in den Lymphgefässen der Submucosa, in den Lymphdrüsen
und in den inneren Organen „Micrococcus" in ungeheuren Mengen
nachweisen. Eberth[18]) constatirte in diphtheritischen Auflagerungen
dichtgedrängt liegende, punktförmige, glänzende Sporen, stern- und
spindelförmige Gruppen von Pilzen in den erweiterten Saftcanälchen

---

4) C. Weigert: Ueber Bacterien in der Pockenhaut. — Centralblatt f. d. med.
Wissensch. 30. September. 1871. No. 39.

5) F. Cohn: Organismen in der Pockenlymphe. Virchow's Archiv. Bd. 55.
1872. „Microsphaera vaccinae."

6) Zülzer: Berlin. klin. Wochenschrift 1872.

7) Luginbuhl: Verhandlungen der physik.-med. Ges. in Würzburg 1873.

8) Hallier: Ueber einen bei der Rotzkrankheit der Pferde auftretenden
Parasiten verglichen mit dem der Syphilis. Bayerisches ärztliches Intelligenzblatt
23. Juni 1868. S. 327.

9) Zürn: Adam's Wochenschrift für Thierheilkunde und Viehzucht. 1868.
Nr. 25.

10) Semmer: Die Contagien. Oesterreichische Vierteljahrschrift für wissenschaftliche Veterinärkunde. Bd. 31. Wien 1869.

11) Christot und Kiener: De la présence des bactéries et de la leucocytose
concomitante dans les affections farcino-morveuses. — C. r. 1868. 23. November.
t. 67. p. 1054. — Recueil de méd. vét. 1868. p. 93.

12) Schurtz: Archiv der Heilkunde. 1868. Bd. 9. S. 69.

13) Hueter: Pilzsporen in dem Gewebe und im Blute bei Gangraena diphtheritica. — Centralblatt f. d. med. Wissensch. 1868. S. 177.

14) Hueter und Tommasi-Crudeli: Ueber Diphtheritis. ibid. 1868. S. 531.

15) Buhl: Zeitschrift für Biologie. Bd. 3. 1867. S. 340.

16) Oertel: Studien über Diphtheritis. Bayerisches ärztliches Intelligenzblatt. 1868. No. 31.
— Experimentelle Studien über Diphtheritis. Leipzig 1871.

17) Nassiloff: Ueber die Diphtheritis. Virchow's Archiv. Bd. 50. Heft 4.
S. 550. 1870.

18) Eberth: Correspondenzblatt für die Schweizer Aerzte 1872. — Ueber
bacter. Mycosen. Leipzig 1872.

der Schleimhaut und der Gefässadventitia und zahllose Massen von Pilzen im Gewebe der Mucosa, aber nicht im Blute und in den inneren Organen. „Micrococcus" gelang es auch SEMMER im Blute und in den krankhaften Veränderungen von Thieren, welche an Rinderpest, Septicämie und anderen infectiösen Erkrankungen litten, aufzufinden, kurz es häuften sich die Beobachtungen, welche darauf hin deuteten, dass in dem „Micrococcus" das körperliche Virus der infectiösen Krankheiten von Menschen und Thieren zu suchen sei.

Eine Fülle von Beobachtungen, welche sich mehr an die PASTEUR-DAVAINE'schen Untersuchungen anschlossen, lenkten in dieser selben Epoche die Ideen nach der gleichen Richtung hin. MAYRHOFFER[19]) fand bei Wöchnerinnen im inneren Belag des Uterus Vibrionen, besonders aber bei solchen, welche am Puerperalfieber erkrankt waren. POUCHET[20]) hatte bei den Bronchitiden, wie wir gesehen haben, Vibrionen und Bacterien im Auswurf wahrgenommen, LEYDEN und JAFFÉ[21]) constatirten bei putrider Bronchitis und beim Lungenbrand sowohl in den Sputis als in den erkrankten Theilen selbst das Vorkommen von Bacterien und Spirillen. ROSENSTEIN[22]) in Groningen machte dieselbe Beobachtung. TRAUBE[23]) zeigte, dass häufig schwere Blasencatarrhe entstehen, wenn Schizomycetenkeime durch unreine Catheter in die Harnblase gelangen. KLEBS[24]) führte die Pyelo-Nephritis auf die Einwanderung von Pilzkeimen durch die Harnblase in die Ureteren und in die Harncanälchen zurück. COZE und FELTZ[25]) fanden bei Kaninchen, welchen sie faulige Flüssigkeiten resp. Blut von lebenden Typhus- und Pocken-Kranken in die Venen, unter die Haut, in die Lungen u. s. w. injicirt hatten, das Blut erfüllt von zahllosen Bacterien von verschiedener Grösse, Form und Bewegung; sie fanden ferner, dass, wenn sie das Blut der durch die Injectionen getödteten Thiere zu Injectionen bei anderen Thieren verwandten, die Ansteckung bei jeder Weiterimpfung immer intensiver sich gestaltete und immer schneller zum Tode führte. RINDFLEISCH[26]) fand

19) MAYRHOFFER: Wochenblatt der Gesellschaft der Wiener Aerzte. 1863. Januar. No. 4.

20) POUCHET: Gazette de Paris. 1864. No. 47.

21) LEYDEN und JAFFÉ: Deutsches Archiv f. klin. Med. 1867. Bd. 2, 4, 5.

22) ROSENSTEIN: Berliner klin. Wochenschrift. 1867. 1.

23) TRAUBE: Berliner klin. Wochenschr. 1864. 2.

24) KLEBS: Handbuch der patholog. Anatomie. Berlin 1869—1876.

25) COZE et FELTZ: Recherches expérimentales sur la présence des infusoires et l'état du sang dans les maladies infectieuses. Strassburg 1866.

26) RINDFLEISCH: Handbuch der pathologischen Gewebelehre zur Einführung in das Studium der patholog. Anatomie. Leipzig 1867—69.

die kleinen stecknadelknopfgrossen Erweichungsherde, welche sich bei pyämischen, puerperalen, rotzigen und ähnlichen Affectionen im Herzmuskel entwickeln, nicht von Eiterkörperchen, sondern von Vibrionen erfüllt. Wahl[27]), von Recklinghausen[28]), Buhl[29]) und Waldeyer[30]) beobachteten bei geschwürig-hämorrhagischen Processen im Magen und Darm, in den afficirten Schleimhautstellen bacteridienähnliche Fäden, welche sich bis in die Blut- und Lymphgefässe verfolgen liessen, und zugleich auch kürzere stäbchenartige Körper im Blute. In einer grossen Zahl von Milzbranderkrankungen beim Menschen fand Münch[31]) ganz ähnliche Darmaffectionen mit denselben fädigen Gebilden. Wedl[32]) wies Pilzmassen in cariösen Zähnen nach, ja sogar in den Zähnen vorweltlicher Thiere entdeckte er solche. Leber und Rottenstein[33]) bestätigten und erweiterten diese Beobachtungen. Sie beobachteten dass die Pilzmassen in den cariösen Zahntheilen sich durch Jod und Mineralsäuren violett färbten.

Durch diese zahlreichen, unter einander gut harmonirenden Beobachtungen liessen sich viele Forscher, zumal die enthusiastischen Anhänger der Lehre von dem Contagium animatum der Art imponiren, dass sie die bei den verschiedensten infectiösen Processen gefundenen kleinsten Gebilde ohne weiteres als die Contagien dieser Krankheiten proklamirten. Von einem wissenschaftlichen Beweise, dass die gefundenen Gebilde die Ursachen der Krankheiten, bei welchen sie theils in den Ausscheidungen auf der Körperoberfläche, theils auch im Blute und im Parenchymsaft nachgewiesen wurden, darstellten, war jedoch bei allen diesen Untersuchungen ebenso wenig die Rede, wie bei den um die Mitte unseres Jahrhunderts gemachten analogen Funden. Verwechselungen mit allen möglichen körnigen und stäbchenförmigen Gebilden, unorganischem und organischem Detritus, Fetttröpfchen, Krystallen u. dgl. waren bei diesen Untersuchungen, welche sich auf meist mehr oder weniger veränderte organische Flüssigkeiten erstreckten, in ausgedehntem Maasse möglich. Sichere Methoden zur Unterscheidung der verschiedenartigen organisirten

---

27) Wahl: Virchow's Archiv. Bd. 21. S. 579.

28) von Recklinghausen: Virchow's Archiv. Bd. 30. S. 366.

29) Buhl: Zeitschrift für Biologie. Bd. 6. S. 129.

30) Waldeyer: Virchow's Archiv. Bd. 52. S. 341.

31) Münch: Centralblatt f. d. med. Wissenschaften. 1871. S. 802.

32) Wedl: Sitzungsberichte der Wiener Akademie. 1864.

33) Th. Leber und J. B. Rottenstein: Untersuchungen über die Caries der Zähne. Berlin 1867.

und nicht organisirten Formelemente waren nicht vorhanden. Die
Beweglichkeit der Körperchen war ein sehr unsicheres Kriterium
für ihre belebte Natur. Vielfach wurde die Brown'sche Molekular-
Bewegung kleinster Körperchen Quelle von Irrthümern. Bettelheim[34]) warnte davor, die pathologische Bedeutung solcher beweglicher, kleinster Elemente, welche man im Blute auffand, zu
überschätzen, da er derartige bewegliche Körperchen von verschiedener Form und Grösse bei kranken sowohl wie auch bei gesunden
Individuen im Blute stets habe nachweisen können. Viele Forscher,
wie namentlich Hueter, Oertel, von Recklinghausen, Nassiloff,
Eberth, bemühten sich den Beweis für die belebte und infectiöse
Natur der aufgefundenen Pilzschwärmer, „des Micrococcus", durch
Uebertragung der krankhaften Producte auf Thiere zu führen. Sobald nun die Thiere, z. B. nach Einbringung diphtherischer Membran-
theilchen unter die Haut, mit heftigen, von der Impfstelle ausgehenden
Symptomen erkrankten oder sogar starben, war man von der ätiologischen Bedeutung der in dem verimpften Materiale enthaltenen
Körnchen und Stäbchen für die betreffende Infectionskrankheit überzeugt. Freilich wurden auch gegen derartige Versuche schwerwiegende Einwürfe erhoben. Man wies darauf hin, dass die Impfkrank-
heit der Thiere durchaus nicht homolog sei mit der menschlichen
Krankheit, von welcher die verimpften Producte herstammten. Andere
betonten dass nicht jener kleinste Micrococcus, sondern irgend welche
andere in dem mehr oder weniger zersetzten Impfmaterial enthaltene
chemische Stoffe das eigentliche krankheiterregende Moment darstellten. Dass derartige chemische Gifte in putriden Substanzen sich
entwickeln können, hatte Panum[35]) bereits im Jahre 1856 nachgewiesen, indem er aus faulenden Fleischaufgüssen eine durch Kochen, Eindampfen und Behandeln mit Alkohol nicht zerstörbare, in den kleinsten
Mengen — 12 mgrm — wirksame giftige Substanz, sein sogenanntes
„extractförmiges putrides Gift" zu gewinnen verstand. Hemmer[36]) und
Schweninger[37]) hatten dann die Resultate Panum's bestätigt und

---

34) K. Bettelheim: Ueber bewegliche Körperchen im Blute. — Wien. med.
Presse. 1868. Nr. 13.

35) P. L. Panum: Bibliothek for Läger. April 1856. p. 253—285. Referat
darüber in Schmidt's Jahrbüchern für die gesammte Medicin. 1859. S. 213—217.
— Das putride Gift, die Bacterien, die putride Infection oder Intoxication
und die Septicämie. Virchow's Archiv. Bd. 60. 1874. S. 328—352.

36) M. Hemmer: Experimentelle Studien über die Wirkung faulender Stoffe
auf den thierischen Organismus. — Gekrönte Preisschrift. München 1866.

37) F. Schweninger: Ueber die Wirkung faulender org. Substanzen auf
den lebenden thierischen Organismus. — Gekrönte Preisschrift. München 1866.

dem Gifte eine fermentartige Wirkung zugeschrieben. BERGMANN und SCHMIEDEBERG[38]) war es sogar gelungen eine intensiv giftige Base in Form eines schwefelsauren Salzes, „das schwefelsaure Sepsin", zu gewinnen, welches auf Hunde und Frösche ebenso giftig wirkte, wie die ursprüngliche Faulflüssigkeit. Endlich hatten ZÜLZER und SONNENSCHEIN[39]) aus altfaulenden Fleischaufgüssen ein gewissen pflanzlichen, stickstoffhaltigen Basen, wie z. B. dem Atropin und Hyoscyamin, hinsichtlich seiner Reactionen ganz analoges „septisches Alkaloïd" darzustellen vermocht. Es waren mithin Gründe genug vorhanden, welche die Impfergebnisse in einem für die infectiöse Bedeutung des Micrococcus durchaus nicht günstigen Lichte erscheinen liessen. An eine Trennung der verdächtigen Formen von den Gewebsbestandtheilen und an eine Verimpfung der isolirten Gebilde als besten Beweis für deren pathogene Wirkung dachte man wohl, doch hielt man derartige Versuche nach dem Scheitern der HALLIER'schen Züchtungen vor der Hand für aussichtslos. Als ein wesentlicher Fortschritt mussten daher Untersuchungen begrüsst werden, aus welchen bestimmte Beziehungen der kleinsten Formen zu gewissen, scharf charakterisirten, pathologisch anatomischen Gewebsveränderungen klar und deutlich hervorleuchteten.

In der Sitzung vom 10. Juni 1871 der Würzburger phys.-med. Gesellschaft berichtete VON RECKLINGHAUSEN, dass er bei einer ganzen Reihe von infectiösen Krankheiten, vor allem bei Pyämie und Puerperalfieber, ferner bei Typhus, acutem Gelenkrheumatismus, Urininfiltration und Lungengangrän als Ursache der metastatischen Herde in den Organen des kleinen wie des grossen Kreislaufes miliare Anhäufungen kleiner Organismen, welche er als Mikrokokken bezeichnete, gefunden habe. Dieselben zeichneten sich aus durch ihre Widerstandsfähigkeit gegen die verschiedensten chemischen Agentien, wie Natronlauge, Essigsäure, Glycerin, und zeigten ein so gleichmässiges scharfes Korn, dass sie mit Detritusmassen unmöglich verwechselt werden konnten. Er hielt sie für identisch mit den von

---

38) E. BERGMANN: Das putride Gift und die putride Intoxication. Dorpat 1866.

— und O. SCHMIEDEBERG: Ueber das schwefelsaure Sepsin. Vorläufige Mittheilung im Centralblatt f. d. med. Wissenschaften. 1868. S. 394.

Vergl. die Dissertationen von A. SCHMIDT: Untersuchungen über das Sepsin, Dorpat 1869, und PETERSEN: Beiträge zur Kenntniss von dem Verhalten des putriden Giftes im faulenden Blute. Dorpat 1869.

39) ZÜLZER und SONNENSCHEIN: Ueber das Vorkommen eines Alkaloids in putriden Flüssigkeiten. — Berl. klin. Wochenschrift. 1869. S. 121.

BUHL, OERTEL und NASSILOFF für die Diphtheritis und von KLEBS für die Cystitis und Pyelo-Nephritis beschriebenen Formen. Er fand diese Anhäufungen nicht nur intravasculär, sondern auch extravasculär, z. B. innerhalb der Lungenalveolen. Niemals bestand gleichzeitig Endocarditis, so dass von Embolieen im Sinne VIRCHOW's nicht die Rede sein konnte. Kurze Zeit darauf, am 4. August desselben Jahres, berichtete WALDEYER in der schlesischen Gesellschaft für vaterländische Kultur über ganz ähnliche Befunde, über Bacterienherde im Herzmuskel bei Pyämie, sowie über mehrere Fälle von hämorrhagischer Nephro-Pyelitis, bei welchen in der Schleimhaut der Nierenbecken, sowohl in den Blutgefässen als interstitiell, Bacterienkolonieen nachgewiesen werden konnten.

Am 30. September desselben Jahres berichtete dann WEIGERT, dass er in Schnitten durch Pockenhaut im Corium gefässähnliche, buchtige, oft auch verzweigte Schläuche oder deren Durchschnitte von 0,01—0,02 mm Durchmesser beobachtet habe, deren dichtkörniger, scharf gezeichneter Inhalt vollkommen die von v. RECKLINGHAUSEN angegebenen Charaktere — Unveränderlichkeit in Essigsäure, Natronlauge und Glycerin, sowie scharfes Korn — zeigten, so dass eine Verwechselung mit Detritusmassen ausgeschlossen war. Färbte er die Schnitte in ammoniakalischer Carminlösung, in welcher auch die Intercellularsubstanz des Bindegewebes sich roth färbte, so blieben die Schläuche farblos. Behandelte er aber die so gefärbten Schnitte mit Salzsäure-Glycerin, so nahm die Zwischensubstanz zwischen den Körnchen eine rothe Farbe an, während das Bindegewebe bis auf die Kerne farblos wurde. Die einzelnen Bacterien gehörten der kleinsten Art an; zwischen ihnen fanden sich hier und da einzelne Lymphkörperchen. Die Schläuche selbst hatten eine scharfe Begrenzung gegen das Bindegewebe, welches öfters, aber nicht immer durch längsgestellte, unter einander zusammenhängende Bindegewebskörperchen noch deutlicher markirt war. WEIGERT war deshalb geneigt, die beschriebenen Schläuche für mit Bacterien vollgestopfte Lymphgefässe zu halten. Alle diese Fälle waren Fälle von hämorrhagischen Pocken, welche am 6. Tage nach dem Auftreten des Exanthems tödtlich geendigt hatten. In allen übrigen, nach dem 10. Tage secirten Fällen fehlten die Schläuche. In diesen Fällen waren die Bacterien vielleicht, wie WEIGERT meinte, durch amöboide Zellen bereits fortgeschleppt.

Von noch grösserer Bedeutung für die vorliegende Frage wurden nun aber die Untersuchungen, welche EDWIN KLEBS während des deutsch-französischen Krieges 1870/71 an einem umfangreichen

Verwundeten-Materiale über die Anwesenheit niederer Organismen
in den Wundsecreten sowie in den inneren Organen septisch und
pyämisch Erkrankter angestellt und über welche er in seinen Beiträgen zur Pathologie der Schusswunden, Leipzig 1872, eingehend
berichtet hat. KLEBS fand in den Wundsecreten, sowohl in dem
pus bonum et laudabile wie auch in den dünnen jauchigen Absonderungen, constant Fäulnisspilze, „stäbchenartige Körperchen, sog.
Bacterien, ohne Bewegung, nicht selten zu mehreren aneinander
gereiht, so dass langgliedrige Fäden entstanden, ferner zahlreiche
Mikrosporen, glänzende ausserordentlich kleine Körperchen, deren
Durchmesser höchstens die Hälfte eines Mikromillimeters betragen
haben mag, die entweder frei vereinzelt lagen und dann oscillato-
rische Bewegungen machten, oder in Gruppen zusammenlagen (Zoogloeaformen), oder zu rosenkranzartigen Fäden aneinander gereiht
waren."

Die beobachteten Formen passten genau in das HALLIER'sche
Pilzschema. KLEBS reihte sie daher unter dem Namen Microsporon
septicum den Fadenpilzen an. Er verfolgte sein Microsporon zunächst auf anatomischem Wege. Ausser in den Wundsecreten fand
er es in dem Granulationsgewebe, in den Fistelgängen, in den
Safträumen des Bindegewebes, in den Bindegewebsscheiden der
Muskeln, in dem entzündeten Knochenmark, auf dem ulcerirenden
Knorpel der erkrankten Gelenke. Er constatirte ferner dessen Anwesenheit in den Blutgefässwandungen sowie auch in den Blutgefäss-
thromben, in den frischen sowohl wie besonders in den zerfallenden.
Bei der Pyämie wies er es nach in den metastatischen Abscessen
der inneren Organe, namentlich der Lunge und Leber — mit
einem Worte, er fand es in jedem localisirten Krankheitsherde. In
schweren Fällen von Septicämie konnte er es auch im Blute nachweisen. Bei einem so auffallenden Zusammentreffen des Microsporon mit den krankhaften Veränderungen hielt sich KLEBS zu dem
Schlusse berechtigt, dass das Microsporon die Ursache derselben,
also die Ursache der Eiterung, der Abscessbildung, der Gefässarro-
sionen, der Pyämie und Septicämie sei. Er bemühte sich nun weiter
seine anatomischen Befunde auch noch experimentell zu stützen. Vor
allem kam es ihm darauf an festzustellen, ob die bei der Impfung
mit solchen microsporonhaltigen Materialien hervortretenden Krankheitserscheinungen durch ein gelöstes chemisches Gift, wie es BERG-
MANN und SCHMIEDEBERG aus faulenden schizomycetenhaltigen Substanzen isolirt hatten, bedingt seien, oder aber durch die corpusculären Elemente — das Microsporon — in denselben. Auf seine

Anregung filtrirten TIEGEL.[40]) und ZAHN[41]) Wundflüssigkeiten, welche diese Organismen enthielten, durch Thoncylinder. Das pilzfreie Filtrat rief bei Kaninchen unter die Haut oder in das Blut injicirt wohl mehr oder weniger heftiges Fieber hervor, Eiterungen blieben jedoch aus, der Tod erfolgte nicht. Nach Einverleibung des pilzhaltigen Rückstandes hingegen gingen die Kaninchen mit weit verbreiteten Eiterungen an den Injectionsstellen regelmässig zu Grunde.

KLEBS[42]) constatirte weiter, dass die als Mikrokokken bezeichneten Körperchen sich nicht spontan im Blute gesunder Thiere entwickeln. In sorgfältig sterilisirten gläsernen Capillarröhrchen, direct aus den Gefässen gesunder Thiere entnommenes und aufbewahrtes Blut blieb frei von solchen Körnchen. Er schloss daraus, dass wenn Mikrokokken im Blute zur Entwicklung gelangen, diese sich auf Kosten des Blutes aus importirten Keimen entwickelt haben müssen. Um direct zu beweisen, dass die sog. Mikrokokken Organismen, d. h. mit der Fähigkeit der Assimilation und Proliferation ausgestattete Wesen seien, sann er Versuche aus, welche gestatten sollten, den Vorgang der Vermehrung und Weiterentwicklung dieser Körperchen direct zu beobachten, und zwar wo möglich in einer Weise, welche von den Eigenschaften des Beobachters ganz unabhängig wäre. In der Praxis stellten sich der Identificirung eines einzelnen oder mehrerer solcher Körperchen, namentlich aber deren dauernder Fixirung, grosse Schwierigkeiten entgegen. Die Uebelstände beruhten, wie er fand, im wesentlichen auf der flüssigen Beschaffenheit der Stoffe, in oder auf welchen die Pilzkulturen vorgenommen wurden. Er wählte deshalb als Nährsubstrat Hausenblasengallerte, welche bei gewöhnlicher Temperatur starr war und ungefähr bei 50° C. erst anfing flüssig zu werden. Er schloss dieselbe ein entweder in v. RECKLINGHAUSEN'sche Kammern, flache Glaskapseln, zwischen deren dünnen Wänden nur im Centrum ein kleiner, rundlicher Raum von capillarer Weite vorhanden war, oder in besondere Glaskammern, welche er von GEISSLER in der Weise anfertigen liess,

---

40) E. TIEGEL: Ueber die fiebererregende Eigenschaft des Microsporon septicum. Inaug.-Dissert. Bern 1871.
— Correspondenzblatt für schweizer Aerzte. 1871. S. 275.

41) FR. WILH. ZAHN: Zur Lehre von der Entzündung und Eiterung mit besonderer Berücksichtigung der durch das Microsporon septicum hervorgerufenen Erscheinungen. Heidelberg 1872.

42) EDWIN KLEBS: Beiträge zur Kenntniss der Mikrokokken. Archiv für exp. Pathologie und Pharmakologie. Bd. I. 1874. Heft 1, ausgegeben am 14. Februar 1873.

dass in die obere Fläche einer flachen Glaskapsel eine runde Oeffnung von 1 cm Weite geblasen, dann deren gewulsteter Rand eben
geschliffen und schliesslich die Oeffnung mit einem aufgekitteten Deckglase wieder verschlossen wurde. Um die Körperchen bei Körpertem-
peratur beobachten zu können, suchte KLEBS eine Verbindung von
heizbarem Objecttisch und capillarer Glaskammer herzustellen. Er liess
zu diesem Behufe zwei planparallele Messingplatten aufeinander schleifen und zusammenschrauben. Die obere Platte besass in der Mitte
eine schwach konische Oeffnung, welche er von unten her durch ein

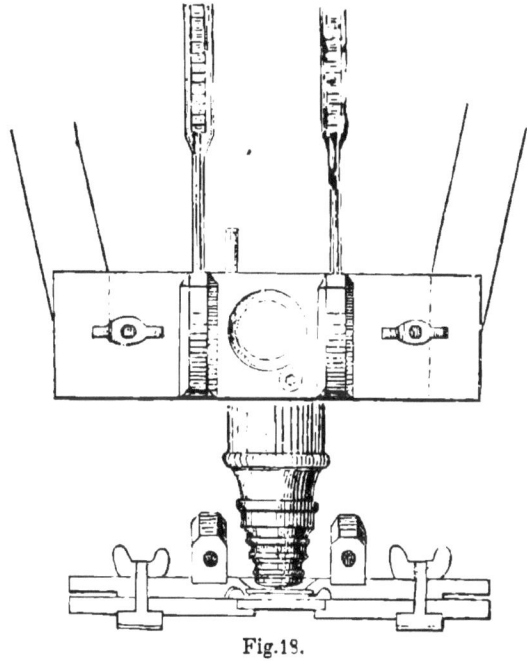

Fig. 18.

aufgekittetes Deckglas schloss; in die entsprechende runde Oeffnung
der unteren Platte liess er ein Spiegelglasstück einkitten. Auf diese
Weise entstand zwischen beiden Glasplatten ein capillärer Raum. In
der oberen Platte liess er ferner eine im Querschnitt halbkreisförmige
Rinne einschleifen, welche mit dem Capillarraum communicirte und
nach aussen sich in zwei kurze Ansatzröhren öffnete, welche zur
Zuführung von Gasen u. s. w. dienten. Die Erwärmung geschah
durch zwei Kupferstreifen, welche an den Enden der planparallelen
Platten eingeklemmt waren. Die Kammern wurden längere Zeit in

concentrirte Schwefelsäure gelegt, die Schwefelsäure vor dem Gebrauch durch kochendes destillirtes Wasser ausgewaschen und der
capillare Raum mit der kochenden Leimlösung gefüllt. Das Material
für die in diesen Kammern anzustellenden Kulturen unterzog KLEBS
zunächst einer besonderen „reinigenden“ Behandlung. Eine solche
durch Anwendung fortdauernder directer Beobachtung zu ersetzen,
erschien ihm unzulässig, da „erstens Keime vorhanden sein könnten,
welche selbst mit den stärksten Vergrösserungen noch nicht sichtbar
sein könnten, und da zweitens bei langsam wachsenden Körpern
eine Grenze für die Möglichkeit directer Constatirung von Formveränderungen vorhanden sei, welche nicht bloss von der Aufmerksamkeit und Fähigkeit des Beobachters abhänge.“ Ein ebenso sicheres
Mittel, „wie es die mikroskopische Isolirung eines einzelnen Körper-
chens darbieten würde,“ ergab sich ihm aus folgender Ueberlegung:
„Wenn in einer Flüssigkeit sich verschiedenartige Keime befinden,
so ist es nicht sehr wahrscheinlich, dass sie in genau derselben
Menge in allen Theilen derselben vorhanden sind. Schon geringe
specifische Gewichtsunterschiede werden hier eine ungleiche Vertheilung in den verschiedenen Schichten bedingen. Grösser noch
werden diese quantitativen Differenzen werden, wenn von Anfang
an die einzelnen Arten in verschiedener Menge vorhanden waren.“
KLEBS verfuhr demnach in der Art, dass er frisch ausgezogene und
fein zugespitzte Capillarröhrchen auf den Boden der pilzhaltigen
Flüssigkeit einsenkte und dort deren Spitze abbrach; es trat dann
eine geringe Menge von dem Bodensatze in dieselben ein. Das
herausgezogene Röhrchen wurde wieder zugeschmolzen, mit starkem
Alkohol gereinigt und in einer pilzfreien Vegetationsflüssigkeit, welche
sich unter einer Oelschicht in einer Stöpselflasche befand, wiederum
zerbrochen. Nachdem hier die Vegetation vollendet war, wurde dieselbe Procedur nochmals wiederholt. „In dieser Weise,“ sagt KLEBS,
„ist es möglich, etwaige Verunreinigungen, die in der Ursprungs-
flüssigkeit vorhanden sein mögen, zu entfernen und denjenigen
Körper rein zu erhalten, welcher in der ersteren in überwiegender
Menge vorhanden war. Man kann die Methode als fractionirte
Kultur bezeichnen.“ Dass bei diesem Verfahren nicht der in überwiegender Menge in der ursprünglichen Flüssigkeit vorhandene,
sondern der in dem gewählten Nährsubstrat am besten und schnell-
sten wachsende Organismus gewonnen wird, entging KLEBS; auch
übersah er, dass unter Umständen zwei oder mehrere Organismen
in demselben Substrat sich gleich gut und schnell entwickeln können,
wie PASTEUR bei seinem, dem KLEBS'schen nicht unähnlichen Kultur-

verfahren hervorgehoben hatte, dass mithin die Gewinnung einer
Reinkultur eines Organismus nach diesem Verfahren von nicht zu
beherrschenden Zufälligkeiten abhängt.

Nach seiner Methode der fractionirten Kultur behandelte KLEBS
eine Flüssigkeit, welche TREGEL aus den Lungen eines an septischer
Mycose erkrankten Mannes gewonnen und „durch Filtration mit
Thonzellen und Waschen des Rückstandes schon möglichst gereinigt
hatte". Als Kulturflüssigkeit diente ihm eine 2proc. Lösung von
weinsaurem Ammoniak. Ein Tröpfchen einer vierfachen Kultur
wurde dem Leimtropfen in einer RECKLINGHAUSEN'schen Kammer
halbkreisförmig angelagert. Der Tropfen enthielt wenige blasse Stäbchen. Zwei solche wurden eingestellt und mit Wasserimmersions-
linse beobachtet. Nach wenigen Stunden fand sich an Stelle jedes
Stäbchens ein kleines Häufchen äusserst feiner, etwas unregelmässig
radiär gelagerter Stäbchen. Aus diesem Befunde schloss KLEBS,
dass sich die Bacterien nicht durch Abschnürung einzelner Zellen,
sondern durch Längstheilung vermehren, wiewohl ihm die directe
Beobachtung des Theilungsvorganges nicht gelungen war. Weiter
beobachtete KLEBS die Entwicklung einer schon mit unbewaffnetem
Auge wahrnehmbaren, weisslich trüben Randschicht in dem Leim,
welche aus eng zusammen gelagerten Ballen bestand. Die Ballen
theilten sich; es bildeten sich kettenartige und pflasterartige Grup-
pirungen von Körperchen, welche bei stärkeren Vergrösserungen
(HARTNACK 9—11) sich aus kurzen viereckigen, in eine helle, gallertige Zwischensubstanz eingebetteten Prismen zusammengesetzt zeigten.
Da die Prismen sich allmählich zu Bacterien verlängerten, so nannte
KLEBS diese Bildungen „Bacterien-Colonieen". Neben diesen Ballen
fand er nun noch verschieden geformte, schon bei schwachen Vergrösserungen durch ihre gelbe Farbe und homogenes Aussehen sich
auszeichnende Bildungen, welche er als „gelbe Körper" bezeichnete.
Diese gelben Körper sah er nach Art der amöboiden Zellen Proto-
plasmafortsätze treiben, welche contractile Bewegungen zeigten von
allerdings grosser Langsamkeit, aber auffallenden Resultaten. Er
constatirte nun weiter, dass sich von den Bacterien-Colonieen er-
wachsene Bacterien ablösten, mit langsamer und vielfach unterbroche-
ner Bewegung den gelben Körpern — den contractilen Pigment-
körpern — näherten und in ihre Substanz aufgingen. Auf diese
Weise verschmolzen Bacterien-Colonieen und gelbe Körper zu einer
homogenen Plasmaschicht, aus welcher dann von Neuem dieselbe
Entwicklungsreihe hervorging, wie von den ursprünglich eingeführten Keimen.

Die Entwickelung des Microsporon septicum bot somit Verhältnisse dar, welche in der Reihe der Bacterien, Monaden u. s. w. noch nicht bekannt waren. KLEBS meinte deshalb, dass der Nachweis der amöboiden Pigmentkörper vielleicht dazu beitragen könnte, jene Formen ganz anderen Organismen zuzugesellen, als dies bis dahin üblich gewesen sei. „Jedenfalls", sagt er, „wird der Nachweis der amöboiden Pigmentkörper neben den Bacterien-Colonieen in der Entwicklungsreihe des Microsporon septicum und derjenige des Aufgehens beider in ein homogenes Plasma, das wieder dieselbe Entwicklungsreihe aus sich hervorgehen lässt, genügen, um die Schaffung eines besonderen Namens zu rechtfertigen. Wie weit diese Species in der Natur verbreitet ist, ob sie namentlich von den gewöhnlichen Fäulnissbacterien sich unterscheidet, das freilich können nur weitere Versuche lehren."

Von grossem Interesse musste es natürlich für KLEBS sein, zu untersuchen, ob auch die bei anderen Infectionskrankheiten gefundenen Schizomyceten einen gleichen oder doch wenigstens analogen Entwicklungsgang zeigten. Er wählte deshalb die von vielen Forschern beobachteten Mikrokokken der als Infectionskrankheit anerkannten Diphtherie, um sie mit seinen Kulturmethoden zu prüfen. In den Tonsillarbelag eines an dieser Krankheit verstorbenen Kindes stiess er feine Capillarröhren ein und zerbrach alsdann deren Spitze in seinen capillaren Glaskammern im Leimtropfen. Auch in diesem Falle beobachtete er nach einigen Tagen rundliche, noch nicht vollkommen geschiedene Ballen von tiefbrauner Farbe, daneben eine Anzahl runder, matt gefärbter, völlig homogener Scheibchen, deren grösste kaum die Grösse rother Blutkörperchen erreichten, aber keine deutlichen Form- und Ort-Veränderungen zeigten. Nach ca. 3 Wochen fand er die vorher mit Luft gefüllten Hohlräume seiner Kammer zum Theil von einer fliessenden, zahllose ausserordentlich kleine Stäbchen enthaltenden Masse eingenommen; nur um die peripherischen Theile der Stäbchen fanden sich noch tief braungefärbte Massen. KLEBS wies auf die Analogie und auch auf die Unterschiede zwischen den Kulturen dieses Organismus und denen des Microsporon septicum hin, liess es aber dahin gestellt, ob die eine Formation den gelben Körpern, die andere den Bacterien-Ballen des Microsporon septicum gleichzustellen sei.

KLEBS hatte seine Kulturversuche mit einer so peinlichen, bis auf die kleinsten Details sich erstreckenden Sorgfalt und Genauigkeit geschildert, dass Zweifel an der Realität dessen, was ihm vorgelegen, eigentlich kaum möglich waren. Gleichwohl fanden gerade

7*

diese Versuche, welchen Klebs eine ganz besondere Wichtigkeit beimass, keineswegs eine günstige Aufnahme bei den Fachgenossen. Eine Längstheilung von Bacterien hatte noch kein Forscher beobachtet. Die Kulturergebnisse selbst waren so auffallend seltsam, dass die Aerzte, besonders nach den mit den Hallier'schen Kulturversuchen erlebten Enttäuschungen, sie ohne anderweitige Bestätigung anzunehmen Anstand nahmen. Nur ein einziger Beobachter, Letzerich[43]), dessen frühere zahlreiche Arbeiten über Diphtherie vor einer sachlichen Kritik selbst nicht Stand gehalten hatten, kam zu ähnlichen Ergebnissen bei seinen nach Klebs' Methoden angestellten Untersuchungen. Er sah alle Uebergänge von den Bacterien zu „Plasmakugeln" zu „Mikrokokkenrasen". In einer späteren aus dem Jahre 1880 datirenden Arbeit im Klebs'schen Archiv beschrieb er an den Kulturen in Gallerte-Kammern das Auswachsen des Micrococcus diphtheriticus zu sogenannten Plasmazellen, welche er als Mutterzellen der Mikrokokkencolonieen auffasste, deren weitere Veränderungen zu Mikrokokkencolonieen sowie das Auswandern der Mikrokokken aus den letzteren. Charakteristisch für seine Auffassung ist es, dass er diese Plasmazellen massenhaft wandständig in den venösen Gefässen des Herzens, im Lumen der Harncanälchen, auch in denen der Versuchsthiere, und in den Lymphräumen der Lymphdrüsen constatiren konnte. Eine Bestätigung der Klebs'schen Kulturergebnisse durch andere Beobachter blieb aus. Und doch waren die Gebilde, welche Klebs gesehen und beschrieben hatte, die Bacteriencolonieen und die gelben Körper, die braunen Ballen und die hellen Scheibchen richtig beobachtet; nur ihre Deutung war eine irrthümliche. Jene verschiedenartigen Formationen standen nicht, wie Klebs mit Sicherheit erkannt zu haben glaubte, in einem genetischen Zusammenhange unter einander, sondern nur in einem räumlichen Verhältniss zu einander. Es waren, wie wir jetzt, nachdem wir durch Koch mit den Eigenthümlichkeiten des festen Nährbodens vertraut gemacht sind, wissen, aus isolirten Keimen hervorgegangene Colonieen verschiedener, in dem ausgesäten Material vorhanden gewesener Bacterienarten, welche sich nach Verflüssigung des festen Nährbodens zu einer gleichförmigen Masse, zur „homogenen Plasmaschicht", vermischt hatten.

Während die Kulturversuche von Klebs unbeachtet blieben, fanden seine pathologisch-anatomischen Untersuchungen über die Ver-

---

43) Letzerich: Virchow's Archiv. Bd. 58, 61, 68. Archiv f. experimentelle Pathologie und Pharmakologie. Bd. 12. 1880. S. 354.

breitung des Microsporon in den Geweben durch die ausgezeichneten Arbeiten von BIRCH-HIRSCHFELD[44]), PAUL VOGT[45]), HJALMAR HEIBERG[46]), ORTH[47]) und anderen, über die pyämischen und puerperalen Processe, volle Bestätigung.

Die Betheiligung niederster Organismen an den septisch-pyämischen Krankheitsprocessen schien danach kaum mehr bezweifelt werden zu können. Vor Anderen gab HUETER[48]) seiner festen Ueberzeugung von der ätiologischen Bedeutung der kleinsten, von ihm als Monaden bezeichneten Organismen begeisterten Ausdruck. Er formirte seine Anschauungen zu einer vollständigen Theorie, mit welcher er eine neue Auffassung der gesammten Pathologie anbahnen wollte. Nach ihm sind die über den ganzen Erdball verbreiteten Monaden die Ursache, nicht nur der Eiterung, der Entzündung, der Wundinfectionskrankheiten, sondern überhaupt der meisten Krankheiten. Wo eine Verletzung der schützenden Decken des Körpers, der Epidermis resp. der Epithelien statt hat, oder wo eine solche Decke fehlt, dringen die überall in der Luft verbreiteten Monaden in den Körper ein. In die epithellosen Lungenalveolen eindringend erzeugen sie die Pneumonie, in die offenstehenden Talgdrüsen: Acne und Furunkel, in für gewöhnlich geschlossene Canäle, wie Harnröhre und Ausführungsgang der Ohrspeicheldrüse: Gonorrhoe resp. Parotitis. Die contractilen Elemente der Gefässe durchsetzend, bedingen sie Lähmung der Gefässmuskeln, Dilatation der kleinen Arterien und Venen, Verlangsamung des Kreislaufes, Anhäufung der weissen Blutkörperchen an der Gefässwand. Sie bohren Löcher in die Gefässwand, durch welche die weissen Blutkörperchen auswandern. Diese selbst werden monadisirt, d. h. von Monaden erfüllt. Durch das Eindringen der Monaden in das Stroma der rothen Blutkörperchen entsteht die Stachelform der letzteren, welche sie besonders geeignet macht, Kreislaufstörungen hervorzurufen. Gelangen die Monaden in den Kreislauf, so entsteht das monadämische Fieber, wie z. B.

---

44) BIRCH-HIRSCHFELD: Untersuchungen über Pyämie. Archiv der Heilkunde. Bd. 14. 1872.

45) PAUL VOGT: Monaden beim Lebenden. Centralblatt f. d. med. Wissensch. Bd. X. 44. 1872.

46) HJALMAR HEIBERG: Die puerperalen u. pyämischen Processe. Leipzig 1873.

47) J. ORTH: Untersuchungen über Puerperalfieber. VIRCHOW's Arch. Bd. 58. 1873. S. 437—460.

— Untersuchungen über Erysipel. Archiv für exp. Path. u. Pharm. Bd. 1. Heft 2 (ausgegeben am 18. April 1873).

48) C. HUETER: Die allgemeine Chirurgie. Eine Einleitung in das Studium der chirurgischen Wissenschaft. Leipzig 1873.

bei der Wunddiphtherie, beim Scharlach, beim Erysipel; dringen die monadisirten, von den Lymphgefässen aus den Eiterherden aufgenommenen weissen Blutkörperchen in das Blut ein, so entsteht das pyämische Fieber mit seinen vielfachen Kreislaufstörungen, Stasen, Embolieen u. s. f. Davon unterschieden ist noch eine dritte Art von Fieber, das septicämische, welches durch Aufnahme eines putriden, durch Vibrionen erzeugten Giftes hervorgerufen wird. Beim Trismus und Tetanus wandern die Monaden längs der Nerven zu den Centralorganen überall reizend und entzündungerregend. Bei der Diphtheritis handelt es sich um Monaden, welche durch ein ausserordentliches Fortpflanzungs- und Penetrationsvermögen ausgezeichnet sind. Die Scrofulose ist dadurch bedingt, dass auffallend weite Saftcanälchen den Monaden den Zutritt zu den Drüsen erleichtern. Bei der Tuberkulose erzeugen die Monaden durch ihre Proliferation in den Zellenleibern die Riesenzellen u. s. w.

Die HUETER'sche Monadenlehre gab für viele Krankheitserscheinungen eine wohlverständliche Erklärung, sie stimmte auch im Wesentlichen mit den LISTER'schen Ideen überein: aber sie war eben nur eine Theorie. Den sicheren wissenschaftlichen Beweis, dass die an ihrem Lichtbrechungsvermögen und ihrer Widerstandsfähigkeit gegen Alkalien als solche erkannten Monaden die Ursache aller der genannten Krankheiten waren, blieb HUETER ebenso schuldig wie HALLIER für seinen Micrococcus, KLEBS für sein Microsporon. Denn selbst wenn man zugestand, dass die in den inficirten Körpern constant nachgewiesenen kleinsten Gebilde niederste Organismen waren, so erschien doch ein solches constantes Vorkommen durchaus noch nicht beweisend für deren ursächliche Bedeutung. Als constante Begleiter sich zersetzender Stoffe mussten sie sich natürlich auch in den Leichen finden. Gerade Leichen von Pyämischen und Septicämischen zersetzten sich auffallend leicht und schnell, solche Leichen boten mithin einen ganz besonders günstigen Boden für die Weiterentwicklung der kleinsten Organismen. Es schien also sehr wohl möglich, dass die in den Leichen aufgefundenen Anhäufungen von niederen Organismen durch postmortale Vermehrung von Fäulnissorganismen sich gebildet hatten. Die nachgewiesenen Organismen konnten daher sehr wohl zufällige und unwesentliche Begleiter, und mussten nicht nothwendig die Erreger aller jener krankhaften Veränderungen sein. Zudem fanden sich dieselben „Fäulnisspilze", von welchen ja KLEBS sein Microsporon zu unterscheiden nicht vermocht hatte, nicht nur bei septischen Mycosen, sondern auch im gesunden menschlichen Körper, ohne pathologische Wirkungen zu äussern, in der Mundhöhle, zwischen den Zähnen, im Magen, im Darmkanal. Wunderbar erschien es ganz besonders, dass die allerverschiedensten Krankheiten: Pyämie, Septicämie, Puerperalfieber, Pyelonephritis, Typhus, Phthisis, Pocken, Diphtherie, Cholera, Rinderpest u. s. w. durch dieselben Organismen hervorgerufen sein sollten. Wenn man die bei den verschiedenen klinisch scharf charakterisirten und streng von einander getrennten Krankheiten gefundenen Organismen als die specifischen Erreger der betreffenden Krankheiten ansehen wollte, so musste man auch irgend welche Unterscheidungsmerkmale für jeden bei einer bestimmten Krankheit gefundenen Organismus verlangen.

Für diejenigen, welche diese Anschauung vertraten, entstand demnach die Aufgabe, den Beweis für das Vorhandensein solcher specifischen Differenzen, für die Existenz verschiedener Arten unter den niedersten Organismen beizubringen.

Achte Vorlesung.

Thatsachen, welche für die Verschiedenheit der niederen Organismen sprachen. Die Fäulniss zerstört die Infectionsstoffe. DAVAINE. BIRCH-HIRSCHFELD. Morphologisch eigenartige Gebilde. Die Sarcine. TRÉCUL's Amylobacter. Die Organismen der blauen und der gelben Milch, des Rothwerdens der Speisen, des blaugrünen Eiters. Kulturen der Pigmente auf festem Nährboden. HOFFMANN's Dunstrohr zur Reinkultur. SCHROETER's Kulturen der verschiedenfarbigen Pigmente auf gekochten Kartoffeln. Seine Unterscheidung der verschiedenen Arten nach Farbstoffbildung und Beweglichkeit.

Beobachtungen, welche auf das Bestehen specifischer Unterschiede unter den kleinsten Organismen hindeuteten, waren bereits mehrfach gemacht, hatten jedoch, wie es schien, allgemeine Anerkennung nicht gefunden. Die Fäulniss war von PASTEUR auf die Lebensthätigkeit der beweglichen anaërobiontischen Vibrionen zurückgeführt worden. Beim Milzbrand hatten fast alle Forscher nur unbewegliche Stäbchen beobachtet, welche durch die Fäulniss, also durch die beweglichen Vibrionen, zerstört wurden. Beide, Vibrionen und Milzbrandstäbchen, konnten mithin nicht dasselbe sein. LEBER und ROTTENSTEIN hatten bei der Caries der Zähne in den Zahnkanälchen fädige Gebilde gefunden, welche mit Jod und Mineralsäuren eine violette Färbung annahmen; KLEBS constatirte bei der Caries der Knochen auf den zerstörten Knochenflächen stets Zoogloeamassen, welche mit Jod sich gelb färbten. In den pyämischen Herden der inneren Organe wurden stets nur runde Gebilde gefunden, während in zersetzten Wundsecreten und überhaupt in faulenden Stoffen die allerverschiedensten Formen von Organismen angetroffen wurden. BIRCH-HIRSCHFELD constatirte das Auftreten von Pyämie nach vollkommener Reinigung und bei durchaus fäulnissfreiem Zustande der Wundflächen, ja sogar nach vollkommener Verheilung der primären Wunden; auch constatirte er, dass frischer infectiöser Eiter durch Fäulniss seine Wirksamkeit verlor. Fäulnissorganismen konnten somit unmöglich die Ursache der Wundinfectionen sein.

Unter den in zersetzten organischen Stoffen vorhandenen Organismen waren manche, welche sich durch ihre besondere Form so sehr von allen anderen unterschieden, dass diese Form genügte, um sie überall wieder zu erkennen. Die von den Gebrüdern GOODSIR entdeckte, von NAEGELI ja auch zu den Schizomyceten gerechnete Sarcine war von zahlreichen Forschern, VIRCHOW [1]), HELLER [2]), FRERICHS [3]), WELCKER [4]) und Anderen ausser im Magensafte auch im Urin und im Lungengewebe eben wegen ihrer charakteristischen Form aufgefunden worden. SURINGAR [5]) hatte dargethan, dass sie sich durch ihre specifische Wachsthumsweise, einfache, mit regelmässiger Abwechselung in den drei Richtungen des Raumes vor sich gehende Zelltheilung, vor allen anderen niederen Organismen auszeichnete.

TRÉCUL [6]) fand bei der Maceration Milchsaft führender Pflanzen höchst eigenthümliche, kaulquappen- oder auch spindelförmige Stäbchen, welche, wie er glaubte, durch Anamorphose aus dem Plasma der Pflanzenzellen entständen. Sie unterschieden sich durch ihre Form von allen anderen Bacterien und Vibrionen. Da sie sich wie die Stärke mit Jod blau färbten, so beschrieb er sie als neue Art unter dem Namen „Amylobacter".

Auch unter den bei krankhaften Processen gefundenen, anscheinend gleichen Organismen wurden gewisse Unterschiede aufgefunden. So beobachtete KLEBS [7]), dass die Mikrokokken bei Variola und Rinderpest in der Vertheilung und Anordnung, zum Theil auch

---

1) VIRCHOW: FRORIEP's Notizen. 1846. No. 625. VIRCHOW's Archiv. Bd. 1, 9 und 10.

2) HELLER: Ueber ein eigenthümliches Harnsediment. HELLER's Archiv f. physiol. und pathol. Chemie und Mikroskopie. 1847. Bd. 4. ibid. 1852. Bd. 5.

3) FRERICHS: HÄSER's Archiv f. d. ges. Med. 1849. Bd. 10.

4) WELCKER: HENLE-PFEUFFER's Zeitschrift f. rat. Med. 1859. III. Reihe. 5. Band und VIRCHOW's Archiv. Bd. 21.

5) De sarcine (sarcina ventriculi Goodsir) ondezoek naar de plantaardige natuur, den lighaamsbouw en de ontwikkelingswetten van dit organisme door Dr. W. F. R. SURINGAR, hoogleeraar te Leiden. Leeuwarden 1865, und Botanische Zeitung 1866. S. 269.

6) A. TRÉCUL: Matière amylacée et cryptogames amylifères dans les vaissaux du latex de plusieurs Apocynées. Comptes rendus 1865. t. 61. p. 156.

— Production de plantules amylifères dans les cellules végétales pendant la putréfaction. ibid. p. 432.

— Examen de quelques objections qui pourraient être faites à mon travail sur l'origine de l'amylobacter. C. r. 1867. t. 65. p. 927.

7) E. KLEBS: Gesammelte Abhandlungen aus dem pathologischen Institut der Berner Hochschule von 1871 und 1872, bei STAHEL in Würzburg.

iu der Grösse auffallende Abweichuugen boteu von denen der septischen Affectionen.

Zahlreiche Beobachtungen, welche sich auf das epidemische Auftreten äusserst auffallender und höchst charakteristischer Producte
auf gewissen orgauischen Substrateu, amylumhaltigen Speisen, Milch,
Eiter bezogeu, deuteten darauf hin, dass die Entstehung der Farbstoffe auf die Lebensthätigkeit ganz bestimmter specifischer Schizomyceten zurückzuführen sein dürfte.

In seiner gruudlegenden Arbeit über die gesunde und fehlerhafte Milch der Hansthiere hatte FUCHS deu positiven Beweis geführt, dass die blaue und gelbe Milch durch zwei unter sich und
von den in der gesunden Milch vorhandenen Infusorieu durchaus verschiedene Vibrionen erzeugt wird. Er hatte die Vibrionen der blauen
Milch in Altheeschleim gezüchtet und sich auf diese Weise Monate
lang das Material zu Versuchen über die blaue Milch conservirt. Der
Zusatz von einem Tropfen des infusorienschwaugeren Altheewurzel-
schleimes hatte ihm genügt, um in gesunder Milch die blaue Farbe
hervorzurufen. Er hatte ferner constatirt, dass die Vibrionen bei einer
Wärme von 50°—55° R. starben, aber wenn sie eingefroreu waren,
beim Aufthauen freudig fortlebten, dass sie auch, wenn sie 3 Wochen
auf einem Glastäfelchen mit ihrem Medium eingetrocknet waren und
wieder befeuchtet wurden, aus ihrem Scheintode zu neuem Leben
erwachten. Er hatte festgestellt, dass sie unter einer Glocke, unter
welcher eine Chlor-Entwickelung stattfand, sich vermehrten und die
Milch blau färbten, aber in einem Tropfen auf einem Glastäfelchen
ausgebreitet, nach Chlorwasserzusatz starben. Er hatte aus seinen
Versuchen geschlossen, dass die genannten Infusorien gleich zu
achten wären einem fixen Contagium mit grosser Lebenstenacität
uud dass zur Tilgung desselbeu in einer Milchwirthschaft ein ähnlicher Weg eingeschlagen werden müsste, wie bei der Desinfection
eines solchen Krankheitsstoffes; dass es nicht genügte, eine blosse
starke Chlorräucherung zu veranstalten, sondern dass es vielmehr
erforderlich wäre, alle Milchgefässe mit Einschluss des Melkgefässes
und des Seihapparates vermittelst Kalklauge heiss auszubrühen, die
früheren Seibtücher aber zu diesem Zwecke gar nicht mehr zu benutzen oder besser zu vertilgen, dass es endlich erforderlich wäre,
das Euter der Kühe und die Hände derjenigen Personen, welche
mit der Milch umgingen, mit einer passenden Lauge abzuwaschen,
da an allen diesen Theilen die specifischen Infusorien haften und
sich eiue Zeit lang lebend erhalten könnten.

Diese eingehenden, aus dem Jahre 1840 datirenden Unter-

suchungen von FUCHS waren denn auch vielfach als zutreffend anerkannt worden, so von GIELEN[8]), ELTEN[9]) und Anderen, hatten
jedoch auch mehrfach Widerspruch erfahren. Namentlich hatte
HAUBNER[10]), unter dem Einflusse der LIEBIG'schen Lehre, dass ein
in Zersetzung begriffener Körper die Zersetzung anderer vermittele,
aus der langen Reihe seiner Versuche den Schluss ziehen zu müssen
geglaubt, dass die Vibrionen oder, wie er sie nannte, die Sammel-
Monaden in der blauen Milch die Erzeuger dieser Veränderung nicht
seien, sondern dass die Ansteckung vermittelt werde durch ein chemisches Ferment, welches in dem sich zersetzenden Käsestoffe enthalten sei. HOFFMANN[11]) und namentlich MOSLER[12]) hatten unter
dem Einfluss der HALLIER'schen Ideen die Pilze in der blauen Milch
mit dem Pilze der sauren Milch und weiter mit dem gewöhnlichen
Penicillium identificirt und das Blauwerden in erster Linie auf eine
Krankheit der die Milch producirenden Kühe zurückführen wollen.

Zu wieder anderen Ergebnissen war OTTO ERDMANN[13]) gelangt
bei seinen Studien über die Bildung von Pigmenten aus Proteïn-
stoffen. Er hatte nachgewiesen, dass der rothe Farbstoff bei dem
Phänomen des Rothwerdens der Speisen mit dem Fuchsin, der Farbstoff der blauen Milch mit dem Triphenylrosanilin nahezu übereinstimmte, dass die beiden organischen Farbstoffe mithin ihrer Natur
nach zusammengehörten. In dem rothen Schleime sowohl wie in der
blauen Milch fand er Vibrionen, welche er für gleich unter sich und
für ähnlich wenn nicht identisch hielt mit den PASTEUR'schen Butter-
säure-Vibrionen. Aus den PASTEUR'schen Untersuchungen zog er
den Analogie-Schluss, dass die Vibrionen die Ursache der Farbstoffbildung seien. Da nun aber die Farbstoffe zusammengehörten, da
er roth gemachte Milch, Kartoffeln, Bohnen, ja selbst Fleisch unter
Umständen blau werden sah, sprach er sich gegen eine specifische
Verschiedenheit der bei den verschiedenen Farbstoffbildungen gefundenen Vibrionen aus: „Ja ich bin der Meinung", sagt ERDMANN,

---

8) GIELEN: Kur der blauen Milch der Kühe. Magazin für die gesammte
Thierheilkunde von GURLT-HERTWIG. Bd. 8. 2. S. 234.

9) ELTEN: Centralblatt f. d. gesammte Landescultur in Böhmen. Prag. 1864.
No. 45.

10) HAUBNER: Wissenschaftliche und praktische Mittheilungen. Magazin f. d.
ges. Thkde. 1852. Bd. 18.

11) H. HOFFMANN: Botanische Zeitung 1865. No. 13. S. 118.

12) F. MOSLER: Ueber blaue Milch und durch deren Genuss herbeigeführte
Krankheiten. VIRCHOW's Archiv. 1868. Bd. 43. S. 161.

13) OTTO ERDMANN: Bildung von Anilinfarben aus Proteïnkörpern. Journal
f. pract. Chemie. Bd. 99. Heft 7 u. 8. S. 385. 1866.

„dass man die Vibrionen der blauen und rothen Speisen so lange
zu einer und derselben Gattung rechnen muss, bis man wirkliche
Unterscheidungsmerkmale für sie aufgefunden hat, denn die in weiten
Grenzen schwankenden Grössenverhältnisse kann man nicht als solche
gelten lassen. Je nach dem Substrat und den einwirkenden Agentien mögen dann nicht bloss die Producte andere werden, sondern
die Vibrionen selbst sich in so verschiedener Weise entwickeln, dass
diese auf die entstehenden Producte bestimmend einwirkt. Das sind
Darwin'sche Grundsätze. Wenn irgendwo eine Anwendung und
Prüfung derselben durch directe Beobachtung möglich ist, so könnte
das wohl bei so primitiven Wesen der Fall sein." Wir werden sehen,
wie genau die gleichen Ueberlegungen, welche die ersten unbefan-
genen Beobachtungen von Ehrenberg und Fuchs zurückdrängten,
auch später noch der Aufstellung specifisch verschiedener Arten unter
den niederen Organismen entgegenwirkten.

Ebenso wie das Phänomen des Rothwerdens der Speisen und
der blauen Milch hatte auch die Entstehung des blaugrünen Eiters
in den Verbandstoffen seit langer Zeit schon das Interesse der Forscher erregt. Méry [14]) hatte die Ursache dieser Färbungen in einem
Pilze gesucht, welchen er Agaricus oder Calvaria nosocomialis hatte
benennen wollen. Krembs [15]) hatte behauptet, dass die Farbe thierischen Gebilden, der Monas lincola Ehrbg., entstammte. Chalvet [16])
hatte gemeint, dass Kügelchen, welche den Eiterkörperchen ähnlich
wären, die Blaufärbung bedingten. Lücke [17]) aber führte in einer
sorgfältigen Studie den Beweis, dass der blaugrüne Farbstoff, das
von Fordos [18]) isolirte, in Nadeln krystallisirende Pyocyanin, durch
kleine bewegliche Vibrionen erzeugt werde, welche bei 460 facher Vergrösserung eben zu erkennen seien, bei 1000 facher dagegen sich als
kurze, an beiden Enden angeschwollene, den dumb-bells-Krystallen
ähnliche Stäbchen von 0,003 mm durchschnittlicher Grösse darstellten. Er fand, dass diese Stäbchen ganz bestimmter Bedingungen für ihre Entwickelung bedürften, eines geeigneten Nährsubstrates,
dünnflüssiger Wundsecrete oder künstlicher Eiweisslösungen, und
einer genügend hohen Temperatur. Es gelang ihm sogar, diese Vibrionen in Compressen, welche mit Hühnereiweiss oder Zuckerwasser
getränkt waren, zu züchten, wenn er die Compressen in Wachstaffet

14) Méry: Gazette médicale de Paris. 36. 1850.
15) Krembs: Bayersches ärztliches Intelligenzblatt 23. 25. 1858.
16) Chalvet: Gazette hebdomadaire. VII. 38 u. 39. 1860.
17) Lücke: Archiv für klinische Chirurgie. Bd. III. S. 135. 1862.
18) Fordos: Comptes rendus de l'Académie des sciences. t. 51. 1859.

eingehüllt auf ein gesundes Bein aufband, das Bein also als Brüt-apparat benutzte. Der Umstand, dass Vibrionen von dumb-bells-Form auch sonst in faulenden Körperflüssigkeiten aufträten, sei kein Ein-wand dagegen, dass die in den blaugefärbten Verbandstücken ge-fundenen Vibrionen die specifischen Erzeuger der Farbe seien. Die ja auch der Form nach gleichen Vibrio cyanogenus und xanthogenus producirten dennoch ganz verschiedene Farben in der Milch. Von diesen beiden seien aber die Vibrionen des blaugrünen Eiters durch-aus verschieden, da sie in der Milch überhaupt nicht zu existiren vermöchten.

Wenn somit auch Hinweise auf die Existenz deutlich von einander abzugrenzender Arten unter den niedersten Organismen in nicht ge-ringer Zahl vorhanden waren, so fehlte es doch immer noch an un-anfechtbaren positiven Beweisen dafür, weil es noch Niemand gelun-gen war, eine bestimmte Art für sich ohne Beimengung anderer Arten zu erhalten.

Die farbstofferzeugenden Organismen nun waren es, aus deren Studien sich die Möglichkeit, diese Beweise zu liefern, ergab, und zwar aus dem Grunde, weil durch sie die Forscher auf eine neue Kulturmethode, die Kultur auf festem Nährboden, hingeführt wurden.

Das Phänomen des Rothwerdens der Speisen war zuerst auf stärkemehlhaltigen Substanzen, Polenta, Reis u. dgl., beobachtet wor-den. Schon den ersten Beobachtern, SETTE und EHRENBERG, war es gelungen, die rothe Masse auf den verschiedensten stärkemehl-haltigen Substraten weiter zu kultiviren. Besonders geeignet hatte sich die gekochte Kartoffel gezeigt, da dieses Substrat jeder Zeit schnell zur Hand war. So hatte FRESENIUS [19]) die EHRENBERG'sche Monas prodigiosa auf Kartoffeln kultivirt. Bei diesen Kulturen hatte er bemerkt, dass ähnliche, mit Ausnahme der Farbe ganz überein-stimmende, aus Milliarden von beweglichen Körperchen bestehende Gallertmassen häufig auf den gekochten Kartoffeln auftraten, eine Beobachtung, welche auch COHN zu bestätigen Gelegenheit fand. Diese Bildungen, ebenso wie die Vibrionenmassen, welche nach den Beobachtungen von MITSCHERLICH an faulenden Kartoffeln als Cellu-lose auflösendes Ferment auftreten, schienen damals (1854) COHN mit der Bacteriengallerte (Zoogloea Termo) sehr nahe verwandt, vielleicht generisch identisch zu sein.

Diese interessanten Befunde waren später nicht weiter verfolgt worden. Dann hatte OTTO ERDMANN bei seinen bereits erwähnten

---

19) FRESENIUS: Beiträge zur Mycologie. II.

Untersuchungen die Kartoffel als Nährsubstrat benutzt und bei dieser Gelegenheit einige interessante Beobachtungen gemacht. Er durchschnitt in der Schale gekochte Kartoffeln in der Mitte und impfte sie mit der Substanz roth gewordener Semmeln. Legte er dann die Kartoffelschnitte aufeinander, so bemerkte er, dass der Farbstoff in der Mitte ziegelroth, am Rande mehr blut- oder carmoisinroth war, auch machte sich schon nach kurzer Zeit, wie er glaubte, Fäulniss bemerklich durch einen Geruch, „welcher lebhaft an den der Häringe (Trimethylamin) erinnerte." Legte er die Schnitte nicht aufeinander, so war der sich bildende Farbstoff blutroth, „sicherlich, weil das gebildete Ammoniak sich verflüchtigen konnte, also den Farbstoff nicht zersetzte."

Der erste, welcher nicht nur farbstoffproducirende Organismen, sondern auch andere Organismen, welche in den allerverschiedensten Materialien enthalten waren, auf festen feuchten Substraten, im Besondern auf Stücken gekochter Kartoffeln zu kultiviren versucht hat, war der Botaniker Herrmann Hoffmann[20]). Er bediente sich bei diesen Versuchen seines „Dunstrohres zur Reinkultur", mittels welches er die Keime der Aussenluft mit Sicherheit auszuschliessen vermochte. Sein Verfahren war folgendes: Er füllte ein Reagenzglas zur Hälfte mit Wasser und kochte dieses unter loser Verkorkung $\frac{1}{4}$ Stunde. Alsdann warf er ein Stück aus dem Innern einer Kartoffel, eine Brotkruste oder dergleichen hinein und kochte abermals einige Minuten. Hierauf liess er das Wasser abfliessen, indem er den Kork ein wenig lüftete, lagerte das Reagenzglas horizontal und brachte schliesslich nach dem Erkalten mittelst einer langen Nadel eine Spur bacterienhaltiger Substanz auf den angebrühten Körper im Innern. Nach einigen Tagen bis Wochen sah er an der Impfstelle einen meist orange- bis ockerfarbigen, ausnahmsweise auch zum Theil violetten oder carminfarbenen, zähen, mit der Nadel kaum zu zerreissenden, stets schwach alkalisch reagirenden, geruchlosen bis modrigen, sehr selten stinkenden Gallertschleim von birnartigem Aussehen sich entwickeln, welcher das Substrat mit einer bis zu 1 mm hohen Schicht überzog und von da auch auf die Glaswand darunter und daneben bis auf 1 cm Entfernung überging. Die Masse bestand aus (überwiegend) isolirten Microbacterien, aus 6—10 gliedrigen Bacterien-Ketten und aus Monas crepusculum, wovon diese oder jene Form local bis zur Ausschliesslichkeit vorherrschen konnte. Diesen Bacterienschleim erzielte er mit jedem bacterienhaltigen Ma-

---

20) H. Hoffmann: Botanische Zeitung 1869.

terial, mit saurem Schleim von Essigständern, mit faulendem Fleischwasser, mit dem Blute von Menschen, welche an Diphtherie gestorben waren, mit Sauerkrautbrühe, Leimwasser, mit Blut von Thieren,
welche an Milzbrand verendet waren u. s. w. Unterschiede charakteristischer Art fand er dabei nicht. Er hob deshalb ausdrücklich
hervor, dass es sich in dem einen oder anderen Falle nicht etwa
um verschiedene Species von Bacterien handeln könne, „soweit
wenigstens", fügte er hinzu, „das Auge reicht und der genetische Zusammenhang irgend zuverlässige Schlüsse erlaubt."

Dieser Versuch einer Züchtung von Bacterien auf festem Nährboden hatte somit nicht zu irgend welchen verwerthbaren Resultaten
geführt. Erst unter den Händen Schroeter's [21]) im pflanzenphysiolo-
gischen Institut von Ferdinand Cohn in Breslau lieferte diese Methode
die ersten sicheren Grundlagen für die Aufstellung verschiedener Arten
unter diesen Organismen, welche, wie Schroeter sich ausdrückte, „am
häufigsten in ihren bewegten Formen als Bacterien, in ihren unbewegten als Bacteridien bezeichnet werden." Schroeter machte sich
an das Studium der so überaus interessanten Pigmentbildungen, welche,
wie Fresenius und Cohn beobachtet hatten, auf Kartoffelscheiben,
nachdem sie der Luft ausgesetzt gewesen sind, häufig entstehen und
mit massenhafter Entwickelung kleinster Organismen einhergehen.
Als Nährsubstrat für die Pigmente bediente er sich der gekochten
Kartoffel, auf welcher sie sich ja auch spontan entwickelten. Er begann seine Untersuchungen mit dem bekannten, damals (1868—70)
in Breslau vielfach beobachteten Phänomen des Rothwerdens der
Speisen. Im Winter 1868/69 waren in dem Cohn'schen Institut Kulturen des rothen Pigmentes vorgenommen worden. Hierdurch schienen sich so reichliche Keime in den Institutsräumen verbreitet zu
haben, dass es in der Folge nur des „Auslegens von Nährsubstanz"
bedurfte, um ziemlich sicher das Auftreten von rother Färbung in
kleinen Theilchen zu erhalten, die dann beliebig vermehrt werden
konnten. Spontan trat die rothe Färbung in Form äusserst kleiner
rosen- bis pfirsichblüthenrother Schleimtröpfchen auf, die anwuchsen
bis zur Grösse eines starken Stecknadelknopfes, dann sich verflachten,
zusammenflossen und einen rothen Ueberzng auf der Kartoffel bildeten. Die elliptischen Körperchen des rothen Schleims, welche
Ehrenberg als Monas prodigiosa beschrieben hatte, bestimmte
Schroeter, da sie in ihrer Schleimsubstanz gar keine, bei Wasser-

---

21) J. Schroeter: Ueber einige durch Bacterien gebildete Pigmente. Beiträge zur Biologie der Pflanzen von Ferdinand Cohn. Bd. 1. 1875. Heft 2. S. 109,
herausgegeben 1872.

zusatz nur die gewöhnliche Molekularbewegung zeigten, nach dem Vorgange DAVAINE's als Bacteridium prodigiosum. Er konnte, indem er Theilchen des Schleimes auf die verschiedensten Medien: Kartoffeln, Stärkekleister, Mehlbrei, Fleisch, Hühnereiweiss u. s. w. übertrug, auf allen diesen Substraten, sofern sie gekocht waren, dieselbe Pigment-Schleimbildung hervorrufen. Das schönste Blutroth entwickelte sich bei neutraler Reaction des Schleimes; wurde die Reaction alkalisch, so fand eine orangerothe Verfärbung statt. Erst mit Beginn derselben sah er unter dem Mikroskop bewegliche Bacterien auftreten. War der Schleim schmutziggelb geworden, so wimmelte es nur von solchen Organismen, während die unbewegten Körperchen verschwunden schienen. „Man könnte geneigt sein", schreibt SCHROETER, „zu glauben, dass sich die ruhenden Bacteridien in die lebhaft beweglichen Elemente umgewandelt hätten . . . Da sich aber Bacterien, auch ohne vorheriges Auftreten von B. prodigiosum auf den benutzten Nährsubstanzen einfinden, muss zugegeben werden, dass sich die Bacterien auch parasitisch in dem rothen Schleim niederlassen können . . . Jedenfalls sind sie es, die den alkalischen Stoff bilden und durch dessen weitere Entwicklung das rothe Pigment zerstören." Bei diesen Kulturen bemerkte er zwischen den rothen Tröpfchen des B. prodigiosum auch kleine pomeranzenfarbige Klümpchen. Dieselben erhielt er auf ausgelegten Kartoffeln auch ohne dass gleichzeitig rothe Tröpfchen sich zeigten. Sie wuchsen von stecknadelknopfgrossen Kügelchen zu weit verbreiteten Flecken an, behielten von Anfang bis zu Ende dieselbe Pomeranzenfarbe und bestanden ganz aus unbewegten Körperchen. Ferner fand er hellgelbe Tröpfchen, welche, anfangs mohnsamengross, in etwa drei Tagen zur Grösse eines Pfefferkornes heranwuchsen und ebenfalls aus elliptischen unbeweglichen Körperchen, etwas grösser als Bact. prodig., sich zusammensetzten. Davon unterschieden waren chromgelbe Häufchen von trockener, bröckeliger Beschaffenheit, welche ganz aus Sarcine bestanden. Von diesen verschieden zeigten sich die Organismen bei der sog. gelben Milch. Eine solche Milch fand er immer dicht erfüllt von lebhaft bewegten stäbchenförmigen Bacterien, welche er mit EHRENBERG's Vibrio synxanthus für identisch hielt und nach seiner Nomenklatur als Bacterium xanthinum bezeichnete. Morphologisch konnte er dieselben nicht unterscheiden von den Bacterien, „welche das Sauerwerden der Milch begleiten." Auf einer zur Bacterienkultur ausgelegten Kartoffelscheibe beobachtete er weiter eine umfangreiche intensive Blaufärbung, welche auch in die Tiefe ging. Nach der Aussaat von Theilchen, welche

er der Oberfläche entnommen hatte, auf frische Kartoffelstücke zeigte
sich an den Impfstellen stets erst nach 10 Tagen eine blauviolette
Substanz, in welcher SCHROETER wiederum das Vorhandensein kleiner
elliptischer, unbeweglicher Organismen constatirte. Ein im Innern
der blaugewordenen Substanz auftretendes Pilzmycel erklärte er für
accidentell fortgepflanzt durch gleichzeitig mit den Bacteridien von
der ersten Kulturstelle übertragene Schimmelsporen resp. lebende
Mycelstücke. Auch violette Klümpchen fand er, aus unbewegten farblosen elliptischen Körperchen bestehend, grösser als B. prodig., von
diesem auch weiter noch verschieden dadurch, dass sie zu mehreren
kettenartig verbunden waren. In dem blaugrünen Eiter fand er
constant in Uebereinstimmung mit früheren Beobachtern (LÜCKE)
nur bewegliche Bacterien, ebenso in der blauen Milch (FUCHS, EHREN-
BERG). Endlich sah er auch eine Bildung braunen Pigments mit der
Entwickelung von Bacteridien Hand in Hand gehen. Aus seinen
Untersuchungen über die bunte Reihe der organischen Pigmente kam
SCHROETER zu folgendem Schluss: „Die Organismen, welche sie bilden, sind oft schon durch unsere jetzigen optischen Hilfsmittel,
je nach der Verschiedenheit der Pigmente, als verschieden zu erkennen, eine Färbung kann sogar durch mehrere unterscheidbare Organismen gebildet werden, und dann verhalten sich auch die Pigmente
gegen bestimmte Reagentien verschieden. Es ist vielleicht nicht
unberechtigt, bei jeder bestimmten Pigmentbildung einen specifisch
verschiedenen Organismus anzunehmen und demgemäss neben einem
Bacteridium prodigiosum (EHRENBERG) auch ein Bacteridium auran-
tiacum, luteum, cyaneum, violaceum, brunneum, neben Bacterium synxanthus und Bacterium syncyanus (EHRENBERG) ein Bacterium aeru-
ginosum aufzustellen."

Somit hatte SCHROETER nachgewiesen, dass unter den niedersten
Organismen specifisch verschiedene Arten vorhanden sind. Er hatte
auf demselben Nährboden sich Klümpchen entwickeln sehn von sehr
verschiedener Farbe und verschiedenem äusseren Habitus, und jedes
Klümpchen hatte er durch Uebertragung auf frische Nährböden mit
seinen charakteristischen Eigenthümlichkeiten weiterzüchten können.
Die Thatsache aber, dass das Hervortreten dieser auffallenden Unterschiede in erster Linie der auf natürlichem Wege vor sich gegangenen Isolation der verschiedenen Keime voneinander und in zweiter
Linie der durch den festen Nährboden bedingten isolirten Entwicklung jedes einzelnen Keimes zu danken war, hatte er in ihrer hochwichtigen allgemeinen Bedeutung für die Erforschung dieser niedersten Gebilde nicht erkannt. SCHROETER ahnte ebensowenig wie der

scharfblickende Forscher FERDINAND COHN, dass in diesem von der
Natur selbst angestellten Experimente ein Fingerzeig gegeben war
für den Weg, welchen die Erforschung der niedersten Gebilde einzuschlagen hatte, dass mit demselben die künstliche Isolirung der
verschiedenen Keime, die Uebertragung der isolirten Keime auf feste
Nährsubstrate und die Beobachtung der weiteren Entwicklung eines
jeden Keimes zur Unterscheidung der verschiedenen Arten offenbart
war.   Einen entschiedenen Fehler machte SCHROETER bei der Eintheilung seiner Arten, indem er die von ihm selbst ja constatirten
morphologischen Unterschiede der die verschiedenen Klümpchen bildenden Organismen vollkommen unberücksichtigt liess.   Sowohl zur
Unterscheidung seiner Genera — Bacteridium und Bacterium — wie
zur Trennung der Arten innerhalb dieser Genera benutzte er rein
physiologische Merkmale, einerseits Beweglichkeit resp. Fehlen derselben und andererseits Farbstoffproduction. — Eine Artbestimmung
aber ohne jedes morphologische Kennzeichen ist, wie COHN bereits
im Jahre 1854 betont hatte, unmöglich.

Neunte Vorlesung.

FERDINAND COHN'S System. Seine Untersuchungen über die Ernährung der
Bacterien und ihre Wirkungsweise.

Mit der Arbeit SCHROETER's über die Pigmentbacterien ist eine
neue Aera der Bacterienforschung eingeleitet. Ihre eigentliche Signatur erhielt dieselbe jedoch erst durch die grundlegenden Arbeiten
FERDINAND COHN's. Alles auf diesem Gebiete Geleistete beherr-
schend und auf eigene umfassende Untersuchungen fussend, konnte
sich COHN[1]) daran machen, unter Voranstellung des morphologischen
und mit gleichzeitiger Berücksichtigung des biologischen Verhaltens
der niederen Organismen ein System zu schaffen, welches dem augen-
blicklichen Stande der Kenntnisse Rechnung tragen und das geradezu
chaotische Gewirr der Benennungen auf diesem Gebiete beseitigen
sollte. Unter dem Namen „Bacterien" fasste er die grosse Gruppe
von niederen Organismen zusammen, deren gemeinschaftlicher Charakter ihm darin zu liegen schien, dass sie sich darstellten als
„chlorophylllose Zellen von kugliger, oblonger oder cylindrischer,
mitunter gedrehter oder gekrümmter Gestalt, welche ausschliesslich
durch Quertheilung sich vermehren und entweder isolirt oder in Zellfamilien vegetiren." Die Sarcine hatte er in dieser Definition nicht
mit einbegriffen. Da er Theilung übers Kreuz durch Scheidewände,
welche auf einander senkrecht stehen, bei freien Bacterien nie beobachtet hatte, so glaubte er die Sarcine von den Bacterien vollständig abtrennen und als eine besondere Gattung der Schizomyceten
betrachten zu sollen. Er theilte die Bacterien in vier Gruppen

---

1) FERDINAND COHN: Untersuchungen über Bacterien. Beiträge zur Biologie
der Pflanzen. Bd. 1. 1875. Heft 2. S. 127. 1872. — Verhandlungen der schlesischen Gesellschaft für vaterländische Kultur — Sitzung der medicinischen Section
vom 10 Februar und vom 4. August 1871, der naturwissenschaftlichen Section
vom 14. Februar 1872.
— Botanische Zeitung vom 22. December 1871.
— VIRCHOW's Archiv. Bd. 55. März 1872.
— Hedwigia 1872. No. 1, Bericht der botanischen Section der schlesischen
Gesellschaft für 1871.

(Tribus), und jede derselben wieder in eine oder mehrere Gattungen
nach bestimmten theils morphologischen theils entwicklungsgeschichtlichen Charakteren. Er unterschied:

> Tribus I. Sphaerobacteria (Kugelbacterien)
> Gattung 1. Micrococcus char. emend.
> Tribus II. Microbacteria (Stäbchenbacterien)
> Gattung 2. Bacterium char. emend.
> Tribus III. Desmobacteria (Fadenbacterien)
> Gattung 3. Bacillus n. g.
> Gattung 4. Vibrio char. emend.
> Tribus IV. Spirobacteria (Schraubenbacterien)
> Gattung 5. Spirillum EHR.
> Gattung 6. Spirochaete EHR.

Weiter sonderte COHN dann die Gruppen der Kugel- und Stäbchen-
bacterien einerseits von den Gruppen der Faden- und Schraubenbacterien andererseits ab, aus dem Grunde, weil bei den ersteren
beiden die Zellengenerationen durch Aufquellung der Zellmembranen
zu gallertartiger, wasserheller Intercellularsubstanz in grösseren, scharf
begrenzten, elastisch biegsamen Gallertmassen (früher von ihm als
Formgattung Zoogloea bezeichnet) verbunden blieben, während die
beiden letzteren entweder frei zerstreut oder in Schwärmen aufträten.

Ueber die Schwierigkeiten, welche einer Klassification der Bacterien noch immer sich entgegenstellten, war COHN sich durchaus
klar: sie beruhten in der geringen Anzahl von Merkmalen, welche
zu einer solchen benutzt werden konnten, in der Unmöglichkeit mit
den stärksten Immersionssystemen die Formgestaltung der Bacterien,
die Organisation ihres Inhaltes und ihre Vermehrung mit ausreichen-
dem Detail beobachten zu können. „Wenn bei allen übrigen Organismen die Begründung der Gattungen auf Unterschiede in der Fortpflanzung zurückgeführt wird, so hat sich bei den Bacterien überhaupt keine eigentliche Fortpflanzung (Ei- oder Sporenbildung) bis
jetzt nachweisen lassen. Nur die Grösse und innerhalb gewisser
Grenzen die Form der Glieder, sowie die Verbindung derselben zu
Colonieen, bietet gewisse Verschiedenheiten, von denen wir aber
nicht immer wissen, inwieweit dieselben ursprünglich verschiedenen
Arten angehören, inwieweit sie von äusseren Umständen abhängig,
in den Variationskreis einer Art fallen oder gar nur Entwicklungszustände des nämlichen Wesens sein können." Den Kernpunkt der
ganzen Frage traf COHN, indem er sagte: „Da es unmöglich ist,
einzelne Bacterien zu isoliren und längere Zeit unter
verschiedenen Verhältnissen zu beobachten, bei Massen-

culturen aber sich niemals Sicherheit gewinnen lässt, ob zur Aussaat nur eine einzige oder verschiedene gleichzeitig unter einander lebende Arten benutzt wurden, so besitzen wir für jetzt keinerlei Methoden, um bei den Bacterien Alters- und Entwicklungszustände, Varietäten und Arten sicher abzugrenzen." Er sah sich deshalb genöthigt, das in der Mykologie angewendete Verfahren, jede Form, welche sich durch hervorstehende Merkmale auszeichnet, mit einem besonderen Gattungsnamen und jede kleinere Abweichung als Species zu unterscheiden, auch bei den Bacterien anzuwenden. „Auch bei der Klassification der Bacterien können wir für jetzt neben einer gewissen Anzahl wirklich natürlicher auch die Unterscheidung von „Formgattungen und Formspecies" nicht umgehen und werden als solche eben alle abweichenden Formen aufnehmen, wenn dieselben unter bestimmten Verhältnissen ausschliesslich oder doch vorherrschend auftreten. Aufgabe weiterer Forschungen wird der Nachweis sein, ob und welche dieser Formgattungen und -Arten etwa im entwicklungsgeschichtlichen Zusammenhange stehen." Dass sich die Bacterien in ebenso gute und distincte Arten gliedern wie andere niedere Pflanzen und Thiere, davon war COHN überzeugt und zwar auf Grund der Form-Constanz der grösseren Bacterien, besonders der Spirillen. Ueber die Frage, ob man jede Form, welche in einem besonderen Medium constant vorkomme, oder eine eigenthümliche Fermentwirkung ausübe, für eine besondere Art erklären solle, auch wenn sie sich mikroskopisch nicht unterscheiden lasse, hielt er es noch nicht an der Zeit, eine abschliessende Entscheidung zu geben. „Jedenfalls", sagte er, „verhält sich die Sache nicht so, dass ein und derselbe Bacterienkeim, je nachdem er in Harn oder in Wein geräth, diesen alkalisch, jenen fadenziehend macht, oder dass dieselbe Bacterie hier Buttersäure bilden, dort Milzbrand übertragen, hier einen rothen Fleck auf einer Kartoffel, dort Diphtherie in der Luftröhre eines Menschen hervorrufen kann. Vielmehr ist zu erwarten, dass unter vielen scheinbar gleichen Organismen vervollkommnetere Mikroskope auch morphologische Verschiedenheiten werden erkennen lassen, welche die Annahme primärer Artverschiedenheiten begründen." Ausserdem aber vermuthete COHN, dass unter den Bacterien, welche äusserlich nicht zu unterscheiden wären, aber doch verschiedene chemische und physiologische Wirkung zeigten, sich Kulturvarietäten oder Rassen fänden, welche ursprünglich von einem gemeinschaftlichen Keime entstammend durch Variation zu physiologisch verschiedenen Sorten geworden seien, und nun durch

constante, natürliche oder künstliche, Züchtung unter gleichen Verhältnissen und auf gleichem Nährboden immer die nämlichen Producte erzeugten. Die Entwickelung des bitteren und süssen Mandel-
baumes aus einer gemeinschaftlichen Urpflanze legte ihm einen solchen
Analogieschluss nahe. Seine bereits im Jahre 1853 ausgesprochene
Ansicht, dass die Vibrionen ins Pflanzenreich gehörten, hielt Cohn
für sämmtliche Bacterien aufrecht. Er rechnete sie, obwohl sie nach
der Lebensweise mit den Pilzen übereinstimmten, zu den Algen.
„Die Bacterien bilden den Anfang der Phycochromaceenreihe." Er
brachte sie in eine Ordnung mit diesen als „Schizosporeae". Micro-
coccus und Bacterium schloss er an die Chroococcaceen ($\chi \varrho \omega \varsigma$ Haut),
Sarcina an Meriismopoedia mit kreuzweiser Zelltheilung, die Faden-
bacterien an die Oscillarien Beggiatoa und Leptothrix, die Schraubenbacterien an die Spirulinen an. Jeden Zusammenhang mit Hefe-
pilzen und Schimmelpilzen wies er, wie wir bereits gesehen haben,
von der Hand. Es gebe zwar Hefearten, welche, wie z. B. die von
Fresenius aufgefundene Rosahefe in derselben Weise auf Kartoffeln
Pigmenthäufchen bildeten, wie die Mikrokokken; die Hefen bildeten indessen an verschiedenen Stellen Sprossen, die Mikrokokken
vermehrten sich dagegen nur durch einfache Zelltheilung. Das Auftreten von Pilzmycelien in Bacterienkulturen sei stets auf das Hineingelangen von Pilzsporen oder Mycelien zurückzuführen; wenn nur
Bacterien ausgesät würden, wüchsen nur Bacterien, nach Aussaat
von Schimmelsporen nur Schimmelpilze.

Für die Kugelbacterien, welche Cohn in seinem Aufsatze über die
Organismen der Pockenlymphe mit dem Namen „Microsphaera" belegt
hatte, adoptirte er den Hallier'schen Namen Micrococcus, ohne freilich diesem Namen dieselbe Bedeutung unterzulegen wie jener. Seinen
Micrococcus charakterisirte er als „Zellen, farblos oder schwach gefärbt, sehr klein, kugelig oder oval, durch Quertheilung zu zwei- oder
mehrgliedrigen kurzen rosenkranzförmigen Fäden (Mycothrix, Torula-
form), oder zu vielzelligen Familien (Colonieen, Ballen, Haufen) zu
Schleimmassen (Zoogloea-, Mycodermaform) vereinigt, ohne Bewegung."
Da die Arten dieser Gattung sich nur sehr schwierig durch Gestalt und
Grösse unterscheiden liessen, so wählte er als Grundlage für ihre
Trennung ihre physiologische Thätigkeit. Demgemäss ordnete er sie
in drei Gruppen, in 1. chromogene, 2. zymogene und 3. pathogene, die
Kugelbacterien der Pigmente, der Fermentationen und der Contagien.
Die Pigmentbacterien trennte er in zwei Klassen; in der einen ver-
einigte er diejenigen, deren Pigmente in Wasser löslich waren und
sich in den Medien, in welchen die Entwickelung stattfand, ver-

breiteten, in der zweiten diejenigen, deren Pigmente unlöslich waren und auf Protoplasma und Intercellularsubstanz der Zoogloea beschränkt blieben. Von den letzteren führte er auf: Micrococcus prodigiosus, luteus und candidus, von den ersteren: aurantiacus, chlorinus, cyaneus und violaceus. Alle diese Pigmente gelang es Cohn nicht nur auf Kartoffeln, sondern auch in künstlichen Nährlösungen zu cultiviren. Auch bei diesen Kulturen traten die Unterschiede unter den Pigmentorganismen deutlich hervor. So entwickelte sich z. B. das blaue Lacmus-Pigment, der M. cyaneus, in einer Nährlösung, welche die nöthigen Aschenbestandtheile und weinsaures Ammoniak enthielt, nicht, wohl aber dann, als Cohn ein paar Tropfen essigsaures Ammoniak hinzusetzte. Das saftgrüne Pigment des Micrococcus chlorinus dagegen sah er sich auch ohne essigsaures Ammoniak entwickeln.

Das Ergebniss seiner eingehenden Untersuchungen über die Pigmentbacterien fasste Cohn dahin zusammen, dass

„1. die chromogenen Kugelbacterien zwar im mikroskopischen Ansehen, in der Art ihrer Vermehrung, Schleimbildung, in ihrem Bedürfniss nach Sauerstoff und in der alkalischen Reaction völlig übereinstimmen und sich nur durch unwesentliche und unbeständige Formverhältnisse (Grösse, kugelige oder ovale Gestalt ihrer Zellen) unterscheiden;

2. dass die von ihnen erzeugten Pigmente in der Farbe, dem chemischen und spectroscopischen Verhalten, Löslichkeit oder Unlöslichkeit im Wasser, Analogie mit Anilin, Lacmus und anderen Arten von Farbstoffen die grössten Verschiedenheiten zeigen;

3. dass jede Art bei fortgesetzter Kultur auch unter den verschiedensten äusseren (eiweisshaltigen oder eiweissfreien) Nahrungsverhältnissen stets den nämlichen Farbstoff erzeugt;

4. dass also die verschiedenen Pigmente nicht durch Verschiedenheit der Nahrung und anderer äusserer Verhältnisse zu erklären, sondern von verschiedenen physiologischen Lebensthätigkeiten abzuleiten sind, welche selbst, weil constant vererbt, nur aus der angeborenen Verschiedenheit oder specifischen Natur distincter Arten oder doch Rassen zu erklären sind."

„Die hier festgestellten Schlüsse", fügte Cohn hinzu, „sind darum wichtig, weil sie ohne Zweifel eine Anwendung auf die übrigen Fermentwirkungen von Bacterien gestatten, auch da, wo diese nicht so evident hervortreten, oder dem Experimente so leicht zugänglich sind, wie bei den Pigmentbacterien."

Weniger umfassend waren die Untersuchungen Cohn's über die

zymogenen und pathogenen Kugelbacterien. Von jenen führte er auf
das von PASTEUR und VAN TIEGHEM entdeckte Ferment der alkalischen Harngährung als Micrococcus urinae und die farblosen Kugelbacterien in den gewöhnlichen Infusionen als Monas crepusculum.
Von den pathogenen: den Micrococcus Vacciuae, diphtheriticus, septicus (Microsporon septicum K l e b s) und bombycis, das torulaartige Ferment der Morts flats oder Morts blancs der Seidenraupen. Als
Quellen der Irrthümer für die Erkennung der Mikrokokken hob er
hervor die Aehnlichkeit mit Bacterien, besonders B. termo, und mit
unorganischem und organischem Detritus. Als Unterscheidungsmerkmale betonte er die Beweglichkeit der Bacterien in dem einen, die
Unbeweglichkeit und die weitere Entwickelung der Kügelchen zu
Ketten etc. in dem anderen Falle.

Die Microbacterien mit der einzigen Gattung Bacterium charakterisirte COHN als „kurze cylindrische oder elliptische Zellen, welche
niemals Ketten oder Fäden, wohl aber eine durch reichliche Zwischensubstanz ausgezeichnete Zoogloeamasse bilden, und bei welchen
Zustände der Ruhe mit beweglichen wechseln." Durch diese Auffassung der Bewegungsfähigkeit als variables entwicklungsgeschicht-
liches Moment war natürlich die DAVAINE - SCHROETER'sche Unterscheidung von Bacteridium und Bacterium hinfällig.

Die früher aufgestellten Arten des Bacterium verwarf COHN alle
bis auf Bacterium termo und lineola, ersteres 1,5 μ lang und nur
halb oder ein Drittel so breit, letzteres 3,8 bis 5,25 μ lang und bis 1,5 μ
breit mit dunkelpunktirtem Inhalt. Bact. termo hielt er für den primären Erreger der Fäulniss („ohne Bacterium termo keine Fäulniss"),
während die übrigen Bacterien nach seiner Ansicht bei derselben
nur eine begleitende Rolle spielten. Hinsichtlich einiger anderer Arten
sprach er sich dahin aus, dass wahrscheinlich das Essig- und Milch-
säureferment auch zu den Bacterien gehörten, dass jedoch diese Fermente noch weiterer Untersuchungen bedürften. Auch die Erreger
der gelben und blauen Milch, sowie des spangrünen Eiters war er
geneigt mit SCHROETER als echte Bacterien anzusehen.

Die Fadenbacterien theilte er, je nachdem die Fäden gerade oder
wellenförmig gebogen waren, in die genera Bacillus und Vibrio. „Sie
bilden nie Zoogloea, sondern höchstens Schwärme, können bewegt
oder bewegungslos (die DAVAINE'schen Bacteridien) sein. Isolirte
Glieder sind dem Bact. lineola ähnlich; die Fäden sind nicht an den
Gelenken eingeschnürt, sondern walzenrund wie Oscillarien; sie werden in dieser Form als Leptothrixfäden bezeichnet", lautete seine
Charakteristik.

Im genus Bacillus unterschied er Bacillus subtilis, Fäden sehr dünn und biegsam, Bacillus ulna, Fäden dicker und steif, und Bacillus anthracis, morphologisch sich an Bac. subtilis anschliessend, wegen seiner pathogenen Eigenschaft und seiner Unbeweglichkeit als besondere Art anzusehen.

Bac. subtilis hielt COHN für identisch mit dem Buttersäureferment PASTEUR's. Seine einzelnen Glieder fand er 6 μ, seine Fäden aber bis 132 μ lang. Der Inhalt der activ und passiv flexilen Fäden erschien ihm homogen. Er glaubte jedoch, dass sich wahrscheinlich ölhaltige, stark lichtbrechende Dauerzellen in den Fäden bildeten, durch deren Auskeimen die sog. geschwänzten Formen entstünden.

Auf den Bac. anthracis ging er nicht näher ein, weil er ihn nicht selbst beobachtet hatte. Bacillus ulna, dessen 10 μ lange, gegen 2 μ breite Glieder er gerade oder zickzackartig gebrochene Ketten bilden sah, schloss COHN wegen seines feinkörnigen Protoplasmas direct an Beggiatoa an.

In der Gattung Vibrio, charakterisirt „durch formbeständige Wellenbewegungen der Fäden, welche bei der Rotation den Anschein der Schlängelung hervorriefen", unterschied er zwei Arten: 1. Vibrio rugula „8—16 μ lang mit feinpunktirtem körnigem Inhalt, Doppelstäbchen oft im Winkel geknickt mit selbstständiger Bewegung der beiden Hälften. Formen vielfach S förmig, auf 5 μ eine Welle. Bewegung wie ein Centrumbohrer, schwimmen wie ein behender Aal — bilden Schwärme", und 2. Vibrio serpens „um die Hälfte dünner, bilden flexile, lockenähnliche Fäden mit mehreren (3—4) regelmässigen formbeständigen Wellenbewegungen." „Dieser Vibrio", schreibt COHN, „gehört vielleicht zu den Schraubenbacterien, welche sich nur durch die dichter und enger gewundene Schraube und vielleicht durch den Besitz einer flexilen Geissel, wie solche bei einer Art, Spirillum volutans gefunden, unterscheiden."

Hinsichtlich der Schraubenbacterien schloss sich COHN vollständig an EHRENBERG an. Er trennte sie in Spirochaete mit flexiler und langer eng gewundener Schraube, und Spirillum mit starrer, kürzerer und weitläufigerer Schraube. Spirochaete plicatilis einerseits, Spirillum tenue, undula und volutans andrerseits sind die durch ihre Form wohl charakterisirten Arten der beiden Gattungen. Von der Spirochaete plicatilis berichtete er, dass er diese ziemlich seltene Art neuerdings auch im Zahnschleim aufgefunden habe. Die drei Spirillen unterschied er durch die Höhe und den Durchmesser der Schraubengänge sowie durch die Zahl ihrer Windungen, und zwar fand er, dass die Höhe ihrer Schraubengänge 2—3 μ, 4—5 und 13,2 μ, der Durch-

messer derselben 2—3 μ, 4—5 μ und 6,6 μ und die Zahl ihrer Windungen 1 $^1/_2$—5, $^1/_2$—1 bis 3 und 2$^1/_2$—3—3$^1/_2$ bis 7 betrug. Die drei
Arten boten demnach sehr deutliche Formunterschiede. Cohn constatirte wohl, dass die verschiedenen Formen der Schraubenbacterien
gewöhnlich gesellig untereinander vorkamen, konnte sich jedoch nicht
überzeugen, dass dieselben nur Varietäten oder Alterszustände einer
einzigen Species waren, wie Perty seiner Zeit angenommen hatte,
da er sie wochenlang in einem Aufgusse todter Süsswasserschnecken
durch Zufügung neuer Nahrung in steter Vermehrung erhalten und dabei
die Beständigkeit der einzelnen einander anscheinend so nahe stehenden Arten feststellen konnte. Durch vortreffliche Abbildungen (s. Fig. 19)

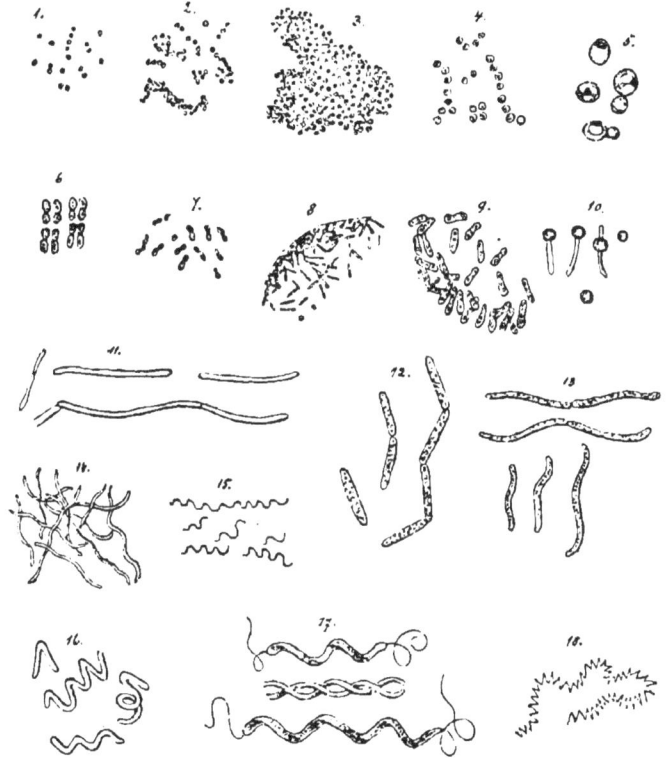

Fig. 19.
Aus Ferdinand Cohn: Untersuchungen über Bacterien. I. 1872. Beiträge
zur Biologie der Pflanzen. Bd. I. Heft II. S. 223. 1875.
1. Micrococcus prodigiosus (Monas prodigiosa Ehr.). Kugelbacterien des rothen Pigments, einzeln, zu 2 auch zu 4 zusammenhängend; die übrigen Pigmentbacterien
   sind von dieser durch das Mikroskop nicht zu unterscheiden.

2. Micrococcus vaccinae. Kugelbacterien aus der Pockenlymphe iu Vermehrung, zu kurzen 4—8gliedrigen, geraden oder verbogenen Ketten und zu unregelmässigen Zellhaufen verbunden.
3. Zoogloeaform der Micrococcusarten, Häute oder Schleimschichten durch dichte feingekörnte Punktirung charakterisirt (Mycoderma PASTEUR).
4. Rosenkranzketten (Torulaform) von Micrococcus ureae aus dem Harn.
5. Sacharomyces glutinis (Cryptococcus glutinis Fresen.). Sprossende Hefe, bildet schöne rosa Häufchen auf gekochten Kartoffeln.
6. Sarcina spec. auf der Oberfläche eines mit Micrococcus luteus überzogeuen Huhnereies, gelbe Häufchen bildend.
7. Bacterium termo, frei bewegte Form.
8. Zoogloeaform von Bacterium termo.
9. Zoogloeaform von Bacterium lineola.
10. Bewegliche Fadenbacterien mit kugligen und elliptischen stark lichtbrechenden Köpfchen, vielleicht aus Gonidien gekeimt.
11. Bacillus subtilis, kurze Glieder und längere, sehr flexile, z. Th. in Theilung begriffene bewegliche Fäden.
12. Bacillus ulna, einzelne Glieder und längere Fäden, z. Th. in ihre Glieder zerbrechend.
13. Vibrio Rugula, einzeln oder in Theilung.
14. Schwarm von Vibrio serpens, die Fäden verfilzt.
15. Spirillum tenue.
16. Spirillum undula.
17. Spirillum volutans. Zwei Spiralen um einander gedreht.
18. Spirochaete plicatilis.
Sämmtliche Figuren sind von COHN mit der Immersionslinse IX HARTNACK, Ocular III, unter einer Vergrösserung von 650 gezeichnet.

brachte COHN die Formunterschiede seiner Arten zur klaren Anschauung.

Da COHN bei seinem artenreichen System dem entwicklungsgeschichtlichen Faktor eine ganz hervorragende Bedeutung beigemessen hatte, musste er natürlich bestrebt sein, die Ernährungs- und Wachsthumsbedingungen der Bacterien möglichst genau zu erforschen. Auch nach dieser Richtung hin sind seine Untersuchungen grundlegende. Der Weg, welchen er einzuschlagen hatte, war vorgezeichnet durch die genialen Beobachtungen PASTEUR's über die Ernährung der Hefepilze. PASTEUR[2]) hatte gezeigt, dass die Hefepilze wie alle übrigen Pflanzen sich zusammensetzen aus Kohle, Sauerstoff, Wasserstoff, Stickstoff und einer Anzahl Aschenbestandtheilen, unter welchen Kali und Phosphorsäure die wichtigsten sind, und dass sie nur dann wachsen und sich vermehren können, wenn ihnen diese Elemente als Rohstoffe dargeboten werden. Er hatte weiter dargethan, dass sie den Sauerstoff und Wasserstoff in Form von Wasser erhalten, dass sie den Stickstoff in der Form von Ammoniak und die Kohle nicht aus der Kohlensäure wie die grünen Pflanzen, sondern aus dem Zucker entnehmen. Auf dem Wege des Experimentes

2) LOUIS PASTEUR: Annales de Chim. et de Phys. LVIII. 1855. Deutsch von VICTOR GRIESMAYER. Augsburg 1871.

hatte er nachgewiesen,[3] dass sich die Pilze der Hefe und anderer
Fermente in einem Medium völlig normal entwickeln, welches besteht aus einem gährungsfähigen Stoff und einer Anzahl zweckmässig
gewählter Mineralsalze. Als Normalernährungsflüssigkeit hatte er
eine Mischung angegeben, welche aus 100 Gewichtstheilen destillirten
Wassers, 10 Theilen weissem Candiszucker, 1 Theil weinsaurem Am-
moniak und der Asche von 1 Theil Hefe, deren Gewicht etwa 0,075
der Mischung betrug, zusammengesetzt war.   Diese „PASTEUR'sche
Nährflüssigkeit" hatte sich auch für Bacterien bei den Versuchen
BURDON-SANDERSON's als vortrefflich geeignet erwiesen.   BURDON-
SANDERSON hatte sie sogar als Reagenz auf die Anwesenheit von
Bacterien in allen möglichen Medien, Wasser, Blut, Eiter u. s. w.
benutzt.   Enthielt nämlich die Substanz, welche er in gekochte
PASTEUR'sche Flüssigkeit brachte, Bacterienkeime, so entstand inner-
halb weniger Tage eine Trübung der Flüssigkeit; war sie frei davon,
so blieb sie klar.

COHN stellte sich nun die Aufgabe, die Ernährung der Bacterien
mit Rücksicht auf die von PASTEUR gemachten Beobachtungen zu
studiren.   Sehr bald fand er, dass die Ernährung dieser Organismen
ebenso gut, ja bei weitem besser vor sich ging, wenn aus der
PASTEUR'schen Flüssigkeit der Zucker weggelassen wurde, weil der
Zucker die Entwickelung der Hefen und Schimmelpilze den Bacterien
gegenüber zu sehr begünstigte.   Er verwandte deshalb eine Flüssigkeit, welche in 100 Theilen Wasser 1 Theil weinsaures Ammoniak
und ca. 1 Theil Aschenbestandtheile enthielt.

Als dann A. MAYER[4] den Antheil der einzelnen in der Hefeasche enthaltenen Mineralbestandtheile an der Ernährung der Alko-
holhefe experimentell ermittelt hatte, benutzte COHN die MAYER'sche
Normallösung der mineralischen Nährsalze: 0,1 g phosphorsaures
Kali, 0,1 krystallisirte schwefelsaure Magnesia und 0,01 dreibasisch
phosphorsauren Kalk auf 20 ccm destillirtes Wasser mit einem Zusatze von 0,2 g weinsaurem Ammoniak und bezeichnete diese Mischung
als „normale Bacterienflüssigkeit".   Ausserdem benutzte er
noch die WOLF'sche oder KNOP'sche Nährsalzlösung, welche aus
phosphorsaurem Kali, schwefelsaurer Magnesia und salpetersaurem
Kalk oder (wenn es sich um Abwesenheit der Salpetersäure handelte)
Chlorcalcium bestand.

Zur Infection der Nährlösungen benutzte er einen „Bacterien-
tropfen" aus verschiedenen in stinkender Fäulniss befindlichen, Bac-

---

3) LOUIS PASTEUR: Comptes rendus de l'Académie des sciences. 18. Déc. 1871.
4) A. MAYER: Untersuchungen über die alkoholische Gährung 1870.

terium termo in überwiegender Menge oder fast allein enthaltenden Pflanzensameninfusen.

In Lösungen, welche nur die mineralischen Salze enthielten, zeigte sich keine Entwickelung, ebensowenig in destillirtem Wasser; bei Zusatz von weinsaurem Ammoniak trat jedoch Trübung ein. Hieraus schloss Cohn, dass Bacterien oder vielmehr Bacterium termo sich in eiweiss- und zuckerfreien Lösungen zu entwickeln vermöchten, indem sie das Ammoniak als Stickstoff-, die Weinsäure als Kohlenquelle benutzten. Andere organische Säuren: Bernsteinsäure, Milchsäure und Essigsäure konnten der Weinsäure substituirt werden; auch andere Kohlenverbindungen, insbesondere Rohrzucker, Milchzucker, Glycerin und Cellulose wurden von den Bacterien assimilirt; die Kohlensäure im kohlensauren Ammoniak wurde dagegen nicht assimilirt. Auch Harnstoff allein und in Verbindung mit mineralischen Nährsalzen erwies sich untauglich zur Ernährung, wohl aber in Verbindung mit einer stickstofffreien Kohlenverbindung, wie z. B. weinsteinsaurem Kali. Er diente dann als Stickstoffquelle für die Bacterien. Die Frage, ob Salpetersäure den Bacterien den Stickstoff liefern könne, vermochte Cohn nicht mit Sicherheit zu entscheiden, da die benutzten Reagentien immer Spuren von Ammoniak enthielten, wie eine Prüfung mit Nesslerschem Reagenz ergab. Aus dem gleichen Grunde sah Cohn Lösungen von weinsteinsaurem Kali und Cremor tartari sich trüben ohne Zusatz einer Ammoniakverbindung. Salpetersaures Ammoniak war ebenso wie Harnstoff für sich allein ungünstig, in Verbindung mit weinsteinsaurem Kali aber äusserst günstig für die Vermehrung der Bacterien.

Aus allen diesen Beobachtungen kam Cohn zu der Ueberzeugung: „dass die Bacterien in völlig normaler Weise und in grösster Ueppigkeit sich vermehren, sobald sie die erforderlichen Aschenbestandtheile in Lösung vorfinden und ihren Stickstoff aus Ammoniak oder Harnstoff, wahrscheinlich auch aus Salpetersäure, ihre Kohle aus irgend einer organischen Kohlenstoffverbindung entnehmen können."

In vorsichtiger Weise betonte Cohn, dass dieser Satz vorläufig nur für Bacterium termo Geltung habe, und dass es noch zu ermitteln sei, ob nicht einzelne Arten auf bestimmte Kohlenstoffverbindungen angewiesen seien.

Um die ausserordentlichen Wirkungen der Vermehrung der Bacterien auf die organische Welt, ihre kolossalen Arbeitsleistungen verständlich zu machen, stellte Cohn folgende Berechnung [5]) an: „Wir

---

5) Ferdinand Cohn: Ueber Bacterien, die kleinsten lebenden Wesen. Sammlung gemeinverständlicher wissenschaftlicher Vorträge, herausgegeben von Rud. Virchow und Fr. v. Holtzendorff. VII. Serie. Heft 165. Berlin 1872.

nehmen an", schreibt er, „dass eine Bacterie sich innerhalb einer
Stunde in 2, diese wieder nach einer Stunde in 4, nach 3 Stunden
in 8 theilen und sofort; nach 24 Stunden beträgt die Zahl der Bacterien bereits über $16^{1}/_{2}$ Millionen (16,777,220); nach 2 Tagen würden sie zu der ungeheuren Zahl von 281$^{1}/_{2}$ Billionen, nach 3 Tagen
zu 47 Trillionen anwachsen; nach einer Woche würde ihre Anzahl
sich nur durch eine Ziffer von 51 Stellen ausdrücken lassen.

Um diese Zahlen leichter fasslich zu machen, wollen wir die
Masse und das Gewicht berechnen, welches aus einer Bacterie in
Folge ihrer Vermehrung hervorgehen kann. Die einzelnen Körperchen der gemeinsten Art der Stäbchenbacterien (Bacterium termo)
haben die Gestalt kurzer Cylinder, von $^{1}/_{1000}$ Millimeter im Durchmesser und etwa $^{1}/_{500}$ Millimeter Länge. Denken wir uns ein würfel-
förmiges Hohlmaass von 1 Millimeter Seite (1 Kubikmillimeter), so
würde dasselbe nach den eben angegebenen Verhältnissen von 633
Millionen Stäbchenbacterien ohne Zwischenraum ausgefüllt werden.
Nach 24 Stunden würden die aus einem einzigen Stäbchen hervor-
gegangenen Bacterien etwa den vierzigsten Theil eines Kubikmilli-
meters einnehmen; aber schon am Ende des folgenden Tages würden die Bacterien einen Raum erfüllen, der 442,570 solcher Würfel,
oder, was dasselbe ist, etwa $^{1}/_{2}$ Liter oder 442 Cubikcentimetern
gleichkommt. Nehmen wir den Raum, den das Weltmeer einnimmt,
gleich $^{2}/_{3}$ der Erdoberfläche, und seine Tiefe im Mittel gleich einer
Meile, so ist der Gesammtinhalt des Oceans 928 Millionen Cubik-
meilen; bei stetig fortschreitender Vermehrung würden die aus einem
Keim entstammenden Bacterien schon nach weniger als 5 Tagen das
ganze Weltmeer vollständig erfüllen; ihre Zahl würde sich dann nur
durch eine Ziffer von 37 Stellen ausdrücken lassen.

Noch überraschender sind die Gewichtsverhältnisse. Setzen wir
das specifische Gewicht einer Bacterie dem des Wassers gleich,
was von der Wahrheit nicht viel abweichen kann, so ergiebt sich
aus den eben angeführten Maassen, dass ein einziges Stäbchen
0,000,000,001,571 Milligramm, oder dass 636 Milliarden Bacterien
ein Gramm, oder 636,000 Milliarden ein Kilogramm wiegen. Nach
24 Stunden würde das Gewicht der Bacterien ungefähr $^{1}/_{40}$ Milligramm, nach 48 Stunden fast 1 Pfd. (442 Gramm) betragen, nach
3 Tagen dagegen nahezu 7$^{1}/_{2}$ Millionen Kilogramm oder ein Gewicht
von 148,356 Centnern erreichen."

Vielversprechende Gesichtspunkte eröffnete Cohn für das Verständniss der Wirkungsweise dieser kleinsten Wesen durch seine
Untersuchungen über die Fäulniss. In Uebereinstimmung mit den

PASTEUR'schen Forschungen stellte er den Satz auf: „Fäulniss ist ein correlatives Phänomen nicht des Todes, sondern des Lebens". Die Frage aber, auf welche Weise die Bacterien Fäulniss erregten, musste er noch offen lassen. Die Chemie sei noch nicht im Stande, sie präcis zu beantworten. Man müsse sich daher vor der Hand darauf beschränken, die biologischen Verhältnisse der Bacterien bei der Fäulniss festzustellen. Zur Fäulniss könnten aber die Bacterien in vierfacher Beziehung stehen: Sie könnten die eiweissartigen Stoffe zersetzen, indem sie dieselben entweder ganz oder theilweise assimilirten, in ihre eigene Zellsubstanz umwandelten, oder indem sie ein umgeformtes eiweisslösendes und veränderndes Ferment in ihren Zellen erzeugten und ausschieden, oder indem sie denselben Sauerstoff entzögen, oder endlich Sauerstoff auf dieselben übertrügen, mit anderen Worten reducirend oder oxydirend wirkten. Möglich wäre es auch, dass mehrere dieser Thätigkeiten combinirt wirken könnten.

Durch Versuche mit chromogenen Mikrokokken wies COHN ferner nach, dass die Bacterien bei künstlicher Ernährung (durch NH₃-Verbindungen) dieselben Producte erzeugten wie bei natürlicher (durch Eiweissstoffe). Er schloss daraus, dass die Bacterien das Eiweissmolekül spalteten in NH_3 und flüssige und gasförmige Nebenproducte, in ähnlicher Weise wie die Hefen Zucker zerlegten in Alkohol, Kohlensäure, Glycerin und Bernsteinsäure.

Auch die Frage von den Beziehungen der Bacterien zu den Contagien zog COHN, obwohl sie ihm als Botaniker eigentlich ferner lag, in den Kreis seiner Betrachtung. Mit einfachen klaren Worten kennzeichnete er den Stand der Forschung auf diesem wichtigen Gebiete.

„So lange man nicht zwischen Bacterien und Bacterien unterschied und an den Satz glaubte, dass aus einer beliebigen Schimmelspore alle übrigen Schizomyceten und Mycelpilze hervorgehen können, so lange konnte auch die Contagienfrage keine wissenschaftliche Grundlage gewinnen," lautete seine von den Aerzten damals leider nicht genügend gewürdigte Ansicht.

Als „ersten Schritt zum Fortschritt" bezeichnete er den Umstand, dass man die pathogenen von den saprogenen Bacterien zu unterscheiden versucht und zugleich nachgewiesen habe, dass die überall verbreiteten Bacterien der Fäulniss das Contagium nicht erzeugten, sondern vielmehr zerstörten. Die Untersuchungen von DAVAINE für das Milzrandvirus und von KLEBS für die Pyaemie liessen hierüber keinen Zweifel, während zugleich die Filtrirversuche von KLEBS und die Diffusionsversuche von CHAUVEAU bewiessen hätten, dass das

Virus nicht in den gelösten Theilen des Contagium, sondern in den festen und ohne Zweifel in den mikroskopischen Organismen zu suchen sei. Die vier Möglichkeiten, welche er in Bezug auf die Ferment-thätigkeit der Fäulnissbacterien ins Auge gefasst habe, müssten auch bei der Contagienfrage zur Erwägung kommen. Wie die verschiedenen Bacterien wirkten, ob durch Entziehung von Nährstoffen, ob durch mechanische Obstruction der Gefässe, ob durch Bildung flüssiger Gifte, wie das Septicin, ob sie ferner die Rolle eines Oxydations- oder eines Reductionsfermentes spielten, müsse durch weitere Forschungen festgestellt werden. Da die pathogenen Organismen ver-muthlich verschiedenen Arten, Rassen und Varietäten angehörten, könnten in verschiedenen Contagien verschiedene Fermentwirkungen in Betracht kommen.

Ein weiter Ausblick auf die künftige Entwickelung der Bacterien-forschung war durch die Arbeiten Cohn's eröffnet, eine Fülle von Anregungen war geboten für einen jeden, welcher nicht in vorge-fassten Darwin'schen Entwickelungsideen befangen den Blick für den wunderbaren Reichthum der Formen und Lebensäusserungen der niedersten Wesen offen hielt. Aber nur wenige Forscher vermoch-ten, wie wir sehen werden, in jener Zeit eine ruhige Objectivität gegenüber den zahlreichen, dem Verständniss noch nicht erschlos-senen Erscheinungen auf diesem neuen Gebiete zu wahren.

—

Zehnte Vorlesung.

Einwände gegen das COHN'sche System. KLEBS' Mikrobacteria. Seine Mikro-
sporinen und Monadinen. Spätere Anerkennung der Genera Micrococcus und
Bacillus durch KLEBS. Sein Micrococcus vaccinae et variolae. Sein und TOM-
MASI-CRUDELI's Malaria-Bacillus. Sein Typhus- und Diphtherie-Bacillus. RAY-
LANKESTER's peach-coloured Bacterium. LISTER's Untersuchungen über den Einfluss des Nährsubstrates auf Form, Beweglichkeit und Fermentthätigkeit der
Bactcrien und deren wichtige Consequenzen für die Entstehung der Wundinfectionskrankheiten. Die Untersuchungen COHN's über den Brunnenfaden. Aehn-
lichkeit der Gonidien der Crenothrix mit manchen Bactcrien.

Mit seiner zusammenfassenden Darstellung der Bacterienlehre
hatte COHN einem allseitig gefühlten Bedürfnisse Rechnung getragen.
Im Gegensatze zu HALLIER, welcher von vorgefassten Ideen über
den bestimmenden Einfluss der äusseren Verhältnisse auf die Form
geleitet, einen Zusammenhang der niedersten Formen unter sich und
mit höheren Pilzen herauszufinden sich bemüht hatte, war COHN bestrebt gewesen, die Trennung dieser Formen so streng wie möglich
durchzuführen und die Verschiedenheit derselben als Ausdruck besonderer Artverschiedenheiten anzusehen, so lange nicht der Beweis
ihrer entwicklungsgeschichtlichen Zusammengehörigkeit geführt worden sei. So hatte er eine vorläufige Basis geschaffen,
auf welcher eine Verständigung möglich war und auf welcher mit
Erfolg weiter gebaut werden konnte. Aber wie wahrscheinlich auch
COHN die Existenz verschiedener Arten unter den Bacterien für einen
jeden gemacht hatte, wie scharf er auch die einzelnen Arten durch
Form, physiologische Leistung und Entwicklungsgang zu charakterisiren sich bemüht hatte, den streng wissenschaftlichen Beweis dafür, dass die von ihm aufgestellten Arten auch wirklich echte Arten
waren, hatte er zu erbringen nicht vermocht, da, wie er selbst hervorhob, die Methode der isolirten Beobachtung einzelner Individuen
noch nicht gefunden war. Es konnte daher nicht ausbleiben, dass
von Seiten der Botaniker sowohl als von Seiten der bei der Bacterienfrage ganz besonders interessirten Aerzte Einwände der verschiedensten Art gegen sein System erhoben wurden. Die Einen

richteten ihre Angriffe gegen das Fundament des ganzen Cohn'schen Systems. Sie wollten nicht einmal anerkennen, dass die Bacterien pflanzliche Organismen sind und nur aus ihresgleichen hervorgehen. Sie wollten vielmehr die alte, aus irrthümlicher Deutung mikroskopischer Beobachtungen entsprossene, schon tausendmal widerlegte Anschauung wieder neu beleben, die Anschauung nämlich, dass die Bacterien aus den eiweisshaltigen Säften der nicht mehr normal ernährten, absterbenden Thier- und Pflanzenzellen, und zwar aus den körnchengleichen Zellsaftbläschen im Protoplasma entständen. Wir müssen dieser phantastischen Ideen hier nochmals Erwähnung thun, da zahlreiche Forscher, Männer von wissenschaftlichem Ernst und wissenschaftlicher Bedeutung wie Karsten [1]), Wiegand [2]), Estor [3]), Winternitz [4]) u. A. bis in die neueste Zeit für dieselben eingetreten sind. Da sie jedoch trotz der eifrigsten Bemühungen ihrer Vertheidiger für die weitere Entwickelung der Lehre von den Mikroorganismen eine Bedeutung nicht erlangt haben, können wir von einer eingehenderen Darlegung derselben absehen. Andere Forscher verwarfen die Aufstellung besonderer Arten unter den Bacterien, indem sie alle zu Tage tretenden morphologischen und physiologischen Verschiedenheiten dieser niedersten Wesen auf den Einfluss äusserer Bedingungen, namentlich der Ernährungsverhältnisse, zurückführen wollten. Wieder Andere stimmten wohl mit Cohn darin überein, dass unter den Bacterien distincte Arten vorhanden seien, verlangten aber eine ganz andere Charakteristik derselben. Namentlich behaupteten sie, in missverständlicher Auffassung der Cohn'schen Ausführungen, dass eine Abgrenzung der Arten nach der Verschiedenheit der Form nicht zulässig sei, da sie mehrere der von Cohn als Merkmale besonderer Arten angesehenen Formen als dem Entwicklungskreise einer natürlichen Art angehörig erkannt haben wollten. Sie beachteten eben nicht, dass Cohn sein System durchaus nicht auf rein formelle Kennzeichen basirt hatte, sondern dass er für die Charakteristik seiner Genera auch entwicklungsgeschichtliche Momente, soweit sie ihm in jener Zeit zu Gebote gestanden

---

1) Herrmann Karsten: Deutsche Flora 1853 und Natur 1893.

2) A. Wiegand, Professor der Botanik in Marburg: Entstehung und Formentwickelung der Bacterien 1884.

3) Estor: Pathogénie des maladies infectieuses par M. le professeur Estor, faculté de médecine de Montpellier. Semaine médicale. No. 12. 1886.

4) W. Winternitz: Zur Pathologie und Hydrotherapie der Cholera. Klinische Studien aus der hydriatischen Abtheilung der allgemeinen Poliklinik in Wien. Leipzig und Wien 1887.

hatten, verwerthet hatte. Wir wollen die diesbezüglichen hervor-
ragenderen Arbeiten in ihrer zeitlichen Aufeinanderfolge nunmehr
etwas näher betrachten. Wir werden auf diese Weise am deutlich-
sten erkennen, dass zwar der Kampf auf diesem Gebiete auch bis
heute noch nicht zum Abschluss gelangt ist, dass aber die COHN-
schen Principien Dank vor Allem den bahnbrechenden Forschungen
ROBERT KOCH's über die pathogenen Organismen, sich als die einzig
richtigen erwiesen haben, und dass dieselben auch heute noch unseren
Anschauungen über die Bacterien als Grundlage dienen können.

Kurze Zeit, nachdem COHN seine Studien mitgetheilt hatte, sprach
sich KLEBS [5]) gegen die systematische Trennung von Kugel- und
Stäbchen-Bacterien aus. Nach seinen Erfahrungen hielt er sich für
berechtigt, die letzteren als eine Entwickelungsphase der ersteren
aufzufassen und zwar im Besondern auf Grund seiner directen Beobachtungen über das Microsporon septicum. Er verschmolz deshalb
die beiden ersten Tribus des COHN'schen Systems zu der einen
Gruppe: Microbacteria. Er charakterisirte sie folgendermaassen:
„Zellen farblos oder schwach gefärbt, sehr klein, kugelig oder oval
(Micrococcus), die sich zu vielzelligen Familien (Zoogloea) vereinigen.
Innerhalb der letzteren wachsen die Mikrokokken zu stäbchenförmigen Gebilden (Bacterien) heran, die sich loslösen und frei beweglich werden." Die von ihm beobachteten contractilen Plasma-
ballen finden merkwürdiger Weise in dieser Definition keinen Platz.

Hinsichtlich einer Trennung des Microsporon septicum von den
Fäulnissbacterien sprach er sich noch reservirt aus. Er wolle keineswegs eine Identität des Microsporon septicum mit den Fäulnissbacterien behaupten. Im Gegentheil habe er gerade, um diese Entscheidung offen zu halten, für die erstere Form einen besonderen
Namen gewählt, indessen machten ihm „pathologische Thatsachen,
so namentlich das Fortschreiten septischer Infectionsprocesse zu wirk-
licher Fäulniss, eine Zusammengehörigkeit beider wahrscheinlich."

Im Uebrigen erkannte KLEBS im Princip die Wichtigkeit der
Form der Bacterien für die Artunterscheidung voll und rückhaltlos
an, da er ja selbst sich bemüht hatte, wie wir bereits sahen, unter
den von ihm bei verschiedenen Krankheiten gefundenen Mikrokokken
morphologische Differenzen aufzufinden. Im weiteren Verlauf seiner
Untersuchungen sah er sich veranlasst, unter den Mikrobacterien zwei
Genera zu unterscheiden. Als er nämlich im Bronchialinhalte von

5) KLEBS: Beiträge zur Kenntniss der Mikrokokken. Archiv f. exp. Pathol.
u. Pharm. Bd. I. 1874. S. 63.

Pneumonikern lebhaft bewegliche Körperchen von Körner- und
Stäbchenform gefunden hatte[6]), bezeichnete er diese als Monadinen im Gegensatz zu den Mikrosporinen, welche durch Bildung
von Mikrokokkenballen und Weiterentwickelung dieser letzteren zu
langen Fäden charakterisirt waren. Zu diesen rechnete er das Microsporon septicum und diphtheriticum[7]), zu den Monadinen das Monas
pulmonale, das Monas tuberculosum[8]), welches er aus tuberkulösen
Substanzen gezüchtet haben wollte, und das Helicomonas syphiliticum[9]), welches er aus dem Blute einer mit einer syphilitischen
Induration geimpften Aeffin in der Form schlauchförmiger und spiralig gedrehter Bildungen in Hausenblasengallerte sich hatte entwickeln sehn.

Bei seinen Untersuchungen von Vaccine- und Variola-Lymphe[10])
überzeugte sich später KLEBS, dass die Organismen in denselben
ausschliesslich in der Gestalt der Mikrokokken auftraten, dass sie
in keiner ihrer Entwickelungsphasen andere Formen annahmen, als
diejenigen kleiner Kügelchen. Er stimmte deshalb FERDINAND COHN
bei, indem er ebenfalls eine Gruppe solcher Spaltpilze zuliess, welche
nur in Micrococcusform auftreten. Er bezeichnete demzufolge die
in auffälliger Weise immer zu vieren gelagerten, kaum 0,5 μ errei-
chenden Organismen in der Variola- und Vaccine-Lymphe als Micrococcus quadrigeminus. Auch die Gattung Bacillus erkannte er als
solche an, nachdem er zusammen mit TOMMASI-CRUDELI[11]) aus Malaria erzeugenden Erdbodenarten Stäbchen von 2—7 μ Länge, welche
zu gewundenen Fäden heranwuchsen, in Hausenblasengallerte, Ei-
weisslösung, Harn u. s. w. gezüchtet hatte, und nachdem er ferner in
den frischeren und intensiveren Organveränderungen beim Typhus
abdominalis[12]) homogene, mattglänzende Stäbchen und ungegliederte
Fäden bis zu 80 μ Länge constant hatte nachweisen können. Zwar

---

6) KLEBS: Beiträge zur Kenntniss der pathogenen Schizomyceten. Archiv
f. exp. Path. u. Pharm. Bd. IV. 1875.

7) l. c. Bd. IV.

8) KLEBS: Amtlicher Bericht der 50. Versammlung deutscher Naturforscher
und Aerzte. München 1877. S. 277.

9) KLEBS: Das Contagium der Syphilis. Eine experimentelle Studie. Arch.
f. exp. Path. u. Pharm. Bd. X. Heft 3 u. 4. S. 161. 1879.

10) KLEBS: Der Micrococcus der Variola und Vaccine. l. c. Bd. X. Heft 3
u. 4. S. 222.

11) KLEBS und TOMMASI-CRUDELI: Studien über die Ursache des Wechsel-
fiebers und über die Natur der Malaria. l. c. Bd. XI. S. 311.

12) KLEBS: Der Ileotyphus eine Schistomycose. l. c. Bd. XII. Heft 2 u. 3.
S. 231. 1880.

fand er auch Mikrokokken an der freien Oberfläche der nekrotischen und ulcerirten Partien, doch hielt er es für wahrscheinlich, dass diese nur eine Complication darstellten, da sie „innerhalb der äusserst dichten und massenhaften Anhäufungen der Fäden im Gewebe, z. B. im Typhusschorf oder in der Knorpelsubstanz" (der beim Typhus häufig vorkommenden Larynx-Geschwüre), ihm nicht vorzukommen schienen. Trotz der Anerkennung der Cohn'schen Gattungen Micrococcus und Bacillus hielt Klebs gleichwohl, auch später noch, an seinen Mikrosporinen fest. Denn als er im Jahre 1883 [13]) in den Membranen bei der Diphtherie äusserst kurze und schmale, regellos wie in einer Gallerte eingebettete Stäbchen an der Oberfläche der Exsudatschicht aufgefunden hatte, nahm er an, dass es zwei Formen der Diphtherie gäbe, deren eine mikrosporine durch das Microsporon diphtheriticum und deren andere bacilläre durch die kurzen Stäbchen erzeugt werde. Das Beweismaterial, welches Klebs für die specifische Natur der von ihm aufgefundenen Mikrosporinen, Monadinen, Mikrokokken und Bacillen mit einem grossen Aufwande von Kultur- und Uebertragungsversuchen beizubringen sich bemüht hat, ist indessen, wie eine objective Kritik ergeben hat, nicht ausreichend gewesen für diesen Beweis.

Obwohl daher Klebs zwei Jahrzehnte hindurch einer der eifrigsten Vertheidiger der von Cohn aufgestellten Lehre von der Existenz specifisch verschiedener Bacterienarten hinsichtlich der pathogenen Bacterien gewesen ist und obwohl er eine Fülle von Anregungen nach dieser Richtung hin durch seine Arbeiten gegeben hat, so kann ihm doch das Verdienst, die endgültige Anerkennung verschiedener Arten unter den pathogenen Bacterien erkämpft zu haben, nicht beigemessen werden.

Zu ganz anderen, dem Cohn'schen System widerstreitenden Ergebnissen gelangte der englische Forscher Ray-Lankester [14]). Derselbe beobachtete im Sommer des Jahres 1873 im histologischen Laboratorium des Exeter College eine auffallende Rothfärbung faulender thierischer Theile, welche er zur Maceration in Glasgefässen aufgestellt hatte. Auch die dem Licht zugewandte Seite des Gefässes war mit derselben schön purpurrothen — fine purple-red — Masse bedeckt. Bei der mikroskopischen Untersuchung fand er, dass

---

13) Klebs: Verhandlungen des Congresses für innere Medicin. II. Abtheilung. Wiesbaden 1883. S. 143.
14) Ray-Lankester: On a Peach-coloured Bacterium — Bacterium rubescens n. sp. Quaterly journal of microscopical science. Vol. 13. New series. 1873. S. 408.

die rothen Massen aus Organismen von der verschiedensten Form und Grösse bestanden. Die Einzelzellen, welche er „units" oder „plastids" nannte, waren theils kugelförmig, theils biscuitförmig „bacteroid", theils auch stäbchenförmig „bacillar" oder an den Enden zugespitzt „acicular". Die aciculare Form war allein beweglich, die anderen unbeweglich; während die einen frei, isolirt waren, lagen andere in Schleimmassen eingebettet, Klumpen oder auch netzförmig durchbrochene Massen bildend, noch andere waren in Fäden und rosenkranzförmigen Ketten angeordnet; manche waren homogen, viele aber enthielten in ihrem Protoplasma ein, zwei oder mehrere stark lichtbrechende Körnchen. Was jedoch allen diesen Formen gemeinsam war, was RAY-LANKESTER als das tief eingewurzelte Zeichen ihrer gemeinsamen Abstammung, ihr Rasse-Merkmal „the deep-rooted emblem of their commun parentage, their race-mark" auffassen zu müssen glaubte, das war die eigenthümliche rothe Färbung, welche alle diese verschieden gestalteten Organismen darboten und welche durch einen Farbstoff mit ganz bestimmtem charakteristischem Spectrum, das von RAY-LANKESTER sogenannte „Bacteriopurpurin" bedingt war. Auf Grund dieses gemeinsamen physiologischen Merkmales hielt sich RAY-LANKESTER für berechtigt, alle von ihm beobachteten Formen als Variationen einer Art anzusehen, und er bezeichnete diese Art nach der in überwiegender Menge auftretenden Form als das pfirsichfarbene „the peach-coloured" Bacterium — Bacterium rubescens. Den Beweis für den entwicklungsgeschichtlichen Zusammenhang der verschiedenen rothen Formen konnte LANKESTER weder durch directe Beobachtung, noch durch Kulturversuche führen; er begnügte sich deshalb mit dem gemeinschaftlichen physiologischen Merkmal der Rothfärbung und dem gleichzeitigen Auftreten in demselben Substrat. Er erklärte ausdrücklich, dass er nicht gewagt haben würde, die Hypothese der specifischen Continuität der verschiedenen Formen aufzustellen, wenn die „plastiden" farblos gewesen wären, wie die von Bacterium termo, lineola, Bacillus subtilis u. s. w., und dass nur in dem Falle, dass der Besitz des purpurnen Farbstoffes als Gewähr für die Annahme specifischer Continuität der verschiedenen Formen anerkannt würde, seine Beobachtungen von irgend welchem weiteren Interesse wären.

Jede der verschiedenen Formen hätte man auch als eine Art von bacteriumähnlicher Pflanze auffassen können. Solche Species könnten aber nur den Werth von künstlichen oder Form-Species beanspruchen, da kein Beweis vorliege, dass diese verschiedenen Formen ihre selben Formen wiedererzeugten und als Rasse ihre Charakteristica bewahrten. Im Gegentheil habe man constant verschiedene Zwischenformen zwischen zwei vorherrschenden Formen beobachten können. Für die Beschreibung empfehle es sich die Plastiden zu unterscheiden

    a) nach ihrer Form als:

        kugelig (sphaerous), biscuitförmig oder bacteroid, fadenförmig (filamentous), nadelförmig (aciculare), bacillar, serpentine, spiroid und helicoid;

    b) nach ihrer Structur als:

        nackt oder schleimerzeugend (gloeogenous) und als homogen oder gekörnt (loculate)

und endlich nach der Form der Aggregation als:

        linear, sternförmig, kugelig (globose), massig (massive), baumförmig (arborescent), ketten-, netz- und würfelförmig.

Die natürlichen Species seien auf tiefere Charakteristica, wie sie COHN durch seine Eintheilung in saprogene, chromogene und pathogene angedeutet habe, zu begründen. Das COHN'sche System sei nur ein künstliches oder formales System und kein natürliches. Die natürlichen Species dieser Pflanzen seien innerhalb gewisser Grenzen „protean", proteusartig. Bacterium termo und lineola fasste er als zwei verschiedene natürliche Species auf, weil sie verschiedene Gerüche lieferten. Auch bei diesen beiden Species hielt er das Vorhandensein einer kugeligen, biscuitförmigen, bacillaren, serpentinen und möglicherweise auch spiraligen Form oder Phase der Plastiden für wahrscheinlich. Mit COHN nahm LANKESTER somit die Existenz distincter Arten unter den Bacterien an, wollte dieselben jedoch durch andere Charakteristica als morphologische bestimmt wissen, da eine natürliche Species verschiedene Formen in ihrem Entwicklungskreise begreifen könnte.

Eine eigenartige Anschauung über die Bacterien vertrat der Schöpfer der antiseptischen Wundbehandlung JOSEPH LISTER [15]). Er huldigte noch der Ansicht, dass die Bacterien aus feinsten Sprossen von Pilz-Conidien hervorgingen. Dieselben gehörten deshalb nach seiner Meinung, wie die Pilze, mannigfachen, gänzlich verschiedenen Arten an (various totally distinct kinds), welche ihre Verschiedenheiten offenbarten sowohl in morphologischer Hinsicht als noch mehr in physio-

---

15) JOSEPH LISTER: On the germ theory of putrefaction and other fermentative changes. Nature. July 10. and 17. 1872.

— A further contribution to the natural history of Bacteria and the germ theory of fermentative changes. Quaterly journal of microscopical science. Vol. 13. New series. 1873. S. 380.

logischer Hinsicht durch die Charaktere der fermentativen Veränderungen, zu welchen sie Anlass gäben, und durch den Umstand, dass einige Arten überhaupt nicht wüchsen in Medien, in welchen andere gediehen. Manche Arten zeigten in verschiedenen Medien sehr merkliche Veränderungen in Gestalt und Bewegung, manche gäben Anzeichen ihres pilzlichen Ursprungs durch nicht zu bezweifelnde Verästelungen, durch die Gegenwart von Kernen oder Vacuolen in ihrem Innern. Aber so sehr auch die eine Modification verschieden sein möge von der in einem anderen Medium, die letztere Varietät könne nach Belieben wieder erzeugt werden, indem man die modificirte Form in das Substrat zurückbringe, in welchem sie ursprünglich beobachtet sei.

„Aus diesem Grunde", so schliesst Lister, „sind alle bisherigen Classificationsversuche von Ehrenberg bis Cohn, welche auf absolut morphologischen Charakteren basiren, ganz unzuverlässig.

Um die Species irgend eines besonderen Specimens zu bestimmen, muss man in Rechnung ziehen, nicht einzig seine Erscheinungsform, sondern auch die Charaktere des Mediums, in welchem es vorkommt. Gerade die reine Morphologie wird uns oft ganz in die Irre führen, wofern wir nicht im Stande sind, die physiologischen Charaktere festzustellen. Und selbst diese scheinen keineswegs constant zu sein, denn wir werden in dieser Abhandlung Gründe kennen lernen, welche uns berechtigen zu glauben, dass ein und derselbe Organismus zu verschiedenen Zeiten in derselben organischen Lösung Unterschiede in seinen fermentativen Wirkungen darbieten kann."

Es würde uns zu weit führen, die mit minutiösester Genauigkeit geschilderten Versuche Lister's im Detail zu verfolgen. Wir wollen uns daher darauf beschränken, nur einen Versuch, auf welchen Lister seine weiteren, für die ärztliche Welt besonders wichtigen Schlüsse baute, kurz zu skizziren. Von einer nach 23 Stunden sauer gewordenen Milch, welche bewegungslose Bacterien zu zweien, zu vieren und in Ketten angeordnet enthielt, brachte er ein kleines Tröpfchen (small drop) in gekochte Milch, Rübeninfus und Urin, und sah nun in den verschiedenen Medien sehr verschiedene, theils bewegliche, theils bewegungslose Formen entstehen. Aus dem Urin übertrug er die Bacterien in Pasteur'sche Lösung, aus dieser wieder in Urin, aus letzterem wiederum in Milch. Mit dem Medium änderte sich jedesmal ihre Form und auch ihre Beweglichkeit. In der zuletzt inficirten Milch bildete sich ein gefärbter Bodensatz „so schwarz wie Pech", welcher, wie Lister constatirte, von dem ausgesäten Bacterium ausgeschieden war. Nach sorgfältiger Abwägung aller Momente, welche zur Erklärung der beobachteten Aenderungen hätten in Betracht kommen können, kam LISTER zu dem Schluss, dass es sich in allen von ihm vorgenommenen Uebertragungsversuchen nur um „einen" Organismus handeln könne, der sowohl in seiner Function, wie in seiner Form durch die verschiedenen Medien modificirt sei (only one organism but modified in function as in form by the different media). Da dieses „eine" Bacterium so grosse morphologische und physiologische Eigenthümlichkeiten bot, so hielt er sich für berechtigt, dasselbe als eine bestimmte und wieder erkennbare Art anzusehen, für welche er den Namen „Bacterium lactis" in Vorschlag brachte. Freilich that er dies nur mit einem gewissen Misstrauen, da nach seiner Ansicht bis dato noch kein Bacterium durch zuverlässige Charaktere bestimmt sei. Wunderbar ist es, dass LISTER bei der scrupulösen Betrachtung aller Erklärungsmöglichkeiten für die so ausserordentlich auffallenden Wandlungen in der Form und Function der von ihm beobachteten Organismen die am nächsten liegende Möglichkeit gänzlich übersah, die Möglichkeit nämlich, dass in der sauren Milch, von welcher er ausgegangen war, verschiedenartige Organismen enthalten gewesen wären, welche sich in den verschiedenen Nährsubstraten verschieden kräftig entwickelt hätten.

Der Tragweite seiner Untersuchungen war sich LISTER wohl bewusst. Beweis dafür sind die Consequenzen, welche er als Chirurg aus diesen Milchversuchen zog. Wenn ein und dasselbe Bacterium in Folge veränderter Umstände in einem und demselben Medium so himmelweit verschiedene fermentative Wirkungen hervorbringen könne, wie Milchsäurebildung und Erzeugung von schwarzem Pigment, so werde es leicht verständlich, dass derselbe Organismus, welcher unter gewöhnlichen Umständen völlig harmlos sein könne, zu anderen Zeiten Producte liefere, welche für die menschliche Oekonomie giftig seien. So erkläre sich z. B. die frühere Beobachtung, dass unter lange liegenden Verbänden sich Hospitalbrand entwickele, während dies in demselben Krankensaal bei täglich frisch verbundenen Wunden nicht der Fall sei. Wenn man annehme, dass ein Organismus die Ursache der Krankheit sei, warum solle das besondere Virus des Hospitalbrandes in dem ersten Falle eher in die Wunde kommen als im letzteren? Nunmehr sei es nicht nöthig, ein derartiges specielles Virus anzunehmen, da ja Organismen, welche in allen Wunden vorhanden seien, in Absonderungen, welche lange unter den Verbänden faulten, specifische Eigenschaften annehmen könnten.

In ähnlicher Weise könne man sich vorstellen, dass die Ungesundheit eines alten unreinen Hospitals verursacht werde, nicht durch die Einführung neuer Organismen in dasselbe, sondern durch eine

Modification der gewöhnlichen in diesem wie in allen frisch gebauten Anstalten vorhandenen Organismen.

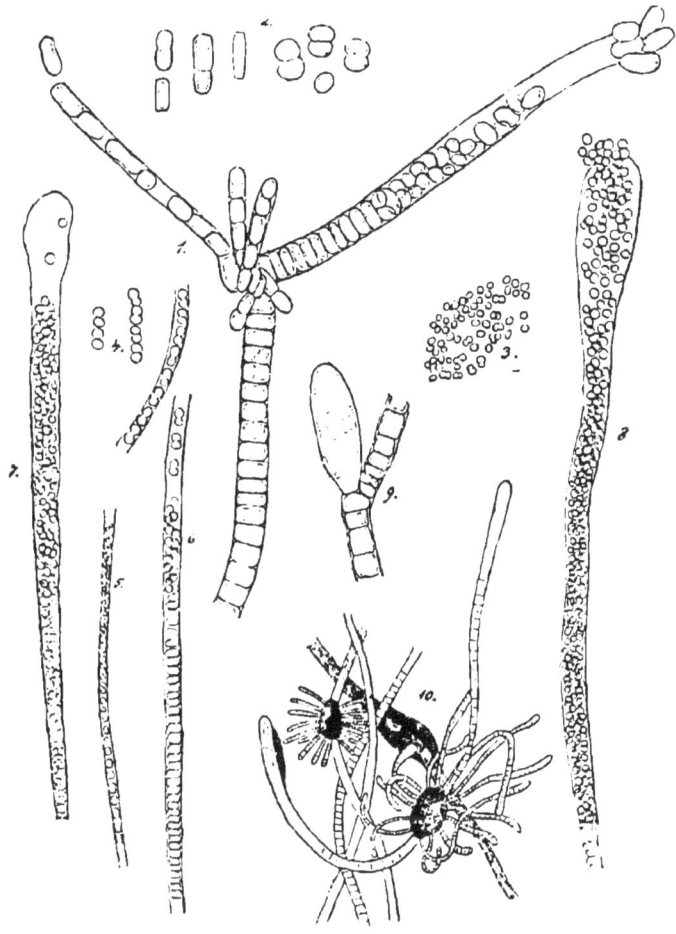

Fig. 20.
Aus Ferdinand Cohn: Beiträge zur Biologie der Pflanzen 1875.
Crenothrix polyspora:

1. Ein Faden mit Makrogonidienbildung durch Theilung der Zellen in 2—4; in
   mehreren anhaftenden dünneren Fäden beginnt zum Theil auch Makrogonidienbildung aus dem Vollinhalt der Zellen.
2. Ausgetretene Makrogonidien, zum Theil in der Mitte eingeschnürt oder quergetheilt.
3. Mikrogonidienhaufen, anscheinend durch schleimige Intercellularsubstanz nach Art
   von Zoogloea zusammengehalten.
4. Kurze Fäden aus rundlichen quergetheilten farblosen Zellen, anscheinend aus gekeimten Gonidien hervorgegangen.
5. Ein dünnes Fadenstück in Gonidienbildung begriffen ohne Anschwellung der Scheide.

6. Ein dünner Crenothrixfaden mit Zweitheilung im oberen Ende, während tiefer die ungetheilten Zellen als Makrogonidien austreten.
7. Ein Faden, dessen Scheide nach oben keulenförmig verdickt zu einem Sporangium wird, der mit Makrogonidien erfüllt, an der Spitze bereits entleert ist. Im unteren Theile des Fadens bilden sich einzelne Zellreihen durch Theilung zu Gonidien um, während andere ungetheilt bleiben.
8. Ein anderer Crenothrixfaden mit stark aufgeschwollener Scheide, die sich bis in grosse Tiefe mit Mikrogonidien gefüllt hat.
9. Ein stärkerer Crenothrixfaden mit einer grösseren eiförmigen seitlich ansitzenden Zelle (Spore?).
10. Ein kleiner Rasen von Crenothrix, dessen Scheiden zum Theil gelb gefärbt und von einer goldgelben klaren ölartigen Substanz stellenweise eingehüllt sind; an einzelnen Stellen sprossen strahlige Bündel von dünnen Crenothrixfäden, welche aus gekeimten Mikrogonidien hervorgegangen sind.

Zu sehr ähnlichen Schlussfolgerungen gelangte auch der berühmte deutsche Chirurg Theodor Billroth [16]) bei seinen diesbezüglichen Untersuchungen.

Billroth's Anschauungen über die Bacterien basirten einestheils auf der alten Hallier'schen Idee einer entwickelungsgeschichtlichen Zusammengehörigkeit aller Formen, im Besonderen aber noch auf einer Reihe von Beobachtungen, welche Cohn selbst an gewissen, im Brunnenwasser vorkommenden farblosen, algenähnlichen Organismen gemacht hatte. Da diese Cohn'schen Beobachtungen für das Verständniss mancher Wandlungen in der Systematik der Bacterien von hoher Bedeutung geworden sind, müssen wir dieselben in den Kreis unserer Betrachtung ziehen, bevor wir auf die Billroth'schen Untersuchungen näher eingehen.

Im Jahre 1870 hatte Cohn [17]) in dem Wasser zahlreicher Breslauer Brunnen gelbliche bis bräunliche Flocken beobachtet von 1—2 Mm. Grösse, welche aus durcheinander gewirrten unverzweigten, farblosen oder gelblichen Algenfäden bestanden und früher als eine Art von Leptothrix oder Hygrocrocis betrachtet worden waren. Er erkannte diese Fäden als eine besondere Art, welche nur in den vom Lichte abgeschlossenen Räumen der Brunnen vorkommt, und nannte sie Crenothrix, Brunnenfaden. Er fand, dass die verschiedenen Fäden eine ausserordentlich verschiedene Dicke hatten, von $1,5\,\mu - 5,25\,\mu$, dass die einzelnen Fäden selbst an dem einen Ende dünner, an dem

---

16) Theodor Billroth: Untersuchungen über die Vegetationsformen von Coccobacteria septica und den Antheil, welchen sie an der Entstehung und Verbreitung der accidentellen Wundkrankheiten haben. Versuch einer wissenschaftlichen Kritik der verschiedenen Methoden der antiseptischen Wundbehandlung. Berlin 1874.

17) Ferdinand Cohn: Ueber den Brunnenfaden (Crenothrix polyspora) mit Bemerkungen über die mikroskopische Analyse des Brunnenwassers. — Beiträge zur Biologie der Pflanzen. Bd. I, Heft 1. S. 105. 1870, 1875.

anderen dicker waren; dass sie eine deutliche starre Scheide zeigten, in welcher eine einfache Reihe farbloser Zellen, aus homogenem
oder feinkörnigem Protoplasma bestehend, enthalten war. Bisweilen
fand er in den Fäden eine durch ihre Grösse sich auszeichnende
Endzelle, welche er als Spore auffasste. Viel häufiger aber war eine
andere Fortpflanzungsweise, welche er in einer feuchten Kammer
direct beobachten konnte. Die Fäden nahmen eine rosenkranzförmige Gestalt an, indem das Plasma der Zellen sich zusammenballte.
Dann dehnten sich die Zellen in der Scheide etwas in die Breite,
theilten sich der Quere nach und nahmen dadurch die Gestalt nie-
driger Scheiben an; diese wiederum theilten sich durch eine Längs-
scheidewand in zwei, darauf in vier u. s. w. Stücke, bis schliesslich
jede Zelle in eine sehr grosse Zahl, mindestens 16, Plasmakugeln
zerfiel, welche Cohn Mikrogonidien nannte. Die keulenförmig angeschwollene Scheide umhüllte diese Gonidien als Sporangium. Aus
diesem wurden sie allmählich durch nachgleitende Gonidien ver-
drängt. Die Gonidien waren $1-2\,\mu$ breit und um das Doppelte
länger, häufig quergetheilt und semmelförmig, viele derselben hatten
eine langsam rollende Bewegung.

An manchen Fäden theilten sich die Zellen nur in 2—4 Stücke,
welche demnach grösser als die Mikrogonidien, $3-5\,\mu$ breit waren.
Diese nannte Cohn Makrogonidien. Die Makrogonidien bildeten im
Wasser palmellenähnliche durch eine schleimige Zwischensubstanz
zusammengehaltene Anhäufungen. Cohn beobachtete, dass diese
Gonidien zunächst zu kurzen Zellschnüren oder Stäbchen auswuch-
sen, sich an irgend einer Unterlage festsetzten und nun durch successive Quertheilung zu gonidienbildenden Fäden sich fortentwickelten.

Häufig sah er feine farblose Fäden strahlig an einem oder mehrere Punkten eines alten Fadens festsitzen, welche er als junge Entwickelungszustände der Gonidien auffasste. Der Organisation nach
gehörte die Crenothrix zu den phycochromhaltigen Oscillarineen, der
Ernährungsweise nach zu den Wasserpilzen, ebenso wie die farblosen
Gattungen Beggiatoa, Spirochaete u. s. w. Zwischen den Fäden einer
farblosen Oscillarinee, Beggiatoa mirabilis hatte Cohn schon früher
zahlreiche farblose kuglige oder eirunde, oft der Quere nach einge-
schnürte Zellen mit langsam rollender Bewegung gesehen; diese Zellen glaubte er, wegen ihrer Uebereinstimmung mit den Gonidien der
Crenothrix, nunmehr auch als zum Entwickelungskreis von Beggiatoen
gehörig deuten zu müssen.

Am Schlusse seiner interessanten Abhandlung hob Cohn hervor,
dass eine auffallende Aehnlichkeit, wenn auch vielleicht

nicht Verwandtschaft der Gonidien der Crenothrix mit gewissen Schizomyceten und farblosen Palmellen bestehe, durch welche die sichere Feststellung ihrer Entwickelungsgeschichte in eigenthümlicher Weise erschwert werde.

„Die isolirten Mikrogonidien unserer Crenothrix ähneln gewissen grösseren unbeweglichen Bacterienzellen, welche sich gleichzeitig in dem Brunnenwasser fanden, um so mehr, als dieselben, wie ich oben bemerkte, auch meist in der Quertheilung begriffen und daher eingeschnürt sind. Die Mikrogonidienhaufen endlich, welche oft zu Millionen in der Umgegend eines Crenothrixräschens zusammengelagert und anscheinend auch durch Zwischensubstanz verbunden sind, zeigen eine so überraschende Aehnlichkeit mit den Zoogloeaformen der Bacterien, oder, wenn man will, mit farblosen kleinzelligen Palmellen, dass eine Verwechselung leicht ist, ohne dass ich deshalb einen entwicklungsgeschichtlichen Zusammenhang dieser Formen behaupten will."

Auch bei dieser Untersuchung hatte COHN seinen Standpunkt klar und deutlich gekennzeichnet. Er hatte hervorgehoben, dass die Gonidien manchen Bacterien sehr ähnlich sähen, aber er hatte sie nicht ohne Weiteres für identisch mit denselben erklärt.

An der Klippe der Formähnlichkeit der Gonidien dieser farblosen Algen mit den Bacterien, welche COHN zu vermeiden gewusst hatte, sind, wie wir sehen werden, spätere Beobachter, unter ihnen auch BILLROTH, gescheitert, insofern als sie aus der als sicher angenommenen Identität beider eine Zugehörigkeit der Bacterien zu höher organisirten Formen und die Nicht-Existenz besonderer Arten unter den Bacterien gefolgert haben.

Elfte Vorlesung.

BILLROTH's Coccobacteria septica. Die Beziehungen der Coccobacteria zu den Infectionskrankheiten. VIRCHOW's diesbezügliche Anschauungen. Die Entdeckung der Spiralfäden im Recurrensblut durch OBERMEIER. COHN hält seinen Standpunkt BILLROTH und auch RAY-LANKESTER gegenüber aufrecht. Beschreibt zahlreiche neue Arten. Vereinigt die Bacteriaceen und Phycochromaceen wegen ihrer unzweifelhaften nahen Verwandtschaft zu einer gemeinsamen Gruppe und stellt diese unter der Bezeichnung Schizophytae den höheren Pflanzengruppen gegenüber.

Als BILLROTH im Frühling 1868 seine Untersuchungen begann, wirkten, wie er sagt, die Arbeiten HALLIER's fermentirend in seinem Kopfe. Zunächst mühte er sich ab, Beziehungen von Hefe- und Schimmelsporen zu Bacterien und Vibrionen aufzufinden; „lange bewegte ich mich", schreibt er, „in diesem circulus vitiosus und habe viel Zeit damit verloren." Dann aber, angeregt besonders durch die Mittheilungen von HUETER und TOMMASI über den Micrococcos bei Diphtheritis und Nosocomialgangrän und ganz besonders durch die hochinteressanten KLEBS'schen Untersuchungen, machte er sich daran, die morphologische Seite des Fäulnissprocesses und dessen Zusammenhang mit der chirurgischen Praxis zu erforschen. Einen entscheidenden Einfluss auf den Gang seiner Untersuchungen hatten dann die Untersuchungen COHN's über die Crenothrix polyspora. Sie veranlassten ihn zum Studium des Brunnenschleims, welcher sich an den Wasserleitungsröhren in seinem Arbeitszimmer im pathologischen Institut des k. k. allgemeinen Krankenhauses in Wien continuirlich bildete und welchen er aus einer, von ihm vorläufig Siphonomyxa genannten Alge zusammengesetzt fand. In dieser Alge erkannte er zuerst aus eigener Beobachtung den vollständigen Entwicklungsgang derjenigen Organismen, welche er in faulenden Substanzen und in Wundsecreten beobachtete. Um sich über diese Flora genau zu unterrichten, sah er sich, wie alle seine Vorgänger, zunächst gezwungen, alle ihm vorkommenden Formen zu beschreiben. Er fand nun, dass alle diese Gebilde zwei Formtypen angehörten: entweder waren es kleine runde oder ovale, eine von der Molekularbewegung nicht unterscheidbare Art von Oscillation darbietende Körperchen — diese nannte er Coccos (von κόκκος, Kern), oder aber stäbchenförmige Gebilde — und diese bezeichnete er als Bacteria (von βακτηρία oder βακτήριον, Stäbchen). (Anm. Er überging bei dieser Eintheilung die spiraligen Formen vollkommen.)

Beide unterschied er einmal, HOFFMANN's Vorgang folgend, nach
der Grösse in Micro-, Meso-, Megacoccos resp. Bacteria, dann nach
der Zahl der aneinanderhängenden Individuen in Mono-, Diplo-,
Strepto- (von στρεπτός, Kette) Coccos resp. Bacteria. Nach ihrer
Wachsthumsweise in Flüssigkeiten bezeichnete er sie, wenn sie unregelmässige, durch Schleim verbundene Klumpen oder Ballen darstellten, als Gliacoccos resp. Bacteria (von γλία, Leim), und wenn sie
flächenförmige Kolonieen bildeten, als Petalococcos resp. Bacteria
(von πέταλον, Platte). (Fig. 21.) In den Bacterien sah BILLROTH
häufig dunkel contourirte fett-
glänzende Tröpfchen auftreten;
geschah dies an einem Ende,
so hatten die Bacterien das Ansehen eines Nagels (ἧλος), daher wurden sie Helobacterien
von ihm genannt. (Fig. 22.)
Diese glänzenden Tröpfchen
fasste er als Dauersporen auf.
Die Entwicklung der Bacterien
ging nun, wie er glaubte, in
bacterienfreien Flüssigkeiten in
der Weise vor sich, dass die
in der Flüssigkeit vorhandenen

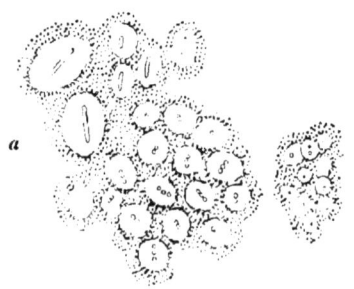

Fig. 21.

Micrococcos und Bacteria (a) je in deutlicher
Gliahülle aus Fleischwasser in Zucker.

Dauersporen in ihrem Innern feinsten blassen Coccos entwickelten,
welcher, durch etwas Glia zusammengehalten, heraustrete, und

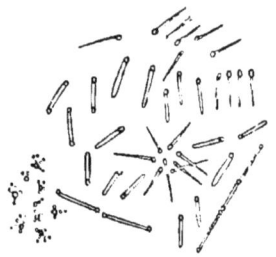

Fig. 22.

Helobacterien; Entwickelung stark
glänzender Sporen (Dauersporen,
Luftsporen?) in Mesobacterien; aus
faulendem Blut.

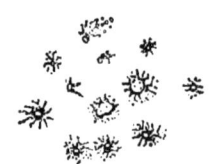

Fig. 23.

Micrococcos aus sprossen-
den kleinsten Dauersporen
von Coccobacteria aus
Fleischwasser.

dass diese Coccos dann zu Bacterien heranwüchsen. (Fig. 23.) Wie
gross der aus den Dauersporen entstehende Coccos und die aus

demselben hervorgehenden Bacterien würden, ob also primär Mikro-, Meso- oder Megabacterien entstünden, das hänge sehr wesentlich von der Nährflüssigkeit ab; möglich sei es, dass auch die Abstammung der Dauersporen einen Einfluss darauf habe. Indem sich die Bacterien streckten und quer durchfurchten, entstünden die Strepto-Bacterien. Fraglich erschien es BILLROTH, ob die langen ungegliederten Fäden, welche man bisweilen antreffe, die Desmobacteria COHN's, wirklich ungegliedert seien. Aus den häufig an denselben beobachteten Knickungen schloss er vielmehr, dass auch diese scheinbar homogene „Leptothrix" eine Streptobacterie sei. Bei den Meso- und Megabacterien könnten andererseits die Glieder der Ketten so kurz werden, dass man im bestimmten Falle, zumal die einzelnen Glieder dann auch abgerundete Ecken bekämen, zweifelhaft sein könne, ob man sie Streptobacteria oder Streptococcos heissen solle. Die Bacterien sowohl wie die Bacterienketten sah BILLROTH häufig in Bewegung; er hielt dieselbe für eine Flexilitätsbewegung, abhängig vom Protoplasma; viel Glia behindere, Wasserzusatz erleichtere sie, bei 33° C. werde sie langsamer, bei 60° C. höre sie auf.

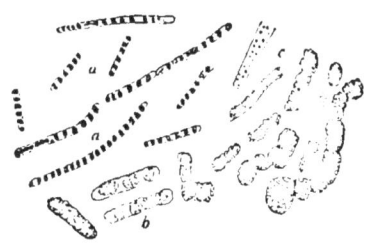

Fig. 24 A.

Bildung von Coccos (Sporen von Coccobacteria) in Bacteria; *a* Mesococcos in Megabacteria; *b* Megacoccos in Bacteria; *c* in dem Megacoccos Entwicklung von Micrococcos, (kleiner palmelloider Askococcos) aus gekochtem Fleischwasser und Infus von gekochtem Eiweiss.

Fig. 24 B.

Askococcos von Fleischwasser mit wenig deutlichen Hüllen, *a b* ziemlich scharf begrenzt; *c* mit anklebendem oder ausschwärmendem Micrococcos; *d* Ruptur der Hülle, massenhaft ausschwärmender Micrococcos.

Zu wiederholten Malen drängte sich BILLROTH die Vorstellung auf, dass die Bewegung durch Wimpern bedingt sein müsste. Indessen es gelang ihm nie, trotz der Anwendung der allerverschiedenartigsten Reagentien, solche sichtbar zu machen. An den Bacterien nahm BILLROTH verschiedene Metamorphosen wahr. Bei Luftabschluss in filtrirtem Fleischwasser sah er die Bacterien ganz blass werden und ihrer Auflösung entgegengehen. Sie fanden sich dann mit einigen Dauersporen gemischt in dem schlammig-schmierigen Bodensatze. Bei Megabacterien sah er das Plasma aus einzelnen Gliedern verschwinden und nur die leere Hülle zurückbleiben, einen Vorgang, welchen er mit der Auswanderung der Blutkörperchen verglich. Ferner sah er den Bacterienkörper in kleine runde Kügelchen sich umwandeln (ein Analogon hatte er dafür in der Bildung der Mikrogonidien bei Crenothrix) und schloss daraus, dass die grösseren Gebilde Micrococcos in sich bilden könnten, welcher dann wie in einem Schlauch ($\dot{\alpha}\sigma\varkappa\acute{o}\varsigma$) angehäuft sei — dass sie dadurch also zum Askococcos werden könnten. (Fig. 24). Endlich beobachtete er nicht selten im Fleischwasser und im Milchserum Aufblähungen eines Bacterienendes und kuglige

Fig. 25.
Bacteria mit blasigen Auftreibungen.

oder kolbige Quellungen eines oder mehrerer Glieder einer Bacterienkette. (Fig. 25.) Gerade diesem, wie spätere Untersuchungen ergeben haben, ganz nebensächlichen Befunde legte er eine besondere Bedeutung bei, weil derselbe mit den bei vielen Oscillarien, besonders auch bei der Crenothrix von COHN gemachten Beobachtungen übereinzustimmen schien. Damit hielt er die näheren Beziehungen der Bacterien zu den Oscillarien für erwiesen. Nachdem die Beobachtung der blasigen Auftreibungen an den Bacterien und die Bildung von Coccos in denselben die Annahme, dass Coccos und Bacterien nur verschiedene Formen einer Pflanze seien, für BILLROTH fast zur Gewissheit gemacht hatte, fehlte nur noch die directe Beobachtung der Vereinigung aller Formen in einem einzigen unverkennbaren Pflanzenindividuum. Endlich fand er das Gesuchte in einem Milchserum, welches wochenlang erst geschlossen, dann offen gestanden hatte und durch Zufall in dieser ganzen Zeit frei von Oidium geblieben

war (Fig. 26): Fäden, welche mancherlei Aufblähungeu zeigteu, theils
aus langeu, theils aus kurzeu Bacterienketten, theils auch aus Coccos
zusammengesetzt waren und ein theils homogenes matt glänzeudes,
theils in feinen, aber sehr deutlichen Micrococcos umgewandeltes
Plasma enthielten. Die ganze Pflanze war mithin eine Combination
von Coccos, Askococcos und Bacteria. BILLROTH naunte sie deshalb „Coccobacteria", und gab ihr, wegen des Vorkommeus der einzelnen Formen in den verschiedensten faulenden Substanzen, den
Beinamen „septica". Die Pflanze nun hatte BILLROTH, eutsprechend

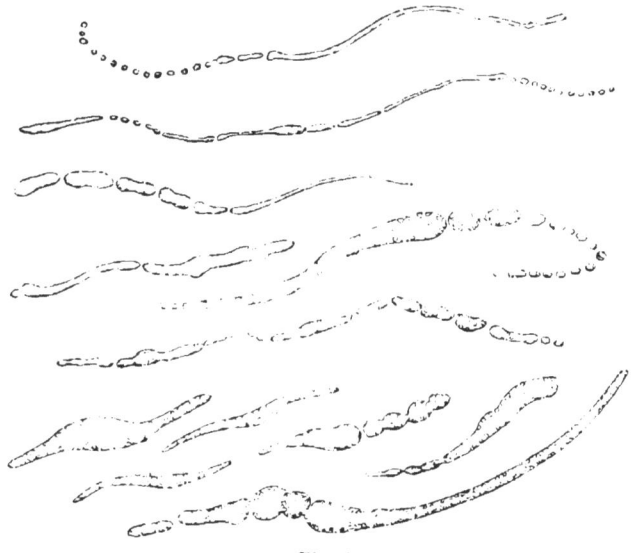

Fig. 26.
Coccobacteria septica.
Coccos, Bacteria und Askococcos unter einander in mannigfaltigen Formen verbunden
aus saurem Milchserum.

seiner vorgefassten Meinung, gefunden. Allein gewisse Beobachtungen, welche sich nicht recht in das Schema einfügten, erweckten ihm
Bedenken, über welche er sich nur durch künstliche Interpretationen
hinwegzusetzen vermochte. Er fand nämlich, dass die grösseren
Formen, mit welchen häufig die Vegetation in einer Flüssigkeit begann, meist bald verschwanden, und dass dann in der Folge nur
die kleinsten Formen von Coccos und Bacteria erschienen. Anfänglich glaubte er, der Mangel an geeigneter Nahrung sei die Ursache
des späteren Fehlens der grösseren Formen. Er brachte desbalb die
kleinsten Formen auf und in andere frische Nährsubstrate. Aber

trotz der mannigfaltigsten Aenderungen der Wachsthumsbedingungen hinsichtlich der Concentration des Substrates, der Temperatur, der Luftzufuhr u. s. w., die übertragenen Micrococcos und Mikrobacterien wucherten immer nur als solche fort. Er erklärte sich dies eigenthümliche Verhalten so, „dass, wenn einmal eine Zeit lang hintereinander der noch geringen Volumzunahme des Coccos die Durchfurchung immerfort auf dem Fusse gefolgt sei, die Vegetationsform diesem Modus nicht mehr abgebracht werden könne." Die Entwicklung neuer Bacteriengenerationen erfolge vermuthlich nur aus Dauersporen, welche einige Zeit der Ruhe bedürften, ehe sie neuen, zu Bacterien auswachsenden Coccos auswürfen. Zwischen bestimmten Vegetationsformen, welche durch sei es welche Aenderungen ihrer Wachsthumsbedingungen nicht mehr beeinflusst werden, und besonderen Arten ist die Differenz nicht allzu gross. Dass BILLROTH dem Gedanken an die Annahme specifischer Arten nicht fern gestanden hat, erhellt aus den Schlussworten des ersten Capitels: „Will man die einzelnen vegetationsfähigen Stücke von Coccobacteria isolirt als besondere Pflanzen aufrecht erhalten, was bei der von mir gebrauchten Nomenclatur ohne Aenderung derselben geschehen kann, so müssten Coccos, Gliacoccos und Askococcos bei den Chroococcaceen (χρώς, Haut), Bacteria und Streptobacteria bei den Nematogeneen (νήμα, Faden), und zwar in der Familie der Oscillariaceen, Streptococcos etwa in die Familie der Nostochaceen untergebracht werden", ein Schluss, mit welchem er seiner ganzen vorhergegangenen Darlegung gewissermaassen selbst das Urtheil spricht, da er ja damit seine Beweisführung für die Aufstellung einer Coccobacteria septica als nicht beweisend anerkennt.

Nachdem BILLROTH sich seine Ansicht über die Natur der in faulenden Stoffen gefundenen Wesen gebildet hatte, stellte er überaus zahlreiche und sorgfältige Untersuchungen über die in dem erkrankten menschlichen Organismus vorkommenden Gebilde an. Er gelangte dabei zu der Ueberzeugung, „dass Alles, was an pflanzlichen Organismen in Secreten, Exsudaten und Geweben am lebenden Menschen zu finden sei, morphologisch durchaus nicht von denjenigen Vegetationsformen zu unterscheiden sei, welche beim Fäulnissvorgang der todten Gewebe, der Exsudate und Secrete ausserhalb des Organismus vorkämen." Ja, er sprach weiter den Satz aus, „es giebt bis jetzt keinerlei morphologische Kennzeichen irgend einer Micrococcos- oder Bacterienform, aus welcher man schliessen könnte, dass sie sich nur bei dieser oder bei jener Krankheit im oder am lebenden Körper entwickeln könnte." Gegen die Aufstellung ver-

10*

schiedener Arten nach ihren physiologischen Functionen, welche COHN
wenn auch mit einigen Bedenken acceptirt hatte, wandte sich BILL-
ROTH mit grosser Entschiedenheit. „Die von COHN mit liebenswür-
diger Pietät gegen die Aerzte aufgestellte Gattung „Pathogene Kugelbacterien" mit vier Arten, zu der noch eine Art „Bacillus anthracis"
aus der Gattung „Bacillus" hinzukommt, halte ich nur für das Resultat einer Concession an die moderne Zeitströmung. Micrococcos
vaccinae, Micrococcos diphtheriticus, Micrococcos septicus, Bacillus
Anthracis, dazu könnte man noch fortfahren: Torula Erysipelas, Zoogloea Cholerae asiaticae, Micrococcos carcinomatosus, Micrococcos Pyo-
haemiae etc. etc.; sie bedeuten für mich nichts als in Secreten von
Kranken mit Vaccina, Diphtheritis, Milzbrand, Erysipelas, Cholera etc.
gefunden; von einem B e w e i s, dass diese Organismen die Krank-
heitsträger sein müssen, sind wir noch viel weiter entfernt, als von
dem Beweise, dass Torula urinae den Harn ammoniakalisch macht;
ich finde gar keine wesentlichen morphologischen Differenzen zwischen den manuigfaltigen Vegetationsformen der sogenannten septogenen und pathogenen Coccos und Bacterien; ob Differenzen in der
chemischen Wirkung existiren, weiss man noch weniger." Ebenso
ablehnend verhielt er sich gegenüber der Aufstellung verschiedener
Arten nach den Farbenunterschieden, welche sie darböten. Farben-
unterschiede spielten in der Classification stets eine untergeordnete
Rolle; bei Hyacinthen, Nelken, Pelargonien etc. seien die Farben-
nüancen kaum noch als Varietäten und Spielarten zuzulassen: warum
solle das bei den Bacterien anders sein? Es gebe da eben purpur-
rothe, grünliche, bläuliche, hellgelbe, orangefarbene, weisse Varietäten (es gebe ja auch rosafarbene Hefe), die man mit Mühe und Sorgfalt, wie ein guter Kultivateur seine Hyacinthen etc. züchten könne.
Mit dieser Analogie war jedoch durchaus kein Anhaltspunkt gegeben
für die Beantwortung der Frage: woher stammen diese Farbendiffe-
renzen? Durch Bodenverschiedenheiten allein liessen sich dieselben
nicht erzeugen, wie BILLROTH selbst zugestehen musste. Er fand
keine andere Antwort als die: von der Caprice der Organismen, gelegentlich Varietäten zu bilden. In der That eine höchst unbefrie-
digende Erklärung. Die Differenzen in den chemischen Functionen
der Coccobacterien, welche PASTEUR und COHN als Wirkungen verschiedener Bacterienarten auffassten, suchte BILLROTH nur in Differenzen der jedesmaligen Stoffwechselzustände, d. h. in Acclimatisations-
verhältnissen der Vegetationen an diese oder jene Flüssigkeit. Ueber
das Verhältniss der Coccobacteria-Vegetationen zu den Wundinfectionskrankheiten bildete er sich eine ganz eigene Anschauung: Da er

gerade bei den perniciösen Formen progredienter septischer Phlegmonen Microccos-Vegetationen vermisste, so glaubte er, dass in den
localen Erkrankungsherden zunächst stets unabhängig von allen Vegetationen ein eigenthümlicher giftiger Stoff „das phlogistische Zymoid" entstünde, welcher in das Blut gelange, entzündliche Reizung der inneren
Organe, besonders der Milz, der serösen Häute und Nieren, veran-
lasse, und in diesen Organen reproducirt werde. Den Organismen
schrieb BILLROTH die Fähigkeit zu, diesen Stoff in sich zu fixiren oder
auch wohl ihn rasch zu vermehren. Eine grosse Bedeutung legte
BILLROTH der Vegetationsenergie bei, mit welcher ein Organismus
zu wachsen vermöge; von dieser hänge dessen chemische Action
wesentlich ab. Organismen, welche in demselben Substrat eine Zeit
lang gewachsen seien, erwürben sich dadurch eine höhere Vegetationsenergie. Ein im Eiter entstandener Coccos wäre aus diesem
Grunde etwas sehr Gefährliches für Wunden: „Die Eitercoccosbefe
werde vielleicht gelegentlich in Hospitälern Culturpflanze, wie die
Bierhefe in den Bierbrauereien."

Die Vegetationsenergie der Organismen könnte sich unter geeigneten Verhältnissen zu einer solchen Höhe steigern, dass diese Wider-
stände zu überwinden im Stande wären, welche sie sonst nicht zu
überwinden vermöchten. Ein so energisch vegetirender Coccos auf
einen gesunden Menschen übertragen, könne gegen die Gewebe desselben vielleicht sofort aggressiv (phagedänisch) vorgehen. „So könnte
z. B. eine in sehr wasserreichen Dejectionen entwickelte Coccosvege-
tation in den Darmkanal eines gesunden Individuums gelangt, hier
sofort weiter wuchern; ja ich würde nicht davor zurückschrecken,
selbst das Choleracontagium (wir betrachten dabei das Contagium
vegetabile immer als unbewiesene Hypothese, da ja das schädliche
Agens auch ein den Sporen anhängender Stoff sein könne) auf die
gewöhnliche Coccobacteria zurückzubeziehen, welche unter gewissen
Verhältnissen in heissen Ländern sich zu einer aussergewöhnlichen
Höhe der Vegetationsenergie erheben könnte, mit welcher Vegetationsenergie dann auch die Contagiosität wesentlich zusammenhängen
dürfte: dieselbe würde sich dann in kälterer Jahreszeit allmählich
erschöpfen und endlich ganz erlöschen, bis sich wieder günstige
Verhältnisse dafür zusammenfinden."

Der Grund, weshalb BILLROTH diesen Anschauungen den Vor-
zug einräumte vor der Annahme verschiedener Arten von pathogenen
Bacterien, war ein rein botanischer, nämlich der, dass man nicht berechtigt sei, Arten aufzustellen, so lange man keine morphologischen
Kennzeichen für solche habe. „Dass die Kartoffelnkrankheit keine

gewöhnliche Fäulniss sei, ist erst durch die Entdeckung und genauere Kenntniss der Entwickelung von Peronospora festgestellt. Zeigt Jemand in einer ebenso von allen Botanikern anzuerkennenden Weise, dass die Coccobacteria in den Choleradejectionen eine Pflanze mit anderen Vegetationsformen, eine Pflanze mit scharf erkennbaren Zeichen einer Art, kurz eine andere Pflanze ist, als die Coccobacteria, die in allen diarrhoischen Stühlen vorkommt, zeigt Jemand, dass der Coccos im Eiter eine botanisch scharf zu kennzeichnende Art ist, verschieden von dem Coccos, wie er bei Hospitalbrand vorkommt, dann will ich das specifisch zymotische dieser Krankheiten, sowie ihre ätiologische Abhängigkeit von diesen Pflanzenarten rückhaltlos anerkennen."

Dass die Postulate Billroth's durchaus berechtigt waren, muss jeder unparteiische Beurtheiler ohne Weiteres zugeben. Noch war auch nicht für eine einzige der zahlreichen Infectionskrankheiten, bei welchen Bacterien theils in Secreten, theils im Blut und in den Geweben sicher nachgewiesen worden waren, der Beweis der ätiologischen Bedeutung dieser Gebilde erbracht. Noch war es nicht erwiesen trotz aller diesbezüglichen Untersuchungen und Beobachtungen, dass die Septicämie, die Pyämie, die Diphtherie, die Vaccine und die Variola jede durch einen der betreffenden Krankheit eigenthümlichen, durch ganz bestimmte Eigenschaften ausgezeichneten Micrococcus bedingt sei. Noch war auch der vielgesuchte specifische Choleraorganismus, welcher nach der Annahme Pacini's im Darm der Cholerakranken die Darmzotten abweiden sollte, nicht entdeckt; im Gegentheil Virchow [1]) betonte in seiner berühmten Rede über die Fortschritte der Kriegsheilkunde am 2. August 1874 ausdrücklich, dass er dieselben Formen von Mikrokokken und Bacterien, welche die Cholerastühle zeigten, in Darmausleerungen von Kranken mit Fleckfieber, ja bei einfacher chronischer Diarrhoe in cholerafreier Zeit gesehen, ja dass er auch im Darm von Arsenikleichen zu seinem grössten Erstaunen dieselben Mikroorganismen gefunden habe, welche die Cholera charakterisiren sollten. Auch Lewis und Cunningham [2]) hatten bei ihren überaus zahlreichen mikroskopischen Untersuchungen und Kulturen

---

1) Virchow: Sein Archiv. 1869. Bd. 45. S. 280. 1869. Bd. 47. S. 524; 1870. Bd. 50. S. 455 (C. E. E. Hofmann). — Die Fortschritte der Kriegsheilkunde besonders im Gebiete der Infectionskrankheiten. Rede gehalten zur Feier des Stiftungstages der milit.-ärztl. Bildungs-Anstalten am 2. August 1874.

2) Lewis und Cunningham: Microscopical and physiological researches into the nature of the agent or agents producing cholera: Appendix to the 5 annual Report of the Sanit. Commissioner with the government of India. Calcutta 1872.

von Dejectionen Cholera-Kranker keine anderen Organismen aufgefunden, als in den Dejectionen nicht Cholera-Kranker. Zu gleichen Ergebnissen war auch Eberth[3]) gekommen, und Nedswetzky[4]), welcher bei seinen Studien der Krankheit selbst zum Opfer fiel, hatte seine Meinung, dass er die verschiedenen, von ihm im Erbrochenen, im Darminhalt, ja sogar in der Expirationsluft nachgewiesenen und auf Kartoffeln und Gurken gezüchteten theils kugeligen, theils rosenkranzartigen, theils stäbchenförmigen Organismen für „Cholera-Bacterien“ halte, in keiner Weise begründen können; ebensowenig war es Hoegyes[5]) gelungen, specifische Pilzformen im Choleradarm zu entdecken. Ja nicht einmal für den Milzbrand war es erwiesen, dass die von so vielen Forschern in einer Unsumme von Einzelfällen aufgefundenen Stäbchen das Virus darstellten. Beweis dafür die von Virchow in derselben Rede gebrachte Mittheilung, dass er bei der grossen in jenem Sommer unter den Damhirschen des Grunewaldes bei Berlin ausgebrochenen und von ihm als Milzbrand angesehenen Epizootie, in der gelben Lymphe, welche die Lymphdrüsen des Halses bei einem gefallenen Thiere umgab, „höchst winzige und äusserst spärliche“ Mikroorganismen gefunden habe, dass Kaninchen auf die Einbringung minimaler Mengen der Lymphe vor dem Ablauf von 24 Stunden gestorben seien und dass das Blut des gestorbenen Thieres „fast gar keine Beimischung von Parasiten“ gezeigt habe.

Dass Billroth mit seiner sachlichen Kritik das Richtige getroffen, erkannte auch Virchow in jener Rede offen an, indem er den Satz aussprach: „Es ist bisher nicht gelungen, so durchgreifende Unterschiede zwischen den Parasiten der Cholera und denen der Ruhr, zwischen den Bakteridien der Blattern und denen der Diphtheritis zu finden, dass man bei jeder dieser Krankheiten besondere Pflänzchen nach bestimmten Merkmalen zu erkennen und im technischen Sinne zu diagnosticiren vermöchte.“ Wäre Billroth hier stehen geblieben, hätte er betont, dass die damals bekannten Untersuchungsmethoden noch nicht gestatteten, die Unterscheidung specifischer pathogener Arten wissenschaftlich zu begründen, so wäre sein Werk bei der Berühmtheit seines Namens gewiss von fruchtbringendster Anregung für die Erforschung der Bacterien geworden.

---

3) Eberth: Die geformten Bestandtheile des Cholerastuhles: zur Kenntniss der bacterischen Mycosen. Leipzig 1872.

4) E. Nedswetzky: Zur Mikrographie der Cholera. Dorpat 1872.

5) Andreas Hoegyes: Experimentelle Fragmente über die Wirkung der Choleraentleerungen auf Thiere. Zeitschr. f. Epidemiol. I. S. 95. 1874.

So aber liess er sich durch seine morphologischen Studien bestimmen, unter Ablehnung aller der zahlreichen von Pasteur, Schroeter, Cohn, Klebs, Birch-Hirschfeld und Anderen nachgewiesenen biologischen Verschiedenheiten niederer Organismen Alles, was er gefunden, zusammenzuwerfen und unter Aufgabe seines objectiven kritischen Standpunktes ein System aufzustellen, für dessen Begründung er zwar nur Analogieschlüsse, Hypothesen und rein willkürlich gedeutete mikroskopische Beobachtungen ins Feld führen konnte, durch welches er aber gleichwohl gar Manchen von dem richtigen Wege ab auf eine falsche Fährte geführt hat. Gerade mit dieser homogenisirenden Tendenz stiess Billroth auf Widerspruch bei den Aerzten. „Ohne mir in diesem Augenblick", sagt Virchow, „ein Urtheil über die Richtigkeit der botanischen Abschnitte dieser bedeutungsvollen Arbeit anmaassen zu wollen, muss ich doch sagen, dass sie mit meinem eigenen Gedankengange nur zum Theil zusammentrifft. Ich halte es allerdings für richtig, dass die gewöhnlichen Fäulnissorganismen ausreichen, um einen grossen Theil der localen und einen gewissen Theil der allgemeinen Infectionskrankheiten zu erklären. Es ist dies das schon immer von uns zugestandene Gebiet der putriden Infection, deren höchste Entwickelung die Septicämie ist. Mit dieser Gruppe tritt mindestens ein grosser Theil der diphtherischen Processe, deren Verwandtschaft mit den fauligen wir längst ausgesprochen haben, in eine allerdings nähere Verbindung, als bisher gewöhnlich angenommen wurde, ja wahrscheinlich in eine viel nähere, als selbst Billroth zuzugestehen bis jetzt geneigt ist. Für die Kriegsheilkunde kommen hier vorzugsweise in Betracht die Wundfieber, die Ruhr und der Abdominaltyphus, vielleicht auch die Rachendiphtherie, also die früher als einheimisch bezeichneten Infectionskrankheiten." Nachdem Virchow dann den nicht von der Hand zu weisenden Zusammenhang jener Krankheiten mit Hospital, Boden, Lager u. s. w. hervorgehoben, fährt er fort: „Darf man nun annehmen, dass das Wohnungs-Miasma, das Hospital-Miasma, das Lager-Miasma ein identisches ist? dass dasselbe Miasma je nach Umständen Abdominaltyphus und Ruhr, Diphtherie und Rose, Hospitalbrand und Septicämie hervorbringt? dass es von den gewöhnlichen Fäulnissorganismen herstammt und in einer bestimmten Pilz- oder Algenart seinen Ausdruck findet? Zu der Bejahung solcher Fragen würde mit Folgerichtigkeit die Annahme Billroth's von dem Zusammenhange aller der erwähnten parasitären Pflanzen als blosser Vegetationsformen der Coccobacteria septica führen, sobald man überhaupt den parasitären Pflanzen pathogenetische Eigenschaften beilegt. " Nachdem Virchow dann weiter die nahe Verwandtschaft der Cholera mit fauligen Processen betont, legt er seine eigenen Anschauungen über die Aetiologie der Infectionskrankheiten dar. Zwei Möglichkeiten seien vorhanden: entweder seien die Mikroorganismen aller der genannten Infectionskrankheiten identisch, und dann werde man, wie es auch bei Billroth geschehe, auf besondere giftige Substanzen hingewiesen, welche noch neben den Pilzen oder Algen vorhanden seien und unabhängig von ihnen entstehen müssten, oder aber die Mikroorganismen seien trotz ihrer anscheinenden Uebereinstimmung verschieden und bildeten die Träger und Erreger der gefährlichsten Vorgänge im Körper, sie seien die eigentlichen Krankheitsursachen. Ein Drittes scheine ihm nicht möglich. „Die Schwierigkeit", schliesst er dann, „eines Verständnisses der pathologischen Bedeutung dieser (der fauligen) Vorgänge würde nur dann unüberwindlich erscheinen, wenn in der That eine einzige Pflanze die mannigfaltigen Formen der Fäulnissorganismen erzeugte. Allein es bleibt, wie mir scheint, auch gegenüber dem scheinbar sichersten Ergebniss der morphologischen Untersuchung, der praktische Versuch immer noch in Bezug auf die physiologische oder pathologische Wirkung entscheidend. Bringen dieselben Formelemente ganz verschiedene Wirkungen hervor, so müssen sie innerlich verschieden sein. Können wir diese innere Verschiedenheit an so feinen Körpern, wie die Vibrionen und Bacterien es sind, nicht direct sehen, so werden wir uns daran erinnern müssen, dass an den Bildungszellen des Eies und zahlreicher pathologischer Gewächse, trotzdem sie neben Vibrionen als förmliche Riesen erscheinen, auch nicht im Voraus gesehen werden kann, was aus ihnen werden wird. Ja die Eier selbst sind vielfach einander so ähnlich, dass die Verschiedenheit der Thiere, welche aus ihnen hervorgehen werden, auch nicht im Entferntesten geahnt werden kann. Ergiebt sich daher durch eine Impfung oder durch den pathologischen Zufall, dass durch Bacterien, welche denen gewöhnlicher faulender Infusionen vollständig gleichen, Milzbrand entsteht, während die Bacterien der gewöhnlichen Infusionen ihn nicht erzeugen, so werden wir immer schliessen müssen, dass die Bacterien des Milzbrandes von den Bacterien der Infusion mindestens so verschieden sein müssen, wie Schierling von Petersilie. "

Im Gegensatz zu Billroth, welcher die Frage nach der Specificität der pathogenen Organismen von seinem einseitigen botanisch-morphologischen Standpunkte aus verneinen zu müssen glaubte, betonte Virchow, dass die Unzulänglichkeit morphologischer Unterscheidungsmerkmale kein Grund sei, um auf die Annahme specifischer pathogener Organismen zu verzichten, und dass vielmehr in diesem Falle die Entscheidung dieser wichtigen Frage dem pathologischen Experimente überlassen bleiben müsse. Wie wir sehen werden, wurde es erst durch die gleichzeitige Berücksichtigung der Morphologie und des pathologischen Experimentes möglich, die Frage von der Specificität der pathogenen Organismen endgültig zu entscheiden. Eine hochwichtige Beobachtung, welche wie kaum eine andere geeignet gewesen wäre, BILLROTH's Anschauungen zu beeinflussen, war bereits ein Jahr vor der Veröffentlichung seines Werkes gemacht. Leider hat sie BILLROTH in seinem Werke nicht mehr in ihrer vollen Bedeutung zu würdigen vermocht; er erwähnt sie nur ganz nebenbei in einer Anmerkung. Im Jahre 1873 hatte OTTO OBERMEIER [6]) im Blute von Kranken, welche an Recurrens litten, ausserordentlich feine, lebhaft bewegliche Spiralfäden gefunden, welche bei ihren Bewegungen die Blutkörperchen durcheinanderwirbelten. Diese Fäden fanden sich nur kurz vor und während des Fieberanfalles, mit dem Abfall des Fiebers verschwanden sie. Nur diese eine Form von Organismen kam zur Beobachtung, und bei keiner anderen Krankheit fanden sich derartige Gebilde im Blute. ENGEL[7]), BLIESENER[8]), WEIGERT[9]), LITTEN[10]), BIRCH-HIRSCHFELD[11]) und LAPTSCHINSKY[12]) bestätigten diesen auffallenden Fund. WEIGERT stellte fest, dass die Bewegung der Spiralfäden nur fortdauerte ausserhalb des Körpers in ½ proc. Kochsalzlösung sowie in Blutserum, und dass alle anderen Stoffe sie sistirten. Drängte nicht dieses einzig dastehende Verhalten dazu, anzunehmen, dass die Spiralfäden zu der Erkrankung in engster Beziehung standen? Jedenfalls erhielt die COHN'sche Lehre durch

6) OTTO OBERMEIER: Vorkommen feinster, eine Eigenbewegung zeigender Faden im Blut von Recurrenskranken. Centralblatt f. d. med. Wissenschaften. Bd. XI. 10. 1873.
— Vortrag in der Berl. med. Gesellschaft am 26. März 1873. Berliner klin. Wochenschr. Bd. X. 32. 1873.
— Zur Contagion des wiederkehrenden Fleckfiebers. Centralblatt f. d. med. Wissensch. Bd. XI. 36. 1873.
7) ENGEL: Berl. klin. Wochenschr. Bd. X. 35. 1873.
8) BLIESENER: Ueber Febris recurrens. Inaug.-Dissert. Berlin 1873.
9) WEIGERT: Sitzung der schles. Ges. f. vaterländ. Kultur vom 12. September 1873.
10) LITTEN: Die Recurrensepidemie in Breslau 1872 73. Deutsches Archiv f. klin. Med. Bd. XIII. 1. S. 125. 1874.
11) BIRCH-HIRSCHFELD: Ueber die Spirillen im Blute Recurrenskranker. Deutsches Arch. f. klin. Med. XIII. 3. S. 346. 1874.
12) LAPTSCHINSKY: Recurrensspirillen. Centralbl. f. d. med. Wissenschaften. Bd. XIII. 6. 1875.

diese Beobachtung eine mächtige Stütze gegen BILLROTH. Bei einer
klinisch scharf charakterisirten Krankheit fand sich ein morphologisch
ganz eigenartiger, der COHN'schen Tribus der Spirobacteria seiner
Form nach angehörender Organismus, und zwar im frischen lebenden
Blute — wie stimmte zu dieser Thatsache eine „Coccobacteria septica"?

Den BILLROTH'schen Anschauungen trat auch COHN[13]) in einer im
darauffolgenden Jahre erschienenen Arbeit entgegen. Als Botaniker
konnte er zwar nicht die von BILLROTH gegen die Aufstellung der
Gruppe der pathogenen Bacterien gerichteten Einwendungen widerlegen, da dieses Untersuchungsgebiet ihm zu fern lag. Er musste sich
deshalb darauf beschränken, in Bezug auf die saprophytischen Organismen seinen Standpunkt zu wahren.

Seinen stets von ihm vertretenen Grundsatz, Bacterien von verschiedener Gestaltung und verschiedener Fermentthätigkeit als verschiedene Arten und Gattungen so lange auseinander zu halten, als
nicht der Beweis ihrer Identität mit voller Evidenz geführt sei, hielt
er mit aller Entschiedenheit gegenüber der BILLROTH'schen Zusam-
menfassung aller Formen in eine einzige Gattung Coccobacteria
aufrecht.

„Ich meine," sagt COHN, „dass es für die Fortentwickelung unserer Wissenschaft minder nachtheilig ist, wenn selbst allzuviele
Formen, die schliesslich aus gemeinschaftlicher Quelle abgeleitet
werden können, so lange und so weit als möglich auseinander gehalten werden, als wenn umgekehrt durch Zusammenwerfen verschie-
denartiger Wesen auf deren specielle Erforschung von vornherein
verzichtet wird" — eine Anschauung, welche, frei von jeder syste-
matisirenden Tendenz, allein einen Fortschritt in der Erkenntniss der
Bacterien gewährleistet hat, und welche sich auch heute noch als
durchaus zutreffend erweist.

Durch zahlreiche unermüdlich fortgesetzte Untersuchungen war
COHN in der Lage, seine früheren Anschauungen neu zu befestigen.
So fand er bei einer Luftuntersuchung auf einer zum Waschen der
Luft dienenden Nährlösung von weinsaurem Ammoniak eine milch-
weisse, dicke, zähe Haut, welche bei starker Vergrösserung sich zusammengesetzt zeigte aus froschlaichähnlichen Kügelchen, deren
jedes in einer knorpligen Kapsel ein Aggregat ausserordentlich kleiner
dicht aneinander gelagerter Kugelbacterien barg.

Diesen eigenartigen Organismus bezeichnet er, den BILLROTH-

---

13) FERDINAND COHN: Untersuchungen über Bacterien. II. Beiträge zur Biologie der Pflanzen. Bd. I. 1875. Heft 3. S. 141.

schen Namen adoptirend, als Ascococcus. (Fig. 27.) Er fand, dass derselbe mit den Mikrokokken der Harn- und Pigmentgährung darin übereinstimmte, dass er die Nährlösung unter gleichzeitiger Bildung eines intensiven Milch- und Käsegeruches alkalisch machte, dass er sich also verschieden zeigte von den meisten Stäbchenbacterien, weil diese, wie die Essig- und Milchsäurebacterien in ihrer Nährflüssigkeit eine saure Reaction hervorriefen.

Die Ansicht von LANKESTER, dass die auf vermodernden Thier- und Pflanzentheilen pfirsichblüthrothe Ueberzüge bildenden Organismen einer einzigen natürlichen formenreichen Species angehören sollten, unterzog COHN einer eingehenden experimentellen Prüfung.

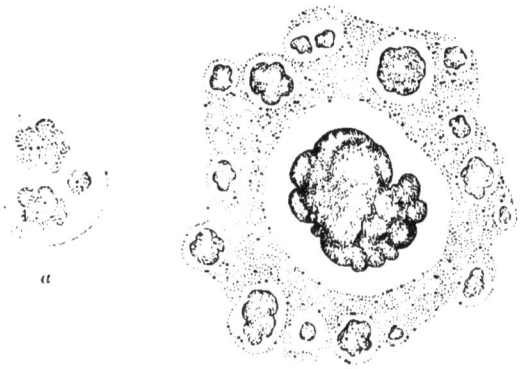

Fig. 27.

FERDINAND COHN: Untersuchungen über Bacterien II. Beiträge zur Biologie der Pflanzen. Bd. I. Heft III. S. 141. 1873.

 Ascococcus BILLROTHII. Grosse knollige Zellfamilie, umgeben von kleineren und in Micrococcus eingelagert; a drei Zellfamilien von gemeinschaftlicher Gallertkapsel umhüllt. Vergr. 65.

Ein vergleichendes Studium der am Boden der Gefässe und an ihren Wandungen abgelagerten Massen sowie der in der Flüssigkeit schwimmenden, grösseren oder kleineren, lockeren, schleimigen Flöckchen ergab auch COHN eine überraschende Mannigfaltigkeit der Entwickelungszustände. „Auf den ersten Blick", fährt COHN dann fort, „scheint es leicht, die Alge wegen ihrer auffallenden Farbe auch in den verschiedensten Gestaltungen wieder zu erkennen; bald überzeugt man sich aber, dass gerade diese Färbung irre leitet, da eine ganze Anzahl mikroskopischer Organismen, welche meist gesellig untereinander vorkommen, aber durchaus nicht in entwickelungsgeschichtlichem Zusammenhang stehen, durch die nämliche Pfirsichblüthfarbe charakterisirt sind."

Die amorphen Flecken, die schwimmenden Hohlkugeln und die zerrissenen Blasen, welche aus völlig gleichartig gebauten und gefärbten Zellen sich zusammengesetzt zeigten, gehörten nach seiner Ansicht in den Entwickelungskreis einer und derselben Art, welche er Clathrocystis roseopersicina benannte. Auch die von Ehrenberg und Morren als Monas vinosa beschriebenen beweglichen rothen Kügelchen von gleicher Grösse — 2,5 μ — wie die Zellen der Clathrocystis, welche er in Gefässen mit Kulturen dieses Organismus in grossen Schwärmen antraf, war er geneigt, als Schwärmzellen der Clathrocystis aufzufassen; die endgültige Entscheidung über diese Frage liess er jedoch noch offen. Andere, neben und zwischen diesen Kügelchen vorkommende rothe Organismen (Fig. 28, A. B. C.) beschrieb Cohn dagegen als besondere Arten: blassrothe, dunkelkörnige, spindelförmige Körperchen als Rhabdomonas rosea, kurze cylindrische, 5 μ breite und 7 bis 15 μ lange dunkelkernige, mit einer langen Geissel am Hinterende versehene Gebilde als Monas Okenii, und eine dritte, noch grössere, nur an den beiden abgerundeten Enden mit dunkelrothen Körnchen erfüllte Form als Monas Warmingii.

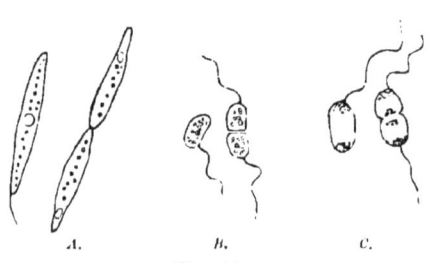

A.   B.   C.

Fig. 28.

A. Rhabdomonas rosea. B. Monas Okenii.
C. Monas Warmingii. Vergr. 600.

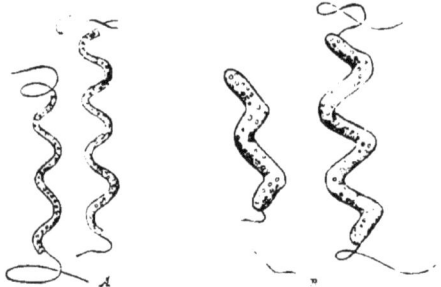

Fig. 29.

A. Spirillum volutans. B. Ophidomonas (Spirillum)
sanguinea Ehr. Vergr. 600.

Endlich fand er noch in faulendem Wasser, welches aus dem Sunde stammte und ihm von Warming übersandt war, grosse, durch Einlagerung rother Körnchen gleichfalls roth gefärbte Spiralen, mit deutlichen Geisselfäden an den Enden, in welchen er die von Ehrenberg bereits im Jahre 1836 und 1840 aufgefundenen und als Ophidomonas jenensis und sanguinea (Fig. 29, B.) beschriebenen Gebilde wiederentdeckt zu haben glaubte. Diese schienen ihm eine solche Uebereinstimmung mit den farblosen Spirillen, namentlich dem riesigen Spirillum volutans zu bieten, dass er zweifelhaft war, ob er sie den Spirillen zuordnen oder als selbstständige Gattung Ophidomonas beschreiben sollte. Während Cohn somit die einzelnen pfirsichblüthfarbenen Organismen wegen ihrer verschiedenen Formen streng auseinanderhielt, erkannte er andrerseits, dass allen diesen Organismen ein wichtiges Merkmal gemeinsam war. Diese sämmtlichen Organismen enthielten in ihrem Plasma auffallende, stark lichtbrechende Körnchen, ähnlich den in den Fäden der Beggiatoen von Cramer als Schwefel erkannten Körnchen. Cohn gelang es nachzuweisen, dass auch die Körnchen in den pfirsichblüthfarbenen Organismen nichts Anderes als Schwefel sind. Er constatirte dann weiter, dass alle diese Organismen in SH$_2$-haltigem Wasser, welches alle übrigen Organismen tödtet, zu leben vermögen, dass sie durch ihre Zellthätigkeit schwefelsaure Salze unter Entwickelung von SH$_2$ zu zerlegen und aus diesem SH$_2$ den S in krystallinischer Form an ihren Zellleibern abzuscheiden im Stande sind, dass sie sich daher als eine von allen übrigen niedersten lebenden Wesen durchaus verschiedene, eigenartige Gruppe von Organismen darstellen.

Als einen weiteren Beweis für die specifischen Verschiedenheiten der niederen Organismen theilte Cohn dann mit, dass es noch andere rothe Farbstoffe gäbe, welche von niedersten Organismen gebildet würden, so ein ziegelrothes Pigment auf gekochtem Reis und ein rostrothes auf Pferdemist. Ersteres würde durch Stäbchen, Bacillus ruber, das zweite durch kugelige Zellen, Micrococcus fulvus, erzeugt. Beide Pigmente zeigten sich ebenso wie das Pigment des Micrococcus prodigiosus durchaus verschieden in chemischer und physikalischer Beziehung von dem pfirsichblüthrothen Farbstoff der schwefelhaltigen Organismen, böten mithin Unterschiede, welche auf Art-Verschiedenheiten der sie producirenden, auch morphologisch differenten Organismen hinwiesen.

In dem faulenden Wasser, in welchem die Clathrocystis vegetirte, beobachtete Cohn noch zwei andere morphologisch eigenartige Gebilde. An der Oberfläche fand er farblose Schleimtröpfchen, aus Gallertkugeln bestehend von 10—17 μ Durchmesser, welche in ihrem Innern farblose, stark lichtbrechende Körnchen einschliessende, knäuelartig, aber locker gewundene Fäden bargen. Lankester hatte diese Kugeln bereits als den gallertbildenden Entwickelungszustand eines Spirillum beschrieben; Cohn aber, seinen Principien treu, fasste ihn als besondere Art auf und benannte ihn Myconostoc gregarium. In derselben Flüssigkeit entdeckte Cohn ferner kleine Räschen von farblosen, Leptothrix ähnlichen Fäden, welche bei schwacher Vergrösserung

deutliche Gabelung zeigten. Als Cohn diese Gebilde bei starker Vergrösserung untersuchte, sah er, dass nicht eine wirkliche Gabelung,
sondern vielmehr eine sogenannte falsche Astbildung vorlag, welche
dadurch entsteht, dass ein Faden sich in der Mitte in zwei Hälften
durchfurcht, deren jede an der Spitze weiter wächst; ist dann die untere
Hälfte eine Strecke weit parallel der oberen fortgewachsen, so hat es
den Anschein, als zweigte sich die obere Hälfte astartig ab. Den neuen
Organismus benannte er Cladothrix dichotoma. Da im Uebrigen dieselbe falsche Astbildung bei verschiedenen spangrünen Oscillarineen
angetroffen wird, so sah Cohn in derselben einen Beweis für die
innige Verwandtschaft dieses pilzartigen, farblosen Organismus im
Wasser mit jenen grünen Algenarten.

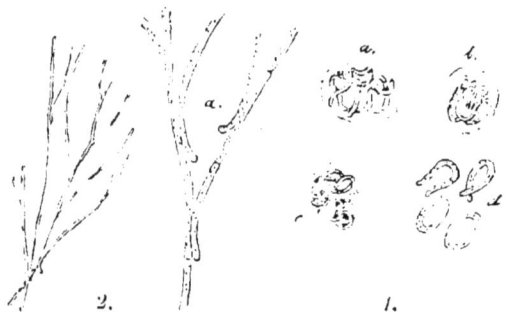

Fig. 30.

1. Myconostoc gregarium. Gallertkugeln mit eingelagerten unregelmässig zusammen-
gerollten Zellfäden; *a* und *b* einfache Kugel; *c* Theilung der Kugel, beginnt mit
der Zweitheilung des Fadens; *d* der Faden zerfällt in ringförmige Stücke. Vgr. 600.
2. Cladothrix dichotoma. Dichotome Fäden bilden weisse Schleimmassen an der Oberfläche faulender Flüssigkeiten. Vergr. 100; *a* falsche Dichotomieen deutlich erkennbar. Vergr. 600.

Endlich beschrieb Cohn noch einen neuen Organismus, welcher
ein besonderes ärztliches Interesse beanspruchte. A. v. Graefe[14]
hatte zuerst im Jahre 1855 in den Thränenkanälen des menschlichen
Auges Concremente von eng verfilzten Pilzmassen beobachtet und als
Favuselemente bezeichnet. Einen ähnlichen Fall hatte im Jahre 1869
Foerster[15] mitgetheilt. In der bröckeligen schmierigen Masse hatte
Waldeyer Pilzelemente gefunden, welche er für identisch mit
Leptothrix buccalis Robin et Lebert der Mundhöhle erklärt hatte.
Die Leptothrixfäden sah Waldeyer umgeben von kleinem rund-

14) A. v. Graefe im Archiv für Ophthalmologie I. 284 und II. 1. 224.
15) Foerster: Pilzmasse im untern Thränenkanälchen in Graefe's Archiv
für Ophthalmologie XV, I. S. 318—23. Taf. III. Fig. 1.

lichen Micrococcus und beweglichen Bacterien. In den bald darauf von Graefe[16] beschriebenen Fällen von Concrementen im unteren Thränenröhrchen hatten Cohnheim und Leber ebenfalls Leptothrixelemente identisch mit denen der Mundhöhle nachgewiesen. Mehrere solcher Concremente wurden dann Cohn von Foerster zur Untersuchung übermittelt. Die weiche, talgartige, leicht zu zerdrückende Masse bestand der Hauptsache nach aus „feinen, äusserst dünnen, farblosen, parallel nebeneinander gelagerten oder wirr durcheinander verfilzten Fäden, welche gerade oder bogig gekrümmt, stellenweise aber schlängelig, eng und zierlich pfropfenzieherartig gewunden" waren. Diese Stellen erinnerten Cohn an die Schraubenfäden der Spirulinen und Spirochaeten, von denen sie sich jedoch durch weit grössere Unregelmässigkeit leicht unterschieden. Die Fäden waren eingelagert und dicht umhüllt von feinkörnigen Micrococcusmassen. Als er die Fäden durch Ausspülen mit Wasser isolirt hatte, erkannte er, dass sie sämmtlich von gleicher, so zu sagen haarfeiner Dicke waren, in unbestimmter Folge bald gerade, bald lockig gedreht verliefen und dass sie auch, wenn auch nur spärliche, Verzweigungen zeigten. Durch diese Eigenthümlichkeiten unterschieden sich die Fäden von den dickeren, steifen und geraden, deutlich gegliederten und stets unverzweigten Fäden der Leptothrix buccalis. Cohn betrachtete sie deshalb als eine besondere Art und bezeichnete sie als Streptothrix Foersteri. Ueber etwaige verwandtschaftliche Beziehung der Streptothrix zur Leptothrix vermochte er sich nicht bestimmt zu äussern, da ihm Kulturversuche nicht gelangen. Die neben der Streptothrix wahrgenommenen Mikrokokken, Bacterien, Geisselmonaden, oidiumartigen Gonidienketten und in der Keimung begriffenen Pilzsporen hielt er für secundäre Bildungen in den Concrementen.

Wir sehen somit, dass Cohn durch sorgsame morphologisch-entwickelungsgeschichtliche Studien die Unterscheidung der von Anderen in einen Topf zusammengeworfenen niederen Organismen stetig vertiefte und seine Anschauungen über die Existenz verschiedener Arten unter denselben immer fester begründete.

Die zahlreichen neuen Beobachtungen, welche Cohn gemacht hatte, liessen es vom systematischen Standpunkte aus ihm unmöglich erscheinen, die Bacteriaceen von den anderen niederen Pflanzen als eine selbstständige Familie abzutrennen. Da die Bacterien so nahe

---

16) A. v. Graefe: Ueber Leptothrix in den Thränenröhrchen. Archiv für Ophthalmologie XV. I. S. 324.

verwandtschaftliche Beziehungen zu den phycochrombaltigen Algen,
aber nicht zu den Pilzen gezeigt hatten, so sah er sich veranlasst,
unter Aufgabe des Naegeli'schen Namens der Schizomyceten und
des von ihm selbst früher vorgeschlagenen Namens der Schizosporeae,
die Bacterien mit den niedersten Algen unter der Bezeichnung der
Schizophytae zu vereinigen und von den höheren Pflanzengruppen
abzugrenzen. Indem er die Bacterien unter die ihnen am nächsten
stehenden Genera vertheilte, und dabei in erster Linie auf die Anordnung der Zellen und erst in zweiter Linie auf deren Phycochrom-
gehalt und Grösse Rücksicht nahm, erhielt er folgende Eintheilung
der Schizophyten:

Schizophytae.

Tribus I. Gloeogenae.

Zellen frei oder durch Intercellularsubstanz zu Schleimfamilien vereinigt.

A) *Zellen frei oder binär oder quaternär verbunden.*

    Zellen kugelig . . . Chroococcus. Naeg.

    Zellen cylindrisch . . Synechococcus. Naeg.

B) *Zellen im Ruhezustand zu amorphen Schleimfamilien vereinigt.*

    a) Die Zellmembranen mit der Intercellularsubstanz zusammen-
fliessend.

       0 Zellen nicht phycochrombaltig, sehr klein.

        Zellen kugelig . . . Micrococcus. Hall. emend.

        Zellen cylindrisch . . Bacterium. Duj.

       00 Zellen phycochrombaltig, grösser.

        Zellen kugelig . . . Aphanocapsa. Naeg.

        Zellen cylindrisch . . Aphanothece. Naeg.

    b) Intercellularsubstanz aus ineinander geschachtelten Zellhäuten
gebildet.

       Zellen kugelig . . . Gloeocapsa. Kg. Naeg.

       Zellen cylindrisch . . Gloeothece. Naeg.

C) *Zellen zu begrenzten Schleimfamilien vereinigt.*

    c) Zellfamilien einschichtig, in einer Zellfläche gelagert.

       0 Zellen quaternär geordnet, in einer Ebene.

               Merismopoedia. Meyen.

       00 Zellen ungeordnet, in eine Kugelfläche gelagert.

        Zellen kugelig, Familien netzförmig durchbrochen.

               Clathrocystis. Henfr.

        Zellen cylindrisch, keilförmig, Familien durch Furchung
getheilt . . . . Coelosphaerium. Naeg.

d) Zellfamilien mehrschichtig, zu sphaeroidischen Zellkörpern
vereinigt.

0 Zellenzahl bestimmt.

Zellen kugelig, quaternär geordnet, farblos.

Sarcina. Goods.

Zellen cylindrisch, keilförmig, ungeordnet, phycochromhaltig . . . . . Gomphosphaeria. KG.

00 Zellenzahl unbestimmt, sehr gross.

Zellen farblos, sehr klein Ascococcus. Billr. emend.

Zellen phycochromhal-
tig, grösser . . . Polycystis. KG.

Coccochloris. Spr.

Polycoccus. KG. u. a.

Tribus II.   Nematogenae Rab.

Zellen in Fäden geordnet.

A) *Zellfäden stets unverzweigt.*

a) Zellfäden frei oder verfilzt.

0 Fäden cylindrisch, farblos, undeutlich gegliedert.

Fäden sehr dünn, kurz . . . . . Bacillus. Cohn.

Fäden sehr dünn, lang . . . . Leptothrix. KG. em.

Fäden stärker, lang . . . . . . Beggiatoa. Trev.

00 Fäden cylindrisch, phycochromhaltig, deutlich gegliedert,
Fortpflanzungszellen nicht bekannt . Hypheotrix. KG.

Oscillaria. Bosc. u.a.

000 Fäden cylindrisch, gegliedert, Gonidien bildend.

Fäden farblos . . . . Crenothrix. Cohn.

Fäden phycochromhaltig . . . . Chamaesiphon u. a.

0000 Fäden schraubenförmig

ohne Phycochrom

Fäden kurz, schwach wellig . . . Vibrio. Ehr. em.

Fäden kurz, spiralig, starr . . . . Spirillum. Ehr.

Fäden lang, spiralig, flexil . . Spirochaete. Ehr.

phycochromhaltig:

Fäden lang, spiralig, flexil . . . Spirulina. Link.

00000 Fäden rosenkranzförmig

Fäden ohne Phycochrom . . Streptococcus. Billr.

Fäden phycochromhaltig . . . . Anabaena. Bory.

000000 Fäden peitschenförmig nach der Spitze verjüngt.

Spermosira. KG. u.a.

Mastigothrix u. a.

b) Zellfäden durch Intercellularsubstanz in Schleimfamilien vereinigt.
0 Fäden cylindrisch, farblos . . . Myconostoc. Cohn [1])
00 Fäden cylindrisch, phycochromhaltig   Chthonoblastus,
Limnochlide. Kg. u. a.
000 Fäden rosenkranzförmig . . . Nostoc, Hormosiphon u. a.
0000 Fäden peitschenförmig nach der Spitze verjüngt.
Rivularia. Roth.
Zonotrichia. Ag. u. a.
B) *Zellfäden durch falsche Astbildung verzweigt.*
0 Fäden cylindrisch, farblos . . . Cladothrix. Cohn [2])
Streptothrix [3]) ?
00 Fäden cylindrisch, phycochromhaltig   Calothrix. Ag.
Scytonema. Ag. u. a.
000 Fäden rosenkranzförmig .   . . . Merizomyria, Kg.
Mastigocladus. Cohn.
0000 Fäden peitschenförmig nach der Spitze verjüngt.
Schizosiphon. Kg.
Geocyclus. Kg. u. a.

1) Myconostoc n. g. filamenta tenerrima achroa implicata convoluta muco
inclusa in globulos perparvos congesta.
M. gregarium sp. unic. globuli gregarii in superficie aquae putridae natantes.
2) Cladothrix n. g. filamenta leptotrichoidea tenerrima achroa non arti-
culata stricta vel subundulata pseudodichotoma.
Cl. dichotoma sp. unic. in aqua putrida.
3) Streptothrix n. g. filamenta leptotrichoidea tenerrima achroa non arti-
culata stricta vel anguste spiralia, parce ramosa.
Sp. Foersteri sp. unic. filamenta in Micrococco mucoso nidulentia, concre-
tiones in canaliculo lacrymali hominis raro repertas componentia.

Zwölfte Vorlesung.

Entdeckung einer besonderen Fruchtform bei der Gattung Bacillus durch Cohn. Robert Koch erkennt die Milzbrandstäbchen als eine besondere pathogene Bacillus-Art und begründet die Aetiologie der Milzbrand-Krankheit auf die Entwickelungsgeschichte des Bacillus Anthracis. Bedeutung seiner Entdeckung für die Aetiologie der Infectionskrankheiten. Paul Bert's Untersuchungen über das Milzbrandvirus. Pasteur widerlegt Paul Bert, bestätigt sämmtliche von Koch gefundenen Thatsachen, entdeckt den „vibrion septique".

Von allen den Momenten, welche Cohn für die Nothwendigkeit einer Trennung der Bacterien in distincte Arten beizubringen gewusst hat, ist keines von so weitgehender Bedeutung geworden, wie die von ihm gemachte Entdeckung, dass seine Gattung Bacillus durch eine besondere Fruchtform, durch die Bildung von Dauersporen ausgezeichnet ist. Das Auftreten glänzender, stark lichtbrechender Körnchen in stäbchenförmigen Gebilden ist ein so häufiges und so auffallendes Phänomen, dass ein sorgfältiger Beobachter es nicht übersehen kann. Und in der That hatte ja bereits O. F. Müller glänzende Körnchen in gewissen Vibrio-Arten gesehen und diese darnach Vibrio bi- und tripunctatus genannt. Cohn hatte mit glänzenden Köpfchen versehene Bacterien schon im Jahre 1851 in einer Infusion von todten Fliegen in ungeheurer Menge beobachtet. Perty hatte sie wahrgenommen in kleinen cylindrischen Gebilden und darauf seine Gattung Sporonema gracile basirt. Trécul hatte geschwänzte Bacterien in den Milchgefässen von Pflanzen beobachtet und Urocephalum benannt. Pasteur hatte bei den Vibrionen der Fäulniss, sowie in den Vibrionen, welche im Darmkanal der an der Schlaffsucht erkrankten Seidenraupen vorkommen, glänzende Körperchen als eine Art von Cystenbildung beobachtet und diese Cystenbildung als eine besondere Art der Fortpflanzung der Vibrionen, als eine „reproduction par noyaux intérieurs" aufgefasst. Im Jahre 1872 hatte Cohn das häufige Vorkommen der merkwürdigen kugeligen oder ovalen Körperchen von ölartiger Lichtbrechung theils als isolirte Gebilde, theils in Verbindung mit zarten Fädchen betont und sich dahin geäussert, dass die zarten Fäden den Eindruck machten von Bacterienkeimfäden, welche aus einer ölhaltigen Gonidie oder Dauerzelle hervorgegangen seien. BILLROTH hatte dann in faulenden Substanzen Stäbchen mit glänzenden Köpfchen als Helobacteria, Nagelbacterien, beschrieben und die ölartig glänzenden Gebilde ebenfalls als Dauerformen angesehen. COHN nun war es, welcher auf Grund seiner Untersuchungen über die Bacillen im Labauszug den wissenschaftlichen Beweis führen konnte, dass die stark lichtbrechenden Gebilde in der That Dauerformen sind, welche den Vegetationskreis der Bacillen beschliessen und deren Erhaltung unter ungünstigen Lebensbedingungen ermöglichen.

In neutralisirten Heuaufgüssen sah er nach dem Kochen nur Stäbchen sich entwickeln, welche er als Bacillus subtilis bezeichnete. An diesem Bacillus subtilis [1] verfolgte COHN die Entwickelung des schwärmenden Stäbchens in der einfach getrübten Flüssigkeit zum unbeweglichen, Leptothrix ähnlichen Faden in der auf dem Aufguss sich bildenden schleimigen Decke. Er stellte fest, dass in jedem Gliede jeden Fadens eine glänzende, $1,8 — 2,2 \mu$ lange und $0,8 \mu$ dicke Spore sich entwickelte, so dass schliesslich die ganze Decke nur aus Sporen zusammengesetzt erschien, und beobachtete endlich das Auskeimen der isolirten Sporen zum schwärmenden Bacillus. „Als ich," schreibt COHN, „eine geringe Menge Sporen, welche schon seit Monaten auf dem Boden eines gekochten Aufgusses abgelagert waren, mit einem frischen Tropfen in die feuchte Kammer brachte, glückte es mir, die Keimung direct zu beobachten. Die Sporen schwollen etwas an und trieben an einem Ende einen kurzen Keimschlauch, sie erschienen nun als Köpfchenbacterien. Der stark lichtbrechende Körper der Spore verschwand bald; der Keimschlauch glich dann einem kurzen Bacillusstäbchen, das sich in Bewegung setzte, durch Quertheilung gliederte, dann fadenförmig verlängerte. Bald schwärmten im Tropfen zahllose kürzere und längere Bacillen, letztere gingen in Ruhezustand über und verfilzten sich in weisse, schon dem blossen Auge sichtbare Filzmassen."

COHN machte dann ferner die überaus wichtige Entdeckung, dass diese Sporen sich durch eine grosse Widerstandsfähigkeit gegen höhere Temperaturen, sogar gegen Siedhitze auszeichnen und dass in allen Fällen, in welchen in gekochten Substraten Bacterien erscheinen, dies stets nur Bacillen sind, deren Dauerformen der Erhitzung widerstanden haben.

Es war hierdurch ein wichtiges Unterscheidungsmerkmal zwischen den Bacillen und den nicht Sporen bildenden Bacterien, in

---

[1] FERDINAND COHN: Untersuchungen über Bacterien IV. Beiträge zur Biologie der Bacillen. Beiträge zur Biologie der Pflanzen Bd. II. 1877. Heft 2. S. 249. Juli 1876.

Sonderheit Bacterium termo gewonnen, da dieses, wie Eidam[2]) durch eine Reihe sorgfältiger Versuche festgestellt hatte, schon bei niedrigeren Temperaturen, bei 45°C. nach 14stündigem und bei 50°C. nach 3stündigem Erwärmen stets abgetödtet wird. Der fundamentalen Bedeutung dieses Ergebnisses für die Generatio aequivoca und besonders für die Desinfectionslehre haben wir schon früher bereits gedacht.

Bei genauerem Studium der Sporenbildung des Bacillus subtilis fand Cohn, dass das Auswachsen zu langen Fäden und die Sporenbildung ausschliesslich an der Oberfläche der Flüssigkeit, also offenbar unter dem Einfluss der Luft stattfand. In zugeschmolzenen und daher mit einer beschränkten Luftmenge versehenen Kölbchen bildete sich zwar das Häutchen, aber dasselbe blieb zart, dünn und fettig; nur sehr selten begann die Sporenbildung. Er schloss daraus, dass die vollkommene Entwickelung der Bacillen und insbesondere ihre Fortpflanzung durch Sporen nur bei ungehinderter Luftzufuhr eintrete. An derartigen der Luft frei ausgesetzten Aufgüssen nahm Cohn keine auffallende Fermentation wahr. Dagegen aber sah er in hermetisch verschlossenen Blechbüchsen mit Conserven, aus welchen durch stundenlanges Kochen der bei weitem grösste Theil der Luft ausgetrieben sein musste, bisweilen eine äusserst energische Gasbildung bei gleichzeitiger Entwickelung von Bacillen zu Stande kommen. Er vermutete, dass unter diesen Umständen Buttersäuregährung eingetreten sei und dass die Bacillen die Erreger derselben darstellten; denn ohne Bacillenentwickelung sah er niemals Gährung in den Conserven sich entwickeln. Er schloss daraus, dass im luftleeren Raume die Fermentwirkung der Bacillen mit besonderer Intensität vor sich gehe, während intensives Wachsthum und Sporenbildung an den ungehinderten Zutritt der Luft gebunden seien. Eigentliche Fäulniss sah er in gekochten Substanzen niemals eintreten, entsprechend den Beobachtungen Eidam's, dass das Ferment derselben, das Bacterium termo, stets durch Siedehitze getödtet werde. Auf Grund der gesammten, die Form, das biologische Verhalten und die Fermentthätigkeit der Bacillen umfassenden Untersuchungen konnte Cohn nunmehr den Satz aussprechen, welchen er als den Angelpunkt für die wissenschaftliche Erkenntniss der Bacterien betrachtete, „dass es ganz verschiedene Gattungen dieser Organis-

---

2) Eduard Eidam: Untersuchungen über Bacterien III. Beiträge zur Biologie der Bacterien. Die Einwirkung verschiedener Temperaturen und des Eintrocknens auf die Entwickelung von Bacterium termo Duj. Beiträge zur Biologie der Pflanzen Bd. I. 1875. Heft 3. S. 203.

men giebt, welche immer nur aus Keimen gleicher Art hervorgehen und durch verschiedene Entwickelung, verschiedene biologische Bedingungen und Fermentthätigkeiten sich scharf und constant unterscheiden. Als zwei solche völlig distincte Gattungen," fährt er dann fort, "haben wir insbesondere Bacterium termo und die Bacillen nachgewiesen, welche höchstens in ihren ersten Entwickelungszuständen verwechselt werden können......., die aber durch ihre gesammte Entwickelungsgeschichte, durch ihr Verhalten gegen höhere Temperaturen und andere Lebensbedingungen, sowie durch ihre Fermentwirkung sich durchaus verschieden erweisen." In einer Anmerkung erklärt er nunmehr auch, dass er seine Gattungen (Micrococcus, Bacterium, Bacillus, Vibrio, Spirillum und Spirochaete) für natürlich halte, während er die von ihm aufgestellten Arten dieser Gattungen nur als provisorisch ansehe.

Eine glänzende Bestätigung des von Cohn ausgesprochenen Satzes und die stricte Erfüllung der Billroth'schen Postulate hinsichtlich der Aufstellung pathogener Arten unter den Bacterien lieferte noch in demselben Jahre der damalige Kreisphysikus im Kreise Wollstein, Robert Koch. Angeregt durch das in seinem Kreise nicht seltene Auftreten des Milzbrandes stellte er sich die Aufgabe, die Aetiologie dieser für die Landwirthschaft so überaus wichtigen Krankheit zu erforschen. Trotz der zahlreichen über die Aetiologie des Milzbrandes angestellten Untersuchungen war das entscheidende Wort noch nicht gesprochen. Während Davaine, wie wir gesehen haben, mit aller Entschiedenheit seine Meinung dahin abgegeben hatte, dass die constant im Blute nachgewiesenen Stäbchen als die Ursache der Krankheit angesehen werden müssten und dass alle Milzbranderkrankungen entweder auf eine directe oder aber indirecte Uebertragung der frischen, resp. im getrockneten Zustande lebensfähig verbliebenen Bacteridien zurückzuführen seien, hatten andere Forscher die Stäbchen für nicht wesentlich erachtet, weil sie erstens nach der Impfung mit bacteridienhaltigem Milzbrandblut tödtlichen Milzbrand erzielt haben wollten, ohne nachher Bacterien im Blute zu finden, und weil sie zweitens durch Impfung mit solchem bacterienfreien Blute wiederum Milzbrand hatten entstehen sehen, bei welchem Bacterien im Blute vorhanden waren. Zudem hatten langjährige Beobachtungen der Milzbrandepidemieen unter den Thieren mit aller Sicherheit ergeben, dass die Krankheit in unzweifelhaftem Zusammenhange steht mit gewissen Bodenverhältnissen, dass z. B. der Milzbrand besonders häufig in feuchtem Boden, in Flussniederungen, Sumpfdistricten vorkommt, dass er sein Maximum hat in den Monaten August und September, in welchen die Curve der Bodenwärme ihren Gipfelpunkt erreicht, dass häufig mit dem Betreten bestimmter Weideplätze die Krankheit in einer Heerde zum Ausbruch kommt — Thatsachen, welche durch die Annahme DAVAINE's nicht in befriedigender Weise erklärt wurden.

BOLLINGER[3]), welcher sich nächst DAVAINE wohl am eingehendsten mit der Pathologie des Milzbrandes beschäftigt hatte, hatte sich zu erweisen bemüht, dass die gegen DAVAINE ins Feld geführten Thatsachen mit der ätiologischen Bedeutung der Stäbchen sehr wohl in Einklang zu bringen wären. Wenn durch eine Impfung mit bac-terienfreiem Blute Milzbrand mit Stäbchen im Blute des geimpften Thieres erzeugt worden sei, so hätte jenes Impfblut in solchen Fällen gleichwohl schon kleinste Organismen, die Bacterienkeime, enthalten, welche dann in den Impfthieren die Entwickelung der Bac-terien herbeigeführt hätten. BOLLINGER hatte erkannt zu haben geglaubt, dass ausser den Stäbchen im Milzbrandblute als Zwischenglieder, wenn auch in geringer Zahl, kleinere Formen von 0,002—0,003—0,006 mm Länge bis herab zu den kleinsten, unmessbaren Formen vorhanden seien, die bei gewöhnlicher Vergrösserung als feine Punkte, bei stärkerer Vergrösserung als Kugelbacterien mit allen optischen und chemischen Eigenschaften der Fadenbacterien sich darstellten, dass ferner die isolirt vorkommenden Kugelbacterien sich fortwährend durch Zweitheilung vermehrten und als Gliederketten zu Reihen sich vereinigten. Er hatte deshalb auch die Stäbchen als kurze Kugelketten abgebildet. In dieser Beziehung befand sich BOLLINGER in vollkommener Uebereinstimmung mit SEMMER[4]), welcher ebenfalls kugelförmige Bacterien bei dem Milzbrand gefunden und die Stäbchen als weitere Entwickelungsstufe dieser Mikrokokken angesehen hatte, mit EBERTH und Anderen.

BOLLINGER hatte dann weiter sich dahin geäussert, dass die von ihm Bacterium anthracicum benannten Organismen sich im kranken

3) O. BOLLINGER: Beiträge zur vergleichenden Pathologie und pathol. Ana-tomie der Hausthiere. 2. Heft. Zur Pathologie des Milzbrandes. München 1872.
— Centralblatt f. d. med. Wissensch. 1872. S. 417.
— Ueber die Milzbrandseuche in den bayrischen Alpen. Deutsch. Arch. f. klin. Med. XIV. 3 u. 4. S. 269. 1874.
— Infectionen durch thierische Gifte in ZIEMSSEN's Handbuch der speciellen Pathologie und Therapie III. S. 450. 1874.
4) SEMMER: Oesterreichische Vierteljahrschrift für Veterinärkunde XXXVIII. Bd. 72. S. 23. 1871.

Thierkörper vermehrten, dass sie vielleicht aber auch ausserhalb des-selben, namentlich im Boden (ectogen) die Bedingungen ihrer Ent-wickelung fänden, vorausgesetzt, dass der Boden mit diesen Orga-nismen oder deren Keimen imprägnirt sei.

Diese Anschauung Bollinger's hatte jedoch keineswegs allge-meine Zustimmung gefunden. Cohn[5] hatte eine rosenkranzähnliche Zusammensetzung der Anthraxstäbchen nicht wahrnehmen können und hatte deshalb an seiner früheren Auffassung der Milzbrand-bacterien als einer Bacillusart festgehalten. Ja, er hatte sogar die Vermuthung geäussert, dass man bei dem Bacillus anthracis vielleicht wie bei anderen Bacillen eine Fortpflanzung durch kugelige Dauer-sporen erwarten und in diesen die Keime der Infection in scheinbar stäbchenfreiem Blut, sowie in eingetrockneten Contagien vermuthen dürfe.

Im Gegensatz zu Bollinger und Cohn hatte dann Harz[6] die Stäbchen wieder für nicht organisirte Gebilde erklärt und jede Verwerthung „dieser sog. Milzbrandbacterien" für die Aetiologie und die Erklärung der Symptome des Milzbrandes zurückgewiesen.

Kurz dem Zweifel an der Bedeutung der Stäbchen war noch immer Thür und Thor geöffnet.

Koch[7] nun war es, welcher mit Hülfe neuer, jeden Irrthum ausschliessender Methoden diese fundamentale Frage endgültig zu entscheiden vermochte.

Zunächst zeigte Koch, dass sich die Bacillen im Blute und in den Gewebssäften des lebenden Thieres ausserordentlich schnell durch Verlängerung und fortwährende Quertheilung vermehren, in-dem er durch Impfung von Maus zu Maus durch lange Reihen von Generationen hindurch — die längste dieser Reihen betrug zwanzig Mäuse — die Krankheit übertrug und stets in den geschwollenen Milzen zahllose Mengen von glashellen Stäbchen nachwies. Dann aber führte er den Beweis, dass im Blute des todten Thieres und in geeigneten anderen Nährflüssigkeiten, in frischem Rinderblutserum oder Humor aqueus von Rinderaugen innerhalb gewisser Temperatur-

---

5) Ferdinand Cohn: Beiträge zur Biologie der Pflanzen. Bd. I. Heft 3. S. 200. 1875.

6) Harz: Zur Kenntniss der sog. Milzbrandbacterien. (Bacterium anthraci-cum Bollinger. Bacillus anthracis Cohn.) Centralblatt f. d. med. Wissensch. 1876. S. 277.

7) Robert Koch: Die Aetiologie der Milzbrand-Krankheit, begründet auf die Entwickelungsgeschichte des Bacillus anthracis. Beiträge zur Biologie der Pflanzen. Bd. II. 1877. Heft II. S. 277. 27. Mai 1876.

grenzen (18^0-40^0 C.), und bei Luftzutritt die Bacillen zu ausserordentlich langen, unverzweigten Leptotbrix ähnlichen Fäden auswachsen und in der That, wie Cohn vermuthet hatte, zahlreiche
glänzende Sporen bilden. Im hohlgeschliffenen Objectträger auf dem
M. Schulze'schen heizbaren Objecttisch konnte er diesen Vorgang
mit seinen Augen in einem Tropfen Humor aqueus, in welchen eine
möglichst geringe Menge ganz frischer bacillenhaltiger Milzsubstanz
eingetragen war, Schritt für Schritt verfolgen. Innerhalb der ersten
10—20 Minuten wurden die Bacillen etwas dicker; sie quollen anscheinend auf, veränderten sich aber sonst in den ersten beiden Stunden wenig. Dann aber begannen sie zu wachsen; nach 3--4 Stunden hatten sie schon ihre 10- bis 20fache Länge erreicht (Fig. 31);
nun fingen sie an, sich
zu krümmen, gegen-
seitig zu verdrängen
oder geflechtartig
durcheinander zu
schieben, sich nach
Art von Schlingpflan-
zen in der verschie-
densten Weise bald
zu langen parallelen
Zügen oder zu
äusserst zierlichen,
spiralförmig ge-
drehten Bündeln zu
vereinigen, bald aber

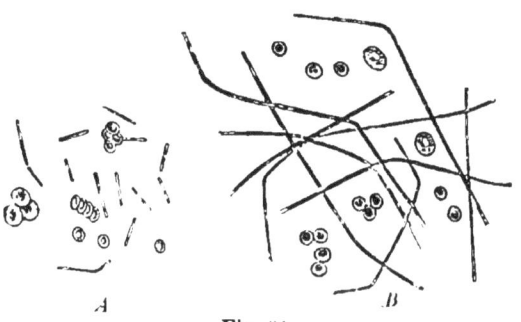

Fig. 31.

A. Milzbrandbacillen vom Blute eines Meerschweinchens.
B. Milzbrandbacillen aus der Milz einer Maus, nach drei-
stündiger Kultur in einem Tropfen Humor aqueus.
Vergr. 650.

in den unregelmässigsten Figuren sich zu einem unzertrennbaren
Knäuel zu verschlingen. Nach 10 bis 15 Stunden erschien der Inhalt
der kräftigsten Fäden fein granulirt; es schieden sich in regelmässigen Abständen sehr kleine, mattglänzende Körnchen ab, welche
sich nach einigen weiteren Stunden zu den stark lichtbrechenden
eirunden Sporen vergrösserten (s. Tafel I). Allmählich zerfielen dann
die Fäden, die Sporen wurden frei, sanken, dem Gesetze der
Schwere folgend, in die unteren Schichten des Tropfens und sam-
melten sich dort in dichten Haufen an. Diese Sporen sah Koch
in frischem Humor aqueus zu den charakteristischen Bacillen wieder
auswachsen (Figur 32). Jede Spore erschien von eiförmiger Gestalt und in eine kuglige glashelle Masse eingebettet, welche wie
ein heller schmaler, die Spore umgebender Ring sich darstellte.
Diese Masse verlor ihre Kugelgestalt und verlängerte sich in der

Richtung der Längsachse der Sporen, während die Spore in dem einen Pol des kleinen walzenförmigen Körpers liegen blieb. Die Hülle wurde länger und fadenförmig, und die Spore blasser und kleiner, bis sie verschwand. Koch schloss aus dieser Formveränderung der Spore bei der Keimung, dass dieselbe aus einem stark lichtbrechenden Tröpfchen, vielleicht einem Oel bestehe, welches von einer dünnen Protoplasmaschicht eingehüllt sei. Letztere sei die eigentliche entwickelungsfähige Zellsubstanz, während ersteres vielleicht einen bei der Keimung zu verbrauchenden Reservestoff bilde.

Mit dieser letzten Reihe von Untersuchungen war der Kreis, welcher von den Formveränderungen des Bacillus Anthracis gebildet wird, geschlossen und damit die vollständige Entwickelungsgeschichte desselben gegeben. Jeder Irrthum war ausgeschlossen; denn die Beobachtungen waren an unzweifelhaften Reinkulturen angestellt. Alle früheren Ansichten waren nach den neu gewonnenen Ergebnissen zu berichtigen. Die von Bollinger vertretene Zusammensetzung der Bacillen aus kugligen Gliedern war, wie Koch

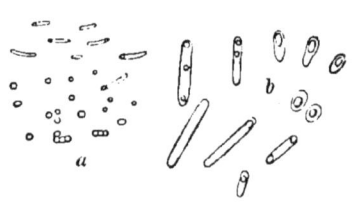

Fig. 32.

Keimung der Sporen; a mit Hartnack 9. Imm. (Vergr. 650) von Koch; b mit Seibert VIII, Imm. (Vergr. 1650) von Cohn gezeichnet. Die Spore verlängert sich in ein walzenförmiges Körperchen, die stark lichtbrechende Masse bleibt an einem Pole liegen, wird kleiner, zerfällt in 2 oder mehr Partien und ist schliesslich ganz verschwunden.

mit Bestimmtheit erweisen konnte, durch das Absterben der Bacillen bei Sauerstoffmangel hervorgerufen. Auch alle späteren von der Darstellung Koch's abweichenden Befunde von anderen Entwickelungszuständen der Milzbrandbacillen, die Auffindung von spermatozoiden Körperchen in Deckglaspräparaten von Mäuse-Milzen durch Fokker [8]), von zahlreichen stark lichtbrechenden, unbeweglichen Kügelchen „Sporen" im arteriellen Blut durch Archangelski [9]) und von kugligen glänzenden Körperchen „einer dritten Entwickelungsform" in dem Blute, in den geschwollenen Lymphdrüsen und in der Milz milzbrandiger Thiere durch Roloff [10]), haben sich ausnahmslos als irrthümlich erwiesen.

Jetzt war Koch auch im Stande, die Beziehung des Bacillus

---

8) Fokker: Centralblatt f. d. med. Wissensch. 1880. S. 817.

9) Archangelski: Ein Beitrag zur Lehre vom Milzbrandcontagium. Central blatt f. d. med. Wissensch. 1883. S. 257.

10) F. Roloff: Ueber die Milzbrandimpfung und die Entwickelung der Milzbrandbacterien. Arch. f. wissensch. u. pract. Thierheilkunde. IX. S. 459.

Anthracis zur Milzbrand-Krankheit endgültig klar zu legen. Er constatirte, dass die Erzeugung der Krankheit einzig und allein nur mit
solchen Substanzen gelinge, welche entweder lebende Bacillen oder
Sporen enthielten, dass man mit allen anderen gelegentlich in faulenden Substanzen oder in Heuaufgüssen vorkommenden sporenbildenden
Bacillen bei Mäusen den typischen Impfmilzbrand nicht hervorzurufen
vermöge — dass mithin der Bacillus Anthracis wirklich der Milzbrandbacillus, d. h. die alleinige Ursache der Krankheit sei.

Auf der Thatsache der Sporenbildung ausserhalb des Thierkörpers konnte Koch dann weiterhin die Aetiologie des Milzbrandes
in ihren Grundzügen mit voller Sicherheit begründen. Da er die
Bacillen durch Eintrocknen in dünner Schicht innerhalb weniger
Tage, in dickerer innerhalb weniger Wochen zu Grunde gehen sah,
während die Sporen weder durch jahrelange Trockenheit, noch durch
monatelangen Aufenthalt in faulender Flüssigkeit, noch durch wiederholtes Eintrocknen und Aufeuchten ihre Keimfähigkeit und Wirksamkeit einbüssten, so war er der Ansicht, dass der Milzbrand ausser
durch feuchte Bacillen im frischen Blute und durch kurze Zeit getrocknete Bacillen vorzugsweise durch die ausdauernden Sporen verbreitet werde. Die bacillenhaltigen Abgänge kranker Thiere und
die meisten Cadaver der an Milzbrand gefallenen Thiere, welche im
Sommer mässig tief eingescharrt würden oder längere Zeit auf dem
Felde, im Stalle, in Abdeckereien lägen, böten günstige Bedingungen
für die Sporenbildung. Ein unzweckmässig behandelter Thiercadaver
könne fast unzählige Sporen liefern; einige davon könnten vielleicht
nach langer Lagerung im Boden oder im Grundwasser, oder an
Haaren, Hörnern, Lumpen und dergleichen angetrocknet, als Staub
oder auch mit Wasser auf die Haut der Thiere gelangen und hier
direct durch eine Wunde in die Blutbahn eintreten, oder auch später
durch Reiben, Scheuern und Kratzen des Thieres in kleine Hautab-
schilferungen eingerieben werden, möglicherweise könnten sie auch
von den Luftwegen oder vom Verdauungskanal aus in die Blut- oder
Lymphgefässe eindringen.

Durch diese bahnbrechende Entdeckung Koch's feierte die Lehre
von dem Contagium animatum der ansteckenden Krankheiten und
zugleich die Lehre von der Specificität der pathogenen Bacterien
zum ersten Male einen wissenschaftlichen, vollberechtigten Triumph.
Der erste sichere Schritt auf dem Wege der Erkenntniss der krankheitserregenden Mikroorganismen war gemacht und damit zugleich
ein viel versprechender Ausblick für die Erforschung aller anderen
Infectionskrankheiten, namentlich der, wie Typhus und Cholera,

gleichfalls zum Boden in gewissen Beziehungen stehenden Krankheiten gewonnen. Voll Zuversicht deutete KOCH hin auf dieses herr-
liche Ziel. Mit ruhiger Ueberlegung aber betonte er, dass zunächst
die Aetiologie der infectiösen Thierkrankheiten und derjenigen menschlichen Krankheiten, welche auf Thiere übertragen werden könnten,
ins Auge zu fassen sein möchte, weil gerade diese Krankheiten gestatteten, die für diese Untersuchungen nicht mehr ausreichende Kraft
des Mikroskops durch das bei der Erforschung des Milzbrandbacillus
als so ausserordentlich werthvoll erwiesene Thierexperiment in der
wirksamsten Weise zu ergänzen.

Die grundlegenden Untersuchungen ROBERT KOCH's über den
Milzbrandbacillus, bei welchen, wie COHN nach eigener Anschauung
berichten konnte, „von einer Unsicherheit in Folge etwaiger Verwechselungen oder Verunreinigungen nicht die Rede sein konnte",
machten ein gewaltiges Aufsehen in der ganzen wissenschaftlichen
Welt. Vor der Beweiskraft der von KOCH mitgetheilten experimentellen Thatsachen mussten alle Zweifel an der belebten, pflanzlichen
Natur und an der ätiologischen Bedeutung der Milzbrandstäbchen
verstummen. In Deutschland wurde die neue wissenschaftliche Er-
rungenschaft rückhaltlos allgemein anerkannt, zumal auch FRISCH[11])
mit Hülfe der von NASSILOFF und EBERTH in die Bacterienuntersuchung eingeführten Methode der Impfung auf die lebende Hornhaut die Vermehrungsfähigkeit der Milzbrandstäbchen im lebenden
Gewebe constatirt hatte. In Frankreich dagegen fand die KOCH'sche
Entdeckung zunächst noch nicht die ihr gebührende Beachtung. Der
Physiolog PAUL BERT[12]) war bei seinen Untersuchungen über die
Wirkung des comprimirten Sauerstoffs auf Fermente zu der Anschauung gelangt, dass alle organisirten Fermente durch denselben
getödtet, unorganisirte dagegen nicht in ihrer Wirkung beeinträchtigt
würden. Milzbrandblut bliebe unter Einwirkung des comprimirten
Sauerstoffs wirksam, also könnte das Virus nicht belebter Natur sein.

---

11) A. FRISCH: Experimentelle Studien über die Verbreitung der Fäulnissorganismen in den Geweben und die durch Impfung der Cornea mit pilzhaltigen
Flüssigkeiten hervorgerufenen Entzündungserscheinungen. Erlangen 1874.
— Die Milzbrandbacterien und ihre Vegetationen in der lebenden Hornhaut.
Sitzungsberichte der kaiserl. Akademie der Wissensch. LXXIV. 3. Wien 1876.
12) PAUL BERT: De l'emploi de l'oxygène à haute tension comme procédé
d'investigation physiologique des venins et des virus. — Comptes rendus de l'Acad.
des sciences t. 84. p. 1130. 1877.
— Société de Biologie, séance du 13. janvier 1877.
— Société de Biologie, séance du 23. juin 1877.

„Je puis faire périr", schloss Paul Bert, „la bactéridie dans la goutte de sang par l'oxygène comprimé, inoculer ce qui reste et reproduire la maladie et la mort sans que la bactéridie se montre. Donc les bactéridies ne sont ni la cause ni l'effet nécessaire de la maladie charbonneuse. Celle-ci est due à un virus."

Diese Behauptung Paul Bert's[13]) wurde der Anlass, dass Pasteur einem schon lange von ihm gehegten lebhaften Verlangen nachzugeben und die schwierigen Probleme der Entstehung der Infectionskrankheiten mit Hülfe der von ihm ausgebildeten Methoden in Angriff zu nehmen sich entschloss. Mit seiner Untersuchung über den Milzbrand betrat er ein Gebiet, auf welchem er zwar, wie er selbst sagt, ein Fremdling war, „étranger aux connaissances médicales et vétérinaires", auf welchem er aber gleichwohl später hochbedeutende wissenschaftliche Erfolge zu verzeichnen gehabt hat.

Pasteur war wohlbekannt mit der Arbeit Koch's über den Milzbrandbacillus, da er sie ja selbst in seiner ersten Mittheilung erwähnt, wahrscheinlich war es sogar diese Arbeit und die Erkenntniss ihrer Bedeutung, welche ihm die Anregung zu seinen experimentellen Untersuchungen über den Milzbrand gegeben hat; er hätte demnach Paul Bert einfach auf die Koch'sche Beweisführung hinweisen können. Er bemühte sich indess, auf Grund eigener Versuche die Irrthümlichkeit der Paul Bert'schen Versuchs-Ergebnisse darzuthun. Sein Mitarbeiter bei diesen Versuchen war der Professor Joubert vom Collège Rollin. Er argumentirte nun folgendermaassen: Im frischen, mit allen Vorsichtsmaassregeln gegen das Eindringen fremder Keime entnommenen Blut eines Thieres entwickelten sich keine Organismen, im frischen in gleicher Weise entnommenen Milzbrandblut wachse nur die Bacteridie. Letztere aus dem Blut in künstliche Nährlösungen oder in neutralisirten resp. schwach alkalisch gemachten Urin übertragen, könne beliebig lange ausserhalb des Thierkörpers weiter fortgezüchtet werden. Nach einer Anzahl von Uebertragungen enthalte die Kultur nichts mehr von den in der ersten Kultur vorhanden gewesenen rothen und weissen Blutkörperchen. Mit einer Spur von einer solchen Kultur lasse sich durch Impfung aber typischer Milzbrand erzeugen. Also könnten die Blutkörperchen mit der Virulenz des Milzbrandblutes Nichts zu thun haben. Wohl aber bleibe noch die Hypothese unwiderlegt, dass das Wirksame entweder ein lösliches, vielleicht von der Bacteridie erzeugtes Ferment „une substance

---

13) L. Pasteur et Joubert: Académie des sciences, 30. avril 1877.
— Académie des sciences, 16. juillet 1877.
— Académie de médecine, 17. juillet 1877.

diastasique soluble" oder aber ein „virus à granulations microscopiques" sein könne, welches sich nach Art eines Organismus neben
der Bacteridie vermehre. Um diese Einwände zu widerlegen, filtrirte er, wie er, unbekannt mit den früheren Filtrationsversuchen
von TIEGEL und KLEBS, irrthümlich meinte als der erste, Milzbrandblut und Milzbrandkulturen durch Thoncylinder. Das Filtrat erwies
sich unwirksam, der Filterrückstand hingegen wirksam bei der
Impfung. Das Virus konnte mithin nicht in gelöstem Zustande im
Blute und in den Kulturen vorhanden sein. Aber auch irgend welche
sich neben der Bacteridie vermehrende mikroskopische Kügelchen
könnten, so schloss er, nicht die Virulenz des Milzbrandes bedingen,
da in einem absolut körnchenfreien, durchaus klaren, neutralisirten
Urin die Bacteridie allein als dichtes Gewirr wolleähnlicher Fäden
am Boden des Gefässes sich entwickele, während die Flüssigkeit im
Uebrigen ganz klar bleibe und auch nicht eine Spur von organisirten
oder amorphen Körperchen enthalte. Folglich sei einzig und allein
nur die Bacteridie die Ursache des Milzbrandes.

Pasteur übergab nun PAUL BERT eine seiner Urin-Kulturen der
Bacteridien. PAUL BERT impfte mit derselben ein Meerschweinchen,
welches nach 30 Stunden mit zahllosen Bacteridien im Blute starb.
Das Blut dieses Thieres setzte er eine Woche hindurch dem comprimirten Sauerstoffe aus, auch behandelte er es mit absolutem Alkohol.
In dem einen wie in dem anderen Falle zeigte sich die Virulenz
desselben vernichtet. Nunmehr erklärte sich PAUL BERT für überzeugt, dass die Bacteridien das virulente Princip im Blute darstellten.
Wie waren nun aber die früheren Ergebnisse PAUL BERT's zu erklären? PASTEUR constatirte, dass die Bacteridien in dem neutralisirten Urin Sporen bildeten, welche er nach ihrem optischen Verhalten als „corpuscules brillants" und nach ihrer physiologischen
Function als „corpuscules-germes" bezeichnete. Er bestätigte somit
im vollen Umfange die KOCH'schen Entdeckungen. Diese Sporen
konnte er 21 Tage lang in reinem Sauerstoff bei 10 Atmosphären
Druck erhalten, ohne dass sie ihre Entwickelungsfähigkeit verloren.
Wenn also in dem von PAUL BERT früher verwandten Milzbrandblute Sporen enthalten gewesen wären, so hätte natürlich die Virulenz desselben durch den comprimirten Sauerstoff nicht vernichtet
werden können. Hiermit waren jedoch noch nicht alle mit der ätiologischen Bedeutung der Bacteridien in Widerspruch stehenden experimentellen Thatsachen verständlich gemacht; namentlich war der
„Milzbrand ohne Bacteridien", welchen früher LEPLAT und JAILLARD
und später auch PAUL BERT bei ihren Impfungen mit Milzbrandblut

erzengt hatten, unanfgeklärt. Der Aufklärung bedurfte ferner auch
noch die Beobachtnng Signol's[14]), dass in dem Blute erstickter
Thiere nach Ablauf von wenigstens 16 Stunden nach dem Tode in
den tiefen Venen des Unterleibes mit den Milzbrandbacterien identische Bacteridien entstünden, nach deren Einimpfung Meerschweinchen stürben, ohne dass sie jedoch Bacteridien im Blute hätten.
Pasteur gelang es für alle diese experimentellen Thatsachen eine
befriedigende Erklärung zu finden. Er constatirte, dass in Cadavern
von Hammeln, Pferden und Kühen, welche an Milzbrand verendet
waren, einige Zeit nach dem Tode Vibrionen aus dem Darmkanal in
die Blutgefässe des Unterleibes eindrangen und die Bacteridien des
Milzbrandes vernichteten. Brachte er solches Blut unter die Haut
von Meerschweinchen, so sah er diese zu Grunde gehen, ohne dass
Bacteridien im Blute vorhanden waren. Die Meerschweinchen zeigten
heftige Entzündungen der Bauchmuskeln, in dem Unterhautgewebe
eine Ansammlung röthlich gefärbter Flüssigkeit und an manchen
Stellen Gasblasen im Gewebe. Lunge und Leber waren entfärbt,
die Milz nicht geschwollen. In der Flüssigkeit, von welcher die
Muskeln durchtränkt waren, ganz besonders in der Abdominalflüssig-
keit, welche die Eingeweide umspülte, fanden sich enorme Mengen
beweglicher Vibrionen. Hatten solche Thiere einige Zeit gelegen,
so waren auch im Blute auffallend lange Vibrionen nachweisbar
„rampant, flexueux et écartant les globules du sang comme un ser-
pent écarte l'herbe dans les buissons." Die Thiere waren somit nicht
an Milzbrand gestorben, sondern an einer anderen Krankheit, welche
Pasteur als Septicämie oder Fäulniss am Lebenden „putréfaction
sur le vivant" bezeichnen zu können meinte. Die Ursache derselben,
der „vibrion septique", dem Einflusse des comprimirten Sauerstoffes
ausgesetzt, ging nun nicht zu Grunde, wie die Bacteridien des Milzbrandes, sondern verwandelte sich im Gegentheil unter der Einwirkung dieses Gases in „corpuscules-germes". Dieser Organismus war
somit die Ursache des „charbon sans bactéridies" von Leplat,
Jaillard, Signol und auch von Paul Bert. Alle jene Untersucher hatten entweder nur den „vibrion septique" verimpft (Signol)
oder aber bereits in Fäulniss begriffenes Milzbrandblut, in welchem
die „vibrions septiques" die Bacteridien bereits vernichtet hatten (Leplat und Jaillard), oder endlich Milzbrandblut, in welchem neben
den zahlreichen Bacteridien einige „vibrions septiques" vorhanden
gewesen waren (Paul Bert). In einem solchen Blute waren dann

---

14) Signol: Académie des sciences. 6. Décembre 1875.

unter Einwirkung des comprimirten Sauerstoffs die Bacteridien zu
Grunde gegangen, während sich die „vibrions septiques" in Sporen
verwandelt hatten, nach deren Einimpfung die Thiere einem sog.
„charbon sans bactéridies" erlegen waren. Somit hatte Pasteur
nachgewiesen, dass der Milzbrand und die Septicämie oder Fäulniss
am Lebenden von zwei verschiedenen, durch ihr ganzes biologisches
Verhalten als eigenartig charakterisirten pathogenen Organismen erzeugt werde, welche entweder derselben Gruppe oder doch zwei be-
nachbarten Gruppen von niederen Organismen angehörten; er hatte
mithin einen neuen Beweis für die Existenz specifischer Arten unter
den Bacterien im Sinne Cohn's beigebracht.

Die Frage, ob der „vibrion septique" identisch sei mit dem
„vibrion-ferment" des Kalktartrates, über dessen Auffindung er früher
bereits der Akademie berichtet und dessen Kultur er in seinem berühmten Werke: Études sur la bière[15] erst kurz vordem eingehend
geschildert hatte, liess Pasteur noch offen. Directe Versuche sollten
darüber entscheiden. Da Pasteur der Ansicht war, dass die Fäulniss durch verschiedene Vibrionen erregt würde, so drängte sich
ihm der Gedanke auf, ob nicht auch die Fäulniss am Lebenden
durch verschiedene Vibrionen hervorgerufen werden könnte. Die
Antwort auf die von ihm aufgeworfene Frage: „La septicémie ou
putréfaction sur le vivant est-elle une maladie unique?" lautete:
„Non; autant de vibrions, autant de septicémies diverses, bénignes
ou terribles; c'est ce que nous montrerons dans une communication
ultérieure et c'est alors que nous aurons l'explication de ces inocu-
lations de matières putrides qui bornent leurs effets à des phlegmons,
à des abcès supuratifs et autres complications que tous les auteurs
qui ont écrit sur la septicité du sang ont remarquées." Ebenso
deutete er darauf hin, dass die Aetiologie der „infections purulentes,
suites des traumatismes grands ou petits" und „toute cette catégorie
de fièvres pernicieuses dites putrides" durch seine Entdeckung ihre
Erklärung finden würden. Gegenüber dem Bedenken, dass der Hypothese, der Typhus z. B. werde durch einen der gemeinen Fäulniss-
vibrionen erzeugt, die relative Seltenheit der Krankheit entgegen-
stünde, führt er eine von ihm gemachte merkwürdige Beobachtung
an. Als er nämlich, um Material für weitere Studien über Septicämie zu sammeln, Ochsenblut der spontanen Fäulniss überliess, ge-

---

15) Pasteur: Études sur la bière, ses maladies, causes qui les provoquent,
procédé pour la rendre inaltérable. Avec une théorie nouvelle de la fermentation.
Paris 1876.

lang es ihm bei 4 Monate hindurch fortgesetzten Versuchen nicht ein wirklich septisch wirkendes Blut „un sang vraiment septique" zu erhalten: „c'est à dire", schreibt er, „que dans aucun cas la putréfaction étant abandonnée au hasard sans ensemencement direct, le vibrion septique ne prit jamais naissance, au moins dans un état de pureté relative suffisante pour rendre le sang virulent."

Mit der Entdeckung seines „vibrion septique" glaubte Pasteur auch den Schlüssel gefunden zu haben zu der in jener Zeit die ganze medicinische Welt bewegenden und in allen gelehrten Gesellschaften, so namentlich auch in der Pariser Akademie lebhaft discutirten Beobachtung von der zunehmenden Virulenz septischen Blutes bei wiederholtem Durchgang desselben durch den Thierkörper, auf welche wir demnächst noch ausführlicher einzugehen haben werden. Er glaubte die Zunahme der Virulenz solchen Blutes durch eine „purification de plus en plus grande, si l'on peut ainsi parler, du vibrion septique" erklären zu können. Während er gerade die Eigenthümlichkeit des „vibrion septique", das Blut des inficirten Thieres nicht virulent zu machen, als Unterscheidungsmerkmal desselben von der Bacteridie des Milzbrandes in Anspruch genommen hatte, sollte nun die zunehmende Reinheit des „vibrion septique" die Ursache der zunehmenden Virulenz des Blutes septicämischer Thiere sein — eine auffallende Inconsequenz, welche nur dadurch ihre Erklärung findet, dass Pasteur seine Septicämie, die Fäulniss am Lebenden, zusammenwarf mit jener experimentell erzeugbaren Septicämie, welche zwar auch nach der Impfung mit faulem Blut entstand, welche aber durch kleinste Mengen des frischen Blutes der inficirten, durchaus keine Zeichen von Fäulniss darbietenden Thiere weiter übertragen werden konnte.

Die Räthsel der durch Einführung faulender Stoffe bei Thieren erzeugbaren sowie der im Gefolge der Wunden beim Menschen entstehenden Krankheiten hat Pasteur durch die Entdeckung des „vibrion septique" nicht gelöst. Er so wenig wie viele andere Forscher vermochten die diesbezüglichen mannigfaltigen, vielfach einander widersprechenden Forschungsergebnisse in befriedigender Weise zu erklären. Auch auf diesem mit der Entwicklung der ganzen Lehre von den pathogenen Bacterien auf das engste verknüpften Gebiete war es wiederum, wie wir sehen werden, Robert Koch, welcher das erlösende Wort gesprochen hat.

Dreizehnte Vorlesung.

Rückblick auf die Lehre von den pathogenen Bacterien. Cohn's Unterscheidung zwischen pathogenen und saprogenen Bacterien. Die Bacterienfunde häufen sich. Die bei den verschiedensten Krankheiten gefundenen Bacterien sind weder durch die Form, noch durch die Kultur, noch durch das Thierexperiment zu unterscheiden. Annahme der Identität aller jener und der Fäulnissbacterien. Die gleichen Bacterien können nicht die verschiedenen Krankheiten erzeugen. Die Bacterien fehlen in vielen Fällen, oder stehen ihrer Zahl nach in keinem Verhältniss zur Schwere der Affection, können mithin keine ätiologische Bedeutung haben. Fäulnissprocesse an den Wunden. Alte Annahme, dass Fäulniss die Ursache der Wundkrankheiten. Beweis dafür die Thierversuche und die antiseptische Wundbehandlung Lister's. Fäulniss ist durch Keime bedingt, also auch die Wundfäulniss. Wie ist die Entstehung der verschiedenen Wundkrankheiten beim Menschen und die verschiedenartige Wirkung der Fäulnissstoffe auf Thiere zu erklären? Entweder durch Verschiedenheit der Bacterien in den Fäulnissstoffen — dafür fehlt der Beweis, oder durch andere ausserhalb der Bacterien liegende Momente: durch quantitative und qualitative Verschiedenheiten der chemischen giftigen Producte der Fäulniss. Samuel's Erklärung. Billroth's Anschauung. Die verimpfbare Septicämie und die zunehmende Virulenz des septicämischen Durchgangsblutes. Widerstreit der Ansichten, ob die Septicämie durch ein vitales Agens oder durch ein Ferment bedingt sei. Die Frage bleibt unentschieden. Fäulnissbacterien und Septicämie-Bacterien werden für identisch angesehen. Wirken isolirte Bacterien pathogen? Versuche, die Bacterien von ihrem Nährboden abzutrennen durch Gefrierenlassen und Wiederaufthauen, Filtration, Diffusion. Wirkungen von Kulturen der Bacterien in Pasteur'scher Nährlösung. Hiller's Versuche: Auswaschen der isolirten Bacterien. Unwirksamkeit der „reinen Bacterien" im Körper von Mensch und Thier. Unschädlichkeit derselben für Wunden. Ranke's Untersuchungen über Bacterien unter dem Lister'schen Verbande. Nach Hiller ist die „septische Infection" keine Mycose, sondern eine Intoxication; ebenso sind auch nach seiner Ansicht die Septicämie und das Erysipel durch chemische Gifte bedingt. Hiller glaubt mit Billroth und Tiegel an eine Präexistenz von Bacterien im lebenden Körper. Die Bacterien vermehren sich nur dann, wenn an einer Stelle physikalische oder chemische Störungen eingetreten sind. Die Bacterien sind stets die Folge, niemals die Ursache von Erkrankungen.

Nachdem wir die erste sichere Etappe auf der Bahn der Entwicklung unserer Kenntnisse von den pathogenen Bacterien mit dem Nachweis der ätiologischen Bedeutung des Milzbrandbacillus durch Koch erreicht haben, wollen wir unseren Blick zurücklenken und

12*

noch einmal im Zusammenhang den Verlauf betrachten, welchen die
Forschung in Bezug auf die Aufklärung der pathogenen Bedeutung
der übrigen bei zahlreichen Krankheiten aufgefundenen Bacterien
in der gleichen Zeit genommen hat. Die Geschichte dieser Ent-
wicklung ist im Wesentlichen nichts Anderes als die Geschichte der
Aetiologie der natürlichen und experimentellen Wundinfectionskrank-
heiten. Wie Sie sich erinnern, hatte FERDINAND COHN unter dem
Eindrucke der Schlag auf Schlag gegen das Ende des 6. und im
Anfange des 7. Decenniums unseres Jahrhunderts von ärztlichen
Autoritäten bei den verschiedensten Krankheiten gemachten Bac-
terienfunde [1] in seiner grundlegenden Arbeit über die Bacterien im
Jahre 1872 seine Gruppe der pathogenen Kugelbacterien, seinen
Micrococcus vaccinae, diphthericus und septicus, aufstellen zu können
geglaubt. Der constante anatomische Nachweis und die erfolgreichen
Uebertragungen auf Thiere waren ihm als genügende Beweise erschienen für die specifische Bedeutung der bei den Pocken, bei der
Diphtherie und bei der Septico-Pyämie gefundenen Bacterien. „So
lange man nicht zwischen Bacterien und Bacterien unterschied . . .,
so lange konnte auch die Contagienfrage keine wissenschaftliche
Grundlage gewinnen. Der erste Schritt zum Fortschritt war gethan,
als man die pathogenen Bacterien von den saprogenen zu unterscheiden versuchte", mit diesen Worten hatte er die neue Aera der
pathogenen Bacterien verkündet. Aber gerade bei den Versuchen,
die bei den verschiedenen Krankheiten gefundenen Bacterien voneinander und von den Fäulnissbacterien zu unterscheiden, hatten
sich alsbald Schwierigkeiten herausgestellt, an deren Ueberwindung
dann fast ein Decennium hindurch die Forscher ihre besten Kräfte
erschöpften. Wohl häuften sich von Jahr zu Jahr die Bacterienfunde
bei den verschiedensten Krankheiten: werthvolle Beobachtungen wurden namentlich bei der Pyämie und bei dem Puerperalfieber durch
BIRCH-HIRSCHFELD, ORTH, HEIBERG [2] und MARTINI [3] gemacht; für das
Erysipel brachten ORTH [4], VON RECKLINGHAUSEN und LUKOMSKY [5],

---

1) Vgl. Vorlesung 7.
2) Vgl. Seite 101.
— ORTH: Ueber die Formen der pathogenen Bacterien. VIRCHOW's Archiv.
Bd. 59. S. 532. 1874.
3) MARTINI: Ueber Mikrokokken-Embolieen innerer Organe. Archiv. f. klin.
Chir. XVI. 1. S. 157. 1874.
4) ORTH: Untersuchungen über Erysipel. Arch. f. exp. Patholog. u. Pharma-
kolog. I. S. 81. 1873.
5) v. RECKLINGHAUSEN u. LUKOMSKY. VIRCHOW's Archiv. Bd. 60. S. 413. 1874.

Troisier[6]), ferner Billroth und Ehrlich[7]), sowie endlich Tillmanns[8]) eingehende Bestätigungen und Vervollständigungen der älteren
Befunde von Nepveu[9]) und Wilde[10]) und Raynaud[11]); Lücke[12]),
Eberth[13]) und Friedmann[14]) bestätigten die Bacterienfunde von
Klebs[15]) und Collmann[16]) in osteomyelitischen Herden; Heiberg[17])
und Virchow[18]), Eberth[19]), Maier[20]), Burkart[21]), Birch-Hirschfeld
und Gerber[22]), Klebs[23]) u. A. berichteten über Bacterienfunde in den
Herzklappen und auch in den inneren Organen bei der Endocarditis
ulcerosa. Aber brachten die neuen Funde die ersehnte Aufklärung
über die Bedeutung jener Organismen? War es denn den Forschern
möglich, in wissenschaftlicher Weise darzuthun, dass diese Krankheit durch diesen, jene Krankheit durch jenen bestimmten Organismus
erzeugt werde? Die Antwort auf diese Frage lautete: Nein. Die Möglichkeit, dass dem so sei, konnte man wohl betonen, aber, auf
schwerwiegende Gründe gestützt, konnten gewichtige Stimmen die
gegentheilige Ansicht mit Erfolg vertheidigen. Während die Re-
currens-Spiralen und die Milzbrandstäbchen durch Form und Grösse,
Eigenartigkeit der Bewegung resp. Unbeweglichkeit und ausschliess-
liches Vorkommen im Blute von allen anderen niederen Gebilden

6) Troisier: Bulletin de la société anat. de Paris 1875.

7) Billroth u. Ehrlich: v. Langenbeck's Archiv. Bd. XX. S. 418. 1877.

8) Tillmanns: Deutsche med. Wochenschrift. 1878. No. 17. S. 224.

9) Nepveu: Comptes rendus de la société de biologie. t. 22. p. 164. 1870. —
Gaz. de Paris 1875.

10) Wilde: Schmidt's Jahrbücher. Bd. 155. Heft 1. S. 104.

11) Raynaud: Union médicale. Paris 1873.

12) Lücke: Deutsche Zeitschrift f. Chirurgie. 1874. IV. S. 218.

13) Eberth: Virchow's Archiv. Bd. 65. 1875. S. 341.

14) Friedmann: Berl. klin. Wochenschrift. 1876. No. 4, 5 u. 6.

15) Klebs: Zur pathologischen Anatomie der Schusswunden 1871.

16) Collmann: Bacterien im Organismus eines an einer Verletzung am Oberschenkel verstorbenen Mädchens. Göttingen 1873.

17) Hjalmar Heiberg: Ein Fall von Endocarditis ulcerosa puerperalis mit
Pilzbildungen im Herzen (Mycosis endocardii). Virchow's Archiv. Bd. 56. 3.
S. 407. 1872.

18) Virchow: Zusatz zu vorstehendem Artikel. ibid. — Die erste Beobachtung Virchow's datirt aus dem Jahre 1856, s. s. Archiv.

19) Eberth: Diphtherit. Endocarditis. Virchow's Archiv. Bd. 57. 2. S. 228.
1873. — ibid. Bd. 62. 1874 und Bd. 65. 1875

20) Maier: Ein Fall von genuiner Endocarditis diphtheritica. Virchow's
Archiv. Bd. 62. 2. S. 145. 1874.

21) Burkart: Berl. klin. Wochenschr. 1874. 13.

22) Birch-Hirschfeld und Gerber: Archiv d. Heilkunde. 1876.

23) Klebs: Arch. f. exp. Path. u. Pharm. Bd. VII. 1877.

verhältnissmässig leicht zu unterscheiden waren, fehlten bei den übrigen Organismen derartige charakteristische Unterscheidungsmerkmale vollständig. Alle jene Organismen stellen sich dar entweder als einzelne oder in Ketten oder auch in dichten Haufen angeordnete Kügelchen oder als kleine Stäbchen, welche beide, Kügelchen und Stäbchen, vielfach in so innigem Gemisch gefunden wurden, dass ein genetischer Zusammenhang beider Formen vielen Forschern als ganz selbstverständlich erschien. Wie sollte man nun die bei den Pocken theils im Pustelinhalt, theils in der Haut und in den inneren Organen gefundenen Bacterien mit Sicherheit unterscheiden von den bei der Septicämie und Pyämie, bei dem Hospitalbrand, bei dem Puerperalfieber, bei der Diphtheritis, bei dem Erysipel, bei der Osteomyelitis, bei der Endocarditis ulcerosa u. s. f. nachgewiesenen Bacterien. Wie sollte man alle diese weiter abgrenzen von den ja auch meist als Körnchen und Stäbchen sich darstellenden gemeinen Fäulnissbacterien, da sichere morphologische Unterscheidungsmerkmale fehlten?

Die Methode der Kultur jener Organismen in Gallertkammern, wie sie von KLEBS und LETZERICH geübt war, hatte sich als eine brauchbare Handhabe für eine zuverlässige Differenzirung derselben nicht erwiesen. Als das einzige Mittel, mit Hülfe dessen es vielleicht noch gewisse Unterschiede aufzufinden gelingen konnte, erschien den Forschern das Thierexperiment, die Uebertragung der den verschiedenen Krankheiten entstammenden Bacterien auf Thiere und die Beobachtung ihrer Einwirkung auf diese. Aber auch hierbei waren die Ergebnisse einer Annahme specifischer Bacterien für die einzelnen Krankheiten durchaus nicht günstig.

Während z. B. OERTEL[24]) nur mit dem bacterienhaltigen Material der Diphtherie, nicht aber mit faulenden Substanzen bei Kaninchen pseudomembranöse Tracheitis und hämorrhagische Muskelentzündungen erzielen konnte, erreichten HUETER[25]) und auch MARCUSE[26]) das gleiche Resultat mit warmfaulendem Blut. Während NASSILOFF[27]) nur mit „den Pilzen der Diphtherie" und nicht mit den anscheinend identischen Pilzhaufen, welche bei der Fäulniss von normalem Blut und Muskelsubstanz entstanden waren, auf der Hornhaut von Kaninchen diphtherische Entzündungen erzeugen konnte, musste EBERTH[28]),

---

24) OERTEL: Experimentelle Untersuchungen über Diphtherie. Leipzig 1871.
25) HUETER: Allgemeine Chirurgie 1873. S. 205.
26) MARCUSE: Deutsche Zeitschrift f. Chirurgie Bd. V. 1875. S. 631.
27) NASSILOFF: VIRCHOW's Archiv. 1870. Bd. 50. Heft 4. S. 550.
28) EBERTH: Correspondenzblat f. schweizer. Aerzte. 1872. — Ueber bacter. Mycosen. Leipzig 1872.

welcher auf Grund umfangreicher Cornea-Impfungen mit Diphtherie-
Material den Satz ausgesprochen hatte: ohne diese Pilze keine Diphtherie, später [29]) selbst zugestehen, dass die Kaninchencornea diph-
theritisch wurde ausser durch Verimpfung des diphtherischen Belags
vom Rachen auch durch Einimpfung der endocardialen Auflagerungen bei primärer, maligner Endocarditis, des diphtherischen Wund-
belags, des Eiters entzündeter Venen Pyämischer, des eitrig-croupösen
Exsudats bei puerperaler Peritonitis, des Blutes an Sepsis und Diphtherie verstorbener Wöchnerinnen, ja dass auch die Kugelbacterien
der Mundhöhle und die auf faulem Fleisch, in faulendem Harn und
Blut gezüchteten Mikrokokken in die Hornhaut verimpft, dem diphtherischen Process analoge Störungen hervorriefen. Nur gelang
die Uebertragung der letzteren viel seltener wie die der Diphtherie-
organismen, auch traten die entzündlichen Veränderungen, welche
sie verursachten, nie so sicher, so vehement und in so grosser Aus-
dehnung auf wie bei der Diphtherie. EBERTH hatte somit nur einen
quantitativen Unterschied in der Wirkung der Diphtherie- und
der Fäulnissbacterien constatiren und daraus nur eine wahrschein-
liche Verschiedenheit dieser Organismen deduciren können. Aber
auch diese quantitativen Unterschiede waren nicht einmal constant.
Andere Forscher, LEBER [30]), STROMEYER [31]), DOLSCHENKOW [32]) und
namentlich FRISCH [33]) sahen bei der Impfung faulender Substanzen
auf die Cornea mehrfach auch schwere Erkrankungen derselben,
Hypopyon-Keratitis, ja selbst Panophthalmitis folgen.

Wohl erhielt BIRCH-HIRSCHFELD [34]) bei der Verimpfung des mikrokokkenhaltigen Eiters Pyämischer auf Kaninchen eine mit phlegmo-
nösen Entzündungen (nicht selten auch mit pyämischen Metastasen)
verlaufende tödtliche Infection, während er durch gleiche Mengen putrider Massen meist nur eine ganz vorübergehende Störung hervorrufen
konnte, aber andere Forscher, wie z. B. BERGMANN [35]), konnten der-

---

29) EBERTH: Centralblatt f. d. med. Wissenschaften. 1873. No. 8 u. 19.
30) LEBER: Centralblatt f. d. med. Wissensch. 1873. No. 9.
31) STROMEYER: ibid. No. 21.
32) DOLSCHENKOW: ibid. No. 42 und 43.
33) ANTON FRISCH: Experimentelle Studien über die Verbreitung der Fäulnissorganismen in den Geweben und die durch Impfung der Cornea mit pilzhaltigen Flüssigkeiten hervorgerufenen Entzündungserscheinungen. Erlangen 1874. Fr. Enke.
34) BIRCH-HIRSCHFELD: Die neueren pathologisch-anatomischen Untersuchungen über Vorkommen und Bedeutung niederer Pilzformen (Bacterien) bei Infectionskrankheiten. Schmidt's Jahrbücher. Bd. 166. 1875. S. 187.
35) E. BERGMANN: Zur Lehre von der putriden Intoxication. Deutsche Zeitschrift f. Chir. 1. 4. S. 373. 1873.

artige Phlegmonen als eine sehr häufige Folge von Injectionen fauliger Substanzen verzeichnen.

Wohl erzielte ORTH[36]) mit dem mikrokokkenhaltigen Inhalt von
Erysipelblasen eine mit Röthung und Infiltration der Haut einhergehende, in derselben Weise wie das Erysipel sich ausbreitende
fieberhafte Affection bei Kaninchen, aber LUKOMSKY[37]) erzielte sowohl
mit Inhalt von Erysipelblasen, als auch mit Fäulnissinfusen rasch
sich verbreitende, stark phlegmonöse Unterhautentzündung mit bedeutender Betheiligung der Cutis, bei welcher sich ebenso wie beim
Erysipel da, wo der Process im Fortschreiten begriffen war, Mikrokokken in grosser Anzahl in den Lymphgefässen und Saftkanälen
vorfanden.

Also auch das Thierexperiment ergab keine sicheren Anhalts-
punkte für eine Unterscheidung der bei den verschiedenen Krankheiten gefundenen Bacterien. Da somit jene Bacterien weder durch
morphologische Kriterien, noch durch die Kultur, noch durch das
pathologische Experiment von einander und von den Fäulnissbacterien unterschieden werden konnten, so kann es nicht überraschen,
dass viele Forscher auf die Unterscheidung von pathogenen und
saprogenen Bacterien überhaupt verzichteten und alle jene Bacterien
für gleich erachteten, eine Anschauung, welche in der Aufstellung
der Coccobacteria septica durch BILLROTH ihren Ausdruck fand.
Aus der Annahme der Gleichheit aller Bacterien folgte dann aber
nothwendig, dass die Bacterien nicht die Ursache der verschiedenen
Krankheiten sein, sondern nur ein Epiphänomen derselben darstellen
konnten. Für eine solche Ansicht, d. h. gegen eine ursächliche Betheiligung der Bacterien an den Krankheitsprocessen, sprach auch
die von vielen erfahrenen Beobachtern constatirte Thatsache, dass
bei denselben Krankheitsprocessen Bacterien bald gefunden, bald
aber auch vollkommen vermisst wurden, sowie dass in einer nicht
minder grossen Zahl von Fällen die Menge der nachweisbaren Bacterien durchaus nicht im Verhältniss stand zur Schwere der beobachteten Krankheitserscheinungen.

Nun gab es aber eine ganze Gruppe von Krankheiten, für welche
man von jeher die Fäulnissprocesse als ätiologische Momente anzusehen gewohnt war: die grosse Gruppe der Wundkrankheiten.

Die nach schweren Verletzungen auftretenden, durch kaum er-
träglichen Gestank die Luft der Krankensäle verpestenden Eiterungen

---

36) ORTH: Untersuchungen über Erysipel. Arch. f. exp. Path. u. Pharm. Bd. 1.
Heft 2 (ausgegeben am 15. April 1873).

37) LUKOMSKY: l. c.

und Jauchungen lieferten den unwiderleglichen Beweis, dass am lebenden Körper die intensivsten Fäulnissprocesse vor sich gingen. Ueberaus zahlreiche Versuche an Thieren lehrten die deletären Wirkungen fauliger Substanzen auf den thierischen Organismus kennen. Da nun die Fäulniss ausserhalb des Körpers nach den bahnbrechenden Versuchen von Schwann, Schroeder und Dusch und ganz besonders von Pasteur durch Bacterien bedingt war, so mussten auch die Fäulnissprocesse an der Wunde durch die gleichen Keime bedingt sein. Die glänzenden Erfolge der fäulnissverhütenden, „antiseptischen" Wundbehandlung Lister's legten Zeugniss dafür ab, dass mit der Verhütung der Fäulniss ein ungestörter Heilungsverlauf der Wunden Hand in Hand ging. Wenn man nun aber annahm, dass die überall verbreiteten Bacterien der Fäulniss die Entstehung der Wundkrankheiten bedingten, so entstand die Frage: Weshalb bewirkten die Fäulnissbacterien so viele klinisch ganz verschieden verlaufende Krankheiten? Weshalb erzeugten sie bald Pyämie, bald Septicämie, bald Erysipelas, bald Hospitalbrand, bald Diphtherie? Wie war es zu erklären, dass nach Einführung bacterienhaltiger Faulstoffe die Thiere bald an schweren jauchigen Phlegmonen, bald an einfachen Abscessen, bald an geringen localen Entzündungen erkrankten, bald an foudroyanter Septicämie zu Grunde gingen, bald überhaupt nicht krank wurden? Hier gab es nur zwei Möglichkeiten der Erklärung. Entweder waren in den Faulstoffen verschiedene Bacterien enthalten, welche die verschiedenen Affectionen erzeugten, oder aber, wenn die Bacterien stets die gleichen waren, es mussten andere, ausserhalb der Bacterien liegende Momente die Ursache jener Verschiedenheiten sein.

Da nun, wie wir sahen, für die erstere Annahme überzeugende Beweise nicht beigebracht werden konnten, so bemühte man sich diese anderen Momente näher zu ergründen. Nachdem durch die Untersuchungen von Panum, Bergmann und Schmiedeberg, Sonnenschein, Zülzer u. A. das Vorhandensein chemischer Producte von intensiv giftiger Wirkung in den Faulstoffen sicher gestellt war, suchte man die verschiedenen Wirkungen der Fäulniss durch quantitative und auch qualitative Verschiedenheiten jener Fäulnissgifte zu erklären. Dass die Quantität jener giftigen Substanz nicht ohne Bedeutung war, dafür konnte man die Thatsache ins Feld führen, dass ohne jeden Zweifel mit der Grösse der Dosis der injicirten septischen Substanzen die Schwere der nachfolgenden Erkrankung in Einklang stand, dass kleinere Dosen häufig ganz ohne Wirkung blieben, mittlere nur mehr weniger bedeutende Fieberbewegungen, grosse Dosen dagegen meist den Tod der Thiere zur Folge hatten.

Für qualitative Verschiedenheiten jenes Stoffes sprechen die Versuche SAMUEL's [38]) über die Wirkungen, welche eine langsam faulende Muskelsubstanz in den verschiedenen Stadien des Fäulnissprocesses auf Thiere hervorbrachte. Bei diesen Versuchen fand SAMUEL sehr erhebliche Unterschiede in der Wirkung je nach dem Stadium der Fäulniss. Er constatirte, dass zunächst ein phlogogenes Stadium eintrat, in welchem nach der Impfung nur „Resolutionsentzündungen" entstanden, dass dann ein septogenes folgte, charakterisirt durch septische Gangrän, Septicaemia fulminans, progressive Jauchung, Erysipelas malignum und Erysipelas simplex und dass schliesslich ein rein pyogenes Stadium, dessen Signatur recht kräftige Eiterungen mit von Anfang an sehr starken Congestionen waren, den Abschluss bildete. Als Reagens diente ihm das Kaninchenohr. Die Stadien waren von verschiedener Dauer, gingen auch vielfach in einander über; bisweilen fehlte auch wohl das eine oder das andere Stadium gänzlich. So fand SAMUEL z. B., dass bei Muskeln, welche von an Sepsis gefallenen Thieren stammten, das phlogogene Stadium ganz ausblieb, und dass das mit solchem Material angesetzte Wasser oft sogleich septische Wirkung ausübte, nachdem es nur einige Stunden mit demselben in Berührung gewesen war. Mit den Thierversuchen liess SAMUEL stets Hand in Hand gehen eine mikroskopische Untersuchung der faulenden Substanz. Dabei machte er die interessante Beobachtung, dass mit der Aenderung der Impfwirkung auch das mikroskopische Bild sich allmählich änderte. Während im ersten Stadium die lebhaft beweglichen Stäbchen des Bacterium termo sich fanden, traten nach 8—14 Tagen zahlreiche rosenkranzförmige Sporenketten auf, welche allmählich auch wieder verschwanden, so dass nach 4—6 Wochen die Flüssigkeit ein ganz neues Bild bot. Gerade Fädchen (Bacillusform) und wellig gelockte (Vibrioform) erfüllten in ungeheuren Mengen die Flüssigkeit und fesselten den Beschauer nicht bloss durch die Lebendigkeit, sondern auch durch die scheinbare Selbstständigkeit ihrer Bewegungen. Der Höhepunkt dieser Entwicklung fiel mit der Höhe des septogenen Stadiums zusammen, jedoch nicht immer. Dann, im Winter nach 4—5 Monaten, machte dieses Bild dem einer gleichmässigen sämigen Sporen- und Detritusmasse Platz, mit deren Bildung das Ende des septischen Stadiums erreicht war. Neben den ruhenden Sporen traten nunmehr glänzende bewegliche Bacterien auf, welche keine Aehnlichkeit hatten mit den

38) S. SAMUEL: Ueber die Wirkung des Fäulnissprocesses auf den lebenden Organismus. Arch. f. exp. Path. u. Pharm. Bd. I. Heft 4 und 5 (ausgegeben am 20. August 1873).

Arten in den anderen Stadien, und damit war das pyogene Stadium erreicht. Nähere Angaben über die in den erzeugten Processen im Thierkörper sich findenden Bacterien machte SAMUEL nicht; bei der Septicämie fand er im Blute nie Bacterien, bei der progressiven Jauchung „eine Menge von Sporen aber wenig ausgebildete Bacterienformen." Ueber die Beziehungen der Bacterien zu den Krankheitsprocessen hegte SAMUEL die Vorstellung, dass als Causa proxima der septischen Gangrän und der fulminanten Septicämie, der furchtbarsten Wirkungen der Fäulniss, nur die chemischen Potenzen der Bacterien anzuerkennen seien, während die progressiven septischen Processe, die progressive Jauchung, das Erysipelas malignum und das Erysipelas simplex die Leistung der Bacterien seien, „welche durch ihr Leben, ihre Theilung und ihre Wanderung Propaganda mit den Stoffen machten, deren Träger sie seien." Sein von vielen Aerzten in jener Zeit getheilter Standpunkt ist treffend charakterisirt durch die Worte: „Unter der Bezeichnung progressive septische Processe fassen wir eine Anzahl von Krankheiten zusammen, deren gemeinsamer Ursprung aus Fäulnissbacterien nachweisbar ist, ein Ursprung, dem sie auch sämmtlich den progressiven Charakter verdanken, der durch die Proliferation und Migration der Bacterien bedingt ist. Zweifellos gehören auch die Osteomyelitis ichorosa, Parametritis, die Peritonitis puerperalis und andere analoge progressive Erkrankungen septischen Ursprunges hierher, deren besondere Form nur durch die Eigenthümlichkeiten der Gewebe und Organe bedingt ist, in denen sie auftreten. Es ist eine ganze Krankheitsgattung, um die es sich handelt, mit gemeinsamen Charakteren bei grossen anatomischen und geringen ätiologischen Differenzen."

BILLROTH's Anschauungen waren, wie wir bereits sahen, wieder andere wie die SAMUEL's. BILLROTH war der Ansicht, dass es gewisse Formen von Bindegewebsentzündungen gäbe, welche man als Erysipel, Phlegmone, Diphtherie bezeichne. In diesen entwickele sich das „phlogistische Zymoid", welches den Körper zur Aufnahme des Micrococcus geeignet mache. Ebenso spiele bei der putriden Infection das „septische Zymoid" die Hauptrolle, die Bacterien seien nur von untergeordneter Bedeutung. Die Stoffe, welche Wundfieber, Septicämie und Pyämie erzeugten, hielt BILLROTH für nahe verwandt wenn nicht identisch. Dieses Gift bedinge je nach der Art der Beimischung und je nachdem es schubweise oder continuirlich resorbirt werde, die verschiedenen klinischen Bilder. Nur als Träger und ev. auch Vermehrer des Zymoids hatten nach BILLROTH die Coccobacteria-Vegetationen i. e. die Fäulnissbacterien eine Bedeutung. Jeden-

falls war nach seiner Auffassung der chemische Körper das Wesentliche, die Bacterien nur etwas Secundäres oder Consecutives.

Alle natürlichen und künstlichen Wundinfectionskrankheiten konnten zur Noth unter Zuhilfenahme gewisser freilich noch unbewiesener
Voraussetzungen erklärt werden durch ein chemisches Agens, an dessen
Bildung und Uebertragung Bacterien vielleicht betheiligt waren. Aber
eine Beobachtung war bei den Versuchen, Kaninchen mit faulenden
Stoffen zu inficiren, schon frühzeitig gemacht worden, welche von
den Anhängern der Lehre von der Existenz specifischer pathogener
Arten unter den Bacterien als das classische Beispiel einer durch
ein specifisches vitales Agens erzeugten Krankheit angesehen wurde
und gegen die Vertheidiger der chemischen Natur der Infectionsstoffe
immer wieder ins Feld geführt werden konnte. Es war dies die,
wie Davaine angiebt, zuerst von Magendie gemachte aber nicht
veröffentlichte, dann aber durch die Untersuchungen von Coze und
Feltz [39]) in weiteren Kreisen bekannt gewordene Beobachtung, dass
das Blut von Kaninchen, welche mit putriden Stoffen, faulendem
Blut, Blut von Pyämischen, Puerperalkranken, Scharlach-, Variola-
und Typhuskranken inficirt waren, sich von Thier zu Thier übertragen liess, dass ferner die Quantität Kaninchenblut, welche zur
Uebertragung der Krankheit genügte, sehr viel geringer war als
die Menge faulenden Blutes, welche zur ersten Infection eines Kaninchens nothwendig gewesen war, dass endlich mit jeder neuen Uebertragung die Virulenz dieses Kaninchenblutes zunahm in der Art, dass
mit jeder weiteren Uebertragung die Infection mit immer kleineren
Dosen desselben gelang. Auch Klein und Burdon-Sanderson [40])
hatten eine ähnliche Zunahme der Virulenz septischer Flüssigkeiten
constatirt, wenn sie dieselben Meerschweinchen in die Bauchhöhle
einspritzten. Die über das Zustandekommen dieser progressiven Virulenz von Davaine [41]) angestellten Versuche hatten dann, zumal sie
vor der Akademie der Medicin zu Paris verhandelt wurden, das
allgemeine Interesse auf diesen Gegenstand gelenkt. Davaine's überaus zahlreiche und sorgfältige Versuche liessen keinen Zweifel darüber zu, dass erstens durch faulende Stoffe der verschiedensten Art
eine nach einem deutlichen Incubationsstadium in kürzester Frist,

39) Coze et Feltz: Recherches expérimentales sur la présence des infusoires etc.
Strassburg 1866.

40) Burdon-Sanderson: On the Pyaemie. Pathological society of London.
7. may 1872.

41) Davaine: Recherches sur quelques questions relatives à la septicémie. Bulletin
de l'académie de médecine à Paris. Septembre 1872. Octobre 1872. Janvier 1873.

innerhalb 24—36 Stunden, zum Tode führende, mit Milzschwellung, im Uebrigen aber ohne anderweitige pathologische Veränderungen einhergehende, mit kleinsten Mengen Blutes von Thier zu Thier übertragbare Krankheit bei Kaninchen erzeugt werden konnte, und dass zweitens die Virulenz des Blutes solcher Thiere mit jeder neuen Uebertragung in wahrhaft erstaunlicher Weise zunahm. Als DAVAINE in einer fortlaufenden Reihe von Uebertragungen von Kaninchen zu Kaninchen, bei welcher er mit jeder Generation die Dosis des zur Infection verwandten Blutes verringerte, bei dem 24. Kaninchen angelangt war, hatte ein Tropfen des mit der trillionenfachen Menge Wasser verdünnten Blutes dieses Thieres genügt, um bei anderen Kaninchen mit Sicherheit dieselbe rapide tödtende Krankheit zu erzeugen. DAVAINE hatte dann weiter constatirt, dass es nicht mit jedem faulenden Blut gelänge, die übertragbare Krankheit bei Kaninchen zu erzeugen. Lange Zeit faulendes Blut hatte er vielfach unwirksam gefunden. Er hatte deshalb geglaubt, dass der Infectionsstoff durch die eigenen Producte der Fäulniss zerstört würde, ebenso wie die Bierhefe durch den von ihr gebildeten Alkohol vernichtet wurde. Die grössere Virulenz des Blutes septisch inficirter Thiere gegenüber der des faulenden Materiales, welches zur Infection gedient hatte, hatte er sich in der Weise erklärt, dass der übertragbare Stoff im lebenden Blute durch die anderen bei der Fäulniss gebildeten Producte weniger beeinflusst würde, weil diese aus dem Blute ausgeschieden würden. Blutproben, welche im Brütapparat zur Absorption der Fäulnissgase mit Kohle gemischt waren, hatten sich in Uebereinstimmung mit seiner Annahme virulenter erwiesen als Proben ohne solchen Zusatz.

Die überraschenden Mittheilungen DAVAINE's regten naturgemäss eine grosse Zahl von Forschern an sich von deren Richtigkeit durch eigene Versuche zu überzeugen. Das Ergebniss dieser von BOULEY[42]), BÉHIER[43]), LIOUVILLE, LEBLANC[44]), VULPIAN, COLIN[45]), RAYNAUD[46]), CLEMENTI[47]), THIN und DREYER[48]) angestellten Controluntersuchungen

42) BOULEY: Bulletin de l'académie de méd. Septembre 1872.
43) BÉHIER et LIOUVILLE: ibid. Février 1873.
44) LEBLANC et VULPIAN: ibid. Avril 1873.
45) COLIN: ibid. Octobre 1873.
46) RAYNAUD: Études experimentelles sur l'inoculabilité du sang dans un cas de pyohémie spontanée. Gazette hebdomadaire. 1873. No. 14.
47) G. CLEMENTI und G. THIN: Untersuchungen über die putride Infection. Wiener med. Jahrb. 1873. III. 1—12. Centralblatt f. d. med. W. 1873. No. 45.
— GESUALDO CLEMENTI: Experimentelle Untersuchungen über das Vorkommen von Bact. im Kaninchenblut bei Septicämie. Centralbl. f. d. med. W. 1873. No. 45.
48) W. DREYER: Ueber die zunehmende Virulenz des septischen Giftes (Da-

war das, dass die Angaben DAVAINE's im wesentlichen als richtig anerkannt wurden. Nur zeigte es sich, dass nicht bei allen Thierarten die Erzeugung der übertragbaren Krankheit gelang, dass Pferde, Esel und Hammel, namentlich aber Fleischfresser, Hunde und Ratten, sich nahezu unempfänglich gegen die septische Infection erwiesen, während in erster Linie Kaninchen, dann aber auch Meerschweinchen, Mäuse und Sperlinge eine ausgesprochene Disposition für dieselbe darboten. Auch ergab sich, dass das septicämische Blut einer Thiergattung im Körper anderer Thiergattungen nicht nothwendig wirksam war, dass z. B. sehr wirksames septicämisches Kaninchenblut Hunde nicht krank machte (DREYER). Die von DAVAINE aufgestellten Gesetze, dass das septicämische Blut absolut perniciöser sei als das einfach putride und dass das septicämische Gift durch fortgesetzte Uebertragung von Thier zu Thier (Kaninchen zu Kaninchen) an Gefährlichkeit zunehme, erschienen über jeden Zweifel erhaben.

Wie aber waren nun diese Thatsachen zu erklären? Welcher Natur war jenes septicämische Gift? Handelte es sich auch hier um einen chemischen durch die Fäulniss gebildeten giftigen Stoff, welcher sich innerhalb des Körpers in ein Contagium verwandelt hatte, oder aber um ein belebtes Agens, welches sich in dem Thierkörper mit wachsender Schnelligkeit vermehrte, resp. einen immer giftigeren Stoff ausschied? Die unzweifelhafte Reproductionsfähigkeit des infectiösen Stoffes drängte naturgemäss zur Annahme eines belebten Agens. Da die faulenden Stoffe stets reich an Bacterien waren, so lag die Vermuthung nahe, dass in diesen Bacterien das Virus zu suchen sei. Waren aber Bacterien im Spiel, so mussten sie auch im Blute mit Hilfe des Mikroskopes nachweisbar sein. Ueber die Befunde von Bacterien im Blute der inficirten Thiere lauteten die Angaben der verschiedenen Forscher aber wenig übereinstimmend. COZE und FELTZ hatten constant bei den septischen Infectionen die rothen Blutkörperchen stachelförmig, mit Zacken besetzt und von Körnchen erfüllt gefunden, und hatten gemeint, dass diese Veränderungen durch Einwandern von Bacterien entstanden sein könnten. Diese Ansicht war, wie wir bereits sahen, auch von HUETER adoptirt worden, wurde aber von anderen Forschern, MAX WOLFF[49]), RIESS[50]), HILLER[51]) als irrthümlich zurückgewiesen. Ausserdem aber hatten

VAINE). Archiv f. exp. Pathol. u. Pharm. Bd. 2. Heft 2 und 3 (ausgegeben am 17. April 1874).

49) MAX WOLFF: Berl. klin. Wochenschr. 1873. S. 368.

50) RIESS: Ueber sogenannte Mikrokokken. C. f. d. m. W. 1873. S. 530.

51) ARNOLD HILLER: Ueber die Veränderungen der rothen Blutkörperchen durch Sepsis. C. f. d. m. W. 1874. S. 21—24.

sie angegeben, Ketten von kleinen Pünktchen, Stäbchen und lange oscillirende und wurmförmig sich bewegende Fäden im Blute gesehen zu haben. DAVAINE, welcher selbst annahm, dass das Virus belebt sei und von den in den putriden Flüssigkeiten vorhandenen Bacterien herrühre, äusserte sich nicht näher über deren Vorhandensein und Beschaffenheit im Blute. BÉHIER und LIOUVILLE fanden in den unmittelbar nach dem Tode des Thiers entnommenen Flüssigkeiten (Blut und Exsudate) eine Unzahl sich lebhaft bewegender Kugel- und Stäbchenbacterien und die Blutkörperchen beladen mit Kugelbacterien von derselben Beschaffenheit und Lebhaftigkeit wie die frei in der Flüssigkeit schwimmenden. VULPIAN fand bei der Untersuchung der für die Impfung verwendeten verdünnten Blutmengen vorzugsweise zahlreiche Kügelchen, ausserdem aber auch Stäbchen; selbst bei einer Verdünnung von 1 : 1000 nahm er die Kügelchen noch in ziemlicher Anzahl wahr, auch bei der billionenfachen Verdünnung fand er sie bisweilen noch. Er schlug deshalb vor die Septicämie als Bacteriämie zu bezeichnen. COLIN wiederum erkannte die körnigen Elemente im Blute nicht als Bacterien an. CLEMENTI suchte die Frage nach der Bacteriennatur der meistens allein stehend, sehr selten zu zweien gefundenen Körnchen im Blute der Kaninchen durch Kulturversuche in PASTEUR'scher Flüssigkeit zu entscheiden. Da die mit Proben solchen Blutes besäte Kulturflüssigkeit sich nicht trübte, so schloss er, dass die toxische Wirkung des Durchgangsblutes nicht auf Bacterien zurückzuführen sei. Auch DREYER, welcher im Blute sämmtlicher an Septicämie gestorbener Thiere „isolirte und Haufen von kleinen Körnchen (Kugelbacterien) und isolirte Stäbchenformen (jedoch seltener)" nachzuweisen vermochte, verwahrte sich ausdrücklich dagegen, dass die zunehmende Virulenz septicämischen Blutes bei fortgesetzter Uebertragung auf Vermehrung von Bacterien beruhe. Nie habe er nachweisen können, dass das septicämische Blut der 8. Generation mehr Bacterien enthalten habe wie das der 2. oder 3. Mit besonderem Nachdruck trat ONIMUS [52]) der Annahme entgegen, dass die Bacterien bei der Septicämie eine wesentliche Rolle spielen sollten. Er betonte, dass die Virulenz der geimpften putriden Massen keineswegs parallel gehe der Menge der in ihnen enthaltenen Bacterien: faules Blut sei oft sehr reich an Bacterien und zeige dennoch keine Wirkung, während im Gegentheil das so ausserordentlich virulente Blut septisch inficirter Thiere oft nur mit Mühe einzelne Bacterien erkennen lasse. ONIMUS liess ferner faules Blut verschiedener

---

52) ONIMUS: Injections de bactéries sans septicémie. Gaz. hebd. 1873. No. 10 u. 11 und Gaz. méd. 1873. No. 11.

Provenienz, sowie septicämisches Blut durch Pergamentpapier in Wasser dialysiren. Nach kurzer Zeit fand er nicht nur diesseits des Papieres, sondern auch im Dialysat reichliche Mengen von seiner Meinung nach identischen Bacterien. Er nahm deshalb an, dass die Bacterien aus dem Blut durch die Poren des Papiers nach aussen gelangt seien. Gleichwohl war nur das Blut wirksam, das Dialysat aber unwirksam bei der Impfung. Die Bacterien konnten mithin nicht die Ursache der Virulenz sein. Im Gegensatz zu ONIMUS constatirten dann wiederum STRICKER [53], CLEMENTI und THIN, ·dass das Dialysat septicämischen Durchgangsblutes ausnahmlos und in hohem Grade giftig sei, ja sie fanden sogar, dass einige Stunden lang gekochtes Durchgangsblut seine Giftigkeit nicht verloren hatte. Diese Versuche standen zwar im Widerspruch mit denen von ONIMUS, sprachen aber gleichfalls gegen eine Mitbetheiligung lebender Organismen an der septicämischen Infection. Aufgeklärt war trotz aller dieser Versuche die Entstehung des septicämischen Agens keineswegs. Ganz besonders erschwert wurde die Lösung der Frage nach der Bedeutung der Bacterien im septicämischen Blut dadurch, dass die Forscher die Begriffe faules Blut und septicämisches Blut nicht streng auseinander hielten. Der Grund dafür ist leicht ersichtlich. Die Septicämie der Thiere, charakterisirt durch die ausserordentliche Virulenz ihres Blutes, wurde ja erzeugt durch fauliges, septisches Blut. Waren Bacterien die Ursache der Septicämie, so erschien es eben selbstverständlich dass die Bacterien bei der Septicämie keine anderen sein konnten als die, welche in dem Material, mit welchem die Septicämie erzeugt wurde, vorhanden waren. So kam es, dass die Forscher von dem Studium der Bacterien im infectiösen Kaninchenblut abgelenkt und immer wieder auf das der Bacterien in den faulenden Substanzen hingeführt wurden und dass es als Hauptaufgabe erschien, womöglich darüber ins Klare zu kommen, ob den Bacterien in den septischen Flüssigkeiten eine Bedeutung für das Zustandekommen von septischen Erkrankungen, für die Schwere und Dauer der Krankheitserscheinungen und weiterhin ob überhaupt „den" Bacterien für sich allein irgend welche directe pathogene Wirkung beizumessen sei oder den neben ihnen in den verschiedenen Medien vorhandenen eventuell ihnen anhaftenden chemischen giftigen Stoffen. Zu diesem Behufe wurden die verschiedensten Versuche gemacht, die Bacterien von den Flüssigkeiten, in welchen sie sich fanden, zu

53) STRICKER: Ueber die Vergiftung des Blutes durch die Producte der Fäulniss. Vortrag gehalten in der Gesellschaft der Aerzte in Wien am 16. Mai 1873.

isoliren und die Wirkung der Bacterien sowohl wie die der bacterienfreien Flüssigkeiten jede für sich zu prüfen. BERGMANN [54]) liess
bacterienhaltige Flüssigkeit gefrieren und wiederaufthauen. Dabei
senkten sich die Bacterien zu Boden. Die klare oberflächliche Schicht
erwies sich erheblich weniger wirksam wie der bacterienreiche Bodensatz. Auch nach der von KLEBS und seinen Schülern ZAHN und
TIEGEL zuerst angewandten Filtrationsmethode suchten viele Forscher
die Bacterien abzuscheiden, gelangten aber durchaus nicht zu über-
einstimmenden Resultaten. BERGMANN (l. c.) so wenig wie WOLFF [55])
gelang es ein vollkommen bacterienfreies Filtrat zu erzielen. Sie
überzeugten sich, dass durch die zur Filtration benutzten Thoncylinder
Bacterien hindurchgingen. Das bacterienarme Filtrat fanden sie aber
weniger wirksam als die unfiltrirte Faulflüssigkeit, ein Ergebniss
welches für eine Betheiligung der Bacterien an der Wirkung sprach.
KÜSSNER, [56]) welcher Jauche der verschiedensten Art durch einen
Glastrichter filtrirte, in welchem sich eine doppelte Lage Fliesspapier
befand und dessen Hals mit ausgekochter Baumwolle dicht verstopft
war, erhielt zwar ein bacterienfreies Filtrat, fand aber dass dasselbe
die Versuchsthiere ebenso prompt tödtete wie der Filterrückstand.
KEHRER [57]) wiederum fand das Thonzellenfiltrat relativ unwirksam,
d. h. niemals sah er Abscesse oder Phlegmonen nach der Injection
des Filtrates auftreten. Er glaubte jedoch aus seinen Versuchen nicht
schliessen zu können, dass „Vibrionen oder andere thierische oder
pflanzliche Organismen Träger oder Erzeuger des Sepsins seien, da
es noch unmöglich sei diese Organismen von anderen neben denselben vorkommenden Moleculen zu trennen."
    Besonders wichtige Aufschlüsse erwartete man dann von den
Injectionen mit Bacterien, welche in unschädlichen, mineralischen
Nährlösungen gezüchtet waren. Aber auch diese Versuche führten
nicht zu unzweideutigen Ergebnissen. Während die Einen Abscesse,
Phlegmonen, Allgemeinerscheinungen und nicht selten tödtlichen Aus-
gang erzielten (BERGMANN, TIEGEL, v. BREHM [58]) u. A.), sahen Andere
nur unbedeutende von den Thieren schnell wieder überwundene Störungen nach den Injectionen eintreten. MAX WOLFF, welcher in

---

54) BERGMANN: Zur Lehre von der putriden Intoxication. Deutsche Zeitschr.
f. Chirurgie. I. 4. S. 373. 1873.
    55) MAX WOLFF: Ueber Pilzinjectionen. C. f. d. m. W. 1873. S. 115.
    56) B. KÜSSNER, cand. med.: Zur Bacterienfrage. C. f. d. m. W. 1873. S. 500.
    57) F. A. KEHRER: Ueber das putride Gift. Arch. f. exp. Path. u. Pharm.
Bd. II. Heft 1 (ausgegeben am 3. Februar 1874).
    58) H. v. BREHM: Zur Mycosis septica. Diss. inaug. Dorpat 1872.

zahlreichen Versuchen die Wirkungen septischer Substanzen mit
denen gezüchteter Bacterien verglich, hatte folgende Resultate: Von
12 mit Eiter von Pyämikern inficirten Meerschweinchen gingen 11
in kurzer Zeit zu Grunde, von 12 Meerschweinchen, welchen Kulturen aus dem pyämischen Eiter beigebracht waren, dagegen nur 4.
Von 8 mit dem Secret jauchig gangränöser Phlegmonen injicirten
Meerschweinchen starben 7, von 10 mit grösseren Dosen der aus
demselben Secret gezüchteten Bacterien behandelten nur 4. Die
pyämische und septische Pilze enthaltenden Züchtungsflüssigkeiten
waren mithin bei weitem weniger deletär als die fast absolut tödtlich wirkenden Wundsecrete selbst. Wirkungslos jedoch waren sie
auch nicht. Ueberall traten somit Widersprüche zu Tage bei den
Versuchen, deren Aufklärung nicht gelang. Es würde zu weit führen
alle diesbezüglichen Versuche im Einzelnen näher zu verfolgen, wir
wollen uns deshalb darauf beschränken die anscheinend beweiskräftig-
sten Versuche eines der energischsten Vertheidiger der chemischen Natur des septischen und septicämischen Giftes, die Versuche HILLER's[59])
wiederzugeben. HILLER bemühte sich einmal die Organismen von
den putriden Stoffen oder den Züchtungsflüssigkeiten möglichst vollständig zu trennen, zweitens sie dabei lebens- und actionsfähig zu
erhalten und drittens sie in irgend eine zum Experiment verwend-
bare Form zu bringen. Er schied die Fäulnissorganismen „in den
verschiedensten Vegetationsformen und den mannigfachsten Entwickelungsstadien" aus den verschiedenartigsten faulenden Stoffen ab, theils
durch wiederholte Filtration durch Thonzellen (nach dem Vorgange
von TIEGEL), theils durch Diffusion durch thierische Membranen
(nach ONIMUS), theils durch Gefrierenlassen und Wiederaufthauen
nach der von BERGMANN angegebenen Methode, endlich auch durch
Abheben zarter Bacterienhäutchen, welche sich an der Oberfläche
von Flüssigkeiten gebildet hatten, mit einem Glasstabe. Die so gewonnenen Bacterien suchte HILLER durch nachfolgendes Auswaschen
mit destillirtem Wasser von allen ihnen anhängenden giftigen Stoffen
zu befreien. Die ausgewaschenen Bacterien vertheilte er in destillirtem Wasser, und injicirte die gleichmässig getrübte, lichtgraue Isola-

59) ARNOLD HILLER: Untersuchungen über die Bacterien und ihre Beziehun-
gen zum lebenden Organismus. Allg. med. Centralzeitung. 1874. No. 1 u. 2.
— Der Antheil der Bacterien am Fäulnissprocess, insbesondere der Harn-
fäulniss. C. f. d. m. W. 1874. S. 833 und 849.
— Ein experimenteller Beitrag zur Lehre von der organisirten Natur der
Contagien und von der Fäulniss. Vortrag gehalten auf dem IV. Chir.-Congress
1875. v. LANGENBECK's Archiv f. klin. Chirurgie. Bd. 18. S. 669—697.
— Die Lehre von der Fäulniss. Berlin 1879 (August Hirschwald).

tionsflüssigkeit, welche, wie Controlaussaaten in PASTEUR'sche Lösung ergaben, unzweifelhaft entwicklungsfähige Bacterien enthielt, zahlreichen Thieren, Hunden, Kaninchen und Fröschen, in der Dosis von 0,5—8 ccm unter die Haut, in die Rückenmuskulatur und in das Gefässsystem, ja sogar sich selbst in der Menge von einer halben PRAVAZ'schen Spritze unter die Haut des linken Vorderarms, ohne jemals „Entzündung oder Fieber oder irgend einen anderen derjenigen Krankheitszustände hervorzurufen, welche man unter dem Namen der septischen oder putriden Infection zusammenfasste."

Eine besondere [60]) Versuchsreihe stellte HILLER zu dem Zwecke an, das Verhältniss der Bacterien zur frischen Wunde und zur Eiterung genau zu prüfen. Niemals gelang es ihm, „Wunden, die auch unter anderen Verhältnissen nicht geeitert haben würden, z. B. subcutane Wunden, oberflächliche Hautwunden von Kaninchen, durch Bedecken mit Milliarden isolirter kleinster Organismen in Eiterung zu versetzen, auch niemals die Salubritätsverhältnisse einer sonst gutartigen, aber eiternden Wunde bei Hunden durch tägliche Berieselung mit einer bacterienreichen Isolationsflüssigkeit wirklich zu verschlechtern."

Für die Unschädlichkeit der Bacterien, wie HILLER sie vertrat, schien auch die von verschiedenen Seiten, so besonders von H. R. RANKE [61]) betonte Thatsache zu sprechen, dass die Wundsecrete unter dem LISTER'schen Verbande bei völligem Wohlbefinden der betreffenden Patienten zahlreiche Coccobacteria-Formen, namentlich aber Mikrokokken erkennen liessen — eine Ansicht, gegen welche BIRCH-HIRSCHFELD [62]) freilich erinnerte, dass Bacterien unter dem LISTER'schen Verbande nicht in jedem Falle und vor allem nicht in Gliaform vorhanden seien, auch nicht in solcher Menge wie in den Fällen, in welchen nicht nach LISTER verfahren sei, und dass die Mikrokokken aus dem Wundsecret bei LISTER'schen Verbänden an Vitalität eingebüsst hätten, da sie in PASTEUR'scher Flüssigkeit nur sehr spärlich oder gar nicht wüchsen und bei der Impfung unter die Haut von Kaninchen ohne Wirkung wären.

Durch seine zahlreichen eingehenden Versuche hielt sich HILLER zu dem Schlusse berechtigt: „dass die Bacterien an und für sich das giftige Princip in faulenden Substanzen nicht sein könnten, sondern dass dies ein Stoff sein müsse, welcher den Organismen nur

60) HILLER: Bacterien und Eiterung. Chirurg. Centralblatt. I. 1874. 33.

61) H. R. RANKE: Die Bacterien-Vegetation unter dem LISTER'schen Verbande. Chir. Centralblatt. I. 1874. 13.

62) BIRCH-HIRSCHFELD: l. c. SCHMIDT's Jahrbücher. 1875. S. 197.

anhafte, möglicherweise auch von ihnen (wie in den Züchtungsflüssigkeiten) erzeugt werde, aber jedenfalls durch Auswaschen von denselben sich trennen lasse.‘

Der durch die Arbeiten zahlreicher Forscher, namentlich von
PANUM, BERGMANN und dessen Schülern gelieferte sichere Beweis,
dass in faulenden Substanzen ein weder durch Kochen, noch durch
Eindampfen, noch durch Behandeln mit bacterientödtenden Reagentien
— absolutem Alkohol, concentrirter Schwefelsäure, Bleiessig u. dgl.
— zerstörbares, in Wasser lösliches Gift chemischer Natur vorhanden
ist, erschien ihm als willkommene Ergänzung seiner eigenen Versuche über die Unschädlichkeit „reiner Bacterien". Das Wesen der
„septischen Infection" schien nun vollkommen geklärt: Dieselbe
konnte nicht, wie andere Forscher, KLEBS, BIRCH-HIRSCHFELD u. a.
bewiesen haben wollten, eine Pilzkrankheit, eine septische
Mycose sein, sondern war nur eine durch Fäulnissproducte bedingte
chemische Intoxication. Auch die vitale Natur des impfbaren
Giftes der Septicämie hielt HILLER auf Grund der Versuche von
STRICKER, CLEMENTI und THIN für sicher widerlegt.

Eine einfache Rechnung [63] führte ihn zu dem gleichen Ergebniss.
Wenn ein Micrococcus die Ursache der Septicämie wäre, so müsste
ein Billiontel Tropfen Blut, welcher ja noch wirksam sei, wenigstens
noch einen Micrococcus, der ganze Tropfen mithin wenigstens eine Billion Mikrokokken enthalten. Eine Billion Mikrokokken würde aber,
der Durchmesser eines Micrococcus zu $^1/_{1000}$ mm gerechnet, 1 ccm
einnehmen, während der Raum eines Tropfens nur etwa 50 cmm,
also den 20sten Theil davon betrage. Jedenfalls würde der ganze
Tropfen, wenn er die Billion Bacterien überhaupt fassen könnte, gar
nicht mehr flüssig, sondern zu einer schwer beweglichen, breiigen
Masse erstarrt sein.

Mit der Thatsache der Wiedererzeugung des Giftes im Thierkörper fand sich HILLER [64] dadurch ab, dass er einige „ohne Zweifel
nicht parasitäre" Krankheiten, wie Syphilis und Intermittens, als
Analoga anführte, bei welchen ja ebenfalls eine Reproduction des
Giftes statthabe. Am wahrscheinlichsten schien es ihm, dass es sich
dabei um eine Art Fermentwirkung des Giftes handle. Die Steige-
rung der Virulenz bei fortgesetzter Transmission, könne man, meinte
er, sich in der Weise erklären, dass das Gift bei jeder nachfolgen-

---

63) HILLER: Die Lehre von der Fäulniss. S. 166 u. 170.
64) HILLER: Der erysipelatöse Entzündungsprocess. Berl. klin. Wochenschr.
1874. 48.

den Regeneration entweder in immer grösserer Reinheit oder in immer stärkerer Concentration auftrete.

Auch dasjenige Factum, welches am meisten gegen die von ihm behauptete Unschädlichkeit der Bacterien sprach, die zahlreichen Bacterienfunde in den Organen von Leuten, welche an infectiösen Krankheiten gestorben waren, glaubte HILLER in hinreichender Weise erklären zu können. Eine ganze Anzahl der sog. Mikrokokkenfunde hielt er überhaupt für nicht sicher erwiesen[65]), da die gefundenen Körnchen nicht durch tadellose optische oder chemische Kriterien von albuminösem oder fettigem Detritus unterschieden seien, wie z. B. in den Arbeiten von BURKART und HEIBERG. Gegen die von LUKOMSKY beim Erysipel gefundenen Mikrokokken erhob er die gleichen Bedenken[65]); auch meinte er, dass die von LUKOMSKY beschriebene Ausbreitung seiner Mikrokokken an der Grenze der entzündeten Partie mit der sonst beobachteten Art und Weise der Ausbreitung von Bacterien in den Geweben nicht übereinstimme, insofern als stets am Orte der Invasion die grösste Zahl von Bacterien, mit der Entfernung von dieser Stelle aber stets eine geringere Zahl derselben nachweisbar sei. Auch bei dem Erysipelas sei das Wesentliche ein chemisches Agens, ein septisches Gift, welches von der Haut aus in die Lymphgefässe und Saftkanälchen und dann auch in die Venen eindringe, und nun im Blute seine Wirkung entfalte, zur Gefässdilatation, Blutüberfüllung, Stromverlangsamung u. s. w. Anlass gebe.

Für diejenigen Fälle aber, in welchen über die Bacteriennatur der in den Organen aufgefundenen Körnchen Zweifel nicht bestehen konnten, nahm HILLER mit BILLROTH an, dass stets erst eine physikalische oder chemische Störung hätte vorhergegangen sein müssen, ehe sich die Bacterien hätten entwickeln können. Mit BILLROTH vertheidigte er den Satz, dass im lebenden gesunden Körper die Bacterien sich nicht zu vermehren vermöchten, oder wie BILLROTH's Fassung lautete, dass die Coccobacteriensporen nicht im Stande seien, die Eiweisskörper in der Form, in welcher sie sich im lebenden Organismus fänden, zu assimiliren. Zugleich aber hielt es HILLER nach den Erfahrungen von BILLROTH und TIEGEL[66]) über das constante Auftreten von Bacterien in frischen thierischen, unmittelbar nach der Entnahme in Paraffin eingetauchten Organtheilen für erwiesen, dass im lebenden Körper, nicht nur im Intestinaltractus, son-

---

65) HILLER: Kritische Bemerkungen über Endocarditis bacterica. VIRCHOW's Archiv. Bd. 62. 3. S. 336. 1875.

66) E. TIEGEL: Ueber Coccobacteria septica (BILLROTH) im gesunden Wirbelthierkörper. VIRCHOW's Archiv. Bd. 60. S. 453—470. 1874.

dern auch in den inneren Organen, im Blut, Bacterien stets vorhanden seien, welche erst dann, wenn irgend wo eine Ernährungs- oder Circulationsstörung Platz gegriffen hätte, in den abgestorbenen resp. kranken Producten einen Boden für ihre Entwickelung fänden. Niemals seien somit die Bacterien das Primäre, Krankmachende, sondern stets nur etwas Secundäres — eine Folge der Erkrankung.

So sehen wir denn, dass mit den Untersuchungen HILLER's die ganze Lehre von den pathogenen Bacterien in Frage gestellt war.

Die Reaction gegen HILLER liess indessen nicht lange auf sich warten.

Vierzehnte Vorlesung.

Die weitere Entwickelung des Bacterienstreites. Viele Forscher finden keine
Bacterien im Blut und in den Geweben des gesunden Körpers. Die Versuche
von TRAUBE und GSCHEIDLEN und von LANDAU. PANUM's Anschauungen. PANUM
will die „putride Intoxication" streng von der „Septicämie" trennen. HILLER's
Gegner. KLEBS' Einwände. WEIGERT's eingehende Kritik aller gegen die Exi-
stenz specifischer Arten unter den Bacterien beigebrachten Gründe. HILLER's
Replik. WEIGERT's Duplik. Die neue Aera beginnt mit der Einführung neuer
Untersuchungs-Methoden in die Bacterienforschung.

Den Untersuchungen derjenigen Forscher, welche die „septische
Infection" nicht den „unschädlichen" Bacterien, sondern den bei der
Fäulniss gebildeten giftigen Stoffen zur Last legen wollten, welche
stets erst irgend eine physikalische oder chemische Veränderung des
Körpers postulirten, damit die in den Geweben präexistirenden Keime
zur Entwicklung gelangen könnten, standen nun aber eine ganze
Reihe von Thatsachen gegenüber, welche von vornherein zu schwer-
wiegenden Bedenken gegen die Richtigkeit jener Versuchsergebnisse
berechtigten.

Was zunächst die principiell wichtige Behauptung der Präexistenz entwickelungsfähiger Keime im Blut und in den Geweben gesunder Individuen anlangt, so hatten zuverlässige Mikroskopiker, wie
RINDFLEISCH und RIESS bestimmt erklärt, niemals Bacterien im normalen Blut gefunden zu haben, und KLEBS, PASTEUR und BURDON-SAN-
DERSON hatten in dem Blute gesunder Thiere, welches sie unter allen
Cautelen gegen das Eindringen fremder Keime von aussen her direct
aus der Ader entnommen hatten, niemals selbst bei langer Aufbe-
wahrung eine Entwicklung von Fäulnissorganismen wahrgenommen.
Die interessanten Versuche von TRAUBE und GSCHEIDLEN [1] lehrten
sogar, dass im Gegentheil das lebende Blut die Fähigkeit besitzt,
Fäulnissorganismen in nicht geringer Zahl nach kurzer Zeit zu vernichten. Arterielles Blut von Kaninchen, welchen 24 oder 48 Stunden

---

1) M. TRAUBE und R. GSCHEIDLEN: Versuche über die Fäulniss und den
Widerstand des lebenden Organismus gegen dieselbe. Sitzung der Schles. Ges.
f. vaterländ. Cultur vom 13. Februar 1884.

vorher 1,5 ccm einer bacterienreichen Flüssigkeit in die Jugularis injicirt waren, mit den nöthigen Cautelen in Glasröhrchen entnommen und aufbewahrt, faulte selbst nach Monaten nicht; erst wenn grössere Dosen solcher Flüssigkeiten dem Kanninchen injicirt worden waren, ging das dem noch lebenden Thier entnommene Blut in Fäulniss über. Zu noch wichtigeren Resultaten führten die Versuche Landau's [2]). Auch das Blut von Wundfieberkranken, Septicämischen und Pyämischen, welches in gleicher Weise mit allen Cautelen in sterilisirten Glasröhren aufgefangen und aufbewahrt wurde, faulte nicht. Ebensowenig faulte das Blut von einem Abdominaltyphus-Kranken und von einem Variola-Kranken. Selbst das spirilleureiche Blut eines Recurrens-Kranken zeigte keine Spur von Fäulniss. Durch die Beobachtung, dass Blut, welches specifische Organismen enthielt, nicht faulte, war somit die Möglichkeit erwiesen, dass auch bei den accidentellen Wundkrankheiten specifische von den Fäulnissbacterien ganz verschiedene Organismen im Blute sehr wohl vorhanden sein konnten.

Panum [3]), der Entdecker des chemischen Giftes in faulenden Substanzen, welcher den unumstösslichen Beweis geliefert hatte, dass bei der putriden Vergiftung von einer Wirkung mikroskopischer Organismen nicht die Rede sein könnte, da solche Wesen die verschiedenen physikalischen und chemischen Einwirkungen, das stundenlange Kochen, zur Trockne Dampfen, Digeriren mit kaltem und kochendem Alkohol u. s. w., nicht überstehen könnten — Panum selbst wies darauf hin, dass die Thatsache von dem Vorhandensein eines chemischen „putriden oder septischen Giftes" keineswegs mit der Theorie von der pathogenetischen Bedeutung der Bacterien und Pilze im Widerspruch stehe, indem es keine Schwierigkeiten habe anzunehmen, oder zu vermuthen, dass das betreffende chemische Gift von den betreffenden mikroskopischen Organismen (unmittelbar oder aus eiweissartigen Stoffen) erzeugt werden könne. Eine solche Annahme sei auch mit den Annahmen sehr wohl vereinbar, denen zufolge fieberhafte Krankheiten (als Variola, Morbilli, Cholera u. s. w.) von specifisch verschiedenen Arten der mikroskopischen Organismen abhängig gemacht würden. Die Verschiedenheiten der Symptome in diesen Krankheiten könnten dann zum Theil, vielleicht alle davon abhängen, dass die specifisch verschiedenen mikroskopischen Orga-

---

2) G. Landau: Zur Aetiologie der Wundkrankheiten. Archiv für klinische Chir. XVII. 3. S. 527. 1874.

3) L. Panum: Das putride Gift, die Bacterien, die putride Intoxication und die Septicämie. Virch. Arch. Bd. 60. 1874. S. 301.

nismen auch specifisch verschieden wirkende chemische Gifte producirten. „So viel ist jedenfalls einleuchtend", fährt er dann fort,
„dass diejenigen, welche meinen, dass man bei der gegenwärtigen
Sachlage Partei ergreifen müsse, entweder für die Bacterien
und gegen das „putride Gift", oder für das putride Gift und gegen
die Bacterien, die Sachlage ganz missverstanden haben, einerseits,
weil von der Parteinahme gegen eine erwiesene Thatsache ja
überall nicht die Rede sein darf, und andrerseits, weil die betreffende
Thatsache mit den zur Zeit beliebten Theorien sich sehr gut zu ver-
tragen scheint." Mit scharfem Blick erkannte PANUM als Quelle der
vielfach einander widersprechenden Theorien und Meinungen die verschiedene Bedeutung, welche die Forscher mit dem Begriffe „Septicämie" verbanden. „Bei solchen Untersuchungen", schreibt er, „dürfte
es aber vor allen Dingen gerathen sein, Begriffsverwechselun-
gen zu vermeiden, welche entstehen können, wenn man die Bezeichnung „Septicämie" mehrfach in verschiedenem Sinne anwendet.
Es ist schon misslich, dass die Kliniker den Begriff der Septicämie
nicht gleichmässig auffassen, indem man früher bei Aufstellung desselben den Typus vor Augen hatte, den man experimentell bei Thieren
durch Injection putrider Stoffe in das Blut hervorrufen kann, neuerdings aber, zum Theil von der hypothetischen gemeinschaftlichen
Ursache der sogenannten Pyämie und der Ichorämie (oder Septicämie
im engeren Sinne) ausgehend, den Begriff der Septicämie erweitert
hat, indem man zum Theil die Grenze zwischen Septicämie und
Pyämie hat fallen lassen und zum Theil selbst geneigt zu sein scheint,
auch noch Hospitalbrand und Erysipelas in die Septicämie aufzu-
nehmen. Noch misslicher wird es aber, wenn man auch bei ganz
verschiedenen Klassen von Experimenten, durch verschiedene Ursachen hervorgerufene und untereinander verschiedene Symptomen-
gruppen, gemeinschaftlich als „Septicämie" oder „septicämische Symptome" bezeichnet. Schon bei der Klasse von Experimenten, bei
welcher man mit dem chemischen „putriden Gift" gearbeitet hat,
sind die Symptome, die man hervorgebracht und mehrfach als „Septicämie" oder „septicämische Symptome" bezeichnet hat, in nicht un-
erheblicher Weise verschieden, je nachdem man mit dem „putriden
Gift" in toto, oder mit einem vielleicht nicht einmal constant in demselben vorhandenen Bestandtheil desselben, dem sogenannten „Sepsin"
experimentirt hat, und je nachdem man direct in das Blut oder in
das subcutane Bindegewebe oder in seröse Höhlen injicirt hat. Ich
möchte daher vorschlagen, die Experimente und Beobachtungen, bei
welchen es sich um das „putride Gift" handelt, als „putride In-

toxication" zu bezeichnen oder von „putrider Vergiftung" und
„Sepsinvergiftung" zu sprechen und zwar immer unter Angabe
der Applicationsweise. — Diejenige, dem Milzbrande verwandte
„Septicämie", von der DAVAINE spricht, und die er durch Impfung
mittelst minimaler Stoffmengen, welche, wie es scheint, immer ganz
specifische mikroskopische Organismen enthalten, von Thier auf
Thier überträgt, und wobei z. B. die in einem Fliegenstachel enthaltene Menge schon todbringend wirken kann, ist offenbar etwas
ganz Anderes als die „Septicämie", für die ich den Namen der
„putriden Intoxication oder der putriden Vergiftung" aufrecht erhalten
möchte. — Ebensowenig sind seine Versuche mit denjenigen identisch,
welche RAVITSCH[1]) mit Injection der wahrscheinlich Fäulniss erregenden stabförmigen Bacterien, BERGMANN und
BREHM mit den in PASTEUR'scher Flüssigkeit gezüchteten Bacterien und Pilzen, TIEGEL mit dem menschlichen Leichen
entnommenen „Microsporon septicum" vorgenommen hat. Alle
diese Versuche sind sowohl in causaler als in phänomenaler Beziehung
unter einander zum Theil ganz verschieden, und der Umstand, dass
sie alle mehr oder weniger den Zweck haben, diejenigen Krank-
heitsformen, welche die Kliniker bald in einem, bald im anderen
Sinne als „Septicämie" zu bezeichnen belieben, zu erzeugen*), enthält kein Motiv, sie auch pêle-mêle als Septicämie oder septicämische Erscheinungen zu bezeichnen."

„Um die schwierigen und bereits sehr verwickelten Probleme,
die hier vorliegen, in befriedigender Weise zu lösen", schliesst PANUM
seine beherzigenswerthen Darlegungen, „muss man vor allen Dingen
den Forderungen der Logik genügen und Punkt für Punkt durch
streng wissenschaftliche Untersuchungen aufzuklären suchen, ohne
dabei den Ueberblick über die sämmtlichen in Betracht kommenden
Thatsachen zu verlieren. Diejenigen aber, welche in der Weise der
Advocaten, nur solche Thatsachen hervorheben, welche der von
ihnen beliebten Theorie oder Vorstellung günstig zu sein scheinen,
andere Thatsachen aber, die für ihre Theorie unbequem und gefähr-
lich erscheinen, vernachlässigen und ignoriren, werden nicht die
Wissenschaft fördern, sondern nur die Verwirrung der Begriffe vermehren."

Zu diesen von den Vertheidigern der chemischen Natur der Infectionsstoffe nur allzu sehr ignorirten Thatsachen gehörten auch die

---

[1]) RAVITSCH: Zur Lehre von der putriden Infection u. s. w. Berlin 1872
bei Hirschwald.

*) Die Worte „zu erzeugen" sind im Original ausgelassen.

namentlich von DAVAINE und BIRCH-HIRSCHFELD experimentell er-
brachten Beweise, dass die Infectionsstoffe der Septicämie und Pyämie
durch die Fäulniss ihre Wirksamkeit verlören, Thatsachen, welche
sich mit der Behauptung, dass die giftigen, als Erzeuger jener Krankheiten angesehenen Stoffe bei der Fäulniss gebildet würden, nicht
in Einklang bringen liessen.

Den Versuchen und Schlussfolgerungen HILLER's traten sehr bald
nach ihrer Veröffentlichung verschiedene Forscher auch direct entgegen. Auf dem Chirurgencongresse im Jahre 1875 sprach sich
KLEBS dahin aus, dass die septischen Mikrokokken durch die Uebertragung in destillirtes Wasser gewisser specifischer Eigenschaften ver-
lustig gegangen sein, dass sie in ihren functionellen Eigenschaften
durch die Isolirung beeinträchtigt sein dürften. Und weiter[5] betonte
er, in Uebereinstimmung mit FISCHER[6]), dass die günstigen Erfolge
der LISTER'schen Verbandmethode trotz der Entwickelung von Organismen in dem Secrete durch die besonderen Verhältnisse des Ver-
bandes, die reichliche Einwirkung der Carbolsäure, den Abschluss und
die Eindickung der Wundsecrete bedingt sein könnten. Vor allen aber
war es WEIGERT, welcher in seiner Habilitationsschrift: Ueber pocken-
ähnliche Gebilde in parenchymatösen Organen und deren Beziehung
zu Bacteriencolonien, Breslau 1875, in eingehendster Weise alle gegen
die Existenz specifisch pathogener Bacterien gemachten Einwände
einer strengen, objectiven Kritik unterzog. Bei einer exacten Behandlung dieser Dinge, führte WEIGERT aus, seien folgende 4 Punkte
zu berücksichtigen:

1) Sind die Gebilde, die man als Bacterien ansieht, in der That
solche; vor allen Dingen, hat man nicht Zerfallsproducte menschlicher
Gewebsbestandtheile vor sich?

2) Stehen die Bacterien in einer Beziehung zu den krankhaften
Producten oder Processen?

3) Ist die Beziehung eine derartige, dass von den Bacterien aus
die krankhaften Producte oder Processe angeregt sind?

4) Ist das, was an den Bacterien krankmachend ist, ein Lebens-
product der letzteren oder haftet es ihnen nur zufällig an?

In Bezug auf die allgemeine Diagnose der Bacterien erklärte
WEIGERT, dass es sehr viele Fälle gäbe, in welchen auch der ge-

---

5) KLEBS: Beiträge zur Kenntniss der pathogenen Schizomyceten. VII. Abhandlung. Archiv f. exp. Path. u. Pharm, Bd. V. Heft 4 u. 5 (Ausgegeben am
21. April 1876). S. 374.

6) E. FISCHER: Der Lister'sche Verband u. die Organismen unter demselben.
Deutsche Zeitschrift f. Chirurgie. Bd. 6. S. 338.

übteste Mikroskopiker nicht im Stande sei, zu sagen, ob gewisse Pünktchen Bacterien vorstellten oder nicht, und dass es ebenso in einem körnchenreichen Gewebe unmöglich sei, zu entscheiden, dass keine Bacterien vorhanden seien. Anders aber liege die Sache bei dichten Bacterienanhäufungen, deren äusserst gleichmässiges, regelmässiges Korn und chagrinirtes Aussehen verbunden mit ihrer gelbbräunlichen Färbung keine Analogie fänden unter den Abkömmlingen menschlicher Gewebe. Gegen die Gefahr einer Verwechselung mit körnig geronnenem Eiweiss (Lymphe, Detritus) und mit der annähernd ebenso regelmässigen Körnung mancher Parenchymzellen und mancher Granulationen weisser Blutkörperchen schütze die von ihm angegebene Färbung mit Carmin-Salzsäure-Glycerin und ebenso die später wohl von Eberth im Jahre 1872 zuerst mitgetheilte mit Hämatoxylin, beide exquisit kernfärbende Mittel. Bei der Hämatoxylinfärbung nähmen die genannten anderen Stoffe (wenn man sich natürlich vor Ueberfärbung und vor Nachdunkeln hüte) keine oder nur eine hellblaue Tinction an, die sehr scharf gegen die dunkelblaue der Kerne und Bacterienhaufen absteche. Diese hellblaue Färbung weiche bei kurzer Behandlung mit schwach ammoniakalischer Carminlösung meist einer rothen, die natürlich den Gegensatz noch schärfer hervortreten lasse. Allerdings nähmen auch noch andere Gewebselemente eine dunkelblaue Hämatoxylinfärbung an, so vertrocknetes Gewebe, Kalkconcremente, Knorpeltheile, gewisse Theile von Drüsenzellen (Heidenhain), manche Concretionen, namentlich Amyloidkörperchen im Gehirn, weisse Thromben (Zahn) und ihnen ähnliche Anhäufungen weisser Blutkörperchen in der Lunge und an einigen anderen Orten, doch seien alle diese Dinge schon bei mittleren Vergrösserungen ohne Schwierigkeit von den ähnlich gefärbten Bacterienherden zu unterscheiden. In Müller'scher Flüssigkeit gehärtete Präparate lieferten oft diffuse, schmutzigblaue Tinctionen. Solche Präparate nähmen aber die prächtigste isolirte Kernfärbung an, wenn man sie einfach einige (bis 24) Stunden in Glycerin lege. Weigert betonte dann weiter, dass in faulen, in Alkohol gehärteten Gewebstheilen auch die Fäulnissbacillen sich prächtig tingirten. Es falle ihm jedoch nicht ein, zu behaupten, dass nun alle Bacterienarten, namentlich solche, die nicht in zooglocaartigen Haufen lägen, sich wie die Pockenbacterien verhielten. Man müsse eben vorläufig darauf verzichten, Bacterien unter allen Umständen leicht zu erkennen. Gewisse Schwierigkeiten für die Diagnose der Bacterienmassen entstünden auch dadurch, dass die Bacterien, wie die Kerne, Zustände des Absterbens zu haben schienen, in denen ihre Färbbarkeit zugleich mit der scharfen Körnung verloren gehe. Nöthig sei es stets, die Schläuche einer Prüfung mit Immersionssystemen zu unterwerfen. Zu diesem Zwecke empfehle es sich, die Präparate in Kalilauge (oder Essigsäure) zu entfärben und in Glycerin zu untersuchen. Die Bacteriencolonien hielten den Farbstoff am längsten, man könne sie deshalb mit schwacher Vergrösserung aufsuchen und für starke einstellen. Dabei habe er sich überzeugt, dass gerade die Körnchen selbst die dunkelblaue Färbung annähmen. Die Verwechselung mit Fetttröpfchen sei nicht zu fürchten, da Fettkörnchenhaufen mit ganz gleichmässigen, dichten, kleinen Körnchen nicht vorkämen. Einzelne Fetttröpfchen und Bacterien seien freilich ohne Reagentien oft kaum zu unterscheiden. Wenn man aber die in absolutem Alkohol entwässerten Schnitte mit Chloroform, Kreosot, Nelkenöl u. s. w. behandele, so würden die Fetttröpfchen unsichtbar, ebenso verschwänden sie nach Behandlung der in Alkohol entwässerten Schnitte mit Aether. Im Uebrigen nähmen die Fetttröpfchen die blaue Kernfarbe nicht an.

HILLER sei deshalb im Irrthum, wenn er die Befunde von HEIBERG und besonders die von LUKOMSKY anzweifle, da letzterer die fraglichen Massen durch Hämatoxylin blaugefärbt habe.

Ueber das Vorhandensein von Bacterienherden in den Geweben sei somit kein Zweifel mehr möglich.

In Bezug auf die zweite Frage: Stehen die Bacterien in einer Beziehung zu den krankhaften Processen, hob WEIGERT die Thatsache hervor, dass bei den Pocken die überall nachweisbaren necrotischen Partien in den früheren Stadien der Krankheit so gut wie ausnahmslos von einem centralen Bacterienherde begleitet wären.

Dass weiter die Bacterien das Primäre und die necrobiotischen Herde das Secundäre seien, folge daraus, dass von Anfang sich Bacterienschläuche ohne Necrosen in ihrer Umgebung fänden, dass aber in einem späteren Zeitpunkt dieselben sich stets von solchen umgeben zeigten, dass ferner die Bacterien häufig von den necrobiotischen Massen durch eine Gefässmembran getrennt seien, und dass endlich, wenn sie späterhin auch ausserhalb der Gefässwand sich fänden, sie niemals, wie in faulenden Geweben in einer diffusen Verbreitung zwischen und auf den Elementen lägen.

Die aprioristischen Einwände HILLER's gegen die Fähigkeit der Bacterien im lebenden Organismus zu wuchern seien hinfällig, da es durchaus noch nicht feststehe, ob die Bacterien wie HILLER meine nur von Gasen und Salzen zu leben vermöchten, oder ob sie nicht vielleicht, wie FERD. COHN annehme, auch Eiweisskörper zu spalten im Stande wären. Dass im übrigen die Bacterien im lebenden Gewebe fortkämen, lehrten einmal die Beobachtungen bei Milzbrand, dann aber besonders die Impfversuche von EBERTH, FRISCH, LEBER u. A. auf die lebende Cornea, in der sich ja die Bacterien unzweifelhaft vermehrten.

Was nun den dritten und vierten Punkt anlangt, die Ursache der krankmachenden Wirkung der Bacterien, so betonte WEIGERT, dass PANUM und viele andere Forscher wenigstens für einen Theil der bacterischen Wirkungen ein chemisches von den Bacterien abtrennbares Gift als schädliches Moment nachgewiesen hätten. Dass dieses Gift durch einen Lebensprocess der Bacterien gebildet werde, müsse man dann sicher annehmen, wenn die primäre Giftwirkung genau mit den Lebensschicksalen der Bacterien übereinstimme, mit ihrer Vermehrung zu- mit ihrem Untergehen abnehme, wie bei Recurrens. Eine solche Lebenswirkung sei auch dann anzunehmen, wenn das Gift an seltene Formen solcher Bacterien, wie wieder bei Recurrens, gebunden sei. Es sei nicht denkbar, dass stets in diesen Fällen gleichzeitig mit den specifischen Keimen auch ein von denselben unabhängiges, ebenfalls specifisches Gift in den Körper eintreten sollte. Ebenso müsse man einen Einfluss der Bacterien auf die Erzeugung des Giftes einräumen, wenn dieselben in frühen Stadien sich regelmässig an den Stellen einfänden, an welchen sich die Giftwirkung äussere. Das Vorkommen so überaus zahlreicher Herde wie sie bei den Pocken constatirt würden, mache eine Einwanderung entsprechend vieler Keime gleich bei der Infection sehr unwahrscheinlich; man müsse daher annehmen, dass die Bacterien sich im Organismus vermehrt hätten und dass sich mit ihnen auch das Pockengift multiplicirt habe. Der Einwand, dass an sich unschuldige Bacterien in den Körper eingetreten seien und sich nur an den erkrankten Stellen mit dem Gifte beladen hätten, sei wohl auszuschliessen, da entsprechend viele kranke Stellen vor der Hauterkrankung nicht existirten. Die Gründe, welche gegen die Betheiligung der Bacterien als solcher am Zustandekommen krankhafter Processe angeführt würden, seien nicht stichhaltig. Wenn KÜSSNER mit annähernd bacterienfreien Filtraten ähnliche Wirkungen wie mit den bacterienreichen Rückständen erzielt habe, so beweise das nur, dass das Gift von den Bacterien auch ausserhalb des Organismus in gewissen Nährflüssigkeiten gebildet werden könne. Ein Fehlen der Bacterien in den krankhaften Veränderungen sei nach seinen früheren Darlegungen nicht beweisend, ebensowenig wie negative Züchtungsergebnisse in künstlichen Gemischen, da in solchen lange nicht alle Bacterien, so z. B. die Recurrensspirillen nicht wüchsen. Aus dem Einwande, dass im Körper an den verschiedensten Stellen Bacterien wucherten, ohne krankhafte Veränderungen zu erregen, dass sie mithin unschädlich seien, könne man nur dann einen Schluss ziehen, wenn man nachweisen könnte, dass alle Bacterien gleiche Eigenschaften hätten, oder dass wenigstens bei zwei in Vergleich gezogenen Fällen diesen beiden Bacteriensorten dieselben Qualitäten zukämen. Bei Gegenständen, welche an der Grenze der Sichtbarkeit ständen, bei denen man also nur wenig distincte charakteristische Merkmale wahrnehmen könne, genüge es nicht, dass man die Gegenstände für gleich halte, bis das Gegentheil bewiesen sei, sondern man müsse sowohl die Verschiedenheit als die Gleichheit ihrer Eigenschaften positiv nachweisen. In treffender Weise erinnert WEIGERT hier an das Verhalten amorpher gleichfarbiger Pulver.

Die Ungleichheit könnte nun eine solche sein, dass die mit verschiedenen Eigenschaften begabten Bacterien von Hause aus unveränderlich verschiedene Arten darstellten, deren Unterschiede nur für unsere Mikroskope nicht nachweisbar seien. Wenn BILLROTH die gegentheilige Auffassung, dass auch morphologisch verschieden aussehende Formen einer einzigen Art angehörten, damit begründe, dass sich die eine Form aus der anderen entwickele, so sei doch zu bedenken, dass es oft kaum möglich sei, zu entscheiden, ob die neu entstandenen Formen aus den alten oder auf den alten entstanden seien. Selbst wenn man die Annahme BILLROTH's, dass Coccosformen in Bacterienformen resp. umgekehrt übergehen könnten, acceptire, so sei dabei noch gar nicht ausgeschlossen, „ob trotzdem unter den Coccosformen z. B. nicht Tausende von Arten existirten, deren jede ihre entsprechende Bacteriengeneration haben könnte".

Die Ungleichheit der Bacterien brauchte aber gar nicht die botanisch geschiedener Arten zu sein, sondern nur die von „Spielarten". Die Möglichkeit der Bildung von Spielarten aber lehrten die verschieden gefärbten Formen, bei denen die einzelnen Coccoskörnchen nicht anders aussähen, als viele der ungefärbten, ein wichtiges Argument, auf welches übrigens schon DAVAINE und ORTH bei ihren Deductionen gefusst hatten. Für das Princip aber sei es ganz irrelevant, ob die producirten chemischen Stoffe eine für andere Organismen unschädliche Farbe oder ein für diese schädliches Gift darstellten. Der Modus, wie diese Spielarten zu Stande kämen, könne in mannigfaltigster Weise gedacht werden. Am einfachsten sei es wohl, anzunehmen, dass die Bacterien durch irgend eine chemische Beschaffenheit des Nährbodens, auf dem sie sich zufällig befänden, irgend eine Abweichung des Stoffwechsels annähmen, die sich dann in ihrer Nachkommenschaft wiederholte. Auf diese Weise entstünden (ganz allgemein ausgedrückt) verschiedene „Sorten" von Bacterien, die allerdings gelegentlich auch wieder atavistisch entarten und vielleicht zu ganz unschuldigen Dingen werden könnten. Mit dieser einfachen Erklärung wäre den pathologischen Erfahrungen vollkommen genügt.

Weiter erörterte dann WEIGERT die wichtige Frage, wie man die Gleichheit zweier gleich aussehender Bacteriensorten feststellen könne. Man würde annehmen können, dass sie identisch seien, wenn sie gleiche Wirkung äusserten, aber nur für den Fall, dass dieselbe ungemein charakteristisch sei. So müsse man z. B. annehmen, dass die Spirochäten im Blute verschiedener Recurrenskranker identisch seien, da mit deren Lebenseigenschaften der gleiche Fieberverlauf verknüpft sei. Die Gleichheit der Form würde auch in diesem Falle nicht genügen, da sich ganz ähnlich aussehende Gebilde in faulenden Stoffen (Blut, Zahnschleim, Sumpfwasser) fänden. Die Gleichheit der Wirkungen gestatte aber nicht auf Gleichheit der Sorte zu schliessen, wenn es sich um sehr einfache Vorgänge, Entzündungen, Nekrose und dergleichen handele, da sehr zahlreiche Arten dieselben Wirkungen erzeugen könnten. Alle diese Dinge müsse man ebenso beurtheilen, wie die Reactionen chemischer Stoffe. Seien diese sehr charakteristisch, so genüge eine einzige, um zwei Körper als chemisch identisch hinzustellen, seien sie es nicht, so sei man durch eine Reaction allein zu solch einem Schlusse nicht berechtigt. Wenn FRISCH bei seinen Cornea-Impfungen die sternförmige Figur bald habe ausbleiben, bald entstehen, und in letzterem Falle sich bald aus stäbchenförmigen, bald aus runden, bald aus ungefärbten, bald aus gefärbten Elementen habe zusammensetzen sehen und daraus dann geschlossen habe, „dass die Ursache der verschiedenen Wirkungen auf die Kaninchencornea verimpfter pilzhaltiger Flüssigkeiten nicht in einer etwaigen Verschiedenheit der Art der verpflanzten Pilze zu suchen sei", so habe er eben einen Fehlschluss gemacht. Die verschiedenen wirksamen Arten hätten eben das Gemeinsame gehabt, dass sie einen Stoff enthalten hätten, der jene Entzündung direct oder indirect erregt habe, während die nicht wirksamen diesen Stoff nicht gehabt hätten.

Das Vorkommen zweier Bacteriensorten in demselben Nährsubstrate biete keine Garantie für deren Gleichheit. Wenn daher ONIMUS das bacterienhaltige Dialysat septicämischen Blutes unwirksam, dieses selbst aber wirksam gefunden habe, so sei das eben ein Zeichen dafür, dass die Bacterien der Sepsis mit denen der Fäulniss nicht gleichbedeutend seien.

Auch die Thatsache, dass nach Uebertragung wirksamer Bac-
terienflüssigkeiten in PASTEUR'sche Nährlösung die gezüchteten Bacterien nicht die gleiche Wirkung geäussert hätten, wie die Mutter-
flüssigkeit, lasse sich in analoger Weise dadurch erklären, dass man
nicht sicher sei, welche Bacteriensorten aus einem Gemisch von solchen, wie es z. B. die in faulenden Stoffen wuchernden darstellten, sich
gerade in der neuen Flüssigkeit entwickelt hätten, ob die schädlichen
oder die unschädlichen oder beide. Daraus erkläre sich ungezwungen
der wechselnde Erfolg. Ebensowenig gestatteten die HILLER'schen
Versuche mit ausgewaschenen Bacterien irgend welche Schlüsse.
Wenn HILLER durch Uebertragen der ausgewaschenen Bacterien-
niederschläge in PASTEUR'sche Lösung deren Lebensfähigkeit habe
nachweisen wollen, so sei das kein Beweis, da von den übergeführten
Bacterien auch nicht ein einziges hätte entwickelungsfähig bleiben
können. Es sei vielmehr sehr wohl denkbar, dass die eingetretene
Trübung der Lösung durch die ja in jedem destillirten Wasser vorhandenen Keime herbeigeführt worden sei; aber selbst, wenn von
den übergeführten Keimen bei der mehrtägigen Behandlung mit destillirtem Wasser einzelne überlebt hätten, so hätten diese r e s i s t e n -
t e n Arten wohl nur dieselben Eigenschaften zu haben gebraucht,
wie die für gewöhnlich in nicht frischem destillirten Wasser vorkommenden Keime, nämlich k e i n e entzündungserregenden. Eine
Einspritzung der „reinen Bacterien" habe dann nichts Anderes be-
deutet, als eine Einspritzung von nicht frischem destillirtem Wasser,
die für gewöhnlich unschädlich sei. Und auch wenn a l l e Keime
bei dem HILLER'schen Verfahren erhalten geblieben wären, so hätten
doch die „Spielarten" bei dieser Behandlung ihre besonderen Eigenschaften ebenso verloren haben können, wie sie sie einst in einer
geeigneten Nährflüssigkeit bekommen hätten.

„Man kann also," schliesst WEIGERT seine durchaus im Sinne
COHN's gehaltene Darlegung, „weder aus dem Umstande, dass täglich Bacterien in unseren Körper eintreten, ohne ihm zu schaden,
noch daraus, dass man künstlich gezüchtete Bacterien und mit destillirtem Wasser behandelte öfters unschädlich fand, den Schluss
machen, dass es keine Bacterien gäbe, deren Lebensvorgänge krankhafte Processe zu erzeugen im Stande wären."

Wiewohl WEIGERT experimentelle Belege für seine Anschauungen
nicht brachte, so ist gleichwohl seine Arbeit für die Bacterienfrage
von sehr wesentlicher Bedeutung gewesen, weil in derselben zum
ersten Male von einem Arzte die für die Nothwendigkeit einer Unterscheidung specifischer pathogener Bacterien sprechenden Gründe in

zusammenfassender, dem Stande der damaligen Kenntnisse entsprechender Weise dargelegt waren.

Noch einmal versuchte es Hiller[7]), gegen die Weigert'schen Argumente anzukämpfen; ganz besonders bemühte er sich, für die Präexistenz der Keime im gesunden Organismus und deren Weiterentwickelung bei krankhaften Störungen beweisendes Material beizubringen. Die Auffindung von Micrococcus und Stäbchen in heissen Abscessen, welche in keiner Weise mit der äusseren Luft communicirt hatten, durch Bergeron[8]) und Gosselin, die Beobachtungen Billroth's[9]) über das Auftreten von Coccos in subcutanen Entzündungsherden, welche durch mechanische Irritationen, Quetschung, forcirte Uebungen, anhaltendes Knieen entstanden waren, die Mikrokokkenbefunde Nepveu's[10]) in abgeschlossenen Höhlenflüssigkeiten, bei einer Haematocele cystica, einer Nierencyste, einer vereiterten Cyste des Samenstranges und einem Aueurysma der Arteria poplitea liessen sich nach Hiller's Ansicht nicht anders erklären als durch eine von den genannten krankhaften Veränderungen begünstigte Fortentwickelung im Körper bereits vorhanden gewesener Keime. Auch das Auftreten von Bacterien in Entzündungsherden, welche sich durch Substanzen erzeugen liessen, deren bacterientödtende Wirkung durch die Untersuchungen von Buchholtz[11]) und Paschutin[12]) festgestellt war, welche also z. B. nach Injectionen von Alkohol, concentrirter Carbolsäure, Liq. Ammon. caust., Schwefelammonium in einer 10 % Lösung entstanden waren, gestattete nach Hiller keine andere Erklärung. Weiter dann legte Hiller einen besonderen Nachdruck auf die constanten Befunde von Bacterien in einige Tage alten Hautblasen, welche durch Quetschung (M. Wolff[13]), oder durch Stiefel-

7) Hiller: Die entzündungs- und fiebererregenden Eigenschaften der Bacterien. Berl. klin. Wochenschrift. 1877. Nr. 2.

8) A. Bergeron: Sur la présence et la formation des vibrions dans le pus des abcès. Comptes rendus de l'Acad. des sciences. Tome 80. 1875. p. 430.

9) Th. Billroth u. F. Ehrlich: Untersuchungen über Coccobacteria septica. Arch. f. klin. Chir. 1876. Bd. XX. Heft 2.

10) Nepveu: Présence de bactéries dans les collections sous-cutanées. Gazette médicale 1875. Nr. 11. S. 126. (Centralblatt f. Chir. 1875. S. 275.)

11) Buchholtz: Antiseptica u. Bacterien. Archiv f. exp. Path. u. Pharm. Bd. 4.

— Ueber das Verhalten von Bacterien zu einigen Antisepticis. Dorpat 1876.

12) V. Paschutin: Einige Versuche über Fäulniss und Fäulniss-Organismen. Virchow's Archiv. Bd. 59. Heft 3 u. 4.

13) M. Wolff: Verhandlungen der deutschen Ges. f. Chirurgie 1875. Bd. IV. Berlin 1876. S. 38.

druck, Cantharidenpflaster (HILLER) u. s. w. hervorgerufen waren, und endlich auf die Beobachtungen von WEISSGERBER und PERLS[14], welche bei ihren an Hunden und Kaninchen angestellten Untersuchungen über die Entstehung der Harncylinder in 10 von 12 Fällen überall da, wo die Stenosirung der Nierenvene gut ausgeführt, wo Stauung vorhanden gewesen war, namentlich in den Venen und Capillaren der Pyramidensubstanz charakteristische Anhäufungen von Mikrokokken gefunden hatten. — Alle diese Erfahrungen bewiesen, wie HILLER betonte, dass die im lebenden Körper vorhandenen Mikroorganismen bei den mannigfaltigsten pathologischen Processen bereits im Leben sich weiter entwickeln könnten, dass sie aber stets nur die Folge, nicht die Ursache der krankhaften Veränderungen seien und dass diese secundäre Entwickelung stets an den Ort der pathologischen Störung gebunden sei.

Den gegen seine Auswaschungs-Versuche mit destillirtem Wasser erhobenen Bedenken stellte HILLER die Behauptung entgegen, dass einerseits das destillirte Wasser kein Gift für Bacterien sei, wie das Vorkommen von Bacterien in jedem destillirten Wasser beweise, und dass andrerseits die Trübung gekochter PASTEUR'sche Nährflüssigkeit nach dem Zusatze eines Tropfens der Isolirflüssigkeit die Lebensfähigkeit der ausgewaschenen Bacterien unzweifelhaft erwiesen habe. Auf den springenden Punkt der WEIGERT'schen Kritik, dass gerade die schädlichen Bacterien im destillirten Wasser zu Grunde gegangen sein könnten, ging HILLER nicht ein. Ebenso setzte sich HILLER über die wichtigen Gründe, welche WEIGERT für die Möglichkeit einer Existenz verschiedener und zwar schädlicher und unschädlicher Arten unter den Bacterien geltend gemacht hatte, hinweg, aus dem Grunde, weil jene Möglichkeit nur durch eine Reihe von Annahmen und Vergleichen gestützt, aber nicht bewiesen sei. „Wenn WEIGERT, schreibt HILLER, mit unerklärlicher Sicherheit ausspricht, dass selbst in einer und derselben faulenden Substanz „ein Gemisch von Bacteriensorten" schädlichen und unschädlichen enthalten sei, so verleiht das allerdings der beabsichtigten Argumentation eine werthvolle Stütze; allein den Beweis für diese inhaltsschwere Behauptung habe ich in der bisherigen Literatur, und namentlich in seiner eigenen Arbeit vergeblich gesucht," und in einer anderen Stelle: „Man ist also, meine ich, logisch vollkommen be-

14) cand. med. PAUL WEISSGERBER u. Prof. PERLS: Beiträge zur Kenntniss der Entstehung der sogenannten Fibrincylinder nebst Bemerkungen über Mikrokokkenanhäufungen in der Niere bei Blutstauung. Arch. f. exp. Path. u. Pharm. Bd. VI. p. 113. 21. Juli 1876.

rechtigt, auch diese (die bei den Infectionskrankheiten gefundenen)
Mikrokokken für unschädlich und den ubiquistisch verbreiteten Organismen für gleich zu halten, — so lange, bis ihre Ungleichheit
und Schädlichkeit nicht bloss vermuthet oder „supponirt," sondern
positiv nachgewiesen wird."

In dem Augenblicke als HILLER diese Worte schrieb, im Januar
1877, waren seine Postulate für einen Organismus, für den Milzbrandbacillus durch ROBERT KOCH bereits erfüllt. Mit Recht konnte daher
WEIGERT [15]) unter Hinweis auf die Milzbrandbacillen und Recurrensspirillen HILLER entgegnen, dass man nunmehr endlich aufhören
müsse, von „den" Bacterien zu reden. Der HILLER'schen Behauptung,
dass die überall, auch im Blute, vorhandenen Bacterienkeime an erkrankten Stellen zur Entwickelung gelangten, hielt WEIGERT die
Thatsache entgegen, dass dies eben an sehr vielen erkrankten Stellen
nicht der Fall sei. Es müsse demnach noch ein X, ein Unbekanntes
dabei sein, welches auch an solchen Orten die Bacterienwucherung
erst ermögliche. Man könnte meinen, es müssten eben besonders
geartete Bacterien sein, die das zu Wege brächten.

Neue Methoden, welche eine genauere Unterscheidung der Formen
der Bacterien gestatteten und das Studium des Verhaltens isolirter
Individuen ermöglichten, brachten in der nächsten Zeit eine Entscheidung des Bacterienstreites im Sinne der Vertheidiger der specifischen Arten unter den Bacterien.

15) CARL WEIGERT: Zur Bacterienfrage. Berliner klin. Wochenschrift 1877.
S. 241 u. 261.

Fünfzehnte Vorlesung.

Die Färbungsmethoden zur Unterscheidung der Bacterien in Geweben. WEIGERT's Carmin-, Hämatoxylin- und Methylviolett-Färbungen. Die erste Färbung der Bacterien in Flüssigkeiten durch HOFFMANN. SALOMONSEN's Methode der Färbung der Bacterien unter dem Deckglas mit schwefelsaurem Rosanilin. ROBERT KOCH's Verfahren zur Untersuchung, zum Conserviren und Photographiren der Bacterien. SALOMONSEN's Methode zur Isolation differenter Bacterienformen. LISTER's Methode der Gewinnung isolirter Bacterien aus Bacteriengemischen. Praktische Verwerthung seiner Methode. Reinkultur des Bacterium lactis. LISTER widerruft seine früheren Angaben über die Veränderlichkeit der Bacterien der sauren Milch je nach dem Nährsubstrat. Er erkennt an, dass sein Irrthum durch die Beimischung anderer Bacterienarten zu dem Bacterium lactis veranlasst war.

In seiner Habilitationsschrift hatte WEIGERT mit Recht auf die sichere Diagnose der Bacterien als solcher, auf ihre Unterscheidung von anderen ähnlichen Formelementen den Nachdruck gelegt. Denn wenn man nicht einmal die Bacterien von anderen ähnlich gestalteten Körperchen unterscheiden konnte, wie war da überhaupt ein näheres Studium dieser kleinsten Wesen selbst möglich? WEIGERT's Verdienst ist es, die zu jener Zeit in der histologischen Technik in ausgedehntem Maasse bereits verwandten Färbungsmethoden in die Bacterienforschung eingeführt und diesem speciellen Zweck entsprechend durchgearbeitet zu haben. Ihm, als pathologischem Anatom, kam es besonders darauf an, die Bacterienherde in den Organen von anderen organisirten und unorganisirten Elementen in denselben sicher zu unterscheiden. Nachdem er zuerst mit Carmin-Salzsäure-Glycerin die Bacterien in der Pockenhaut gefärbt, wurde diese und auch die, wie WEIGERT selbst angiebt, zuerst von EBERTH für die Bacterienuntersuchung angewandte, Hämatoxylinfärbung mehrfach von den Forschern zu gleichen Zwecken versucht. Aber freilich nur mit zweifelhaftem Erfolge. WAGNER [1]), welcher sich in einem Falle von Intestinal-Mycose derselben bediente, fand beide, die Hämatoxylin- wie die Carminfärbung so wenig zuverlässig, dass er kein Gewicht darauf legen mochte. „Meist wurden die Fäden besonders stark

---

[1]) E. WAGNER: Archiv f. Heilkunde. 15. Jahrg. 1874. S. 14.

gefärbt", schreibt er, „bisweilen aber färbten sie sich nicht besser
oder sogar schlechter als die übrigen Gewebstheile. Ich benutzte
deshalb auch meist nur ungefärbte Präparate". WEIGERT erst gelang es, wie wir gesehen haben, diese Färbungsmethoden so zu verbessern, dass sie praktisch verwerthbar wurden. Immerhin hafteten
den Methoden noch manche Mängel an. WEIGERT war deshalb unablässig bemüht, die älteren Methoden zu verbessern und neue bessere
Methoden zu finden. Am 10. December 1875 beschrieb er in der
schlesischen Gesellschaft für vaterländische Kultur [2]) einen Fall von
Geschwürsbildung am Nabel, bei welchem ausserdem stecknadelkopf-
bis hirsekorngrosse, weissliche derbe Stellen in ihrer Mitte enthal-
tende Blutherde in den Lungen und Blutungen unter der Nierenkapsel
und in der Nähe des Nierenbeckens constatirt werden konnten. WEI-
GERT fand den Grund des Nabelgeschwürs bedeckt und ebenso auch
die Capillaren im Centrum der Blutherde erfüllt mit äusserst gleichmässigen scharfcontourirten, im Ganzen ein chagrinirtes Aussehen darbietenden kleinen Körnchen. Die Körnchen waren in den üblichen
Lösungsmitteln unlöslich. — „Hämatoxylin-Alaun aber färbte sie blau,
ebenso Methylviolett mit nachherigem Auswaschen der
Präparate in verdünnter Essigsäure; roth wurden die Massen
durch Carmin-Salzsäure-Glycerin; braun durch Carmin mit nachherigem Auswaschen in (durch Alkohol) verdünntem Liquor ferri ses-
quichlorati (sämmtliches Kernfärbungen). Am schönsten sah man die
Gebilde, wenn man zuerst die Präparate mit Hämatoxylin färbte,
dann in verdünnter Kalilauge auswusch bis sie nur eine ganz schwach
blaue Färbung hatten, sie weiterhin mit starker Essigsäure behandelte
und endlich in Glycerin untersuchte. Es glückte dann oft, nur diese
Massen blaugefärbt und ihr Korn ausserordentlich scharf zu sehen
(durch Kalilauge allein verliert es an Schärfe). Die Körnchen mussten
nach alledem als Mikrokokken angesehen werden." In dieser Mittheilung hatte WEIGERT zum ersten Male einen Anilinfarbstoff, das
Methylviolett für die Färbung der Mikrokokken in Gewebsschnitten
angewandt. Es folgte zunächst eine genaue Angabe seiner Hämatoxylinfärbung in einer Arbeit von BILLROTH und EHRLICH [3]). Die
Vorschrift lautete: 1,5 grm krystallisirtes Hämatoxylin werden in
50 grm Alkohol von 0,830 spec. Gew. gelöst; die Lösung wird mit
einem Zusatz von 25 grm einer kaltgesättigten Alaunlösung versehen

---

2) WEIGERT: Ueber eine Mycose bei einem neugeborenen Kinde. 53. Jahresbericht der schles. Ges. f. vaterl. Kultur. Breslau 1876.

3) BILLROTH und EHRLICH: Untersuchungen über Coccobacteria septic.
Langenbeck's Archiv für Chirurgie. Bd. XX. S. 403.

und nach öfterem Umschütteln nach 8 Tagen filtrirt. 10—15 Tropfen derselben in 25 grm destillirten Wassers oder 0,5 % Alaunlösung eingetragen, stellen die Farblösung dar. In dieser Lösung werden die Schnitte 3—4 Stunden belassen, darauf in destillirtem Wasser abgespült, in concentrirter Essigsäure ½—1 Stunde so lange ausgewaschen bis die Säure farblos bleibt. Dann werden sie in destillirtes Wasser übertragen, in Alkohol entwässert, in Terpentin aufgehellt und in Dammarlack eingeschlossen. Nach dieser Methode wiesen BILLROTH und EHRLICH Mikrokokken an der Grenze des erysipelatösen Processes in Gewebsschnitten nach. Auf der Naturforscherversammlung [4] im Jahre 1877 in München legte WEIGERT dann Schnitte von Organen, Milz, Lunge, Niere, von milzbrandkranken Kaninchen vor, in welchen durch Färbung mit Methylviolett, Gentiana, Bismarckbraun u. s. w. und nachherige Behandlung mit Alkohol u. s. w. auch die Milzbrandbacillen im Gewebe deutlich erkennbar gemacht waren.

Durch diese Methoden war die Unterscheidung von Mikrokokkenanhäufungen und Milzbrandbacillen von Gewebsbestandtheilen gesichert. Aber wie stand es nun mit der sicheren Erkennung der Bacterien in Flüssigkeiten?

HOFFMANN [5] hatte bereits im Jahre 1869 in seiner preisgekrönten Arbeit über die Bacterien die Beobachtung mitgetheilt, dass in wässrigen Flüssigkeiten „durch tingirende Mittel, z. B. Fuchsinlösung in Wasser und Essigsäure, ebenso in Carminlösung, sich nach einiger Zeit die kleinen Organismen roth färbten, während der Schleim (in welchen sie eingebettet waren) ungefärbt blieb", hatte jedoch diese Beobachtung nicht weiter verfolgt. Im Jahre 1876 stellte SALOMONSEN [6] Untersuchungen an über die Färbung von Bacterien in Flüssigkeiten. Nachdem er gefunden, dass Jodjodkaliumlösung wohl ein vortreffliches Mittel sei, um Bacterien in faulem Wasser zu färben, sich aber für die Färbung derselben in faulem Blut nicht eigne, weil es in diesem feinkörnige Niederschläge erzeuge, fand er in dem schwefelsauren Rosanilin ein vortreffliches Mittel zur Färbung der Bacterien im faulen Blute. Er benutzte eine concentrirte wässrige Auflösung, welche er sich durch Kochen herstellte und nach dem Erkalten filtrirte. Er verfuhr bei der Untersuchung in folgender Weise. Er brachte einen Tropfen des faulen

4) WEIGERT: Amtlicher Bericht der 50. Vers. deutscher Naturf. u. Aerzte. München 1877. S. 283.

5) HERMANN HOFFMANN: Botanische Zeitung 1869. S. 252.

6) CARL JULIUS SALOMONSEN: Studier over bloodets Forraadnelse. Kjobenhavn 1877. p. 15.

Blutes unter das Deckglas, so zwar, dass der Tropfen nicht den Deckglasrand erreichte. Dann liess er die Farbstofflösung vom Rande her hinzutreten und sich mit dem Blute mischen. Er erhielt so alle möglichen Nüancen in der Färbung. Dabei bemerkte er, dass schwach gefärbte Bacterien sich noch bewegten, während intensiv gefärbte ihre Bewegungen sistirten, und ferner, dass die so störenden rothen Blutkörperchen ihre Farbe verloren. Bei der Untersuchung alten faulen Blutes traten ihm die Vortheile der Färbung ganz besonders hervor. In den unregelmässig gekörnten Massen solchen Blutes sah er nach dem Zusatz der Farblösung die einzelnen ganz oder halb unkenntlichen Bestandtheile deutlich erkennbar werden. Das Anilin färbte das Protoplasma der weissen Blutkörperchen intensiv roth, gab den unsichtbaren Stromata der rothen Blutkörperchen eine rothe Kante, liess die Fettkrystalle ungefärbt und machte die verschiedenen Formen der Bacterien so deutlich hervortreten, dass sie analysirt werden konnten. Die Resultate, welche er erhielt, waren so gute, dass er sich fast ausschliesslich auf die Anwendung der Färbung mit schwefelsaurem Rosanilin bei seinen Untersuchungen beschränkte. Diese Methode von SALOMONSEN wurde, aus dem Grunde wohl, weil die Arbeit in dänischer Sprache erschienen war, nicht in ihren Details bekannt.

Eine andere Methode der Untersuchung von Bacterien in Flüssigkeiten veröffentlichte in demselben Jahre ROBERT KOCH[7]).

KOCH erkannte, dass die Hauptschwierigkeit bei der Untersuchung der kleinen, nicht mit scharfen Umrissen versehenen Körper darin bestände, dass sie sich in lebhaftester selbstständiger Bewegung oder in unaufhörlicher zitternder Molekularbewegung befänden und dass sie auch in ruhendem Zustand in Zoogloeamassen vereinigt, vermöge ihres geringen Lichtbrechungsvermögens den Eindruck eines wolkenähnlichen Gebildes machten, dessen Zusammensetzung aus einzelnen Kügelchen oder Stäbchen fast nicht mehr zu erkennen sei. Als besonders hemmend für die Bacterienforschung bezeichnete KOCH den Umstand, dass es bis dahin an einem Verfahren gefehlt habe, die Bacterien in ihrer natürlichen Gestalt und Lagerung, ausser wenn sie thierischen Geweben eingebettet seien, zu conserviren und Abbildungen herzustellen, welche von jeder willkürlichen oder unwillkürlichen Entstellung frei seien. Die Abbildungen seien meist rein schematisch gehalten und vernachlässigten die Grössenverhältnisse

---

7) ROBERT KOCH: Untersuchungen über Bacterien. VI. Verfahren zur Untersuchung, zum Conserviren und Photographiren der Bacterien. Beiträge zur Biologie der Pflanzen. Bd. II. Heft 3. S. 399. Breslau 1877.

so sehr, dass es unmöglich sei, dieselben zum Vergleich mit der Wirklichkeit zu benutzen. Bei der naturgetreuen Wiedergabe der Bacterien komme es auf die geringsten Grössenunterschiede an. Wenn schon eine Zeichnung der grössten Bacterien eine aussergewöhnliche Sorgfalt beanspruche, so bleibe es überhaupt fraglich, ob auch die kleinsten Formen so gezeichnet werden könnten, dass die Abbildungen genau dem Original entsprächen und nicht zur Verwechselung mit ähnlichen Formen führten.

Alle diese Hindernisse war es Koch gelungen in glänzendster Weise zu überwinden. Sein neues Verfahren bestand darin, „dass die bacterienhaltige Flüssigkeit in sehr dünner Schicht auf dem Deckglase eingetrocknet wurde, um die Bacterien in einer Ebene zu fixiren, dass diese Schicht mit Farbstoffen behandelt und wieder aufgeweicht wurde, um die Bacterien in ihre natürliche Form zurückzuführen und deutlicher sichtbar zu machen, dass das so gewonnene Präparat in conservirende Flüssigkeiten eingeschlossen und schliesslich zur Herstellung von naturgetreuen Abbildungen photographirt wurde". Das Eintrocknen führte Koch in der Weise aus, dass er von der zu untersuchenden Flüssigkeit, faulendem Blut, Zahnschleim, faulenden Infusionen ein kleines Tröpfchen mit einem Scalpell entnahm und durch einige kreisförmige Bewegungen zu einer möglichst dünnen Schicht ausbreitete, damit die Bacterien, Blutkörperchen u. s. w. sich nicht deckten, sondern von einander durch grössere oder kleinere Zwischenräume getrennt lägen. Als er diesen Versuch zuerst anstellte, erwartete er, dass die Bacterien, wie die meisten Infusorien, Monaden und mikroskopischen Pflanzen zerfliessen oder zu unförmlichen Massen zusammenschrumpfen würden. Zu seinem Erstaunen aber sah er, dass die Bacterien wie starre von einer Schleimhauthülle umgebene Körper am Glase anklebten und, ohne ihre Gestalt namentlich in Länge und Breite merklich zu ändern, eintrockneten. Die einzigen auffallenden Veränderungen, welche ihm vorkamen, bestanden in der Abplattung kugliger, gelappter oder verzweigter Zoogloeamassen und in der Verwandlung schraubenförmiger Körper in eine Wellenlinie. Durch Hinzufügen eines Tropfens einer Lösung von essigsaurem Kali (1 Theil auf 2 Theile destillirten Wassers) quoll aber auch in diesem Falle die Schleimhülle der Bacterien derart wieder auf, dass die Zoogloeahaufen und die Spiralen ihre natürliche Gestalt wieder annehmen konnten. Bei den Versuchen, die getrockneten Präparate in destillirtem Wasser oder Glycerin wieder aufzuweichen, zeigte es sich, dass die Schicht sich schnell auflöste und vom Glase fortgeschwemmt wurde. Durch Einlegen der Deckgläschen in absoluten Alkohol oder noch besser in 0,5 % Chromsäure liess sich die Schicht zwar unlöslich machen, doch nahmen die Bacterien, da ihre Schleimhülle nicht mehr aufquoll, ihre natürliche Gestalt nicht wieder an. Das einzige brauchbare Mittel, welches sich zugleich auch als vortreffliches Conservirungsmittel bewährte, war die Lösung von essigsaurem Kali. Die kleinsten Formen wurden jedoch bei dieser Behandlung so blass, dass es nothwendig erschien, sie durch Farbstoffe deutlicher zu machen.

Koch untersuchte deshalb die verschiedensten in der Mikroskopie und in der Färberei benutzten Farbstoffe in Bezug auf ihr Verhalten gegenüber den Bacterien und constatirte, dass von allen Farbstoffen die Anilinfarbstoffe am meisten sich zur Färbung der Bacterien eigneten, weil die Bacterien „die Anilinfarben mit einer solchen Sicherheit, so schnell und so reichlich aufnähmen, dass man diese Farben als Reagens zur Unterscheidung der Bacterien von krystallinischen und amorphen Niederschlägen auch von feinsten Fetttröpfchen und anderen kleinsten Körpern benutzen könne." Die Anilinfarben zeigten zudem die werthvolle Eigenschaft, dass sie die getrocknete Schicht nur aufweichten aber nicht ablösten. Die wasserlöslichen Anilinfarben erwiesen sich als am brauchbarsten, besonders Methylviolett (BBBBB) und Fuchsin, die übrigen, namentlich Safranin, Gelb, Eosin, Orange, Methylgrün, Jodgrün und Blau färbten nicht so kräftig, zeigten sich auch nicht beständig. Für die Färbung der am Deckglas angetrockneten Präparate setzte Koch von einer concentrirten spirituösen Lösung der Anilinfarbe einige Tropfen zu 20—30 grm destillirten Wassers hinzu. Davon brachte er einige Tropfen auf die färbende Bacterienschicht und liess dieselben unter fortwährendem Bewegen einige Secunden mit ihr in Berührung. Dann saugte er die Farbflüssigkeit mit Fliesspapier ab, oder aber er spülte sie ab mit destillirtem Wasser oder auch mit einer 10 % Lösung von essigsaurem Kali. Die gefärbten Präparate legte er dann zur Conservirung entweder noch feucht in essigsaures Kali 1 : 2 oder getrocknet in Canadabalsam ein.

Um die Bacterienpräparate photographiren zu können, wandte Koch seine Aufmerksamkeit den Anilinfarben zu, welche die chemisch wirksamen Lichtstrahlen, also den blauen Theil des Spectrums, nicht durchliessen. Das Anilinbraun gab ihm die besten Resultate. Er löste das Anilinbraun in gleichen Theilen von Glycerin und Wasser, bedeckte die Präparate einige Minuten mit der Lösung, spülte sie dann mit reinem Glycerin ab und legte sie in Glycerin ein. Namentlich eiweisshaltige Substanzen, wie Blut, Eiter und dergl., welche sich mit den wässrigen Lösungen des Methylviolett und Fuchsin nur schlecht färben liessen, gaben mit in Glycerin gelöstem Braun ganz vorzügliche Präparate. Die braungefärbten, im monochromatischen blauen Lichte schwarz erscheinenden Objecte photographirte er mit einem nach den Angaben von FRITSCH [s]) construirten mikrophotographischen Apparate, dessen Wesentliches darin bestand, dass die Camera, das Mikroskop und die Beleuchtungsvorrichtung horizontal aufgestellt und genau centrirt waren. Zur Beleuchtung der Objecte verwandte er das directe Sonnenlicht, welches er durch einen Heliostaten auffing und mit Hülfe eines schwachen Objectivsystems (HARTNACK Objectiv 2 oder 4) genau auf der Mitte des Objectes concentrirte. Durch Einschieben von matten Gläsern zerstreute er das directe Sonnenlicht, und durch Einschalten einer Kupferoxydammoniaklösung machte er es monochromatisch. Nach Entfernung des Oculars fing er das Bild auf einer matten Visirscheibe in der Camera auf, stellte es mit einer Loupe durch feine Bewegung der Mikrometerscheibe auf einer durchsichtigen Scheibe scharf ein, und ersetzte schliesslich die letztere durch die lichtempfindliche Collodiumplatte. Als bildzeichnendes Objectiv benutzte er photographische Systeme von SEIBERT und KRAFFT, welche frei von Focusdifferenzen sehr feine und scharfe Bilder gaben.

Die Resultate, welche KOCH mit Hülfe seiner neuen nach allen Richtungen auf das sorgfältigste erprobten Methoden erzielte, waren ganz ausserordentlich wichtige. Sie stellten alle bis dahin gemachten Versuche in den Schatten und gaben Aufschlüsse über die niedersten Wesen, welche die Hoffnungen und Erwartungen selbst der enthusiastischsten Anhänger der Lehre von der Existenz verschiedener Arten unter den Bacterien weit übertrafen.

Durch ein besonderes Verfahren: Behandeln der Deckglaspräparate mit concentrirter wässriger Campeche-Extract-Lösung und nachheriges Einwirkenlassen einer schwachen Chromsäurelösung oder von MÜLLER'scher Flüssigkeit, gelang es KOCH, die von allen Beobachtern, so namentlich von BILLROTH vergebens angestrebte Färbung der Bewegungsapparate beweglicher Bacterien — die Färbung der Geisseln zu erzielen. Durch die scharfen Photogramme derselben konnte er mit einem Schlage die Existenz dieser von EHRENBERG

s) Beschreibung des Apparates von FRITSCH in der photographischen Zeitschrift: Licht, herausgegeben vom photographischen Verein in Berlin. Verlag von Liebheit & Thiesen. 1869. Erster Jahrgang. S. 140.

bei seinem Bacterium triloculare, von Cohn bei Spirillum volutans,
von Dallinger und Drysdale [9]) bei Bacterium termo, von Warming [10]) bei röthlich gefärbten Vibrionen und Spirillen gesehenen,
von Vielen jedoch angezweifelten Gebilde gegen jeden Zweifel sicher
stellen (s. Tafel I, Fig. 5 u. 6). Durch einen Blick auf die von der
Natur selbst gezeichneten Photogramme der bis dahin vielfach zusammengeworfenen Spirochäten, der Spirochaete plicatilis aus Sumpfwasser, der Spirochäte aus dem Zahnschleim und der von Obermeyer
bei Recurrens gefundenen Spirochäte (s. Tafel I, Fig. 3 u. 4) konnte
nunmehr ein Jeder sich von den grossen morphologischen Unterschieden
dieser drei Spirochätenarten überzeugen. Photogramme der verschiedenartigsten Bacillen mit ganz verschiedener Form und Bildungsweise
der Sporen, im Innern, an den Enden, an der Seite, lieferten den unwiderleglichen Beweis für die von Cohn vertretene Existenz zahlreicher echter Arten unter den Bacterien. Die Photogramme lebender
Milzbrandbacillen in allen ihren Entwickelungsstadien vom kurzen
blassen Stäbchen bis zum langen sporentragenden Faden (s. Tafel I,
Fig. 1 u. 2) mussten nun auch die ärgsten Zweifeler von der Realität
dieser pathogenen Bacillen überzeugen. An der Hand der Photogramme
war es Koch auch möglich, zwischen den von allen Forschern, auch
von Cohn, für morphologisch identisch erachteten Bacillen, dem Bacillus subtilis und Bacillus Anthracis deutliche, die generelle Verschiedenheit der beiden Arten kennzeichnende Formunterschiede zu
demonstriren. Während er bei dem beweglichen Bacillus subtilis
Geisseln nachweisen konnte, vermisste er dieselben bei dem unbeweglichen Bacillus Anthracis. Während die Enden des ersteren ab-
gerundet erschienen, zeigten sich die des letzteren abgestutzt. Ausserdem beobachtete Koch an den durch Anilinbraun gefärbten und in
Glycerin eingelegten Milzbrandbacillen eine morphologische Eigenthümlichkeit, welche er bei keinem der anderen von ihm untersuchten Bacillen wieder fand. Die Gliederung der Bacillen war dadurch besonders
auffallend, „dass die Glieder nicht durch eine einfache Querlinie ge-
schieden waren, sondern dass die helle Trennungslinie in der Mitte
eine kleine Anschwellung besass und dass die Verbindungsstelle zwischen zwei Gliedern eine schwache knotenförmige Verdickung zeigte".
    Auch für Verschiedenheiten der Form der Kugelbacterien brachte
Koch untrügliche Belege durch scharfe Photogramme von solchen,

---

9) Dallinger und Drysdale: On the existence of flagella in Bacterium
termo. Monthly microscopical journal. September 1875.

10) Warming: Om nogle ved Danmarks kyster levende Bakterier. Kjobenhavn 1876.

welche sich durch Grösse und charakteristische Gruppirung bei ihrem Wachsthum deutlich unterschieden. Durch die mikroskopische Beobachtung von Kulturen in kleinen Glaszellen gelangte Koch ferner zu der Ueberzeugung, dass „in eingeschlossenen Tropfen fäulnissfähiger Flüssigkeit die einzelnen Bacterienformen colonienweise, jede für sich von einem Entwickelungscentrum aus wuchern, sich schliesslich berühren oder verdrängen, auch durcheinander mengen, wenn sie beweglich sind, aber niemals Uebergangsformen bilden, welche zu der Vermuthung hätten führen können, dass die Bacterien sämmtlich in den Entwickelungskreis einiger oder weniger Formen gehörten." Auch diese Beobachtung belegte er durch Photogramme (s. Tafel I, Fig. 8).

Ein besonderes Interesse wandte Koch endlich den von vielen Beobachtern aufgefundenen Zoogloeabildungen zu. Er fand, dass sie in sehr verschiedenen aber wohl charakterisirten Formen, in baumförmiger (Zoogloea ramigera Itzigsohn, s. Tafel I, Fig. 7), gelappter, knollenförmiger, ringförmiger, kugliger Gestalt auftraten und sich aus kugligen, ovalen oder lang ovalen Bacterien, kurzen Stäbchen und auch aus kleinen Spirillen zusammensetzten. „Die Zoogloeen", äussert sich Koch, „enthalten immer unbewegliche und in schneller Vermehrung begriffene Bacterien, sie bilden also Ruhezustände, wie sie im Formenkreis der niedrigsten Organismen fast niemals fehlen. Die Zoogloeaform allein kann indessen zur Charakteristik einer bestimmten Bacterienart nicht genügen. Andrerseits ist es aber auch sehr unwahrscheinlich, dass eine Bacterienart bald in dieser, bald in jener Gruppirung ihren Ruhezustand einnehmen wird, namentlich da, wie ich einzelnen Beobachtungen entnehme, die Entwickelung der Bacterien zur Zoogloea, gerade so wie die Bildung von Häutchen oder bei manchen Bacillen das Auswachsen zu langen Gliederfäden der Entwickelung von Sporen vorhergeht. Es ist daher geboten, in Zukunft den Zoogloeen mehr Aufmerksamkeit zu schenken und womöglich festzustellen, ob ihrem Zustandekommen ein Schwärmzustand der betreffenden Bacterien vorhergeht und wie die Sporenbildung sich in ihnen gestaltet'.

So sehen wir denn, dass Koch mit Hülfe der neuen von ihm zu hoher Vollkommenheit ausgebildeten Methoden nicht allein die Möglichkeit, sondern sogar die zwingende Nothwendigkeit einer Unterscheidung der Bacterien nach morphologischen Kriterien dargelegt hatte. Nach diesen seinen Arbeiten konnte von „den" Bacterien nicht mehr die Rede sein.

In derselben Zeit als Koch mit seinen neuen Methoden der weiteren Erforschung der Bacterien die Wege ebnete, waren noch zwei andere Forscher, ebenfalls Aerzte, mit Hülfe anderer Methoden zu der Ueberzeugung gelangt, dass in der That specifische Unterschiede unter den Bacterien existirten. SALOMONSEN [11]) hatte beobachtet, dass, wenn er hochrothes defibrinirtes Ochsenblut in einem Glascylinder aufstellte, sich bräunliche bis schwarze Flecke in demselben entwickelten, welche am Boden des Gefässes, in der Schicht der gesenkten Blutkörperchen scharf kreisrund, weiter nach oben in den mehr Serum enthaltenden Schichten keulenförmig, länglich und weniger scharf contourirt waren. Eine Untersuchung dieser auffallenden Flecke ergab, dass sie Bacterien enthielten, während die hochrothen Partien des Blutes frei von solchen waren. Die Farbenveränderung rührte her von einer Einwirkung der Bacterien auf das Oxyhämoglobin der rothen Blutkörperchen. Wenn er nun das Blut in 50—60 cm lange, 0,5—1,0 mm weite, frisch ausgezogene Haarröhrchen aus Glas einsaugte, die Röhrchen mit einer besonderen Lackmasse verschloss, auf Kartonpapier horizontal befestigte und beobachtete, so sah er, dass sich auch in den Röhrchen solche Fäulnissflecke entwickelten. Dieselben zeigten nun aber gewisse Verschiedenheiten nach ihrer Form und Grösse, nach der Zeit ihres Auftretens, nach der Schnelligkeit ihres Wachsthums, auch nach der Menge, in welcher sie sich unter verschiedenen äusseren Bedingungen vorfanden. Brach er die Röhrchen an den Stellen, an welchen sich solche Flecke fanden, durch, und untersuchte er die verschiedenen Flecke unter dem Mikroskop mit Hülfe seiner Färbungsmethode mit schwefelsaurem Rosanilin, so fand er, dass jeder einzelne Fleck nur eine einzige Bacterienform enthielt, verschiedene Flecke aber verschiedene Formen enthielten. Die beim Schlachten der Thiere in das Blut hineingelangten Keime hatten sich jeder für sich, von den anderen räumlich getrennt entwickelt; jeder Fleck enthielt eine Reinkultur eines einzigen Organismus. Die Verschiedenheit der Bacterienformen, welche SALOMONSEN bei seinen Versuchen in den verschiedenen Blutproben fand, war eine sehr grosse, wie die vortrefflichen mit Hülfe einer Camera clara hergestellten Abbildungen beweisen. Zahlreiche Arten von Bacillen in den verschiedensten Grössen mit ganz verschiedener Sporenbildung an den Enden und in der Mitte der Stäbchen nahm er wahr. [12]) Ausser den Bacillen fand er Bacterium- und

---

11) C. J. SALOMONSEN: Zur Isolation differenter Bacterienformen. Botan. Zeitung 1876. Nr. 39.
— Studier over bloodets Forraadnelse. Kjobenhavn 1877.
12) Bei einer kleinen Bacterie, welche in einem bei 50—60° aufgestellten

Coccusformen, letztere theils als Glia-, theils als Streptokokken angeordnet. Bei den Streptokokken sah er in den Ketten einzelne durch besondere Grösse und ein stärkeres Lichtbrechungsvermögen sich auszeichnende Glieder, welche er geneigt war für Dauerformen, für Sporen der Streptokokken zu halten. Niemals sah er einen genetischen Zusammenhang zwischen den verschiedenen Formen. Er hielt es deshalb für das richtigste, COHN zu folgen, und die verschiedenen Bacterien so lange auseinander zu halten, bis durch zwingendere Gründe, wie bis dahin, ihr Zusammenhang erwiesen sei. Den Versuch, die verschiedenen in Reinkultur aus der Flora des faulenden Blutes gewonnenen Bacterienarten in anderen Substraten weiterzuzüchten, um den Einfluss verschiedener Nährsubstrate auf dieselben zu studiren, hatte er nicht die Zeit gefunden, anzustellen. Zur praktischen Verwerthung fand er sein Reinkulturverfahren nicht geeignet. Wohl versuchte er es, ein oder zwei Tropfen einer stark bacterienhaltigen Flüssigkeit mit einer einige hundert oder tausend Mal grösseren Menge frischen Blutes zu verdünnen und diese Mischung in Capillarröhrchen aufzusaugen. Aber er fand, dass es sehr schwer war, das richtige Verhältniss zwischen faulem und frischem Blut zu treffen. Regeln könne man dafür nicht aufstellen. Daher kämen meist entweder zu viel oder zu wenig Keime zur Entwickelung. Es sei ein reiner Zufall, wenn man den goldenen Mittelweg treffe. Der Umstand, dass vielfach Bacterien und Bacteriencolonien zusammenklebten, verhindere häufig die beabsichtigte Isolation. Zwar könne man diese Schwierigkeiten beseitigen dadurch, dass man die zur Infection zu benutzenden Bacteriengemische durch Josephpapier filtrire und tüchtig mit dem frischen Blut verreibe; aber dann bestehe noch die andere Schwierigkeit, dass man nicht wissen könne, ob nicht das zur Mischung verwandte Blut selbst zahlreiche Fäulnissflecke geliefert haben würde. Man müsse daher Proben des Blutes verschiedener Thiere bei 1—5⁰ C. und andere Proben desselben Blutes bei 10—15⁰ C. anstellen und dann nur dasjenige Blut zur Mischung benutzen, welches wenige oder gar keine Fäulnissflecke geliefert habe.

Die Möglichkeit, aus Bacteriengemischen einzelne Keime zu isoliren, hatte somit SALOMONSEN dargethan, zu wichtigen praktischen Consequenzen aber war er mit seiner Methode nicht gelangt.

Fleischwasser ein feines Häutchen auf der Oberfläche und eine geringe Ablagerung am Grunde erzeugt hatte, nahmen die Sporen die Hälfte der Bacterienlänge ein.

Eine wirklich brauchbare Methode zur Gewinnung isolirter Bac-
terien-Individuen lehrte dagegen Joseph Lister[13]) kennen. Wie Sie
sich erinneru, hatte Lister „die" Bacterien der sauren Milch in verschiedene Nährsubstrate übertragen und eine weitgehende Veränderlichkeit der Form, Beweglichkeit und physiologischen Wirkung jener
Bacterien je nach dem Substrate constatiren zu können geglaubt
und weiter aus diesen Beobachtungen wichtige Consequenzen für
die Entstehung pathogener Organismen aus gewöhnlichen Fäulnissbacterien gezogen. Nachdem es ihm durch Darlegung seiner Unter-
suchungsergebnisse gelungen war, einen hervorragenden Physiologen
von der Richtigkeit derselben zu überzeugen, sagte er sich, dass
die von ihm gefundenen Thatsachen, nachdem er einen hervorragenden Professor durch dieselben überzeugt habe, eine viel strengere
Beweisführung erheischten, und beschloss, den Process der Transformation des Organismus wo möglich durch continuirliche Beobachtung zu verfolgen. Als er nun wiederum von frischer Milch, welche
in der Säuerung begriffen war, Urin und Pasteur'sche Lösung impfte,
fand er ganz anders geformte Organismen in den betreffenden Nährsubstraten als bei seinem ersten Versuche. Er kam daher auf den
Gedanken, dass, obwohl er nur eine so kleine Quantität, wie an der
Spitze einer erhitzten Nadel haften geblieben war, übertragen hatte,
gleichwohl andere Organismen als zufällige Verunreinigungen der
sauren Milch mit dem Bacterium lactis verimpft seien. Um sich nun
der anderen begleitenden Bacterien zu entledigen, beschloss er, die saure
Milch mit gekochtem Wasser so weit zu verdünnen, dass annähernd
in einem Tropfen der Verdünnung nur eine einzige Bacterie, gleichviel
von welcher Art, enthalten wäre. Da das Bacterium lactis wahrscheinlich in grösserer Zahl als alle anderen Bacterien in der Milch
vorhanden war, so hoffte er, dass wenigstens einige Tropfen der Verdünnung das Bacterium lactis in vollkommener Reinheit enthalten
würden. Um die Zahl der Bacterien in der frischen sauren Milch
und den nothwendigen Grad der Verdünnung festzustellen, verfuhr
er in folgender Weise: Er construirte aus unelastischen Substanzen,
aus Glas und Metall, eine Spritze, deren Stempel mit einem sehr
feinen Schraubengewinde versehen war, auf welchem wiederum eine
mit Theilung versehene Schraubenmutter sich entlang bewegte. Jeder

---

13) Chirurgie antiseptique et théorie des germes. Oeuvres réunies de J.
Lister. Traduction du Dr. Gustave Borginon, Bruxelles. H. Manceaux. 1882.
p. 492.
— De la fermentation lactique et de sa portée pathologique. Communication faite à la Pathological society of London le 18. Decembre 1877.

Theilstrich der Schraubenmutter entsprach $1/100$ Tropfen, so dass er nach Belieben $1/100$, $1/50$, $1/200$ Tropfen austreiben konnte. Er fand nun, dass $1/50$ Tropfen mit einem vollkommen ebenen Deckgläschen von $1/2$ Zoll Durchmesser bedeckt, gleichmässig die ganze Fläche des Deckgläschens überzog. Mit Hülfe des Mikrometers mass er den Durchmesser eines Gesichtsfeldes; der Durchmesser des Deckgläschens war bekannt; die Kreisflächen waren natürlich proportional dem Quadrate der Durchmesser. Wenn er also die Zahl der Bacterien in einem Gesichtsfelde feststellte, so ergab eine einfache Rechnung annähernd die Zahl der Bacterien im Tropfen. Nachdem er die Zahl der Bacterien in einer grösseren Zahl von Gesichtsfeldern mit Hülfe eines Immersionssystemes gezählt und das Mittel davon genommen hatte, berechnete er, dass die Milch mit nicht weniger als einer Million Theilen gekochten Wassers verdünnt werden musste, damit in $1/100$ Tropfen etwa eine Bacterie enthalten war. Mit Hülfe seiner Spritze trug er in 5 Gläser gekochter, keimfreier Milch je $1/100$ Tropfen der Verdünnung ein. 4 dieser Gläschen blieben frei von jeder Veränderung, der Inhalt des fünften gerann nach 3 Tagen zu einer soliden, stark sauren Masse. Die mikroskopische Untersuchung ergab, dass diese geronnene Milch nur eine einzige Bacterienform enthielt: kleine, unbewegliche, oder nur leichte Oscillation darbietende, meist zu zweien, aber auch in Ketten von 3, 4 und mehr Individuen angeordnete, leicht ovale, mit dem grössten Durchmesser in der Richtung der Kette angeordnete Elemente von etwa $1/20000$ Zoll Länge.

Kleinste Mengen dieser Milch in frische keimfreie Milch übertragen, brachten stets die charakteristische Gerinnung der inficirten Proben hervor. Als Lister mit solcher Milch dieselbe Verdünnung vornahm, wie mit der spontan sauer gewordenen Milch, so zwar, dass $1/50$ Tropfen ein Bacterium enthielt, und 10 Gläschen mit Milch durch ein Tröpfchen, welches nur ein Bacterium enthalten sollte, 5 Gläschen mit der doppelten Menge, und 1 Gläschen mit der vierfachen Menge inficirte, gerannen die 6 letzten Gläser sämmtlich, von den 10 ersten nur 5. Alle Gläschen, deren Inhalt geronnen war, enthielten das Bacterium lactis, die 5 flüssig gebliebenen waren frei von Bacterien — das Bacterium musste demnach die Ursache des Sauerwerdens sein. Lister hatte somit das von Brefeld[14] im Jahre 1872 für die Kultur der Schimmelpilze aufgestellte Postulat,

---

[14] Oscar Brefeld: Botanische Untersuchungen über Schimmelpilze. Heft 1. Leipzig 1872. S. 5.

Löffler, Vorlesungen.   15

das Ausgeben von einem einzelnen Keim, zum ersten Male für eine
Bacterie in unanfechtbarer Weise erfüllt. Nachdem LISTER eine
sichere Reinkultur des Bacterium lactis gewonnen hatte, übertrug er
Theilchen des Coagulums einer solchen Milch in Urin und PASTEUR-
sche Flüssigkeit. Im Urin entwickelten sich unter langsamer Trübung
desselben die gleichen Bacterien, wie in der Milch, ohne jedoch den
Geruch und die Reaction des Urins erheblich zu beeinflussen; in
PASTEUR'scher Flüssigkeit fand kein Wachsthum des Bacteriums statt.
Niemals kamen jetzt die früher beobachteten Formen zur Beobachtung.

Bei den zahlreichen Versuchen, welche LISTER austellte, um
frische keimfreie Milch direct aus dem Euter der Kuh zu erhalten,
fand er, dass zahlreiche Bacterienarten in der Milch wuchsen, welche
wohl die Farbe der Milch verändern, sie fadenziehend, ja auch
sauer machen konnten, aber nicht die typische Gerinnung hervorriefen. Als er eine Reihe von Eprouvetten mit gekochter Milch
mit je $\frac{1}{100}$ Tropfen gewöhnlichen Wassers inficirte, beobachtete er,
dass einige der Gläschen keine Veränderungen zeigten, diejenigen
aber, welche sich veränderten, die verschiedensten Fermentationen
darboten. In allen diesen Gläsern, ohne Ausnahme, fand er Bacterien.
„Die Organismen der verschiedenen Gläser unterschieden sich bisweilen schon in ganz evidenter Weise unter dem Mikroskop, oft aber
konnte man sie nur durch ihre Wirkung unterscheiden." Er schloss
daraus, dass jeder Tropfen gewöhnlichen Wassers mehrere Arten von
Fermenten enthielte, welche ihre individuellen Eigenthümlichkeiten
entfalteten, sobald sie durch seine Methode isolirt seien.

Nach allen diesen neuen Ergebnissen erklärte LISTER offen
und frei:

„Je fus ainsi forcé de conclure que les formes organisées que
j'avais décrites dans ma précédente communication comme des mo-
difications du Bacterium lactis, étaint des apparences décevantes
dues à la présence accidentelle d'autres espèces. Maintenant que
nous savons, par l'expérience des petites éprouvettes, combien sont
nombreux les bactéries et les autres organismes qui infectent réelle-
ment le lait, il est facile de comprendre comment une telle confu-
sion peut s'être produite."

Mit dieser Erklärung fielen natürlich auch alle die Consequenzen,
welche LISTER aus seinen ersten Versuchen für die Chirurgie gezogen
hatte. Man hätte nun erwarten sollen, dass LISTER nach so ausserordentlichen Erfolgen mit nicht pathogenen Organismen seine Methode
auch für die Untersuchung der pathogenen verwenden würde. Zwar

sprach er es ausdrücklich aus, dass seine neue Methode auch bei anderen Gelegenheiten in Anwendung gezogen werden könnte, für die Untersuchung der Wundsecrete, für die Gewinnung zuverlässiger Reinkulturen pathogener Organismen hat er sie indessen nicht verwerthet.

Den grossen Fortschritt in der Kenntniss der pathogenen Bacterien haben wir vielmehr zu danken in erster Linie der Methode der Reinkultur durch den Thierkörper, welche Koch bei der Erforschung der Milzbrandbacillen in ihrer hochwichtigen Bedeutung als solche kennen gelehrt hatte, und in zweiter Linie neuen, wichtigen Fortschritten in der Färbung der Bacterien und namentlich in der Untersuchung der gefärbten Bacterien, mit welchen gleichfalls Koch die Wissenschaft bereichert hat.

Sechzehnte Vorlesung.

Die Untersuchungen Koch's über die Aetiologie der Wundinfectionskrankheiten. Koch erkennt das Weigert'sche Kernfärbungsverfahren als die beste Methode zum Nachweis der Mikroorganismen in Geweben. Verwendet den Abbe-schen Beleuchtungsapparat und die Oel-Immersionssysteme von Zeiss zur Untersuchung der gefärbten Objecte. Beschreibt eine Methode zur isolirten Färbung von Bacterien in Gewebsschnitten. Er erzeugt durch Injection faulender Substanzen bei Mäusen zwei, bei Kaninchen vier klinisch scharf von einander unterschiedene Infectionskrankheiten und beweist, dass eine jede durch eine ganz specifische, mit ganz besonderen morphologischen und biologischen Eigenschaften ausgestattete Bacterie erzeugt wird. Koch zeigt, dass es keinen besseren Kulturapparat für pathogene Bacterien giebt, als den Thierkörper. Schlussfolgerungen Koch's aus seinen Versuchen. Er liefert den Beweis, dass es pathogene und nicht pathogene Bacterien giebt, welche nur das mit einander gemein haben, dass sie neben einander in demselben Substrate gedeihen. Er betont, dass die früheren Versuche, in welchen dieses verschiedene Verhalten der Bacterien nicht berücksichtigt war, zu einem Beweise für oder gegen den Parasitismus der Infectionskrankheiten nicht verwerthet werden können. — Koch erkennt das Gesetz von der progressiven Virulenz des septicämischen Blutes nach seinen Versuchen nicht an. Die grösste Virulenz ist erreicht, sobald die Septicämie-bacterien sich in Reinkultur im Blute finden. Gaffky zeigt, dass dieses sogenannte Gesetz aus den Davaine'schen Versuchen von anderen Forschern irrthümlich abgeleitet ist. Die exacten Arbeiten Koch's über die Aetiologie der künstlichen Wundinfectionskrankheiten sind von grundlegender Bedeutung für die weiteren Forschungen auf dem Gebiete der Aetiologie der Infectionskrankheiten.

Durch eingehende literarische Studien und eine Reihe sich daran knüpfender Ueberlegungen war Koch zu dem Ergebniss gelangt, „dass die zahlreichen Befunde von Mikroorganismen bei Wundinfectionskrankheiten und die damit in Zusammenhang stehenden experimentellen Untersuchungen die parasitische Natur dieser Krankheiten wahrscheinlich machten, dass aber ein vollgültiger Beweis dafür noch nicht geliefert sei und auch nur dann geschafft werden könne, wenn es gelänge, die parasitischen Mikroorganismen in allen Fällen der betreffenden Krankheit aufzufinden, sie ferner in solcher Menge und Vertheilung nachzu-weisen, dass alle Krankheitserscheinungen dadurch ihre Erklärung fänden, und schliesslich für jede ein-zelne Wundinfectionskrankheit einen morphologisch

wohl charakterisirten Mikroorganismus als Parasiten
festzustellen." [1]

„Sollte es denn nun aber möglich sein, diese Bedingungen überhaupt jemals zu erfüllen? Oder sind wir an der Grenze der Leistungs-
fähigkeit unserer optischen Hülfsmittel angelangt, wie viele Mikroskopiker anzunehmen scheinen?" Diese Fragen waren, es, welche
ihn vielfach beschäftigten. Nachdem er auf Grund seiner allgemeinen
Untersuchungen über Bacterien erkannt hatte, von welchem bedeutenden Vortheil für das Erkennen und Unterscheiden gerade der
kleinsten Bacterienformen, ferner der Sporen und Geisselfäden der
Bacterien, die richtige Verwendung der mikroskopischen Hülfsmittel
war, bemühte er sich unablässig in ähnlicher Weise das Verfahren
zum Auffinden der pathogenen Bacterien in thierischen Geweben zu
verbessern, weil er den Gedanken nicht los werden konnte, „dass
die zweifelhaften Ergebnisse der Untersuchungen über die Parasiten
der Infectionskrankheiten in der Unvollkommenheit der dabei be-
folgten Methoden ihren Grund haben möchten."

Er unterzog deshalb die verschiedenen, zum Nachweis von Mikroorganismen in Geweben angegebenen Methoden einer vergleichenden
Untersuchung. Die besten Resultate gab ihm das WEIGERT'sche
Kernfärbungsverfahren mit Anilinfarben, welches darin bestand, dass
die Schnitte der in Alkohol gehärteten Untersuchungsobjecte in einer
ziemlich starken wässerigen Lösung von Methylviolett längere Zeit
liegen gelassen, dann mit verdünnter Essigsäure behandelt, mit Alkohol entwässert, in Nelkenöl aufgehellt und schliesslich in Canadabalsam eingelegt wurden. Er fand, dass für manche Objecte Fuchsin
oder Bismarckbraun sich besser eigneten, dass man je nach der fär-
benden Kraft der Farbe die Schnitte verschieden lange in den Farb-
lösungen belassen müsste, dass bestimmte Regeln aber sich nicht
aufstellen liessen und man deshalb am besten stets eine grössere
Menge von Schnitten in Arbeit nehme, um die geeignete Färbflüssig-
keit, sowie die Zeitdauer der Färbung auszuprobiren. Eine wenige
Procente starke Essigsäurelösung eignete sich nach seinen Versuchen
am besten zum Ausziehen des Farbstoffes. Ein allzu langes Verweilen
der gefärbten Schnitte im Alkohol und Nelkenöl wäre zu vermeiden,
weil sonst die Farbstoffe durch diese Flüssigkeiten ausgelaugt würden.

In Schnitten, welche nach dieser Methode gefärbt waren, zeigten
sich nur die Kerne und die Bacterien gefärbt. Grössere Bacillen, wie
z. B. die Milzbrandbacillen, waren mit Sicherheit in den verschie-

---

[1] ROBERT KOCH: Untersuchungen über die Aetiologie der Wundinfectionskrankheiten. Leipzig, F. C. W. Vogel. 1878.

densten Geweben zu erkennen, bei kleineren Formen jedoch wurden die Resultate unsicher, bei ganz kleinen Formen aber liess das Verfahren vollständig im Stich. Woher kam es nun, dass kleine Objecte trotz intensivster Färbung in thierischen Geweben schwierig oder gar nicht zu erkennen waren? Um diese Frage zu entscheiden, studirte Koch das Zustandekommen der mikroskopischen Bilder von Präparaten, welche in Canadabalsam eingelegt waren. Durch seine Versuche, die in Canadabalsam eingelegten Bacterien zu photographiren, war er darauf aufmerksam geworden, dass das mikroskopische Bild eines gefärbten Präparates sich aus zwei ganz verschiedenen Bildern, aus einem Structur- und einem Farbenbild, zusammensetzte. In ungefärbten Objecten bedängen die Fasern, Kerne und manche andere Theile des Gewebes dadurch, dass sie sich in ihrem Lichtbrechungsvermögen von dem der Einschlussflüssigkeit unterschieden, eine Diffraction der durch das Präparat gehenden Lichtstrahlen, so dass ein aus Linien und Schatten bestehendes Bild — das Structurbild — zu Stande komme. In gefärbten Objecten komme zu diesem Structurbild noch das Farbenbild hinzu. Bei ganz gleichem Brechungsvermögen von Gewebe und Canadabalsam würden nur Kerne und Bacterien zu sehen sein, und zwar nur vermöge des Farbstoffes, mit dem sie imprägnirt seien; man würde also ein ganz reines Farbenbild haben, das von dem durch Fasern, Membranen u. s. w. erzeugten Structurbilde ganz verschieden sein, theilweise mit diesem, z. B. in den Kernbildern, zusammenfallen könne. Das unvermeidliche Structurbild beeinträchtige aber das reine Farbenbild. Grösseren gefärbten Objecten geschehe durch die Schatten des Structurbildes weniger Abbruch; kleinere und kleinste gefärbte Theilchen, Pünktchen und Strichelchen, würden jedoch durch die schwächsten Structurschatten schon verdeckt und unsichtbar gemacht.

Wie war nun diese Schwierigkeit zu heben? Wiederum waren es die beim Photographiren gemachten Beobachtungen, welche Koch zur Lösung der Frage führten. Bekannt war die Wirkung der Blenden auf das mikroskopische Bild: eine enge Blende verdunkelt nicht allein das Gesichtsfeld, sondern hebt auch die Structur des Objectes mehr hervor, eine weite Blende dagegen macht das Bild heller, lässt aber auch einen Theil der Structur undeutlicher werden. Als Koch nun beim Photographiren zum Beleuchten des Objectes nicht den Hohlspiegel, sondern eine Linse oder einen Condensor von kurzer Brennweite benutzte und vor demselben Blenden von verschiedener Weite anbrachte, fand er, dass bei enger Blende ein schmaler, nahezu aus parallelen Strahlen bestehender Lichtkegel das Präparat traf,

dass mit zunehmender Blendenöffnung bei gleicher Länge des Licht-
kegels die Basis desselben immer breiter, das Gesichtsfeld immer
heller, die Structurzeichnung immer schwächer und das Farbenbild
immer intensiver und schärfer wurde. Wenn es also gelang, einen
Beleuchtungskegel von möglichst grosser Oeffnung zur Beleuchtung
zu verwenden, so musste auch es gelingen, die störenden Diffrac-
tionserscheinungen, das Structurbild, gänzlich zum Verschwinden zu
bringen. Nach langem Suchen fand Koch ein diesem Zwecke vollständig entsprechendes Instrument in einem von Carl Zeiss in Jena
angefertigten, von Abbe angegebenen Beleuchtungsapparat, welcher
„aus einer Linsencombination bestand, deren Brennpunkt nur einige
Millimeter von der Frontlinse entfernt war. Wenn die combinirte
Beleuchtungslinse also in der Oeffnung des Mikroskoptisches, und
zwar ein wenig tiefer als die Tischebene sich befand, so fiel deren
Brennpunkt mit dem zu beobachtenden Object zusammen und letzteres erhielt in dieser Stellung die günstigste Beleuchtung. Der Oeffnungswinkel der ausfahrenden Strahlen war so gross, dass die äusser-
sten derselben in einer Wasserschicht fast 60° gegen die Axe geneigt
waren, der gesammte wirksame Lichtkegel demnach eine Oeffnung
von 120°, also eine grössere Oeffnung als irgend ein anderer Condensor besass."

Durch Blenden, welche zwischen Spiegel und Beleuchtungsapparat eingeschaltet werden konnten, liess sich die Oeffnung des
Strahlenkegels nach Belieben modificiren. Wenn er nun einen gefärbten Schnitt mit Hülfe dieses Apparates beleuchtete, indem er
durch den Planspiegel das Licht einer hellen weissen Wolke auf
den Condensor und durch diesen auf das Object warf, und zuerst
ganz enge und dann immer weitere Blenden einschaltete, so sah
er mit zunehmender Helligkeit des Gesichtsfeldes die Structurschatten
nach und nach vollständig verschwinden und zuletzt nur das reine
klare Farbenbild scharf hervortreten. Nunmehr war es leicht, unter
den gefärbten Körpern die Bacterien, von denen vorher nichts zu
erblicken war, oder die als dunkle unbestimmte Körnchen und Strichelchen erschienen waren, herauszufinden, ihre Umrisse und Grössenverhältnisse zu erkennen und sie durch ihre gleichmässige Form
von anderen, etwa mit gefärbten körnigen Massen, z. B. zerfallenden
Zellkernen, sofort mit Sicherheit zu unterscheiden.

Um die Wirkung des Abbe'schen Beleuchtungsapparates zu ver-
anschaulichen, bediente sich Koch einer sehr sinnreichen, äusserst
einfachen Vorrichtung. „Dieselbe besteht," schreibt Koch, „aus einem
kleinen, mit Canadabalsam gefüllten Glasgefäss, in welches kleine

gefärbte und ungefärbte Glasperlen gethan werden. Es sind also ähnliche Bedingungen gegeben, wie bei einem in Canadabalsam eingelegten, gefärbten Präparat. Die gefärbten Perlen entsprechen den gefärbten Kernen oder Bacterien, die farblosen Perlen den ungefärbt gebliebenen Gewebstheilen. Sieht man nun durch das Glas auf ein dicht darunter gelegtes breites, hell vom Tageslicht beschienenes Blatt Papier, dann ist von den farblosen Perlen nichts zu sehen, die gefärbten hingegen sind deutlich und scharf zu erkennen; wird aber das Papier von dem Glase entfernt, also der die Perlen beleuchtende Strahlenkegel bei gleicher Basis länger und sein Oeffnungswinkel immer kleiner, dann tritt dieselbe Erscheinung ein, wie wenn beim ABBE'schen Beleuchtungsapparat successive engere Blendenöffnungen genommen werden; die ungefärbten Perlen fangen nämlich allmählich an sichtbar zu werden, nehmen immer deutlichere und dunklere Umrisse an, auch die gefärbten Perlen erscheinen dunkler, zuletzt sind beide Perlenproben wenig mehr zu unterscheiden und es können farbige durch ungefärbte vollständig verdeckt werden."

Für die Benutzung des ABBE'schen Apparates machte KOCH zugleich darauf aufmerksam, dass nur solche Objectiv-Systeme mit demselben ein scharfes nicht verschleiertes Farbenbild gäben, bei welchen sämmtliche Zonen, namentlich die Randzonen der Objectivöffnung richtig corrigirt seien. Als vorzüglich geeignet fand er die von ZEISS nach den Angaben von ABBE construirten Oelsysteme, Systeme, bei welchen als Immersionsflüssigkeit ein Oel verwandt wurde, dessen Brechungsindex dem des Glases nahezu gleich war.

Die Anwendung des ABBE'schen Beleuchtungsapparates in Verbindung mit den Objectiven für homogene Immersion zur Untersuchung der mit Anilinfarben gefärbten Präparate durch KOCH stellt einen hochbedeutungsvollen Markstein dar in der Geschichte der Erforschung der Infectionskrankheiten.

Obwohl die neuen Untersuchungsmethoden offenbar ausserordentliche Vortheile darboten, empfahl KOCH jedoch keineswegs deren ausschliessliche Verwendung für die Untersuchung auf pathogene Organismen. Er wusste durchaus den Werth der älteren Methoden, die Untersuchung der frischen Objecte mit und ohne Anwendung von Alkalien und Säuren zu schätzen, ja er erklärte ausdrücklich, dass er auch diese Verfahren häufig in controlirender Weise neben seiner Untersuchungsmethode verwerthet habe. Auch machte er auf gewisse Schwierigkeiten und Fehlerquellen bei der Benutzung seiner Methode aufmerksam. Vereinzelte Bacterien, welche ja dem beob-

achtenden Auge nicht entgingen, könnten aus den beim Färben, Auswaschen u. s. w. gebrauchten Flüssigkeiten stammen. Einzelne Bacterien, welche nur in den oberflächlichen Schichten von Organen
gefunden würden, liessen vermuthen, dass es sich um beginnende
Fäulniss handle. Man müsse deshalb, um jeden Einwand von Verwechselung mit Fäulnissbacterien auszuschliessen, nur solche Objecte
zur Untersuchung ziehen, die unmittelbar oder nur wenige Stunden
nach dem Tode der Versuchsthiere in absoluten Alkohol gelegt worden seien. Zu Verwechselungen mit Mikrokokken könnten auch die
von EHRLICH beschriebenen Plasmazellen Anlass geben, glatte, meistens der Aussenwand der Gefässe aufsitzende Zellen, welche aus
einem rund um einen Kern gruppirten Körnerhaufen bestünden. Diese
Körnchen färbten sich genau wie die Mikrokokken, während der Kern
ungefärbt bleibe. Die ungleiche Grösse der Körnchen und das Vorhandensein des Kerns sicherten indess leicht die Diagnose.

Wenn es sich darum handle, jede Verwechselung der Bacterien
mit thierischen Gewebstheilen auszuschliessen, oder wenn es darauf
ankomme, Menge und Vertheilung der Bacterien in einem Organ
übersichtlich zu machen, so empfehle es sich, nach der Anilinfärbung
die S c h n i t t e anstatt mit Essigsäure mit e i n e r s c h w a c h e n L ö-
s u n g v o n k o h l e n s a u r e m K a l i zu behandeln; dann verlören
auch die Kerne und Plasmazellen, überhaupt alles thierische Gewebe
den Farbstoff wieder und die Bacterien blieben g a n z a l l e i n gefärbt.

Im Besitz dieser neuen ausgezeichneten Methoden machte sich
nun KOCH an das Studium der bei Thieren durch die Einführung
faulender Substanzen erzeugbaren Krankheiten. Da sich Mäuse bei
seinen Untersuchungen über Milzbrand als besonders brauchbare Objecte gezeigt hatten, versuchte er es nach denselben Methoden, welche
von COZE und FELTZ, DAVAINE u. A. befolgt waren, um bei Thieren
künstliche Wundinfectionskrankheiten hervorzurufen, an Mäusen dieselben oder ähnliche Krankheiten zu erzielen. Dabei fand er denn,
dass der Erfolg einer Einspritzung von putriden Substanzen je nach
der Art der Faulflüssigkeit und je nach der Menge, welche eingespritzt wurde, ein sehr verschiedener war. Wenige Tage faulende
Flüssigkeiten, als z. B. Blut und Fleischinfus, zeigten eine intensivere
Wirkung als solche, welche längere Zeit gefault hatten. Wenn er
grössere Dosen, 5 Tropfen von nicht zu altem faulenden Blute, einer
Maus beibrachte, so ging das Thier unter sogleich einsetzenden
Krankheitserscheinungen, Unruhe, Schweiss und Unsicherheit der
Bewegungen, Unlust zum Fressen, Respirationsstörungen nach 4 bis
8 Stunden zu Grunde. An dem Orte der Einspritzung fand sich die

bacterienreiche faule Flüssigkeit, das Blut und die inneren Organe waren frei von Bacterien — das Thier erlag offenbar einer Vergiftung mit einem bei der Fäulniss gebildeten Gifte, einer Sepsin-Intoxication. Wenn er jedoch einen bis höchstens zwei Tropfen solchen Blutes mehreren Mäusen beibrachte, so blieb eine Anzahl derselben frei von Krankheitserscheinungen, nur etwa ein Drittel erkrankte, aber erst ungefähr 24 Stunden später und nicht unter Vergiftungserscheinungen, sondern unter ganz constanten charakteristischen Symptomen. Die Augenbindehäute sonderten einen weisslichen Schleim ab, welcher die Augen schliesslich ganz verklebte, eine grosse Mattigkeit stellte sich ein. Die Thiere bewegten sich wenig, sondern sassen meist mit stark gekrümmtem Rücken und fest angezogenen Extremitäten ruhig da, hörten auf zu fressen, athmeten langsamer und gingen ungefähr 40—60 Stunden nach der Impfung, ohne dass, wie es nach der Impfung mit Milzbrand regelmässig der Fall war, Krämpfe eintraten, fast unmerklich unter zunehmender Schwäche zu Grunde. Bei der Section fand sich bisweilen ein geringes locales Oedem an der Einspritzungsstelle, während alle inneren Organe bis auf eine starke Milzanschwellung unverändert waren. Tauchte Koch eine Scalpellspitze in das Blut eines solchen Thieres und bestrich er damit eine minimale Hautwunde einer gesunden Maus, so ging diese in derselben Zeit unter den gleichen Symptomen zu Grunde. Von dieser Maus konnte er in gleicher Weise eine dritte, von der dritten eine vierte u. s. f. in beliebiger Anzahl Mäuse inficiren — alle boten denselben typischen Krankheitsverlauf. Er hatte somit eine Infectionskrankheit vor sich, welche in Bezug auf die Impfbarkeit ganz der Davaine'schen Septicämie glich. Als er nun das Blut untersuchte, um den, nach der hohen Virulenz dieses Blutes zu schliessen, voraussichtlich in demselben vorhandenen Parasiten zu finden, hatte er anfangs keinen Erfolg; erst als er bei der Durchmusterung der gefärbten Präparate den Abbe'schen Condensor zu Hülfe nahm, entdeckte er ganz ausserordentlich feine, etwa 0,8—1 μ lange, 0,1—0,2 μ dicke Stäbchen, welche zerstreut oder in kleinen Gruppen zwischen den rothen Blutkörperchen lagen, und vielfach auch in den farblosen Blutkörperchen theils vereinzelt, theils in dichten Haufen angetroffen wurden (Fig. 33). Dass diese kleinen Stäbchen, welche beim ersten Anblick eine grosse Aehnlichkeit mit kleinen nadelförmigen Krystallen hatten, unzweifelhaft pflanzliche Gebilde waren, ging daraus hervor, dass, wenn er septicämisches Blut in einen hohlen Objectträger und in den Brütapparat brachte, die Bacillen ebenso wie die Milzbrandbacillen wuchsen, aber nicht wie diese lange Fäden, sondern vielmehr dichte, aus getrennten Bacillen bestehende Haufen bildeten. In einigen Fällen sah er auch Sporen in den Bacillen auftreten. Darüber, ob die Bacillen eine eigene Bewegung besassen, konnte er bei ihrer ohne Färbungsmittel ausserordentlich schwierigen Erkennbarkeit nicht Gewissheit erlangen. In allen Blutgefässen des Körpers traf er die Bacillen theils frei, mit der Längsaxe in der

Fig. 33.
Bacillen der Septicämie bei Mäusen. (Nach Koch.) 700 : 1.
A. Blut einer septicämischen Maus. Rothe Blutkörperchen und dazwischen Bacillen.
B. Weisse Blutkörperchen mit Bacillen.

Richtung des Blutstromes liegend, theils die weissen Blutkörperchen erfüllend in ungeheuren Mengen an, während er die Lymphbahnen frei von denselben fand. Es konnte deshalb keinem Zweifel unterliegen, dass die Bacillen dieser Septicämie dieselbe Bedeutung hatten, wie die in jeder Beziehung sich analog verhaltenden Milzbrandbacillen, dass sie nämlich als das Contagium der Krankheit anzusehen waren. Bei den Versuchen, die feinen Stäbchen auf andere Thierarten zu übertragen, constatirte Koch die merkwürdige Thatsache, dass die den Hausmäusen in Grösse und Gestalt so ähnlichen Feldmäuse sich einer absoluten Immunität gegen dieselben erfreuten.

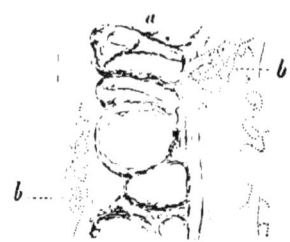

Fig. 34.
Micrococcus der progressiven Gewebsnekrose bei Mäusen. (Nach Koch.)
a. Zellen des Ohrknorpels.
b. Kettenbildende Mikrokokken.

Einige Male fand Koch neben den feinen Septicämiebacillen nach Einspritzung faulen Blutes in der Umgebung der Infectionsstelle einen, durch seine schnelle Vermehrung und regelmässige Kettenbildung sich bemerklich machenden Micrococcus, während alle anderen, in dem faulen Blut vorhanden gewesenen Bacterienformen zu Grunde gegangen waren (Fig. 34). Durch eine geringe Menge, ungefähr 1½ cm von der Impfstelle entfernt entnommenen

Serums liessen sich diese Mikrokokken, deren Durchmesser etwa 0,5 μ
betrug, auf andere Mäuse übertragen, freilich stets zugleich mit den
Septicämiebacillen. Nach der Impfung am Ohr entwickelte sich eine
ganz auffallende Veränderung: soweit die Mikrokokken gegangen
waren, hatten sämmtliche Gewebstheile das Aussehen, als ob sie mit
Kalilauge behandelt worden wären, kein rothes Blutkörperchen, kein
Zellkern war mehr zu erkennen — das Gewebe war nekrotisch. Bis
zu dem durch die Septicämiebacillen herbeigeführten Tode der Thiere
drangen die zierlichen Ketten der Mikrokokken etwa bis zur Ohrwurzel vor, abgegrenzt gegen das gesunde Gewebe durch einen
dichten Wall von Kernen, welcher an der den Mikrokokken zugewandten Seite in unregelmässigem Zerfall begriffen war, aber von
den Mikrokokken selbst noch durch einen ziemlich breiten, weder
Mikrokokken noch Kerne enthaltenden Strich nekrotischen Gewebes
getrennt war. Koch erklärte sich dieses eigenthümliche Verhalten
in der Weise, dass die Mikrokokken bei ihrem Vegetationsprocess
lösliche Substanzen abschieden, welche in die Umgebung diffundirten.
Diese Substanzen erzeugten in starker Concentration nahe bei den
Mikrokokken Nekrose, in verdünnterer Lösung weiter entfernt von
denselben Kernwucherung; so käme es, „dass die Mikrokokken sich
immer in nekrotischem Gewebe befänden und bei ihrer Ausbreitung
einen Kernwall vor sich herschöben, der auf der ihnen zugewandten
Seite fortwährend abschmelze, und auf der entgegengesetzten Seite
durch sich immer von Neuem anlegende Lymphzellen ersetzt werde."
        Als nun Koch diese kettenbildenden Kokken auf die Feldmaus
übertrug, wucherten sie im Gewebe derselben kräftig weiter im
Gegensatz zu den Stäbchen der Mäusesepticämie, welche zu Grunde
gingen. Es gelang ihm auf diese Weise, durch Zuhülfenahme der
Feldmaus, eine Reinkultur der kettenbildenden Kokken im Maus-
körper zu gewinnen, welche bei der Impfung stets die gleiche krankhafte Veränderung, die progressive Nekrose bewirkte. Von den
zahlreichen in dem faulenden Blut enthaltenen Bacterienformen hatten
sich nur zwei morphologisch scharf charakterisirte Formen für Mäuse
pathogen erwiesen, alle anderen hatten im Körper der Maus nicht
die zu ihrer Entwickelung geeigneten Bedingungen gefunden.
        Als Koch die Davaine'schen Versuche an Kaninchen wiederholen
wollte, machte er die Beobachtung, welche auch viele andere Beobachter vor ihm gemacht hatten, dass die Thiere nach subcutaner Injection
von Faulflüssigkeiten nicht an einer Allgemeinaffection erkrankten, sondern dass sich local im Unterhautgewebe eine allmählich immer weiter
um sich greifende Abscessbildung entwickelte, an welcher die Thiere

nach etwa 12—15 Tagen unter zunehmender Abmagerung zu Grunde gingen. Die inneren Organe zeigten keine Veränderungen, sie waren ebenso wie das Blut frei von Bacterien; auch in dem Inhalt der käsigen Abscesse waren solche nicht mit Sicherheit nachzuweisen. Als KOCH nun aber Querschnitte der Abscesswandungen nach vorausgegangener Härtung derselben in Alkohol mit seinen Methoden untersuchte, fand er, dass die ganze Wand von einer dünnen Schicht zu dichten Zoogloeahaufen verbundener, ausserordentlich kleiner, nur etwa 0,15 μ im Durchmesser haltender Mikrokokken bedeckt war, und dass besonders in den lockeren Maschen des subcutanen Bindegewebes, in welches sich die Abscessränder hinein erstreckten, dichte wolkenähnliche Massen von Mikrokokken angehäuft lagen (Fig. 35). Am intensivsten waren die Mikrokokken in der Peripherie gefärbt; nach dem Abscess zu wurde

Fig. 35.
Micrococcus der progressiven Abscessbildung bei Kaninchen. (Nach KOCH). 700 : 1.
Randzone von einem käsigen Abscess: a = wolkenförmige Zoogloeamassen; b = kleinere Mikrokokkencolonien; c = Kernanhäufung.

die Färbung immer schwächer; noch weiter nach innen fanden sich nur blasse, unverkennbar aus abgestorbenen Zoogloeen hervorgegangene Schollen mit Kerndetritus untermischt, welche beide Substanzen den Inhalt der käsigen Abscesse ausmachten. KOCH verglich diese progressive Wucherung der Mikrokokken mit nachfolgendem Absterben sehr treffend mit der Vegetation der Torfmoose. Als er solchen Abscessinhalt anderen Kaninchen einspritzte, erkrankten diese an der gleichen Affection, ein Ergebniss, welches mit der Annahme, dass die Mikrokokken im Abscessinhalt abgestorben seien, im Widerspruch zu stehen schien. KOCH glaubte jedoch, diesen Widerspruch durch die Annahme erklären zu können, dass die Mikrokokken wahrscheinlich ebenso wie andere Bacterien nach Ablauf ihres Vegetationsprocesses

Dauersporen bildeten, welche wie die Dauersporen der Bacillen durch Anilinfarben nicht gefärbt würden und deshalb im Canadabalsampräparat unsichtbar blieben.

Nachdem Koch mit faulendem Blut bei Kaninchen keine Allgemeinaffection hatte erzielen können, nahm er andere Substanzen zur Infection. Eine zwei Tage alte Maceration eines Stückchens Mausefell in Wasser, von welcher eine Spritze einem Kaninchen injicirt wurde, lieferte zuerst ein günstiges Ergebniss. Das Thier wurde 2 Tage nach der Injection krank und starb 105 Stunden nach der Einspritzung. Die Section ergab eine locale purulent-ödematöse Infiltration des subcutanen Bindegewebes, ferner Trübung des Peritoneums mit Gerinnselbildung auf demselben, fibrinöse Verklebung der Därme, Vergrösserung der Milz, graugefärbte keilförmige Herde in der Leber, und erbsengrosse, dunkelrothe, luftleere Stellen in der Lunge — ein Befund, welcher mit dem, was man gewöhnlich als Pyämie bezeichnete, derart übereinstimmte, dass Koch nicht Anstand nahm, diesen Namen auch für die Kaninchenkrankheit anzuwenden.

Bei der Untersuchung zeigte es sich, dass überall im Körper, besonders an den schon makroskopisch als pathologisch verändert zu erkennenden Stellen, Mikrokokken von 0,25 μ Durchmesser meist einzeln oder zu zweien verbunden vorhanden waren. In den Nierencapillaren bemerkte Koch ein eigenthümliches Verhalten der Mikrokokken. Eine wandständige Anhäufung derselben schloss eine Anzahl rother Blutkörperchen ein; namentlich an den Seiten umspannen zarte Ausläufer der Mikrokokken die rothen Blutkörperchen (Fig. 36). Koch schloss daraus, „dass diese Mikrokokken die Fähigkeit besassen, entweder an und für sich durch die Beschaffenheit ihrer Oberfläche die rothen Blutkörperchen, an die sie sich anhängen, zum Zusammenkleben zu bringen, oder dass sie auf geringe Distanzen hin eine Gerinnung des Blutes und auf diese Weise Thrombenbildung veranlassten". Dies Umspinnen und Einschliessen der rothen Blutkörperchen fand Koch in allen Organen wieder; er hielt es daher für ein Charakteristicum dieser besonderen Mikrokokkenform. Infectionsversuche mit Herzblut dieses Kaninchens führten bei anderen Kaninchen zu genau denselben Krankheitserscheinungen.

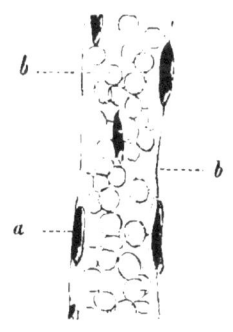

Fig. 36.
Micrococcus der Pyämie beim
Kaninchen. (Nach Koch.)
700 : 1. Gefäss aus der Rindensubstanz der Niere.
a. Kerne der Gefässwand.
b. Mikrokokken.

Ausser dieser mit Metastasen einhergehenden Allgemeinaffection gelang es Koch durch Injection von faulendem Fleischinfus auch noch eine ohne Metastasen verlaufende Affection zu erzielen. Als er von der einen Fäulnissherd umgebenden Oedemflüssigkeit, welche fast nur grosse Mengen ovaler Mikrokokken enthielt, zwei Tropfen einem Kaninchen unter die Rückenhaut einspritzte, starb das Thier nach 22 Stunden ohne eine Spur von Fäulnissbildung an der Injectionsstelle; dagegen fand sich ein geringes Oedem und eine weissliche streifige Färbung des subcutanen Gewebes mit zahlreichen, 0,5 cm breiten, flachen Blutergüssen. Auch die Musculatur des Bauches und der Oberschenkel war von kleineren Blutergüssen durchsetzt. Die Darmoberfläche sah in Folge sehr zahlreicher kleiner subseröser Blutergüsse stellenweise wie mit Blut bespritzt aus. Andere Verände-

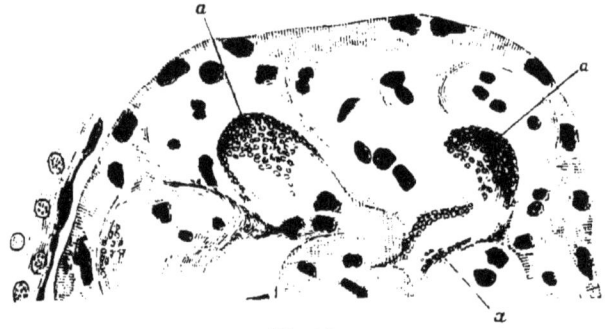

Fig. 37.
Micrococcus der Septicämie bei Kaninchen. (Nach Koch.) 700:1
Theil eines Glomerulus; bei *a* Capillargefässe mit Mikrokokken.

rungen fanden sich nicht. Das Blut war erfüllt von den ovalen Mikrokokken, deren grösster Durchmesser 0,8—1 μ betrug. Die Capillaren der Nieren und des Darms besonders, dann aber auch die der Lunge und der Milz enthielten ausgebreitete Einlagerungen der Mikrokokken, welche entweder schalenförmig die Capillaren auskleideten oder aber dieselben vollständig verstopften, jedoch niemals rothe Blutkörperchen einschlossen wie die Pyämie-Mikrokokken, sondern diese stets zur Seite gedrängt hatten (Fig. 37).

Die Uebertragung dieser von Koch als Septicämie bezeichneten Affection gelang auf Kaninchen wie auf Mäuse, aber nur mit grösseren Mengen, 5—10 Tropfen, Blut.

Endlich beobachtete Koch noch eine mit dem menschlichen Erysipelas grosse Aehnlichkeit bietende Affection am Kaninchenohr, welche nach der Impfung von Mäusekoth entstanden war. Langsam verbreiteten sich Röthung und Schwellung von der Impfstelle am Ohr nach abwärts, und erreichten am 5. Tage die Ohrwurzel, während das Ohr dicker und schlaffer wurde. Am 7. Tage starb das Thier. In Schnitten des gehärteten Ohres fand Koch auf den Ohrknorpelzellen dicht aufliegend, zwischen diesen und einer dichten Lymphzellenschicht, ein Netz sehr feiner Bacillen, welche an manchen Stellen haarwulstähnliche Klumpen bildeten. Von diesen aus erstreckten sich parallele Züge von Bacillen nach allen Richtungen, so dass Koch sofort an die eigenthümlichen sternförmigen Figuren der auf die lebende Kaninchencornea verimpften Milzbrandbacillen erinnert wurde. Die Dicke der Stäbchen betrug 0,3 μ; ihre Länge war sehr verschieden, je nach der Zahl der stäbchenbildenden Glieder und schwankte zwischen 3 und 10 μ. Das Blut und die Organe des Kaninchens zeigten keine weitere Veränderung. Eine Einspritzung mit Blut desselben blieb ohne Erfolg. Die directe Uebertragung der Ohrsubstanz hatte Koch nicht vorgenommen, so dass er eine genauere Untersuchung der biologischen Eigenschaften dieser Bacillen nicht vornehmen konnte.

Wenn wir nun mit Koch das Facit ziehen aus seinen neuen, mit sicheren Methoden durchgeführten Untersuchungen, so tritt eine Erscheinung in den Vordergrund, welche Koch auch als das wichtigste Ergebniss seiner Arbeit ansah: „die unzweifelhafte Verschiedenheit der pathogenen Bacterien und ihre Unabänderlichkeit." Einer jeden Krankheit entsprach, wie wir gesehen haben, eine besondere Bacterienform, und diese blieb, so vielfach auch die Krankheit von einem Thier auf das andere übertragen wurde, oder so oft es gelang, dieselbe Krankheit durch putride Substanzen von Neuem hervorzurufen, immer dieselbe. Die Unterschiede in der Form der gefundenen Bacterien waren so gross, wie man sie bei Organismen, die theilweise an der Grenze der Sichtbarkeit standen, nur erwarten konnte. Zudem zeigten die verschiedenen Formen sehr auffallende Unterschiede in ihren Wachsthumsverhältnissen, in ihrer Lagerung und Gruppirung in den Geweben sowie endlich in ihren physiologischen Wirkungen.

„Wenn nun aber jeder der untersuchten Krankheiten eine durch physiologische Wirkung, durch Wachsthumsverhältnisse, Grösse und Gestalt genau charakterisirte Bacterienform entspricht, die, so oft auch die Krankheit weiter verpflanzt wird, immer dieselbe bleibt und niemals in andere Formen, z. B. von der kugelförmigen in eine stabförmige übergeht, dann bleibt nichts weiter übrig, als dass diese verschiedenen Formen von pathogenen Bacterien vorläufig als constante Arten anzusehen sind."

Die scharfe Betonung dieser wichtigen Schlussfolgerung war von ganz besonderer Bedeutung, da in derselben Zeit, als Koch die Bacterienfrage vom ärztlichen Standpunkt aus zu bearbeiten und aufzuklären begonnen hatte, von Seiten verschiedener berühmter Botaniker eine mächtige Gegenströmung gegen die Cohn'sche Gliederung der Bacterien in Gattungen und Arten erregt wurde, eine Gegenströmung, welche, wie wir noch eingehender zu betrachten haben werden, mit dem Billroth'schen Ideenflusse zu einem breiten Strome sich vereinigend, das mühsam errichtete und nur auf wenige feste Stützen basirte Lehrgebäude Ferdinand Cohn's niederzureissen drohte.

Für die Nothwendigkeit, die von ihm beschriebenen pathogenen Bacterien als specifische Arten ansehen zu müssen, führte Koch noch einen Grund an:

„Man legte", sagt Koch, „und das mit vollem Recht, das grösste Gewicht bei Bacterienuntersuchungen auf die sogenannten Reinkulturen, die nur eine bestimmte Form von Bacterien enthalten. Ganz offenbar geschieht das nur in der Meinung, dass, wenn man durch eine Reihe von Kulturen immer dieselbe Form zu erhalten vermag, diesen Formen eine besondere Bedeutung zukommt, dass man sie als constante Form, mit einem Wort als Art anzunehmen hat. Giebt es nun aber wirkliche durch eine Reihe von Versuchen von jeder Beimengung anderer Bacterien freizuhaltende Reinkulturen? Allerdings giebt es solche, aber nur in ganz beschränkten Verhältnissen. Nur solche Bacterien lassen sich mit den jetzt zu Gebote stehenden Hülfsmitteln rein kultiviren, die wegen ihrer Grösse und leicht erkennbaren Form, wie die Milzbrandbacillen, oder durch Production eines charakteristischen Farbstoffes, wie die Pigmentbacterien, stets in Bezug auf ihre Reinheit controlirt werden können. Sobald in eine Kultur, wie es unter allen Umständen ab und zu vorkommt, eine fremde Bacterienart durch Zufall sich eingeschmuggelt hat, dann wird es in diesen Fällen sofort bemerkt und die verunglückte Kultur wird aus der Versuchsreihe ausgemerzt, ohne dass die Untersuchung in ihrem Fortgang dadurch gestört zu werden braucht. Ganz anders ist es aber, wenn Reinkulturen mit sehr kleinen Bacterien vorgenommen werden sollen, die ohne Färbung vielleicht überhaupt nicht mehr zu erkennen sind, wie soll man da eine Verunreinigung der Kultur entdecken? Das ist nicht ausführbar und deswegen müssen alle Versuche mit Reinkulturen in Apparaten, und wenn sie noch so vortrefflich construirt sind, sobald sie kleine, wenig charakteristische Bacterien betreffen, als mit unvermeidlichen Fehlerquellen behaftet und für sich allein nicht beweisend gehalten werden. Und dennoch giebt es auch für die kleinsten und am schwierigsten zu erkennenden Bacterien Reinkulturen. Aber nicht in Kulturapparaten, sondern im thierischen Körper finden diese statt, das beweisen meine Versuche. In sämmtlichen Fällen, die zu einer bestimmten Krankheit gehören, z. B. zur Septicämie der Mäuse, werden nur die kleinen Bacillen und niemals, wenn die Krankheit nicht absichtlich mit der Gewebsnekrose zusammen verimpft wurde, irgend eine andere Bacterienart daneben gefunden. Es giebt eben keinen besseren Kulturapparat für pathogene Bacterien als den Thierkörper. Es vermögen in demselben überhaupt nur eine beschränkte Zahl von Bacterien zu vegetiren und das Eindringen derselben ist so erschwert, dass der unverletzte Körper eines Thieres als vollständig isolirt gegen andere Bacterienarten, als die absichtlich eingeimpften, betrachtet werden kann."

In seinen Versuchen waren Koch unzweifelhafte Reinkulturen im Thierkörper gelungen. Ja, er hatte es vollkommen in seiner Gewalt, mehrere Bacterienarten nebeneinander unvermischt und rein weiter zu cultiviren oder aber sie zu trennen und eventuell wieder zu combiniren.

„Höhere Anforderungen", fährt er deshalb fort, „lassen sich wohl nicht an eine Reinkultur stellen und ich muss deswegen die fortgesetzte Uebertragung der künstlichen Infectionskrankheiten für die besten und sichersten Reinkulturen halten. Damit haben sie aber auch Anspruch auf die Beweiskraft, welche untadelhaften Reinkulturen für die Aufstellung specifischer Arten der Bacterien zugestanden werden muss."

Diese seine Untersuchungen führten Koch dann folgerichtig zu dem Schlusse, dass, wenn bei Untersuchung einer Wundinfectionskrankheit mehrere verschiedene Bacterienarten gefunden würden, entweder eine combinirte, mithin keine reine Infectionskrankheit oder aber, was z. B. bei den Versuchen von Coze und Feltz das Wahrscheinlichste sei, eine ungenaue und fehlerhafte Beobachtung vorliege.

Eine weitere Consequenz, welche aus dem Nachweis des gleichzeitigen Vorkommens einiger weniger Arten von pathogenen Bacterien neben zahlreichen ganz unschädlichen Arten in derselben faulenden Flüssigkeit folgte, war die, dass alle Versuche, die mit unschädlichen Bacterien, z. B. mit Bacterium termo, an Thieren vorgenommen wären, absolut Nichts für oder gegen das Verhalten der schädlichen, der pathogenen Bacterien bewiesen. Nun seien aber fast sämmtliche derartige Experimente mit dem ersten besten Gemisch von Bacterienarten ausgeführt, ohne dass festgestanden habe, ob in diesem Gemische auch wirklich pathogene Bacterien enthalten gewesen wären.

Es sei also einleuchtend, dass alle diese Experimente zu einem Beweise für oder gegen den Parasitismus der Infectionskrankheiten nicht verwerthet werden könnten.

Endlich wandte sich Koch gegen das, wie wir sahen, ziemlich allgemein anerkannte angebliche Gesetz von der progressiven Virulenz des septicämischen Durchgangsblutes, gegen die verführerische, von vielen exacten Forschern sogar mit Enthusiasmus aufgenommene Theorie, „dass die unbedeutende Wirkung einer einfachen Fäulnissbacterie durch fortgesetzte Anpassung und Vererbung bis zum quadrillionfach verdünnten, noch tödtlichen Agens gesteigert werden könne".

Nach den ausführlichen Berichten im Virchow-Hirsch'schen Jahresbericht (die Originalarbeiten der französischen Forscher standen Koch nicht zur Verfügung) schien ihm der eigentliche Beweis dafür, dass die Virulenz des septicämischen Blutes von Generation zu Generation zunehme, gar nicht geliefert zu sein. „Es wurde anscheinend allmählich eine immer stärkere Verdünnung des Blutes eingespritzt und man war erstaunt, wenn dieselbe immer wieder wirkte, und schrieb diese Wirkung der zunehmenden Virulenz zu. Aber Controlversuche, ob nicht schon in der zweiten und dritten Generation das septicämische Blut ebenso virulent war, wie in der fünfundzwanzigsten Generation, schienen nicht gemacht zu sein." Bei seinen eigenen Versuchen, welche er mit der der Davaine'schen Septicämie am meisten entsprechenden Septicämie der Mäuse anstellte, fand Koch, dass zur ersten Infection eines Thieres verhältnissmässig grosse Quantitäten putrider Flüssigkeit erforderlich seien — und soweit stimmten seine Erfahrungen mit den von Coze und Feltz und Davaine gemachten überein —, dass aber in der zweiten oder spätestens in der dritten Generation die volle Virulenz erreicht werde und von da ab constant bleibe. Sobald nämlich nur als einzige pathogene Bacterienart die feinen Bacillen unbehindert von den mit ihnen zugleich im faulen Blut eingeimpften anderen Bacterien und septischen Giften, im Blute sich entwickelten, sobald das Blut eine Reinkultur der Stäbchen enthalte, sei die volle Virulenz erreicht, und dies sei in der zweiten, spätestens aber in der dritten Generation der Fall.

Dass Koch mit seiner Erklärung das Richtige getroffen hatte, dafür konnte Gaffky[2]) nach Einsicht der französischen Originalarbeiten den Beweis liefern. Jene Controlversuche, welche Koch

---

2) Georg Gaffky: Experimentell erzeugte Septicämie mit Rücksicht auf progressive Virulenz und accommodative Züchtung. Mittheilungen aus dem Kaiserlichen Gesundheitsamt. Bd. I. Berlin 1881. S. 110.

vermisst hatte, waren von DAVAINE wohl angestellt worden und zwar genau mit demselben Erfolge, welchen KOCH bei seinen Versuchen erzielt hatte. In einem Versuche DAVAINE's hatte das Blut eines inficirten Kaninchens bereits in der zweiten Generation eine solche Virulenz erreicht, dass ein hundertmillionstel Tropfen desselben genügt hatte, ein anderes Kaninchen in 40 Stunden zu tödten. Ja, was das Ueberraschendste war, DAVAINE selbst hatte sich auf Grund seiner Versuche dahin ausgesprochen, dass das septicämische Blut sofort seine grösste Virulenz erlange. Das vermeintliche DAVAINE-sche Gesetz von der progressiven Virulenz war mithin nichts anderes als eine auf einen willkürlich aus dem Zusammenhange herausgegriffenen Versuch basirte Chimäre, deren Schattenhaftigkeit vielen sonst exacten Forschern, nicht aber ROBERT KOCH entgangen war.

Mit den Untersuchungen ROBERT KOCH's über die künstlichen Wundinfectionskrankheiten waren die älteren mit relativ unsicheren Methoden in Angriff genommenen Bacterienforschungen abgethan; mit ihnen beginnt die neue Aera der exacten Forschung, welche die Specificität der Bacterien, in Sonderheit der pathogenen gegen alle Angriffe von Seiten der Botaniker wie der Aerzte mit unanfechtbaren Thatsachen siegreich zu vertheidigen vermochte und welche mit Hülfe neuer wiederum von ROBERT KOCH aufgefundener Kulturmethoden auch die Geheimnisse der Aetiologie der menschlichen Infectionskrankheiten der wissenschaftlichen Erkenntniss erschlossen hat.

Druck von J. B. Hirschfeld in Leipzig.

NAMENREGISTER.

Abbe 231. 232.
Andry, Nicolas 8.
Appert, François 22.
Archangelski 171.

Baer, von 19.
Bail 74.
Baker, Cl. H. 14.
Baly 55.
Bassi 51.
Bastian, Charleton 27. 28.
Bary, de 77. 82.
Béchamp 64. 78.
Bébier 189. 191.
Bennet 53. 55.
Bergeron, A. 210.
Bergmann, E. 92. 183. 193. 196. 202.
Bert, Paul 173. 175.
Bettelheim, K. 91.
Billroth, Theodor 139. 141. 142. 165.
    181. 184. 187. 197. 207. 210. 214. 219.
Birch 4.
Birch-Hirschfeld 101. 104. 154. 180. 181.
    183. 195. 203.
Bliesener 154.
Böhm, Ludwig 51.
Boerhaave, H. 19.
Bollinger, O. 168. 171.
Bonnet, Charles 14. 21. 28.
Borginon, Gustave 224.
Bory de St. Vincent 18.
Bouley 189.
Brandis, H. 11.
Brauell in Dorpat 69.
Brefeld, Oscar 83. 225.
Brehm, H. von 193. 202.
Brittan 55.
Broek, van der 26.
Brown 91.

Buchholtz 210.
Budd 55.
Buffon, G. L. le Clerc Comte de 14. 20.
Buhl 88. 90. 93.
Burdon-Sanderson 26. 27. 84. 87. 124.
    188. 199.
Burkart 181. 197.

Cagniard-Latour 50.
Carthey, Mc. 81.
Cazeneuve 26.
Chalvet 72. 108.
Chauveau 87. 127.
Chevreul 24.
Chiene 26.
Christ 11.
Christot 88.
Clementi, Gesualdo 189. 191. 192. 196.
Cohn, Ferdinand 28. 37. 41. 44. 84.
    88. 109. 111. 115. 139. 142. 144. 145.
    148. 155. 164. 169. 205. 209. 219. 223.
    241.
Cohnheim 160.
Colin 189. 191.
Collmann 181.
Columella 11.
Cornalia 63.
Corti 14.
Coze 89. 188. 190. 233. 242. 243.
Cramer 158.
Cullerier 49.
Cunningham 150.

Dallinger 219.
Davaine, C. 55. 56. 69. 71. 89. 120. 127.
    167. 188. 191. 202. 203. 207. 233. 234.
    243. 244.
Debey 81.

De Col 34.
Delafond 70. 74.
Dolschenkow 183.
Donné 45.
Dove 81.
Dreyer 189. 190. 191.
Drysdale 219.
Dujardin, Félix 34. 69.
Dusch, Th. von 23. 185.

Eberth 88. 91. 151. 173. 181. 182. 183.
   204. 206.
Ehrenberg, Christian Gottfried 30. 45.
   108. 121. 157. 219.
Ehrlich, F. 181. 210. 214. 233.
Eichhorn 14.
Eidam, Eduard 166.
Elsholz, Joh. Sigismund 8.
Elten 107.
Engel 154.
Erdmann, Otto 107. 109.
Estor 65. 130.
Ewart 26.

Fabricius, Otto 14.
Feltz 89. 188. 190. 242. 243.
Fischer, E. 203.
Förster 159. 160.
Fokker 171.
Fordos 108.
Fraenkel, Albert 251.
Fremont 11.
Frerichs 53. 105.
Fresenius 109. 111.
Friedlaender 251.
Friedmann 181.
Frisch, A. 173. 183. 206. 208.
Fritsch 219.
Fuchs 34. 106. 108.

Gaffky, Georg 28. 243.
Gay-Lussac 68.
Gielen 107.
Gleichen, Wilh. Friedr. Freiherr von,
   gen. Russworm 12. 20. 30.
Götze 14.
Goiffon 8.
Goodsir, Gebrüder 54. 105.
Goodsir, John 54.
Gosselin 210.
Graefe, A. von 159. 160.
Gram 250. 251.

Griesmayer, Victor 123.
Griffith 55.
Gruithuisen, Franz von Paula 18.
Gscheidlen, R. 27. 199.

Haaxmann, P. J. 4.
Hallier 76. 78. 86. 88. 92. 94. 102. 118.
Hannover 53.
Hartley 27.
Hartsoeker 19.
Harvey 28.
Harz 169.
Hassel 55.
Haubner 107.
Hauptmann 3.
Hauser 26.
Heiberg, Hjalmar 101. 180. 181. 197. 205.
Heidenhain 204.
Heller 105.
Helmbrecht 54.
Hemmer, M. 91.
Henle 51.
Hensen 78.
Herrmann 14.
Hill 14.
Hiller, Arnold 190. 194. 205. 209. 210.
Hoegyes, Andreas 151.
Hoffmann, H. 24. 27. 64. 77. 83. 107.
   110. 143. 215.
Hooke, Robert 5. 7.
Houttuyn 9.
Hueter, C. 88. 91. 101. 102. 142. 182.
Huizinga, D. 27.
Huxley 78.

Jaffé 89.
Jaillard 72. 175.
Ingenhousz, Joh. 20.
Johlot 13. 19.
Joly 27.
Itzigsohn 42. 80. 221.

Karsten, Hermann 78. 130.
Kartulis 252.
Keber, F. 87.
Kehrer, F. A. 193.
Kiener 88.
Kircher, Athanasius 1.
Klebs, Edwin 26. 55. 89. 93. 94. 95.
   104. 105. 127. 131. 175. 181. 182. 193.
   199. 203.
Klein 188.
Klob, J. M. 81.

Knop 124.
Koch, Robert 28. 167. 216. 227. 228. 245.
Köhler 14.
Krembs 108.
Küssner, B. 193. 216.

Lamarck, J. P. B. A. de 18.
Lambl 56.
Lancisi, Jo. Maria 8.
Landau, G. 200.
Lange, D. Christian 1. 3.
Langenbeck 53.
Laukester 133. 156. 158.
Laptschinsky 154.
Lebegne 8.
Leber, Th. 90. 104. 160. 183. 206.
Lebert 63.
Leblanc 189.
Ledermüller 14.
Leeuwenhoek, Antony van 3. 19. 45.
Leisering 70.
Lemaire 64. 66. 76.
Leplat 72. 175.
Leroy d'Étiolles 50.
Lesser 13.
Letzerich 85. 100. 182.
Leube 26.
Lewis 150.
Leyden 81. 89.
Leydig 76.
Liebig 66.
Linné 9.
Lion 26.
Lionville 189. 191.
Lister, Joseph 26. 68. 102. 135. 224.
Litten 154.
Löffler 28.
Long 11.
Lucretius 11.
Lücke 108. 181.
Lüders, Johanna 77.
Luginbuhl 88.
Lukomsky 180. 184. 197. 205.
Lustgarten 247.

Magendie 188.
Meier 181.
Malmsten 56.
Manasseïn, Wjatscheslaw 84.
Mantegazza 27.
Marchand 26.
Marcuse 182.

Martini 180.
Mayer, A. 124.
Mayer in Bonn 69.
Mayerhoffer 89.
Meissner 26.
Menuret 11.
Méry 108.
Mitscherlich 60. 109.
Molitor, N. K. 20.
Morren 157.
Mosler, F. 107.
Müller, Otto Friedrich 14. 20. 33. 36. 45. 164.
Müller, Philipp Ludwig Statius 9.
Münch 90.
Musset 27.

Naegeli 37. 43. 63. 105.
Nassiloff 88. 91. 93. 173. 182.
Nedswetzky, E. 151.
Needham, 14. 19. 43.
Nepveu 181. 210.
Nitsch, Christ. Lud. 18.

Obermeier, Otto 154. 220.
Oertel 88. 91. 93. 182.
Oken, Lorenz von 18. 157.
Onimus 191. 208.
Orth, J. 101. 180. 184. 207.
Ozanam, J. A. F. 11.

Pacini 55. 150.
Panum 91. 196. 200.
Paschutin 210.
Pasteur 24. 26. 27. 28. 37. 57. 73. 89. 97. 104. 120. 123. 164. 174. 199.
Pepper, William 76.
Perls 211.
Persoon 51.
Perty, Maximilian 39. 122. 164.
Petersen 92.
Plenciz, Marc. Anton. 10.
Pollender 69.
Polotebnow, A. 84.
Pouchet 27. 55. 72. 89.
Prevost, B. 51.
Pristley, Henri 20.
Putzey 27.

Raimbert 71.
Ranke, H. R. 195.
Rasori 11.
Rawitsch 202.

Ray-Lankester 133. 156. 158.
Rayer 69.
Raynaud 181. 189.
Réaumur 11. 14.
Recklinghausen, von 90. 91. 92. 93. 95. 180.
Redi, Francesco 19.
Regnier de Graaf 5.
Remak 53.
Riess 190. 199.
Rindfleisch 26. 83. 89. 199.
Roberts 26.
Robertson 55.
Robin, Ch. 54. 74.
Roloff, F. 171.
Rosenbach 26.
Rosenstein 89.
Rottenstein, J. B. 90. 104.
Royal Society in London 5.

Saint-Pierre 65.
Salisbury 75.
Salomonsen, Carl Julius 215. 222.
Samuel 186.
Samuelson 27.
Sanson 73.
Schaffner 53.
Schmidt, A. 92.
Schmiedeberg, O. 92.
Schrank, Franz von Paula 18.
Schröder, H. 23. 28. 185.
Schröter, S. 111. 120.
Schulze, Franz 22. 27.
Schurtz 88.
Schwann 23. 27. 50. 185.
Schweigger 18.
Schweninger 91.
Semmer 88. 168.
Sette 34. 109.
Signol 72. 176.
Sonnenschein 92.
Spallanzani 14. 21. 27.
Spencer Well 76.
Stricker 192. 196.
Stromeyer 183.
Sull 55.
Suringar 105.
Swaine 55.
Swammerdamm 19.

Talamon 85.
Thin, G. 189. 192. 196.
Thomé, W. 81.
Tiegel 95. 98. 193. 197. 202.
Tieghem, van 63. 120.
Tigri 72.
Tillmanns 181.
Tommasi-Crudeli 88. 132. 142.
Trauhe 89. 199.
Trécul 105. 164.
Treviranus, Gottfr. Reinh. 18. 22.
Troisier 181.
Tschamer, A. 85.
Tulasne 76.
Turpin 60.
Tyndall 25.

Vallisneri, Ant. 8.
Varro, Marcus Terentius 8.
Virchow 54. 93. 105. 150. 151. 152. 181.
Vogt, Paul 101.
Vulpian 189. 191.

Wagner, E. 213.
Wagner, Rudolph 50.
Wahl 90.
Waldeyer 90. 93. 159.
Warming 157. 219.
Watson Cheyne 26.
Wedl 56. 90.
Weichselbaum 251.
Weigert, C. 88. 93. 154. 203. 213. 215.
Weissgerber, Paul 211.
Welcker 105.
Wiegand 130.
Wieworowsky 81.
Wilde 181.
Wilkinson 54.
Wilson 54.
Winternitz, W. 130.
Wolf 124.
Wolff, Max 190. 193. 210.
Wolffhügel 28.
Wood, H. C. 76.
Wrisberg, H. A. 14. 20.
Wyman, Jeffries 27.

Zahn, Fr. Wilh. 95. 193. 204.
Zülzer 88. 92.
Zürn 88.

Ein ausführliches Inhaltsverzeichniss wird mit dem zweiten Theile ausgegeben werden.

TAFEL-ERKLÄRUNG.

TAFEL I.

Original-Photogramme von ROBERT KOCH
(s. Beiträge zur Biologie der Pflanzen. Bd. II. Breslau 1877. Taf. XIV, XV u. XVI).

Fig. 1. Milzbrandbacillen im lebenden Zustande.
Cohn's Beiträge. Bd. II. Taf. XVI. 1. Vergr. 700.
Fig. 2. Milzbrandbacillen zu Fäden ausgewachsen. Sporen bildend.
Ibid. Taf. XVI. 3. Vergr. 700.
Fig. 3. Blut eines Recurrenskranken mit Spirochäten. Mit Anilinbraun gefärbt,
in Glycerin eingelegt. Ibid. Taf. XVI. 7. Vergr. 700.
Fig. 4. Spirochäten des Zahnschleimes. In getrocknetem, ungefärbtem Zustande
photographirt. Ibid. Taf. XIV. 8. Vergr. 500.
Fig. 5. Spirillum undula mit Geisseln.
Ibid. Taf. XIV. 4. Vergr. 500.
Fig. 6. Bacillus mit Geisseln.
Ibid. Taf. XIV. 6. Vergr. 700.
Fig. 7. Zoogloea ramigera.
Ibid. Taf. XIV. 1. Vergr. 200.
Fig. 8. Reihenförmig geordnete Mikrokokken, eine feine Haut auf Wasser bildend.
Ibid. Taf. XV. 8. Vergr. 500.

TAFEL II.

Fig. 1. Durchschnitt einer gekochten Kartoffel. Die bräunliche Masse in der
Mitte stellt eine ältere Reinkultur von Rotzbacillen dar. Die zahlreichen verschiedenartigen Gebilde in deren Umgebung sind Colonien von Bacterien, Hefen- und Schimmelpilzen, welche aus der Luft
auf die Kartoffel gefallen sind. Sie gefährden die Reinkultur nicht,
da sie durch den festen Nährboden gezwungen sind, sich bei ihrem
Wachsthume auf die Stelle, auf welche sie niedergefallen sind, zu
beschränken.
Fig. 2. Colonie von Milzbrandbacillen in Nährgelatine bei 80 facher Vergrösserung. Man erkennt das dichte Gewirr der vielfach haarflechten-
ähnlich zusammengedrehten Fäden.

Fig. 3. Wachsthumsweise der Milzbrandbacillen in Reagenzröhrchen mit Nährgelatine. Die Einimpfung ist durch Einstich erfolgt. Der obere
Theil der Gelatine ist verflüssigt. Am Boden der verflüssigten Schicht
sieht man als weissliche Masse die Milzbrandbacillen abgelagert.
Darunter in der festen Gelatine liegen zwei mit zahlreichen Aus-
läufern versehene Milzbrandcolonien.

Fig. 4. Milzbrandbacillen aus der Milz einer Maus am Deckglas ausgestrichen,
nach GRAM gefärbt. Einzelne Glieder (d) haben das Gentianaviolett
nicht angenommen, wohl aber das zur Grundfärbung verwandte Bismarckbraun. Die Bacillen (c) links auf der Figur sind normal gefärbt.
In der Gruppe etwas nach unten von der Mitte (b) erscheinen die
Bacillen, als wären sie aus grossen Kokken zusammengesetzt. Die
Gruppe oben rechts (a) zeigt eine Ablagerung des Farbstoffes in Form
feiner Körnchen auf den Bacillen, in deren Mitte ausserdem ein
schwach gefärbter centraler Faden zu erkennen ist. Die gröbere
und feinere Körnung rührt von nicht genügend langer Färbung der
Bacillen und langem Auswaschen derselben in Alkohol her.

Fig. 5. Reinkultur der Tuberkelbacillen auf erstarrtem Blutserum bei 80facher
Vergrösserung. (Die Figur ist in der Mitte zu hell ausgefallen. Die
einzelnen ∫ förmigen kleinen Colonien sind etwas zu dünn in der
Mitte.)

Fig. 6. Reinkultur der Tuberkelbacillen auf schräg erstarrtem Blutserum im
Reagenzglase, trockene, weissliche Schüppchen bildend in natürlicher
Grösse.

Fig. 7. Sputum mit Tuberkelbacillen mit Anilinwasser-Gentianaviolett gefärbt
und mit Bismarckbraun nachgefärbt.

Fig. 8. Reinkultur der Cholerabacillen in Nährgelatine, 4 Tage alt. Im oberen
Theil des Verflüssigungstrichters erscheint eine mit Luft gefüllte Ver-
tiefung. Die weissliche Bacillenmasse liegt am Grunde des Trichters
und im Trichterhalse.

Fig. 9. Colonien der Cholerabacillen in Nährgelatine bei 80facher Vergrösserung.
Die Colonien haben keinen glatten Rand, scheinen aus kleinen
Bröckchen zusammengesetzt. (Diese Details treten in der Figur
nicht genügend scharf hervor.) Die 3 grösseren Colonien liegen an
der Oberfläche der Gelatine; sie sind etwas eingesunken in die in
ihrem Umkreis verflüssigte Gelatine.

Fig. 10. Reinkultur der Cholerabacillen in Bouillon, mit Fuchsin gefärbt. Einzelne Commas und spiralige Fäden.

Fig. 11. Stichkultur der Typhusbacillen in Nährgelatine. Schleierartige, bläulich-
weisslich durchscheinende Ausbreitung an der Oberfläche.

Fig. 12. Colonien der Typhusbacillen in der Nährgelatine bei 80facher Vergrösserung. Die Colonien sind dunkelbraun, scharf gerandet, fein
granulirt, zeigen bisweilen mehrere concentrische Zonen.

Fig. 13. Typhusbacillen aus einer Reinkultur in Nährgelatine, kürzere (den
Typhusbacillen in den Geweben entsprechende) und längere Bacillen.

Die Figuren 4, 7, 10 und 13 sind mit ZEISS ¹/₁₂ hom. Im., Ocular 2 gezeichnet.

TAFEL III.

Fig. 1. Rotzbacillen aus der Milz einer Feldmaus. Deckglaspräparat mit alkalischer Methylenblaulösung gefärbt. Einzelne Bacillen zeigen in ihrer Mitte ungefärbte Stellen, welche ein sporenähnliches Aussehen haben.

Fig. 2. Saft aus einem Lepraknoten mit Carbolfuchsin gefärbt, einzelne Bacillen und grosse kernlose Zellen von Bacillen erfüllt.

Fig. 3. Schnitt durch ein breites Condylom. Syphilisbacillen in einer Wanderzelle. Nach LUSTGARTEN.

Fig. 4. Trippereiter. Deckglaspräparat. Eiterzellen erfüllt mit Gonorrhockokken. Eine Epidermiszelle am Rande von denselben bedeckt. Methylenblau-Färbung.

Fig. 5. Rhinosclerom. Schnittpräparat nach GRAM gefärbt. Zahlreiche Haufchen der Rhinosclerom-Bacillen.

Fig. 6. Die kapseltragenden FRIEDLÄNDER'schen „Pneumoniekokken", der Bacillus pneumoniac WEICHSELBAUM'S.

Fig. 7. Schnitt durch einen mit pneumonischem Exsudat erfüllten Alveolus nach GRAM gefärbt. Kleine Kokken, einzeln und in Ketten angeordnet, zwischen und in den Zellen des Exsudates. Der Pneumoniccoccus FRAENKEL'S, der Diplococcus Pneumoniac WEICHSELBAUM'S.

Fig. 7a. Einzelne Exemplare des letzteren, stärker vergrössert, deutlich lancettförmig.

Fig. 8. Der Staphylococcus pyogenes aureus.

Fig. 9. Der Streptococcus pyogenes.

Fig. 10. Schnitt durch eine mit diphtherischer Pseudomembran bedeckte Trachea. Nach oben Kerninfiltration der Schleimhaut, darunter das Exsudat, dessen der Schleimhaut anliegende Schicht wenige Kerne von Zellen zeigt; weiter nach aussen in einer kernreicheren Schicht des Exsudates dichte Massen von Diphtheriebacillen mit den eigenthümlichen kolbigen Endanschwellungen. Auf der Oberfläche der Membran liegen verschiedenartige Bacterien.

Fig. 11. Die Bacillen des malignen Oedems.

Fig. 12. Die Bacillen des Schweine-Rothlaufs. Deckglaspräparat von der Lunge einer Maus.

Fig. 13. Die Bacterien der Hühnercholera. Blutpräparat. Ovale an den Enden gefärbte, in der Mitte farblose Bacterien.

Fig. 14. Micrococcus tetragenus. Schnitt aus der Niere einer Maus. In dem Glomerulus sieht man, dass die meist zu vieren angeordneten Mikrokokken von einer ungefärbten Hülle umgeben sind.

Fig. 15. Actinomyces-Rasen mit alkalischer Anilinwasser-Gentianaviolettlösung nach GRAM gefärbt. Man sieht bei dieser Färbung nichts von den charakteristischen Kolben.

Fig. 16. Amöben aus der Stuhlentleerung eines Ruhrkranken nach KARTULIS. Links zwei ruhende Amöben. Die beiden Bilder rechts stellen ein und dieselbe Amöbe dar, das eine die Amöbe in der Ruhe, das andere dieselbe in Bewegung. Man erkennt den Kern, das Körnchenplasma und das Myxoplasma. ZEISS ¹/₁₂ hom. Im., Ocular 3. Ausgezogener Tubus.

Die Figuren 1—15 sind alle mit ZEISS ¹/₁₂ hom. Im., Ocular 2 gezeichnet.

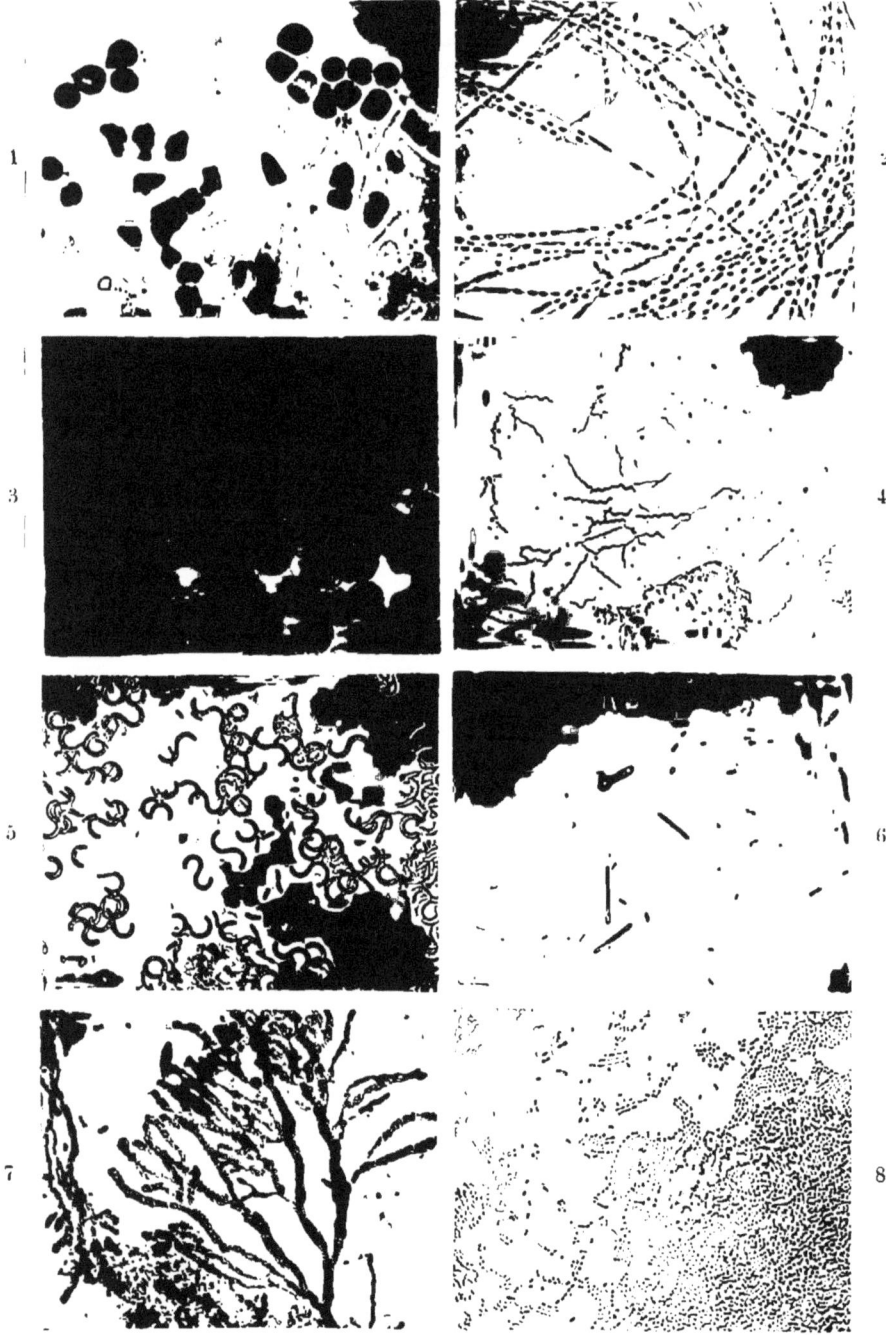

VERLAG von F. C. W. VOGEL in LEIPZIG.

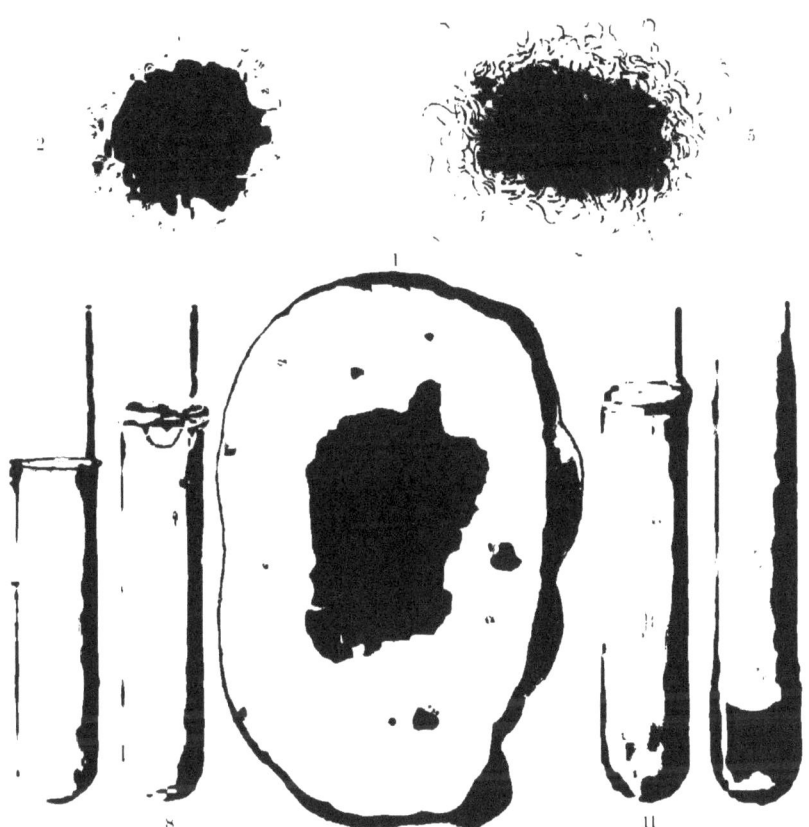

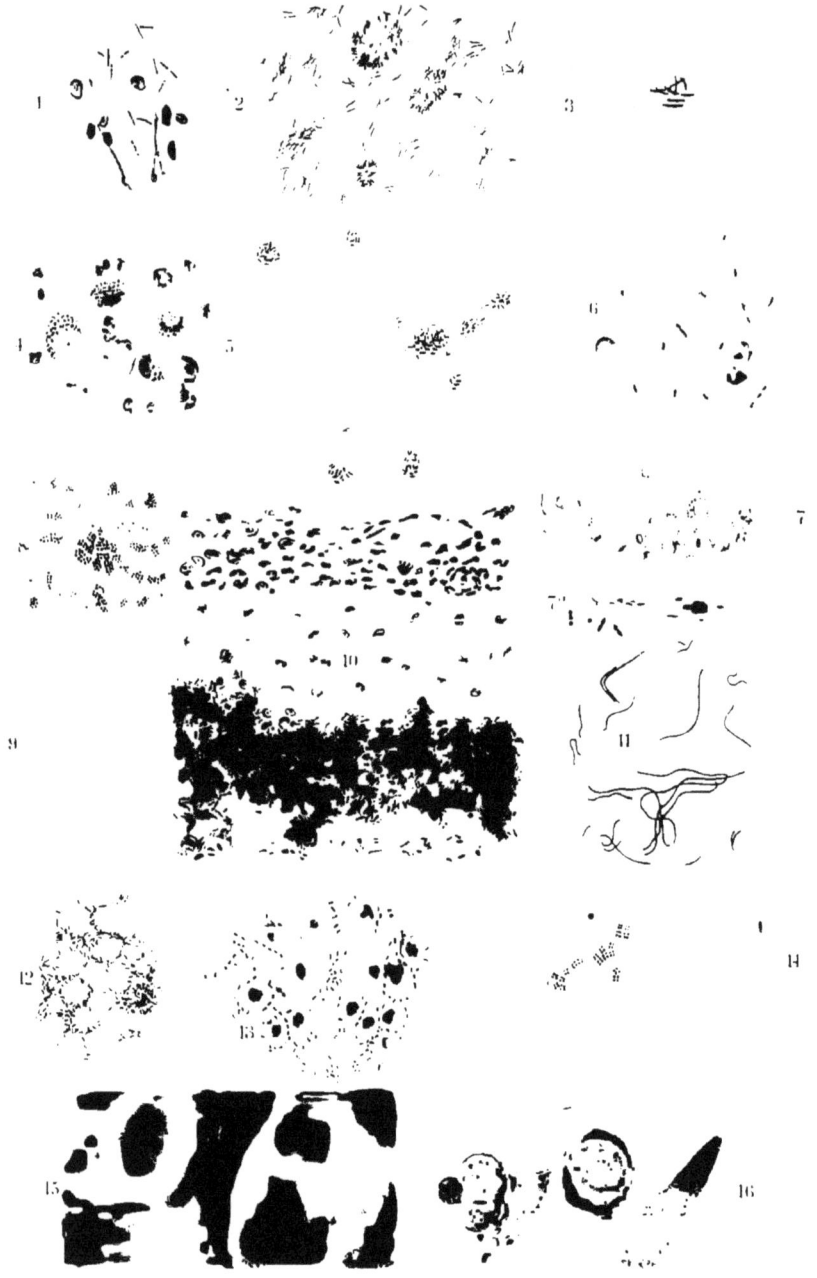